药品知识产权全攻略

（第2版）

主编　袁红梅　王海南

中国健康传媒集团
中国医药科技出版社

内容提要

药品知识产权有别于其他领域产品，具有特殊性。本书从制度设计、实证分析、实务操作、司法救济四个维度，对药品知识产权进行全方位解读与梳理，并配合案例解析，为我国建立健全药品知识产权法律制度提供参考。本书可供药品监督管理部门和知识产权管理部门工作人员、药品生产流通企业管理者、新药研发人员、药品生产制造人员、药学相关专业学生研读和参考。

图书在版编目（CIP）数据

药品知识产权全攻略/袁红梅，王海南主编.—2版.—北京：中国医药科技出版社，2021.6

   ISBN 978-7-5214-2500-0

Ⅰ.①药⋯ Ⅱ.①袁⋯②王⋯ Ⅲ.①药品–知识产权保护–中国 Ⅳ.①D923.4

中国版本图书馆CIP数据核字（2021）第100111号

美术编辑 陈君杞
版式设计 友全图文

出版 **中国健康传媒集团** | 中国医药科技出版社
地址 北京市海淀区文慧园北路甲22号
邮编 100082
电话 发行：010-62227427 邮购：010-62236938
网址 www.cmstp.com
规格 710×1000mm $^1/_{16}$
印张 20 $^3/_4$
字数 372千字
初版 2013年5月第1版
版次 2021年6月第2版
印次 2021年6月第1次印刷
印刷 三河市万龙印装有限公司
经销 全国各地新华书店
书号 ISBN 978-7-5214-2500-0
定价 **68.00元**

获取新书信息、投稿、为图书纠错，请扫码联系我们。

编委会

主　编　袁红梅　王海南

副主编　李文雅　林瑞红　刘　彤　韩　涛

编　者　（以姓氏笔画为序）

王　婷（沈阳药科大学）

王海南（国家药品监督管理局）

刘　彤（辽宁省药品检验检测院）

杨舒杰（沈阳药科大学）

李文刚［中国（沈阳）知识产权保护中心］

李文雅（中国医科大学附属第一医院）

谷　佳（中国医科大学附属第一医院）

汪佐煜（沈阳药科大学）

张玉博（沈阳药科大学）

林瑞红［中国（沈阳）知识产权保护中心］

周联波（东北制药集团股份有限公司）

姜　娟（沈阳药科大学）

袁红梅（沈阳药科大学）

黄玉凤（沈阳药科大学）

盛志成（沈阳药科大学）

崔　晶（沈阳药科大学）

韩　涛（中国医科大学附属第一医院）

21世纪已进入知识经济为标志的时代，技术创新作为知识经济最主要的动力源泉，日益成为衡量经济增长水平和国际竞争力的主要标志。20世纪80年代，我国引入知识产权法律制度，随着我国国力的增强以及经济发展模式的转变，知识产权保护的环境日益成熟，知识产权法律制度的立法及执法都有了长足进步。时至今日，这一制度已成为我国激励技术创新的最重要制度。制药产业是世界公认的朝阳产业，发达国家凭借高科技的支撑，强力垄断世界药品市场，制药产业为发达国家带来了巨额利润。近年来，我国政府不断加大药品知识产权保护力度，希望以此促进制药产业的发展，为此，我们汇集了药品知识产权的管理者、研究者、实际操作者组成研究集体，力求对药品知识产权制度进行全方位研究与介绍，以期为促进我国药品知识产权事业的发展尽绵薄之力。

本书分为四篇：制度设计篇、实证分析篇、实务操作篇和司法救济篇。本书具有以下特点。

1.学术性。本书不是对药品知识产权法条的简单解释，而是基于对药品知识产权法律基础理论的诠释，揭示我国药品知识产权立法的基本理念及立法进程，从而加深读者对法条的理解。

2.启发性。本书作者投入了大量的精力对1985年以来药品专利申请的数据进行了翔实的统计，并对统计数据进行了实证分析，这些基础工作对于药品专利的理论研究和实务操作都具有重要的启迪意义。

3.实用性。本书实务部分由多年从事药品知识产权实务的执业律师指导完成，具有很强的实践性及指导性。

4.灵活性。本书精选18个药品知识产权司法救济的典型案例进行分析，通过以案说法的形式让读者在寓教于乐中全方位把握药品知识产权的救济途径，活学活用。

5.前沿性。药品知识产权法律是与时俱进的，随着时间的推移不断发生变化以适应社会发展和时代变迁的要求。本书在第一版的基础上，主要更新了药品知识产权法律的法条内容、实证分析的数据范围和分析方法、实务操作的具体流程以及司法救济的案例内容，可以帮助读者了解药品知识产权的发展动态，具有一定的前沿性。

本书主要由沈阳药科大学从事药品知识产权管理、教学、科研的一线人员完成，并汇集了政府管理部门以及企业从事药品知识产权的实务操作人员参与本书编写。具体分工如下：制度设计篇由袁红梅、黄玉凤、李文雅、杨舒杰负责编写，实证分析篇由崔晶、王海南、袁红梅、韩涛、张玉博负责编写，实务操作篇由王婷、林瑞红、李文刚、刘彤、袁红梅、周联波、谷佳负责编写，司法救济篇由汪佐煜、袁红梅、姜娟、盛志成负责编写。

本书适合药品监督管理部门和知识产权管理部门工作人员、药品生产流通企业管理者、新药研发人员、药品生产制造人员、药学相关专业学生阅读，为希望了解、领悟、运用药品知识产权的人士提供帮助。

本书在编写过程中，参考了许多同行的研究成果和文献资料，并得到了中国医药科技出版社的大力支持，在此一一表示感谢。尽管我们以严谨、科学的态度进行写作，但仍存在诸多不足与遗憾，比如鉴于药品商标、行政保护等缺乏官方的、权威的、全面的统计数据，本书在实证部分仅采用药品专利数据进行代表性分析，没有采用其他药品知识产权数据进行拓展性解读，在数据的系统性方面存在不足，我们将在后续研究中逐步搜集、整理相关数据，以便将更权威、真实的药品知识产权全貌呈现给读者。此外，受能力所限，书中仍有许多疏漏之处，敬请读者斧正。

编　者

2021 年 5 月

目录
MULU

制度设计篇

实证分析篇

实务操作篇

制度设计篇

第一章

药品知识产权基础理论

第一节 知识产权法律制度的产生与发展

一、知识产权法律制度的产生

知识产权起源于封建社会的"特权",即封建社会的地方官吏、封建君主、封建国家,以榜文、敕令、法令等形式授予发明创造者、图书出版者在一定期限内的专营权、专有权。这种特权带有一定的恩赐性质,与现代意义上的知识产权制度有很大的不同。但它毕竟使智力成果首次被确认为一种独占权,是知识产权发展进程上的一次飞跃。进入资本主义社会以后,科学技术和产业革命使社会生产力获得了空前的进步。对知识产品的占有、使用能带来极大的经济收益已逐渐成为人们的共识,商品生产者迫切需要获得最新的技术成果。然而,技术的转移、公开势必会使原先的发明创造者丧失竞争优势。这就需要建立一种机制,以确保既能维持新技术发明人的技术优势,又能满足社会对该技术的需要,防止技术垄断。原先的特权制度显然无法适应新的形势。于是,知识产权制度中的专利制度就率先应运而生。英国1624年的《垄断法规》(The Statute of Monopolies)是近代专利保护制度的起点。虽然1618年的英国首先处理了商标侵权纠纷,但最早的商标成文法应当是法国1809年的《备案商标保护法令》。1875年法国又颁布了确立全面注册商标保护制度的商标权法。世界上第一部成文的版权法当推英国于1710年颁布的《保护已印刷成册之图书法》,又被称为《安娜女王法》。

二、知识产权法律制度的拓展

19世纪中后期,各国逐渐认识到知识产权在促进本国经济、文化的发展和科学技术进步方面有重要作用,便纷纷开展知识产权立法。继英国之后,美国于1790年、法国于1791年、荷兰于1817年、德国于1877年、日本于1885年先后颁布了本国的专利法。以后,英国于1862年、美国于1870年、德国于1874

年又先后颁布了注册商标法。日本在1875年和1887年先后颁布了两个《版权条例》，于1898年颁布《版权法》。法国在18世纪末颁布了《表演权法》和《作者权法》，使与出版印刷更为密切相连的专有权逐步成为对作者专有权的保护。以后的大陆法系国家，也都沿用法国作者权法的概念和思路。反不正当竞争的概念来源于19世纪50年代的法国，而世界上第一部反不正当竞争法为1890年美国的《谢尔曼法》，但美国是最早产生现代意义上竞争法的国家，其立法包括反垄断和反不正当竞争两个方面，除大量判例外，还有《谢尔曼法》《联邦贸易委员会法》《克莱顿法》和《鲁宾逊‐帕特曼法》。英国现代竞争立法相对较晚，但以案例法著称的英国，其反不正当竞争的规范可以追溯到15世纪，较全面的反不正当竞争法则完成于20世纪的中叶，比较有代表性的法律有《限制性贸易管理法》《转售价格法》《公平交易法》等。1905年德国对《不正当竞争防止法》重新制定，并多次进行了修改；1957年又颁布了《反对限制竞争法》，使德国的反不正当竞争法体系更加完善，对德国经济的高速发展起到了重要作用。日本跟随德国的脚步，其反不正当竞争立法主要有1933年的《反不正当竞争防止法》，该法以后经过多次修改，并于1993年进行了较全面的修改。

三、知识产权法律制度的国际化

国内知识产权制度的产生，使知识产权成为依各国法律确定的一种私权，具有严格的地域性。这种地域性不利于整个人类科学技术与文化的发展。可以说，国际知识产权法就是为了解决这一矛盾而形成的一种国际法律制度。

这种国际法律制度最初是以双边协定的形式出现的。例如在版权领域，意大利于1843年分别与奥地利和法国签订了双边保护协定，法国也于19世纪中叶分别与英国、比利时等20多个国家签订了双边保护协定。1883年，在巴黎召开了一次外交会议，最终通过并签署了《保护工业产权巴黎公约》（以下简称《巴黎公约》），有11个国家在该公约上签了字。1884年7月7日，公约正式生效时，英国、突尼斯和厄瓜多尔也加入进来，使得最初的成员国变为14个。《巴黎公约》是世界上第一个保护工业产权的国际公约，它的生效标志着工业产权保护国际协调的开始。

《保护文学艺术作品伯尔尼公约》（以下简称《伯尔尼公约》）是版权领域的首个，同时也是处于主导地位的国际条约。1886年9月，由英国、法国、瑞士、比利时、意大利、德国、西班牙、利比里亚、海地、突尼斯等10个国家发起，缔结了该公约。到1887年9月，除利比里亚外，其余9个国家批准了该公约。因此，公约于同年的12月开始生效。至此，覆盖工业产权和版权这两大知识产权主要领域的国际保护体系，正式宣告成立，并随着时间的推移而不断发展。

从《巴黎公约》缔约到1967年世界知识产权组织成立，知识产权国际保护体系的发展主要经历了这样一个过程：首先是缔结新的国际条约，增加新的国际知识产权法律规范；其次是修订已缔结的国际条约，更新国际知识产权法律规范；最后是推动使其更广泛地接受现存条约，扩大它们适用的地域范围。

《巴黎公约》和《伯尔尼公约》所确立的国民优先待遇原则，是不同社会经济制度和不同发展水平的国家都能够接受的基本原则。这一原则既不能要求法律的一致性，也没有要求适用外国法的麻烦，只是要求每个国家在自己的领土内适用本国的法律，不分外国人还是本国人。这种尊重各国法律有很大差异的原则极大促进了公约地域范围的扩大，促进了知识产权国际保护的发展。

知识产权制度国际保护的组织化是与国际知识产权法的形成与发展联系在一起的。从某种意义上来讲，知识产权领域国际组织的产生与发展也是国际知识产权法的形成与发展。国际知识产权组织的产生，经历了一个从国际行政联盟到专门性国际组织的过程。

为了实施《巴黎公约》，1883年成立了"保护工业产权巴黎联盟"；为了实施《伯尔尼公约》，1886年成立了"保护文学艺术作品伯尔尼联盟"；为了实施《马德里协定》，1891年成立了"商标国际注册特别联盟"。1967年，在斯德哥尔摩召开了一次外交会议。这次会议修改了《巴黎公约》《伯尔尼公约》以及其他联合国国际局管辖的多边条约的全部行政条款，并于同年7月14日签订了一个新的公约，即《建立世界知识产权组织公约》。这个公约于1970年4月26日生效，宣告世界知识产权组织正式成立。1974年12月，该组织与联合国的协定生效，成为联合国组织系统当时的15个专门机构之一。

世界知识产权组织的建立，使知识产权保护纳入了一个政府间国际组织的职能范围，各联盟的活动可以持续而协调地进行。该组织因成为联合国的专门机构而极大地提高了权威性，等于在知识产权领域内担负起了发展有关国际法的责任。因此，世界知识产权组织作为联合国专门机构的产生是国际知识权法发展史上的一块里程碑，它标志着知识产权制度国际协调的组织化，已具有现代国际法的意义。这一组织化趋势，实际上是现代国际社会的组织化在知识产权领域的具体体现。

在《与贸易有关的知识产权协议》（英文缩写为TRIPS）诞生之前，知识产权保护与国际贸易是由两套不同的国际法律体系分别处理国际事务的。以世界知识产权组织及其所管辖公约为中心的知识产权国际保护制度主要致力于促进世界各国对知识产权本身的尊重和保护，并通过鼓励创造性活动和促进技术转让及文艺作品的传播，推动工业和文化的发展，而对国际贸易及其与知识产权保护的关联则甚少涉及。由于技术贸易在国际贸易中所占的份额越来越多，以及有形商品贸易中技术含量迅速增加，知识产权保护与国际贸易之间就有了一种客观的内在联系。可以说TRIPS是发展中国家与发达国家之间讨价还价与妥协的产物。尽管从总体上它反映了以美国为首的一些发达国家的利益要求和愿望，但也不能否认，它有限度地照顾了发展中国家的利益。

第二节 药品知识产权法律制度的界定与特点

一、知识产权的界定

"知识产权"在我国不是古已有之的，这一概念来自英文"intellectual property"，我国法学界曾长期翻译为"智力成果权"。1986年《中华人民共和国民法通则》颁布后，在我国才开始通用"知识产权"的称谓。我国台湾地区则把知识产权称为"智慧财产权"。

无论"知识产权"这一概念如何表述，从最一般的意义上说，它指人们基于脑力劳动所创造产生的智力成果而依法享有的各种权利的总称。但纵观各国知识产权立法、知识产权国际公约或知识产权法理专著，大多数均是从划定范围出发来明确知识产权这个概念或给知识产权下定义的。这是因为"知识产权"这一概念的内涵和外延非常广泛，并且在学理和立法上也存在广泛的不一致和争议，因此很难对其下一个简单明了而又完整准确的定义。

目前，世界知识产权组织所划定的知识产权范围应当说最具代表性。按照《建立世界知识产权组织公约》第二条第八款为"知识产权"所下的定义，知识产权应包括下列权利：与文学、艺术及科学作品有关的权利，这主要指版权（著作权）；与表演艺术家的表演活动、与录音制品及广播有关的权利，这主要指著作权的邻接权；与人类创造性活动的一切领域内的发明有关的权利，这主要指发明专利权、实用新型专利权以及就非发明所享有的权利；与科学发现有关的权利；与工业品外观设计有关的权利；与商品商标、服务商标、商号及其他商业标记有关的权利；与防止不正当竞争有关的权利；一切其他来自工业、科学及文学艺术领域的智力创作活动所产生的权利。

由于目前已经有100多个国家（包括中国）参加了这一公约，并且由于该公约第十六条明文规定了"对本公约不得做任何保留"，故可以认为世界上大多数国家均已对上述关于知识产权的定义表示接受。

此外，世界贸易组织（WTO）所划定的知识产权范围也被世界上大多数国家所认可。在《世界贸易组织协定》的最重要组成部分TRIPS中，其第一部分

第一条中明确了该协议中所包含的知识产权范围，具体内容如下：版权与邻接权、商标权、地理标志权、工业品外观设计权、专利权、集成电路布图设计权；未披露过的信息专有权。

以上两种知识产权的范围划分从大体上说是一致的。但是，尽管以上两份协议对世界上大多数国家都具有法律约束力，但在各国立法中，真正把世界知识产权组织或WTO所称的"知识产权"的内容都当作知识产权对待的现象并不普遍。无论是在理论上还是在实践中，普遍都认为知识产权主要包含专利权、商标权与版权，在这一点上各国的意见还是比较一致的。

因此，"知识产权"这一概念的具体范围有广义与狭义之分。

广义的知识产权，也就是《建立世界知识产权组织公约》和TRIPS中所划定的范围。对广义知识产权的范围，还有其他一些划法。例如，国际保护工业产权协会1992年东京大会认为，知识产权分为"创作性成果权利"与"识别性标记权利"两大类：前一类包括7项，即发明专利权、集成电路权、植物新品种权、技术秘密权（"Know-How"权）、工业品外观设计权、版权（著作权）、软件权；后一类包括3项，即商标权、商号权（"厂商名称"权）、其他与制止不正当竞争有关的识别性标记权。

狭义的或传统的知识产权，一般分为两类：一类是文学产权（literature property），包括著作权及与著作权有关的邻接权，它是关于文学、艺术、科学作品的创作者和传播者所享有的权利，它将具有原创性的作品及传播这种作品的媒介纳入其保护范围，从而在创造者"思想表达形式"的领域内构造了知识产权保护的独特领域；另一类是工业产权（industrial property），包括专利权和商标权，它们是工业、商业和其他产业中具有实用经济意义的一种无形财产权，又可称为"工业产权"。

文学产权（或说是著作权）与工业产权的区分是知识产权的传统基本分类。我国也基本上采用了这一狭义的范围划分，对专利权、商标权、著作权及其邻接权单独立法予以保护。对于广义知识产权中的其他内容，在我国则散见于《反不正当竞争法》等法律之中予以保护。

在当代信息社会里，知识产权的范围有向"信息产权"扩充的趋势。以计算机技术、网络技术和通信技术为主流的新技术革命，将人类社会推入了一个信息化时代，信息本身成为促进经济、技术及社会发展的重要资源，也成为人们不可或缺的无形财产。知识产权所涉及的对象可视为非物质形态的知识信息。专利法保护的"新的技术方案"提供了某一领域最新技术的信息；商标法保护的"识别性标记"，本身就是区别不同商品或服务的信息；著作权法保护的"独创性表达"，通过报刊、书籍、广播电视、电脑网络等各种媒介的传播，成为人们最主要、最广泛的信息源；商业秘密权的保护对象则是未公开披露而通过保密实现其价值的技术秘密或商业信息。

二、药品知识产权的界定

药品是指用于预防、治疗、诊断人的疾病，有目的地调节人的生理功能并规定有适应证或者功能主治、用法和用量的物质。按不同的标准可以将药品分成不同的类别，我国宪法将药品分为现代药和传统药。现代药也称为西药，是用现代医学、药学理论方法和化学技术、生物学技术等现代科学技术手段发现或获得的，并在现代医学、药学理论指导下用于诊断、预防、治疗疾病的物质。传统药也称为民族药，是人类在与疾病做斗争的漫长历史过程中发现、使用的，并一般在传统医学、药学理论指导下用于疾病治疗的物质。按照人们的习惯以及我国药品管理的分类将药品分为西药和中药。西药指在西方医学、药学理论指导下，用于诊断、预防、治疗疾病的物质。中药指在中医理论指导下，用于诊断、预防、治疗疾病的物质。药品知识产权法律制度是指在一定立法理念指导下，关涉药品智力创造活动所产生权利的、体系化的法律规范的总和。

知识产权法律制度的宗旨是使人类聪明才智取得的成果能够在社会中发挥出最大的效益。在知识产权制度得以建立并发挥重要作用的诸多领域中，药品领域的知识产权无疑是一个备受关注的热点问题。药品在世界各国都是受到严格法律管制的特殊商品。药品在社会经济生活中的地位十分特殊，与人类的生命与健康密切相关，药品质量的好坏，会给药品消费者带来巨大的影响，药品的研发、生产和使用是涉及公共利益乃至社会稳定的重要因素。

三、药品知识产权法律制度的特点

为了规避药品带来的风险，世界各国对药品质量均有着较其他商品更为严格的要求，这决定了药品的研究开发需要一个漫长的周期与高昂的投入。世界每年上市的新药有40多种，平均每个药物的研究开发费用高达8亿~10亿美元，开发周期长达10~15年。与较长的开发、研究周期和巨大的投资相比，药品的仿制相对容易，且投入低得多。仿制一种新药，平均花费仅数十万美元，平均周期仅1~2年。因此，药品知识产权保护，尤其是药品专利权的保护显得更为必要和重要。药品知识产权法律制度的建立与健全，为药品技术成果和经营标记提供合法性保护，对各国医药企业和医药行业来说，无论从微观上还是宏观上都有着不可替代的重大意义。

随着全球化时代的到来，知识产品逐步冲破地域性的限制在世界范围内广泛通行，成为国际关系中的热点问题。当今世界，制药产业最大的特点是产业的高度专利依赖性和专利药品所属国家的高度垄断性，特别是发达国家对技术资源与技术创新渠道的强力垄断。由于科技水平、经济水平的差距，绝大多数的药品新技术、新成果掌握在以美国、欧盟成员国为代表的发达国家手里。由于发达国家在高新技术方面的经济投入与数量产出占有绝对优势，所以特别强调在全球范围内对知识产权应当加以保护并严格执行对侵犯知识产权的处罚。涉及知识产权的国际冲突和摩擦时有发生并不断升级。随着全球化时代的到来，对药品知识产权不予保护的弊端日益显露，发展中国家开始重新认识知识产权的国际保护与发展民族工业的关系，并纷纷调整其药品知识产权政策，尤其是随着WTO的诞生，各成员国都必须在其规则之下行事，对药品承诺予以知识产权的国际保护已经成为一种趋势。

第二章

中国药品知识产权制度法理分析

第一节　药品知识产权制度的设计原理

一、知识产权法律制度的权利主体

知识产权法律制度的权利主体大致分为两类：一类以专利权、商标权的主体为代表；另一类以版权的主体为代表。

专利权的主体为专利权人，对于专利权人的规定，多数国家的情况与我国相同，我国专利权的主体包括：职务发明创造申请专利的权利属于单位，申请被批准后，该单位为专利权人；非职务发明创造，申请专利的权利属于发明人或者设计人，申请被批准后，该发明人或者设计人为专利权人；两个以上单位或者个人合作完成的发明创造、一个单位或者个人接受其他单位或者个人委托所完成的发明创造，除另有协议的以外，申请专利的权利属于完成或者共同完成的单位或者个人，申请被批准后，申请的单位或者个人为专利权人；同样的发明创造，即两个以上的申请人分别就同样的发明创造申请专利的，专利权授予最先申请的人。至于商标权的主体，在不同国家，依照商标权获得的不同途径，可能是经使用而取得专有权的人，也可能是经注册取得专有权的人。一般来讲，商标权的主体不是商标的设计者，而是使用或注册商标的企业。

关于版权的主体，《伯尔尼公约》对版权主体的规定比较简单明确：唯作者是原始版权人。因而，版权在国际公约中的归属原则为：付出创造性劳动的自然人是版权的主体。版权主体获得版权一般不需要履行任何手续，"在多数建立了版权制度的国家，版权随着作品的创作完成而依法自动产生，或（对外国人或并非同一公约成员国的人）随着作品的出版及其他形式发表而自动产生，不需要履行任何形式的手续；作品也不需要有任何特别的表示享有版权的形式"。我国著作权法对版权主体的规定与《伯尔尼公约》一致。但是，近年来，版权的主体发生了很大变化，随着如电影、录音录像、软件、数据库等集体作品的大量出现，作品的独立创作已经逐步在向以雇主组织多个创作者进行集体创作的形式转变。由此，作品创作中，作者的人格和个性成分减少，而组织管理多人创作、集体参与创作必需的经济投资成分渐多，作者的利益蛋糕面临着被投资者分享的危险。事实上，尽管目前学界对于保护作者还是保护投资者仍有争论，但法律本身已经开始向投资者倾斜。如对于软件的保护，法律显然不是保护软件设计人员，而是保护对软件生产进行组织和投资的公司。

综上所述，有可能获得知识产权主体资格的有：对智力创造成果付出智力创造性劳动的自然人（如果两个以上的自然人获得同一智力创造成果，先申请人为权利主体）；智力创造成果的出资者；商业性标记的使用或注册企业。

二、知识产权法律制度的权利客体

当下通行的知识产权法律制度保护的客体是智力创造活动成果。智力是与体力相对的，指主要依靠人的思维进行抽象劳动；创造活动指主体进行的创造、制作活动，旨在探求在特定领域、范围内前所未有的新知识；成果是指知识产权法律制度保护的客体，并不是存在于头脑中的纯粹抽象的知识，而是作为抽象知识外在表现的技术方案、书籍、商标设计等。

智力创造活动成果有着与有形物不同的特征：其一，无形性。智力创造成果的价值不在于其物质载体，而在于物质载体中承载的无形知识，这意味着对它的占有具有非竞争性和非排他性，即一个人拥有智力创造物并不排除其他人可以同时拥有，这使智力创造物较有形物具有极为广阔的使用空间，与此同时，也使创造者依靠自身力量对其控制极为困难。其二，非损耗性。智力创造成果与有形物不同，对它的使用并不会对产品造成损耗。"用经济学的术语来说，将一个知识产品提供给额外的用户使用的边际成本是零。这也与有形财产不同，因为使用者的多方面的使用没有增加利用知识产品的成本。知识产品的流转虽然有交易成本，现代技术却可以使知识产品以很低的成本被获取""基于这样的特点，从静态经济学的角度来看，知识产品应当不受限制地为任何可能利用的人打开方便之门"。其三，独创性。独创性是智力创造成果成为知识产权客体的重要条件之一，不过不同形式的知识产权对客体独创性的要求不同，"专利权中的发明创造所要求的创造性最高，一般必须是该项技术领域中前所未有的、先进的、实用的科学技术成就，通常称之为非显而易见性。著作权法中的作品要求的独创性一般要求作品的表现形式必须是作者创造性的独立构思和创作，通常称之为原创性。而商标标记所要求的创造性仅达到易于区别程度，一般称之为易于区别性。可见，知识产品只有具备独创性、先进性或新颖性，才有可能成为知识产权法律关系的客体，而抄袭的、落后的、仿造的东西则不能成为知识产权法律关系的客体"。其四，可复制性。智力创造成果在首次创造时的付出非常大，但其重复使用却较为容易。有形物的每次生产付出很接近，但对于智力创造成果来说，其首次研制需要经过大量的抽象劳动，而一旦成功，实施其思路却要容易得多，这就使人们更趋向于使用别人的智力创造成果，自己却不去创造。

智力创造成果的这些特性致使保护有形物的制度无法全面地保护它，而仅仅依靠市场的自发调节，也无法达到既鼓励、支持智力创造活动，又使智力创造成果能够最大限度地发挥其作用的目的，因而创设保护智力创造活动的制度就成为必需。

综上所述，知识产权法律制度保护的客体是通过抽象劳动而创造、制作的新的技术方案、书籍、商标、商誉等。

三、知识产权法律制度的权利内容

知识产权主要是一种财产权，但是知识产权和物权有很大不同，物权是一种直接的财产权，而知识产权仅仅是一种获益的预期，并不是直接收益，获益的多少与创造智力成果付出劳动的多少没有直接关系，而与智力创造成果的市场效益直接相关。知识产权法律制度设计的权利是一种受限制的市场垄断权，拥有知识产权就拥有一种在一定时期、一定地域、排他性地将智力创造成果工业化、市场化、商业化的权利，这种权利可以由权利人自己行使，也可以转让或赠予他人行使，在某些情况下，怠于行使权利将受到制裁。权利人财产上的收益要经过两个过程才能实现：第一个过程是通过抽象劳动进行创造、制作活动，而后将这一活动的收获用特定的语言进行表述，使其成为有一定物质载体的知识形态；第二个过程是将处于知识形态的智力成果通过工业化的形式实物化、市场化、商业化，其收益就是知识产权的获益。知识产权属于智力创造活动的劳动者或投资者，他们可以自己直接进行第二个过程，也可以将权利完全或部分转移给受让人进行第二个过程，知识产权法律制度并不关心由谁来进行第二个过程，只关注经济利益的最大化。同时知识产权的实现是受限制的，最主要的限制是对时间和地域的限定。权利人只能在特定时间、特定地域内实现其对智力创造成果的市场垄断权，超过特定时间、地域，权利即告消失，其智力创造成果随即进入公共知识领域。

综上所述，知识产权法律制度通过对智力创造活动的劳动者、出资者、运作者赋予市场垄断权，以激励具有市场前景的智力创造物的创造。这种制度通过人为的构设，引导资金、劳动等稀缺资源的流向，以促进智力创造活动的繁盛。

第二节　药品知识产权制度的法律价值

一、药品知识产权法律制度激励主体的创新意愿

随着人类科学技术水平的提高，在近代，人们所从事的创造智力成果的活动与古代的单个发明者的发明不可同日而语，人们必须付出相当的劳动以及资金方能取得成果。到了20世纪，这一活动更多地涉及集体研究、大规模投资、市场以及发明成果的商业化，这些特点决定了发明创造活动大大地依赖于预期的投资回收。由于智力成果与有形财产不同，个人很难靠占有来对其成果实施保护，加之现代科技的发展为仿制带来了极大便利，如果听任他人模仿发明创造成果，那么发明创造者从事发明与革新的动力就会严重不足。因而，为了保证创新的实现，必须用制度吸引人才和资金流向创新。

吸引人才流向创新的制度设计，需要为从事创造性劳动的人提供获利的预期。"经济发展和社会繁荣的精神动力源于经济主体对利益的追求。人类社会的发展，无疑是与经济主体对利益的追求密不可分的，只有经济主体对利益的追求，才能增加国民财富并使之最大化。"求利是每一个人的基本天性，也是其投身经济活动的根本动机。知识产权法律制度正是以赋予主体获利预期为手段，刺激主体投入创造性劳动，鼓励发明者将发明向社会公开，从而达到促进经济发展和社会繁荣的目的。

知识产权法律制度不仅鼓励主体进行智力创造活动的意愿，也鼓励在智力创造活动方面进行投资。技术与资本的结合是资本主义生产方式的特点。现代资本主义生产方式可以说是通过技术的进步和资本的积聚形成的。由于知识产权法律制度的垄断性和特权特点，垄断的技术在一定时期内往往给权利人带来超出平均利润之上的利润，资本对于知识产权带来利润的追逐也就成为必然。在我们承认资本和市场经济合理性的前提下，知识产权的合理性在于资本对于垄断利润的追逐。

因此，知识产权法律制度通过赋予权利人知识产权，运用市场手段激发劳动者、出资者投入智力成果创造活动的意愿，以此促进创新成果的出现，促进经济发展和社会财富的增加。

二、药品知识产权法律制度是市场经济模式下发展制药产业的必然选择

在人类生产力尚不甚发达、物质财富还是稀缺资源的今天，人类的道德还

达不到无私奉献的水准。欧盟制药行业协会总裁麦奇洛对公众用一系列数据描述新药研发所面临的巨大挑战：医药研发成功率不足三十万分之一，而且整个过程要花10~12年的时间，花费高达10亿美元的资金。新药研发需要如此高的代价，使得研究者不得不考虑利润回报。巨额的利润回报是医药企业投入巨资去搞研发的原因，同时，也是它们对知识产权尤其是专利十分重视的原因。在市场经济条件下，资本与技术具有趋利性，它们会主动流向利润高的领域。如果开发新药无利可图，谁肯投资数亿元，耗时几十年去研发新药呢？但是，随着人类社会的发展，人类的疾病谱在不断发生着变化，各种层出不穷的新疾病不断向人类的健康提出挑战，因此，新药的研制与开发就成了人类战胜病魔的生命线。进一步来说，即使一种新药研发成功，根据世界范围的治疗经验，还会有5%~10%的患者会在接受治疗后的2~3年内产生耐药性，有些药物在使用几年之后就会产生大面积耐药反应。也就是说，新药研发不是一劳永逸的，需要不断超越已有技术，开发新一代替代产品。然而，时至今日，人类研制新药的技术已日臻完善，实现超越越来越困难，而且经历了几次波及世界的药害事件之后，世界范围内对新药研发的要求近乎苛刻，也使新药的开发举步维艰。当下，全世界上市的新药与其他行业的新产品、新品种相比，数量越来越少，开发难度越来越大。如果知识产权制度不能给企业良好的获利预期，新药的研发还会大量减少，人类的健康权和生命权岂不更无保障？就我国而言，在对药品专利不予保护时，我们只能仿制外国比较落后、技术含量低、生产工艺相对简单的药品。中国人使用的药品大多为发达国家十几年，甚至几十年前使用的药品；而对药品专利予以保护后，情况大为改观。由40家在华跨国药企组成的研制开发制药企业协会执行总监美国人舒德先生说，目前，西药制药企业在中国上市的药品，大部分是原研制药，几乎覆盖所有的治疗领域。原研制新药的上市时间与国外同样或类似药品的上市时间差不断缩短，有的几乎同步，使中国公民可以跟其他国家的公民一样，能尽快享受到世界上药品开发研究方面的成果。仅仅强调发展制药产业与健康权之间的对立、冲突，而忽略其相互促进的一面是有失公允的，在实践中也是有害的。因而，发展制药产业是人类实现健康权的最佳选择。

三、药品知识产权法律制度推动新药研发成果的产业化、市场化

在进入近代之前，人类主要通过体力劳动创造财富，劳动的过程也就是物质财富增长的过程。但是，进入近代以来，脑力劳动在创造社会财富中的作用日益凸现，而脑力劳动创造的智力成果具有无形性，它转化为物质财富还需要工业化、市场化的过程，只有通过工业化、市场化生产出承载智力创造成果的

物质载体，并得到市场的认可，才能获得更高的经济或社会效果，实现促进经济发展、社会财富增长的目的。

基于上述特点，作为激励智力创新的知识产权制度在设计时采取了与物权不同的赋权原则。立法者将知识产权构设为一种"准财产"，也就是说，知识产权只是潜在的财产，拥有知识产权并不意味着直接拥有了财产，它只是获利的法定许可和预期，知识产权权利人只有将知识产品投入生产，经过市场的认可方可获益。总体来说，知识产权的收益与其获得市场认可的程度，或者说与其为公众需求的程度成正比，这种制度设计必然驱使发明人或投资者选择具有市场前景的产品进行开发，并督促知识产权权利人将智力创造成果及时进行工业化、商业化，从而促进经济的繁荣与发展。

第三节　药品知识产权法律制度的理论困境及破解

一、药品知识产权法律制度的理论困境

一般说来，在当今世界，药品知识产权的立法理念主要存在两种倾向：一种是以美国为代表的发达国家，由于在高新技术方面的经济投入与数量产出占有绝对优势，其制药产业处于世界领先地位，特别强调在全球范围内对药品知识产权予以强保护与严格执行侵犯知识产权之处罚的强保护，强调药品知识产权在促进制药产业发展中的作用；另一种是以印度为代表的发展中国家，它们将药品知识产权的弱保护作为支持其幼稚民族工业的一种形式。如此为之，发展中国家可以用最少的外汇来提升其民族工业的发展水平。

然而，随着全球化时代的到来，发达国家和发展中国家均意识到其药品知识产权立法理念存在偏颇，纷纷进行调整，开始关注发展制药产业与国民健康权的平衡。

发达国家开始认识到，药品知识产权制度与人类的健康权息息相关，它们制定一些相关的法律法规对制药企业进行约束，在一定程度内保证权利相对人的利益。同时，发达国家在国际药品知识产权领域也有所让步。不过，发达国家在药品知识产权立法理念方面的变化并不显著，而发展中国家在这方面却发生了根本性的转变。

20世纪中后期以来，发展中国家逐步认识到对药品知识产权保护不力的弊端：其一，侵权行为招致了发达国家的层层技术封锁，使非法仿制的难度及费用不断加大，同时也导致了激烈的贸易摩擦和发达国家的强力制裁，使它们在

经济上蒙受重大损失。其二，对药品知识产权保护不力，最致命的结果便是将严重减损技术创新的动力与能力。知识产权法律制度是迄今为止人类创设的在市场经济条件下促进技术创新的最有力手段。其制度设计初衷及最核心的理念就是通过授予技术创新以市场垄断权来吸引资金、人才，激发人们进行技术创新的意愿并提升技术创新能力。众所周知，研发新药需要投入大量的时间、资金和精力，在非保护的情况下，企业可以以较自主研发少得多的代价获得别人研发的新药，这样制药企业就会选择让别人去研发，自己只是通过反向工程等方式来生产，以节省投资和研发成本，仿制现象被普遍化。企业及科研人员都在从事科技含量极低的仿制工作，企业研发投入严重不足，这导致医药企业只能在国外大企业的后面亦步亦趋，在竞争中只能维持生存，无法谈及真正意义上的发展。同时，由于仿制技术含量低，造成中、小制药企业大量重复生产，在技术上不占优势的药品只好在流通领域恶性竞争，造成药价虚高，使消费者蒙受损失。因而，对药品知识产权不予保护会使制药行业成为无源之水、无本之木，丧失发展的动力与源泉，永远无法与国外大型制药企业在同一层次上竞争。其三，造成发展中国家制药企业知识产权保护意识淡薄，传统医药知识产权大量流失。知识产权属于现代权利的一种，"权利是一种概念，也是一种制度。当我们说某人享有权利时，是说他享有或拥有某种资格、利益、能力或主张，别人负有不得侵夺、不得妨碍的义务。若无人承担和履行相应的义务，权利便没有意义了。所以，一项权利的存在，意味着一种让别人承担和履行相应义务的观念和制度的存在，意味着一种文明秩序的存在"。通过上述权利概念，可以知悉，所谓权利意识，应该包含两个方面：一方面是对别人权利的尊重；另一方面是对自身权利的争取和保护，而后一方面恰是现代权利理念的核心和旨意所在。不懂得尊重别人权利的人，同时也极可能不会正确地把握自己的权利。例如，日本将我国的六神丸稍加改进，更换了名字、包装，制成救心丸，年出口额达1亿美元，而且大多销至中国市场；我国某家药业生产公司的负责人将该公司生产的、已被批准的治癌特效中药的半成品无偿提供给一个外国专家，外国专家在报纸上公开发表，估计因此将给这家药业公司造成高达10亿元人民币的损失；我国生产多年的著名药品被外国人抢先注册的事情也屡见不鲜。对他人权利的尊重和保护自身的权利不受侵犯，已经是当下知识产权侧重于经济利益之财产权的国际环境中，法治国家公民必须具有的权利意识，这种权利意识的培养将有利于发展中国家医药企业融入全球化的浪潮而与世界先进制药企业同步成长。

随着全球化时代的到来，发展中国家开始重新认识知识产权的国际保护和发展民族工业的关系，它们意识到保护落后或置身于国际环境之外而陶醉于自我价值意识并不能与国际发展同步成长，而使民族工业完全回避国际竞争的政策，不仅是不适当的保护，也永远无法提高自身的竞争力，因此，发展中国家纷纷调整其知识产权政策，承诺知识产权的国际保护已成一种趋势。思想的转变是经济、政治、社会变革的先导，没有思想上的转变，制度的变革就会受阻。

二、药品知识产权法律制度理论困境的破解

1.探索药品知识产权法律制度的立法理念　制药产业是全世界公认的朝阳产业，其巨大的市场空间及巨额回报的潜力吸引全世界众多企业巨头不惜投入重金进行技术开发，技术创新成为医药企业竞争的主要手段。由于发达国家牢牢控制着制药产业科技创新的制高点，发展中国家无力与之竞争，在20世纪初、中期，众多发展中国家往往拒绝对药品知识产权予以国际保护。但是，随着全球化时代的到来，对知识产权不予国际保护的弊端日益显露，发展中国家开始反思其知识产权法律制度。药品知识产权是我国知识产权保护的薄弱环节，对药品知识产权的探讨将使我国知识产权保护的理念发生重大转变，并将为我国知识产权法律制度的完善提供重要的理论支撑。而立法理念是知识产权法律制度的先导，对更新立法理念的探索将为知识产权法律制度的重建提供坚实的基础。

2.深入研究药品知识产权权利人及相对人的权利平衡　知识产权设计最关键的问题是知识产权权利人和相对人的权限界分。药品是一种特殊商品，与人的健康甚至生命密切相关，世界各国对药品授予知识产权的条件都极为严格。美国获得知识产权投入最大的产业就是制药产业。而由于人类疾病谱在不断发生变化，制药产业又是一个强力需求创新的产业。因而，为了激励制药产业的创新意愿，也为了弥补制药商在获得药品知识产权时的巨大付出，西方国家为药品知识产权权利人设计了较其他商品的知识产权权利人更大的权利，这必然会减损药品知识产权相对人的利益，使他们在消费创新药品时较其他商品支付更高的代价，而药品知识产权相对人的范围相当大，几乎可以囊括所有人。因而，药品知识产权权利人与相对人的矛盾比其他商品更加尖锐，对药品知识产权权利人及相对人权利平衡的深入研究，将为知识产权法律制度的设计提供极有价值的启迪。

3.探索中药知识产权法律制度的国际化路径　中药是我国传统知识中的瑰宝，几千年来，它为中华民族的繁衍生息做出了巨大贡献。中药在治疗许多疾病中的独特疗效也不断被实践所证实。但是，包括中药在内的传统知识在知识产权保护领域却遭遇尴尬。不过，20世纪后期，知识产权的新发展为我们提供了契机，如今，在世界范围内，对传统知识的知识产权保护已提上日程，但传

统知识的知识产权保护制度尚未形成，在此背景下，对中药知识产权法律制度国际化的路径进行探索，将对其知识产权保护制度的国际化有一定的学术意义。

4.实施保护创新的药品知识产权法律制度 众所周知，药品是一种针对性强、替代性差的商品，而人类的疾病谱在不断发生变化，现在对人类健康乃至生命危害最大的疾病基本上都是近期出现的，所以药品是一种对创新要求很高的商品。只有针对新的疾病不断研发新药，才能保证人类的生息繁衍。因而在药品领域实施保护创新的知识产权法律制度，具有关乎国计民生的重要意义。

5.研究理论及实践层面的药品知识产权问题 制药产业不仅与人的生命、健康息息相关，还可以带来巨额的利润，是当今世界公认的发展速度快、市场潜力大、经济回报高的技术先导型产业。我国是一个拥有14亿人口的国家，国内药品市场极为庞大，而且，随着人们生活水平的不断提高以及人口老龄化的加剧，对药品的需求也在急剧上升。但我国的药品仍以引进和仿制为主，拥有自主知识产权的药品少之又少。我国在世界上有影响力的新药屈指可数，药品知识产权问题就是主要因素之一，因为药品知识产权对保护和激励新药研发起决定性的作用。当前，我国制药行业整体创新能力较弱，创新尚未成为药品研发的主流方向。在这种情况下，从理论及实践层面对药品知识产权问题进行研究，将对我国制定药品知识产权战略，使我国制药产业能跻身于世界药品主流市场有所裨益。同时，以药品为个案的研究，也将对我国技术先导型产业的知识产权法律制度的架构有所启迪和助益，将促进我国建设创新型国家的法律制度的完善。

6.深入研究药品知识产权法律制度的交错之处 知识产权法律制度在我国运行的时间比较短。目前，我国的药品知识产权法律体系是一个多元化、多层级的保护体系。各保护方式的效力、强度和适用范围都不尽相同，多有交错乃至矛盾之处。深入研究、理顺这些交错乃至矛盾之处，将对我国制定、完善药品知识产权法律制度有所助益。

第三章

药品知识产权法律制度述评

第一节　药品知识产权法律制度的认知进路及立法进程

知识产权法律制度是保护科学技术和文化艺术成果的重要法律制度，也是当代国际科技与经济合作的基本环境条件之一。知识产权法律制度的建立与发展，是科技与经济密切结合以及科技成果商品化、产业化、国际化的必然结果。近代科学技术的进步与商品经济的发展，使得科学技术在商品价值构成中的比例越来越大，技术附加值成为商品价值的重要体现。同时，技术作为一种独立的、以知识形态存在的商品，自身具有特殊的价值和使用价值，在社会生活中发挥着越来越大的作用。在这样一个时代，科学技术已变成一个开放性的系统，要求建立一种能够调动人们积极性的法律制度，以调整发明创造完成者、发明创造所有者、发明创造使用者之间的各种利益关系。因此，围绕着智力劳动成果权利的归属与分享，需要通过法律规范调整其产生和使用中的各种社会关系，以便在运行机制上适应和促进科学技术和文化艺术等智力活动的发展，这使得知识产权法律制度应运而生。

中国知识产权法律制度是在一种与西方截然不同的境况下产生的。大致来说，世界各国从封建专制进入法制乃至法治有两种路径：一是自然演进；二是政府推进。西方国家的法制化主要是其政治、经济、文化发展的自然结果，政府只是适应这种趋势并将其固定化；而中国是一个长期封建专制集权的国家，缺乏商品经济的发展，缺乏民主法制的传统，缺乏推进法制自然演进的本土资源和机制，因此，中国的法制化主要源于西方经济飞速发展的影响及压力，是在政府的推进下启动和进行的，政府是法制化运动的主要动力，法制目标主要是在政府的指导下设计形成的，法制化进程及其目标任务主要是借助和利用政府所掌握的本土政治资源完成的。"权力中心提供新的制度安排的能力和意愿是决定制度变迁的主导因素。"因此，在中国，政府对知识产权制度的认知程度将直接决定知识产权制度的立法及实践。

一、对药品知识产权不予保护时期

在发达国家，知识产权法律制度已运行几百年。这一制度在我国起步较晚，直到20世纪80年代，才逐步建立和完善。知识产权法律制度发轫于西方，其保护的对象——智力创造成果，绝大多数都被发达国家掌握在手中，知识产权的国际化也是在发达国家的强力推动下得以实现的，我国知识产权法律制度的最初确立、实施也部分迫于经济全球化和发达国家的压力。因而，我国在知识产权立法之初缺乏自主性、积极性。

专利法是专利制度的核心，是实行专利制度的法律依据，制定和颁布专利法是实行专利制度的标志和前提。因此，要实行专利制度，必须有一部专利法。起草好一部符合我国社会主义国情的专利法，就成为筹建专利制度的一项最重要的核心工作。1979年3月19日，国家科学技术委员会就正式组建了专利法起草小组，负责起草专利法工作。有一个明确的指导思想是做好起草专利法工作的前提。经反复讨论，主要的指导思想归纳起来主要有以下四点：①坚持社会主义原则，要适合我国是发展中国家的国情；②要适应经济体制和科技体制改革的需要；③在维护国家利益的同时，要遵循国际惯例；④条文简明，便于施行。从写出专利法的第一稿草案到全国人大常委会通过专利法，整整用了5年时间，主要的修改稿总共有25个，在每一稿之间，还有一些小的修改。1983年11月25日~12月7日，第六届全国人大常委会第三次会议对专利法草案进行了第一次审议。时任中国专利局局长在1983年12月2日在第六届全国人大常委会第三次会议上做了关于《中华人民共和国专利法（草案）》[以下简称专利法（草案）]的说明，摘录如下。

（一）起草经过

我国于1950年曾颁布了《保障发明权与专利权暂行条例》（1963年废止），从1978年起开始筹建专利制度，1979年3月着手草拟专利法。1980年1月，国务院批准了国家科学技术委员会的《关于我国建立专利制度的请示报告》，成立了中国专利局。中国专利局等单位在起草专利法的过程中，考察了各种类型国家的专利制度，参考了几十个国家的专利法资料，广泛征求了国内有关单位的意见。国务院于1982年9月再次作出了在我国实行专利制度的决定。

（二）建立专利制度的必要性

专利制度是国际上通行的一种利用法律和经济的手段推动技术进步的管理制度。这个制度的基本内容是依据专利法，对申请专利的发明，经过审查和批准授予专利权，同时把申请专利的发明内容公诸于世，以便进行发明创造信息交流和有偿技术转让。为了保护和鼓励发明创造，促进技术发明成果的推广，便于从国外引进新技术，加速我国的现代化建设，需要及早公布专利法，尽快把专利制度建立起来。

专利制度是在技术发明成果成为财富、商品的历史条件下产生和发展的。技术发明成果是劳动的产物，它凝结着发明人创造性的脑力劳动，在许多情况下还凝结着实验研究仪器、设备和实验材料等物化劳动和一些辅助性的体力劳动，但起决定作用的是创造性的脑力劳动。技术发明成果运用到生产中去还可以转化为生产力，产生经济、技术和社会效果。因此，同其他商品一样，它也具有经济价值和使用价值，也应被看作财富加以保护。由于在社会主义条件下还存在着商品生产，为了社会主义现代化建设的需要，应当大力发展技术发明成果这样的商品的生产和交换。这是我国建立专利制度的基本理论依据。

过去我们对技术发明成果强调国家所有，任何单位都可无偿使用，这样，发明人及其所在单位就不能从中得到经济利益。这是一种"吃大锅饭"的平均主义表现，不利于调动广大群众和各单位搞发明创造的积极性。进行经济体制改革以来，虽已开始实行技术有偿转让，但由于缺乏法律保护，不断出现产权纠纷及封锁保密现象。外国人也存在种种疑虑，不愿向我们转让有竞争能力的新技术，有时虽愿意转让，但索要高价。为了适应当前经济体制改革的需要，保护社会主义竞争，克服目前我国科技领域内存在的平均主义，打破技术封锁，发展国内外的经济技术交流，促进经济技术的进步，我国迫切需要建立专利制度。此外，在已经颁布的《中华人民共和国中外合资经营企业法》和《中华人民共和国商标法》中，对承认保护专利和商标的专用权都有明文规定。这是我国建立专利制度的实际依据。

（三）专利法（草案）的主要内容

专利法是国内法，也是涉外法，既要适合我国国情，又要考虑国际上通行的惯例。我国是一个社会主义发展中国家，专利法必须考虑到这个特点，才能行之有效，并在激烈的国际竞争中保护自己的权益。现就专利法（草案）中的几个主要问题说明如下。

1.关于专利权　专利法的核心是专利权问题。专利权是一种财产权，具有排他性，即未经专利权人同意，其他人不得制造、使用和销售专利产品，或使用专利方法。对于体现我国社会主义经济制度的特点，处理好国家、集体和个人对这种财产权的关系十分必要。

专利法（草案）规定，工作人员因执行本单位的任务或主要是利用本单位的物质条件所完成的职务发明创造，申请并取得专利的权利属于该单位；非职务发明创造，申请并取得专利的权利属于发明人或设计人。根据现代科学技术发展的实际情况，职务发明创造占发明创造的绝大多数。因此，我国绝大多数的专利权将归社会主义公有制单位所有。

专利法（草案）还规定，根据国家计划的需要，我国全民所有制单位之间相互不能拒绝使用取得专利权的发明创造，但使用单位应支付使用费。专利法（草案）还规定，全民所有制单位转让专利权时，需经其上级主管部门批准。这说明我国全民所有制单位所取得的专利权只具有相对的排他性。

对专利权做了这些规定，将避免独家垄断，也可避免不按国家计划使得某些热门产品一拥而上的情况。

2.关于专利保护的对象 为充分调动发明创造的积极性，专利法（草案）规定，专利保护的对象有三种：发明、实用新型和外观设计。对申请专利的发明必须经过严格的技术审查。审查的标准同美、日等工业发达国家的标准基本相同。这样我国批准的专利发明才是比较先进的。

为了保护和鼓励广大群众从事小发明（实用新型）和外观设计的积极性，专利的保护范围包括实用新型和外观设计，这可以鼓励产品品种和花色的多样化，以满足人民生活和生产日益增长的需要，增强出口的竞争能力。

考虑到我国当前的科学技术和工业发展水平不高，加上实行专利制度还缺乏经验，专利法（草案）对保护的技术领域的限制较严。这是大多数发展中国家的做法。我们准备在实施一段时间取得经验以后，再逐步放宽。目前暂不给予专利保护的范围主要是某些新物质，如药品、食品和各种化学合成物质的新品种，还包括不适于用专利保护的动物和植物新品种等。这是因为这些物质对人民生活、保健及加工工业的影响很深、很广，如给予专利保护，容易束缚手脚。但对生产这些物质的新方法包括新的化学配方，仍可授予专利权，以利于进行技术改造及从国外引进新技术。对于科学发现、数学方法和疾病的诊断治疗方法，专利法（草案）也规定不授予专利权，因为它们不能直接用于工农业生产，不属于专利法保护的范围。这种规定是符合国际惯例的。

3.关于保密发明的专利保护 专利制度的重要特点之一是它的公开性，申请专利的发明经审查批准后，一般即由专利局予以公布。但出于对国家利益的考虑，大多数国家，对涉及国家安全和重大利益需要保密的发明虽给予专利权，却不予以公开。

4.关于对发明人的奖励和报酬 为了鼓励发明创造的积极性，对发明人应给予工资以外的一定的补偿。专利法（草案）规定，取得专利权的单位应当根据发明创造的意义和实施后的经济效益，对作出发明创造的个人给予奖励和报酬。

5. 关于对外国人的专利保护　我国实行专利制度的主要目的之一是便于引进外国的先进技术，鼓励外国人来我国投资。为此，应鼓励外国人将其新的发明创造送来我国申请专利。出于维护主权和国家利益的考虑，专利法（草案）规定，外国人来我国申请专利的，应依照其所属国和我国签订的协议或共同参加的国际条约，或依照互惠原则，依法办理。专利法（草案）规定外国专利权人对在我国取得的专利发明享有专用权，同时又规定他们有义务在我国实施或许可他人实施其专利发明，不能以向我国输出产品代替实施。

6. 关于对侵犯专利权的处罚　侵犯专利权是一种侵犯财产权的行为，不少国家对此都规定给予民事赔偿和刑事处罚，也有国家仅规定了民事赔偿。为了有效地保护专利权人的权利，专利法（草案）对侵权行为，除规定予以民事赔偿外，还对情节严重构成犯罪的，依法追究刑事责任。由于我国的刑法对侵犯专利权尚无具体规定，在刑法补充相应条款前，可以比照刑法假冒商标罪论处。根据国外的情况，侵犯专利权的纠纷，多数由双方自行调解或仲裁解决，到法院起诉的为数不多，需要给予刑事处罚的更少。为了减少向法院起诉侵犯专利权的诉讼案件，各部门和地方各级科研成果管理部门可增加管理专利工作的职能，除负责对有关专利工作的指导外，经专利权人请求，还应负责调解有关专利的纠纷。

1984年2月29日~3月12日，第六届全国人大常委会第四次会议对专利法（草案）进行了第二次审议，在此次会议的一开始，就表决通过了《中华人民共和国专利法》（以下简称《专利法》）。它的诞生使我国筹建专利制度的进程走完了具有决定意义的一步，标志着从法律程序上完成了我国专利制度的建立，开创了中华民族专利史上的一个新的篇章。

在我国知识产权立法进程中，药品领域始终是其中的薄弱环节：一方面由于药品是一种极为特殊的重要商品，它直接关乎国民健康，与人权中居于首位的健康权乃至生命权关系密切；另一方面，制药产业又是我国极为薄弱的产业，它是典型的高技术依托产业，其最大的行业特点是产业的高度专利依赖性和发达国家对专利药品的高度垄断性，特别是发达国家对技术资源与技术创新渠道的强力垄断。鉴于此，许多发展中国家对药品的知识产权保护都有所保留。当今，世界上已建立专利保护制度的国家和地区并不都对药品予以专利保护。1984年，《专利法》第二十五条第五款规定对药品和用化学方法获得的物质不授予专利权。在1993年以前，由于中国对医药产业的定位是解决国内缺医少药问题，对国外的药品专利缺乏保护，所以我们只承诺对药品的发明创造给予方法专利保护。

二、对药品知识产权承诺保护时期

1993年之后，我国对专利法进行了第一次修改，中华人民共和国专利局发布的关于专利法第一次修改的说明，摘录如下。

（一）专利法修改的必要性

《专利法》于1984年3月12日由第六届全国人大常委会第四次会议通过，1985年4月1日起施行。7年以来，专利法对鼓励发明创造，促进我国科技进步和经济发展以及对外科技交流和经贸往来，发挥了积极的、重要的作用。

同时，由于在制定专利法时缺乏实践经验，专利法在实施过程中也发现了一些缺陷和不完善之处，需要通过修改加以补充和完善。而且，由于专利制度在国际科技、经济合作和贸易往来中的地位日益重要，作用日益显著，专利法国际协调活动日益频繁，世界知识产权组织于1991年6月就《巴黎公约》有关专利部分的补充条约召开了第一阶段的外交大会。当前，我国正在积极争取恢复在关贸总协定中的缔约国地位。10个发达国家与包括我国在内的10个发展中国家于1991年12月初步达成了TRIPS，并已载入《乌拉圭回合多边贸易谈判结果最后文件草案》。此外，中美两国政府为了减少相互间的贸易摩擦，于1992年1月签署了《中美政府关于保护知识产权的谅解备忘录》（以下简称《中美谅解备忘录》）。为了履行我国已经对外承诺的义务，并使我国的专利保护水平进一步向国际标准靠拢，需要对专利法的部分规定做相应的修改。因此，为了进一步发挥专利制度在促进我国科技进步和经济发展中的积极作用，更好地贯彻深化改革和扩大开放的方针，在总结经验的基础上对专利法进行适当修改是必要的。

专利法修改的准备工作从1988年开始，在调查研究的基础上，中国专利局曾于1989年10月、1991年9月和1992年4月三次将专利法修改草案上报国务院，在征求国务院有关部门的意见之后，又与国务院法制局反复研究和论证，并经国务院常务会议通过，形成了提请审议的《专利法修正案（草案）》。

（二）专利法修改的主要内容

1.扩大专利保护的范围　1985年实施的《专利法》第二十五条规定，我国对"药品和用化学方法获得的物质"以及"食品、饮料和调味品"不授予专利权，只是对这些产品的生产方法可以授予专利权。此次修改，扩大了专利的保护范围，对上述产品也可以授予专利权。

关于对化学物质的保护。目前，我国化学工业整体水平还比较低，在相当程度上还是以仿制为主。为了振兴化学工业，推进化工技术进步，在吸收国外先进技术的基础上走创新的发展道路，鼓励化工科技人员发明创造的积极性，吸引外商投资和转让新技术，对化学物质给予专利保护是必要的。当然，对化学物质给予专利保护，当前也有不利的一面。为了尽快提高我国自主研究开发能力，需要有相当数量的投资用于研究开发、技术引进和产品进口。这样，势必会增加国家的财力负担。但是，从长远和全局看，给化学物质以专利保护，利大于弊，有利于从根本上改变我国化学工业的落后局面。

关于对药品的保护，特别是对西药的保护，与对化学物质的保护情况大体相似。但是，对中药的保护，情况有所不同。我国有丰富的中药资源，有运用中药防治疾病的悠久历史，有系统的中药理论和经验，对药品给予专利保护，可以鼓励从中药资源开发新药并取代部分西药，这对充分发挥我国的传统优势，尽快走上自主开发的道路，进一步增强中药在国际市场上的竞争能力，具有重要意义。此外，中西医结合是我国医疗保健制度的重要方针，对药品给予专利保护，有利于中西医更好地结合，提高我国制药工业和医疗技术的整体水平。

与对药品和化学物质的保护相比，对食品、饮料和调味品给予专利保护，问题比较少。一方面，我国有自己独特的饮食文化，不少中国食品、饮料和调味品在国际市场上具有竞争能力，需要专利保护；另一方面，新的食品、饮料和调味品专利产品只占人民生活必需品的很小部分，而且人们可以选择自己需要的非专利食品、饮料和调味品来代替专利产品。再有，在我国受理的专利申请中，与食品有关的申请数量并不多，大约只占化学方法专利申请总量的10%，而且80%是国内申请，这说明外国申请不会对我国构成威胁。相反，在食品技术领域我国的优势更大一些。此外，世界上大多数国家对食品是给予专利保护的，只有11个国家不给予保护。因此，对食品、饮料和调味品给予专利保护，不仅不会对我国人民生活产生不利影响，还会提高我国食品工业的技术水平。

此外，《中美谅解备忘录》规定，专利应授予所有化学发明，包括药品和农业化学物质，而不论其是产品还是方法。TPIRS也规定，专利应适用于所有技术领域的发明，不论是产品还是方法。与这些规定相协调，也需要对专利保护的范围做相应的扩大。

2. 延长专利权的期限　1985年实施的《专利法》第四十五条规定，发明专利权的期限为15年；实用新型和外观设计专利权的期限为5年，届满可以申请续展3年。草案将上述规定修改为发明专利权的期限为20年，实用新型专利权的期限为8年，外观设计专利权的期限为10年。

许多国家的经验表明，发明专利的平均寿命在10年左右，只有3%~4%的发明专利的寿命达18年以上。然而，有些技术领域的发明，例如药品、化学物质及生物技术等领域的发明，开发和研究的经费高，产品正式投放市场前，还要按照规定办理实验、登记、核准等手续，花费时间较长，从授予发明专利权到产品进入市场，专利权期限往往已经过去了好几年，甚至10年之久，发明专利权人没有足够的期限回收开发和研制所消耗的巨大投资。这就在相当程度上影响了这些技术领域发明创造的积极性，不利于这些技术领域科技水平的提高。因此，适当延长发明专利权的期限，不仅有利于调动科技人员发明创造的积极性，而且有利于这些领域的技术引进。实用新型专利权的期限确定为8年，取消续展手续，将给实用新型专利权人带来方便。外观设计专利权的期限延长至10年，可以鼓励外观设计专利申请，改变我国产品外观设计的落后状态，增强它们在国际市场上的竞争力。

3.增加对专利产品进口的保护　大多数国家的专利法都把进口专利产品作为专利的一项内容。1985年实施的专利法对此未做规定，这对专利权的保护是不够充分的。因此，草案对1985年实施的《专利法》第十一条补充规定，未经专利权人许可，不得为生产经营目的进口其专利产品。这就是说，未经专利权人的许可进口其专利产品的行为属于侵犯专利权的行为，专利权人有权申请海关扣押侵权产品，并可以提起诉讼。如果不做这样的补充规定，进口的专利产品流入市场后，虽然从理论上讲专利权人可以通过对专利产品销售权的保护提起诉讼，但是由于分散零售，难于控制。此外，外国专利权人担心进口的专利产品不是通过市场销售而是进行内部调拨和分配，从而使其专利权利得不到充分有效的保护。增加对进口专利产品的保护，可以消除外国专利权人的疑虑。这样规定，与《中美谅解备忘录》和TRIPS也就协调了。

4.将对方法专利的保护延及依该方法直接获得的产品　对于方法专利，大多数国家的专利法都规定，未经专利权人许可，不得为生产经营目的使用其专利方法以及使用、销售或者进口依该专利方法直接获得的产品。1985年实施的《专利法》第十一条仅规定对专利方法的使用提供保护是不充分的，因为专利方法是否已经被人使用，比较难于发现，也难于证明。另外，第三人可以在没有对专利方法给予保护的其他国家和地区使用专利方法，然后把依该方法生产的产品输入我国销售或者使用，专利权人虽然在我国享有方法专利保护，但因对该方法专利的保护不能延及依该方法直接获得的产品，也就不能请求对这类侵犯其专利权的行为采取措施。为了使方法专利得到充分有效的保护，草案对1985年实施的《专利法》第十一条补充规定，未经专利权人许可，不得为生产经营目的使用、销售或者进口依该专利方法直接获得的产品。

5.重新规定对专利实施强制许可的条件　1985年实施的《专利法》第五十一条和第五十二条规定，专利权人负有自己或者许可他人在我国制造其专利产品或者使用其专利方法的义务。自专利授权之日起满3年，如果专利权人无正当理由没有履行上述义务的，专利局就可以给予实施该专利的强制许可。为了与TRIPS和《巴黎公约》中关于防止专利权滥用的内容相协调，草案删去了当时专利法的上述规定，重新规定了对专利实施强制许可的法定条件：在国家出现紧急状态或者其他非常紧急情况时，或者为了公共利益，或者为了防止专利权的滥用，专利局可以给予实施发明或者实用新型专利的强制许可。这样规定，也可以与《中美谅解备忘录》协调，更有利于我国在必要的情况下对专利实施强制许可。

6.增设本国优先权　1985年实施的《专利法》第二十九条只规定了外国专利申请人先在外国提出申请后到我国提出申请的，享有优先权。草案修改为，在这种情况下，不论申请人是外国人还是中国人，都享有优先权。此外，草案还补充规定了本国优先权，即申请人就同一发明或者实用新型在中国第一次提出专利申请之日起12个月内，又向专利局提出申请的，可以享有优先权。这样规定，申请人就可以在优先权期间进一步完善其发明或者实用新型，或者将发明与实用新型互相转换。目前，世界上一些国家的专利法也有本国优先权的规定或者类似的优惠规定。

7.将授权前的异议程序改为授权后的行政撤销程序　1985年实施的《专利法》在专利授权以前设有异议程序，旨在给公众提供提出异议的机会，以帮助专利局纠正审查工作中的错误，防止对不符合法定要求的申请授予专利权。实践结果表明，公众提出异议的数量还不到公告的专利申请总数的1%，而99%以上的已公告的专利申请却要推迟至少3个月才能授权，这段时间申请人的权利处于不确定状态，影响专利技术尽快转化为生产力。从专利法国际协调的趋势看，这种授权前的异议程序是被禁止的。因此，草案删去了授权前的异议程序，规定专利申请经审查没有发现驳回理由的，专利局应即授予专利权。同时，为了纠正可能出现的失误，草案又规定，自专利局授予专利权之日起6个月内，任何单位或者个人认为该专利权的授予不符合专利法规定的，都可以请求专利局撤销该专利权。

（三）过渡条款

根据我国的实际情况和外国修订专利法的经验，过渡条款采用实体权利与程序分离的方案。就实体权利而言，在修正案施行以前提出的专利申请和根据申请授予的专利权，一律适用专利法修改以前的规定。就程序而言，在修正案施行以前提出的专利申请，尚未按照专利法修改前规定的程序公告的，其专利权的批准、撤销和宣告无效的程序适用修正案的规定。这样规定，既便于专利局对专利申请文件和其他专利文件的管理，又兼顾了专利申请人、专利权人和公众的利益。

如上所述，专利法第一次修改开放了药品的产品专利保护。但是，在这一时期，由于我国制药行业较为薄弱，缺医少药现象严重，我国政府始终将实现人民的健康权作为我国药品法律制度的首要目标。2001年，对《中华人民共和国药品管理法》进行修改时，全国人大教科文卫委员会关于《中华人民共和国药品管理法修正案（草案）》的审议意见中提出，第一条立法宗旨应修改为"为加强药品监督管理，保证药品质量，保障人体用药安全，维护受药人的合法权益，促进医药行业健康发展，特制定本法"。但经过讨论，最后通过的药品管理法的宗旨为"为加强药品监督管理，维护人民身体健康"。删除了"促进医药行业健康发展"的字样，可见，在这一时期，我国对制药行业的制度定位是维护人民身体健康，还没有将促进医药行业健康发展作为立法目标，整个药品管理法就是围绕着这一主基调制定的。这一针对药品的特殊制度定位决定了我国对药品知识产权法律制度的立法理念，即通过对药品知识产权的弱保护来扶植幼稚的民族制药工业，以此保证人民健康权的实现。

这一时期，由于对药品知识产权执法缺乏主动性，我国药品知识产权法律制度还没有真正起到促进药品创新的作用。以中药为例，据统计，申报中药发明专利中只有54%申请了实质审查，其余46%的申请者未提出实质审查，即未计划取得专利权，仅仅公开了自己的发明。而申请实质审查的中药发明中只有56%获得了专利权，最终获得专利权的中药发明仅占申请量的30%。而同期我国专利授权量占申请量的平均比例为59%，由此可见，中药专利申请的成功率低于我国同期专利申请成功率平均值将近一半。虽然，中药专利的申请量逐年增长，但是最终获得专利权的却只占有很少的比例，如果去除获得专利权后中止的中药专利，真正投入使用的中药专利则更少。申请中药专利的主要技术类型是复方，占总申请量的91%，有效部位占约8%，有效单体仅占1%。这反映了我国中药专利整体水平较低，大多集中在中药配方方面的变化。但2001年后，即我国加入WTO后，运用现代技术、方法、手段对中药有效部位及有效成分研究的发明专利的数量急剧增加，说明我国中药研究水平正在提高，但是中药专利水平较低的局面并没有从根本上得以改变。

从以上分析可知，21世纪之前，我国对药品承诺知识产权保护，专利申请的数量有了很大提高，但是专利申请的质量没有实质性进展，知识产权法律制度激励中药创新的作用还没有得以完全体现。

三、对药品知识产权主动保护时期

《保护知识产权行动纲要（2006—2007年）》及《2006中国保护知识产权行动计划》，这两个文件的出台表明我国对知识产权保护的态度发生了根本转变：我们开始自觉、主动、积极地对待知识产权法律制度，并将其提升至建设创新型国家、提高自主创新能力的法律保障的高度来认识。

2000年，我国对专利法进行了第二次修改，国家知识产权局发布的关于专利法第二次修改的说明，摘录如下。

我国专利法自1985年4月1日实施以来，对鼓励发明创造，引进外国先进技术，促进我国科技进步和经济发展，发挥了重要作用。1992年9月4日，第七届全国人大常委会对专利法部分条款做了修改，主要是扩大了专利保护范围，延长了专利保护期限，提高了我国对专利的保护水平。随着体制改革不断深化、对外开放逐步扩大，又出现了一些新情况、新问题，主要如下：①《专利法》（1992年版）的有些规定与国有企业改革和政府机构改革的精神不大适应；②现实情况要求进一步完善专利保护制度；③专利审批和专利纠纷处理周期过长，影响专利申请人和专利权人及时获得保护；④我国已经加入《专利合作条约》，在处理专利国际申请问题上需要与条约有关规定相衔接。为了进一步发挥专利制度在技术创新和经济发展中的积极作用，对专利法进一步做适当修改是必要的。

国务院法制办、国家知识产权局在认真调查研究、总结专利法实施以来实践经验的基础上，从我国的基本国情出发，借鉴有关国际条约，起草了《中华人民共和国专利法修正案（草案）》（以下简称草案）。草案已经国务院第二十七次常务会议通过。现就草案中几个主要问题说明如下。

（一）修改与国有企业改革、行政管理体制改革精神不相适应的有关规定

《专利法》（1992年版）第六条规定："执行本单位的任务或者主要是利用本单位的物质条件所完成的职务发明创造，申请专利的权利属于该单位；非职务发明创造，申请专利的权利属于发明人或者设计人。申请被批准后，全民所有制单位申请的，专利权归该单位持有；集体所有制单位或者个人申请的，专利权归该单位或者个人所有""在中国境内的外资企业和中外合资经营企业的工作人员完成的职务发明创造，申请专利的权利属于该企业；非职务发明创造，申请专利的权利属于发明人或者设计人。申请被批准后，专利权归申请的企业或者个人所有""专利权的所有人和持有人统称专利权人"。上述规定中关于国有单位专利权归属的表述与国有企业改革的精神已经不相适应。根据党的十四

届三中全会《关于建立社会主义市场经济体制若干问题的决定》和党的十五届四中全会《关于国有企业改革和发展若干重大问题的决定》，国有企业实行出资者所有权与企业法人财产权相分离；国有企业以其全部法人财产，依法自主经营，自负盈亏，照章纳税，对出资者承担资产增值、保值的责任，对外独立承担民事责任。因此，没有必要再按不同的所有制，规定国有单位对其专利权只是"持有人"（容易引起它没有处置权的歧义），其他单位对其专利权才是"所有人"，而只需要明确谁是"专利权人"就可以了。按照这样的考虑，草案将第六条修改为"执行本单位的任务或者主要是利用本单位的物质条件所完成的职务发明创造，专利申请权属于该单位；申请被批准后，该单位为专利权人。非职务发明创造，专利申请权属于发明人或者设计人；申请被批准后，该发明人或者设计人为专利权人"。

《专利法》（1992年版）第十条第二款、第四款规定："全民所有制单位转让专利申请权或者专利权的，必须经上级主管机关批准""转让专利申请权或者专利权的，当事人必须订立书面合同，经专利局登记和公告后生效"。按照社会主义市场经济的要求和转变政府职能的原则，政府主管部门不必也不宜干预属于国有企业自主权范围内的转让专利申请权或者专利权的行为。因此，草案删去了第十条第二款；将第四款改为第三款，修改为"转让专利申请权或者专利权的，当事人必须订立书面合同。转让专利申请权，当事人应当向专利申请受理审查机构登记；转让专利权，当事人应当向国务院专利行政部门登记，由国务院专利行政部门予以公告。专利申请权或者专利权的转让行为自登记之日起生效"。

《专利法》（1992年版）第十四条规定："国务院有关主管部门和省、自治区、直辖市人民政府根据国家计划，有权决定本系统内或者所管辖的全民所有制单位持有的重要发明创造专利允许指定的单位实施，由实施单位按照国家规定向持有专利权的单位支付使用费""中国集体所有制单位和个人的专利，对国家利益或者公共利益具有重大意义，需要推广应用的，由国务院有关主管部门报国务院批准后，参照上款规定办理"。这一条是《专利法》（1992年版）中体现中国特色社会主义性质最为明显的规定，十分重要。草案在不改变这一条的实质的前提下，按照行政管理体制、计划体制改革的精神，修改为"中国单位或者个人的发明专利，对国家利益或者公共利益具有重大意义的，国务院有关主管部门和省、自治区、直辖市人民政府报经国务院批准，可以决定在批准的范围内推广应用，允许指定的单位或者个人实施，由实施单位或者个人按照国家规定向专利权人支付使用费"。

（二）进一步完善专利保护制度

（1）增加规定不经专利权人许可，他人不得"许诺销售"（offering for sale）其专利产品的内容。

"许诺销售"是以做广告、在商店货架或者展销会陈列等方式作出销售商品的许诺。TRIPS明确规定，专利权包括未经专利权人许可，他人不得"许诺销售"其专利产品的内容。因此，草案在《专利法》（1992年版）第十一条关于专利权内涵的规定中增加了"许诺销售"的内容。

（2）将专利侵权纠纷可以由专利管理机关处理明确为可以由省级人民政府管理专利工作的部门调解处理。

《专利法》（1992年版）第六十条第一款规定："对未经专利权人许可，实施其专利的侵权行为，专利权人或者利害关系人可以请求专利管理机关进行处理，也可以直接向人民法院起诉。专利管理机关处理的时候，有权责令侵权人停止侵权行为，并赔偿损失；当事人不服的，可以在收到通知之日起3个月内向人民法院起诉；期满不起诉又不履行的，专利管理机关可以请求人民法院强制执行。"根据民法的一般原则，专利侵权纠纷作为民事纠纷，原则上应当通过司法程序解决。但是，由于专利侵权纠纷涉及比较复杂的技术问题，专利管理机关又比较熟悉，从方便当事人的角度考虑，省级人民政府管理专利工作的部门根据当事人的请求，对专利侵权纠纷进行调解处理是可以的；如果当事人对调解处理不服，可以向人民法院起诉。因此，草案根据多年来的实践经验，将第六十条第一款修改为"未经专利权人许可，实施其专利，即侵犯其专利权，引起纠纷的，由当事人协商解决；不愿协商或者协商不成的，专利权人或者利害关系人可以向人民法院起诉，也可以请求省、自治区、直辖市人民政府管理专利工作的部门调解处理。省、自治区、直辖市人民政府管理专利工作的部门调解处理时，认定侵权行为成立的，可以责令侵权人立即停止侵权行为，并就赔偿额调解处理；当事人不服的，可以自收到调解处理书之日起15日内依照民事诉讼法向人民法院起诉；侵权人不起诉又不履行的，专利权人或者利害关系人可以申请人民法院强制执行"。

（3）增加规定发明专利申请公布后、专利权被授予前使用该发明未支付适当使用费引起争议的诉讼时效。

《专利法》（1992年版）第六十一条规定了专利权被授予后专利侵权纠纷的诉讼时效，却没有规定发明专利申请公布后、专利权被授予前使用该发明未支付适当使用费引起争议的诉讼时效。为了更好地保护专利权，草案规定："发明专利申请公布以后、专利权授予前使用该发明未支付适当使用费的，专利权人要求支付使用费的诉讼时效为2年，自专利权授予之日起计算。"

（4）增加规定实用新型专利权人在主张权利时，法院或者省级人民政府管理专利工作的部门可以要求权利人出具由专利申请受理审查机构作出的检索报告。

按照《专利法》（1992年版）的规定，专利申请受理审查机构对实用新型专利申请不进行实质审查。为了维护公众利益，防止不法分子恶意申请实用新型专利，妨碍他人正常的生产、经营活动，草案借鉴了一些国家的有效做法，规定：专利侵权纠纷涉及实用新型专利的，权利人主张权利时，"人民法院或者省、自治区、直辖市人民政府管理专利工作的部门可以要求专利权人出具由专利申请受理审查机构作出的检索报告"。

（5）增加规定确定专利侵权赔偿额的计算方法。

民法通则和《专利法》（1992年版）没有关于确定专利侵权赔偿额的规定。司法实践中，一些案件虽能认定为侵权，但难以确定赔偿额。为了切实保护专利权人的合法权益，草案规定："对侵犯专利权的行为，人民法院应权利人或者利害关系人的请求，按照权利人在被侵权期间因被侵权所受到的损失或者侵权人在侵权期间因侵权所获得的利益确定赔偿额。"

（6）增加规定对假冒他人专利尚不构成犯罪行为的行政处罚。

《刑法》第二百一十六条规定："假冒他人专利，情节严重的，处3年以下有期徒刑或者拘役，并处或者单处罚金。"假冒他人专利的行为，情况千差万别，并不一定都构成犯罪，但又不能因此而不受任何处罚。因此，草案与刑法上述规定相衔接，规定："假冒他人专利的，由省、自治区、直辖市人民政府管理专利工作的部门责令改正并予公告，没收违法所得，可以并处违法所得2倍以下的罚款，没有违法所得的，可以处2万元以下的罚款；情节严重，构成犯罪的，移送司法机关依法追究刑事责任。"

（三）简化、完善有关程序

（1）在发明专利已经在外国提出申请的情况下，将申请人应当提供该国有关审查资料改为专利申请受理审查机构可以要求其提供该国有关审查资料。

《专利法》（1992年版）第三十六条第二款规定："发明专利已经在外国提出过申请的，申请人请求实质审查的时候，应当提交该国为审查其申请进行检索的资料或者审查结果的资料。"当年这样规定，主要是因为当时我国专利申请受理审查机构检索资料欠缺，需要借助国外的审查资料。经过十几年的积累，我国专利申请受理审查机构已经有了比较丰富的检索资料，不需要一律要求申请人提交该国的审查资料；只是在个别情况下，专利申请受理审查机构才有必要要求申请人提交该国的审查资料。因此，草案将第三十六条第二款修改为："发明专利已经在外国提出过申请的，专利申请受理审查机构可以要求申请人在指定的期限内提交该国为审查其申请进行检索的资料或者审查结果的资料；无正当理由逾期不提交的，该申请即被视为撤回。"

（2）取消撤销程序。

《专利法》（1992年版）第四十一条规定："自专利局公告授予专利权之日起6个月内，任何单位或者个人认为该专利权的授予不符合本法有关规定的，都可以请求专利局撤销该专利权。"第四十二条规定："专利局对撤销专利权的请求进行审查，作出撤销或者维持专利权的决定，并通知请求人和专利权人。撤销专利权的决定，由专利局登记和公告。"第四十四条规定："被撤销的专利权视为自始即不存在。"第四十八条规定："自专利局公告授予专利权之日起满6个月后，任何单位或者个人认为该专利权的授予不符合本法有关规定的，都可以请求专利复审委员会宣告该专利权无效。"《专利法》（1992年版）规定的撤销程序与无效程序都是为了纠正专利行政部门的不当授权而设置的。实践证明，撤销程序的作用完全可以通过无效程序来实现。因此，为了进一步简化程序，避免因程序重复导致专利权长期处于不稳定状态，草案取消了撤销程序，只保留无效程序，将第四十一条、第四十二条、第四十四条以及第五十条第四款关于撤销程序的规定删去，并将第四十八条修改为"自国务院专利行政部门公告授予专利权之日起，任何单位或者个人认为该专利权的授予不符合本法有关规定的，可以请求专利复审委员会宣告该专利权无效"。

（3）增加规定请求宣告发明专利权无效程序的对方当事人作为第三人参加诉讼。

在发明专利权无效诉讼中，请求宣告发明专利权无效程序的对方当事人与诉讼有利害关系。为了保护对方当事人的正当利益，草案增加规定："人民法院应当通知无效宣告请求程序的对方当事人作为第三人参加诉讼。"

（四）就处理专利国际申请问题与《专利合作条约》相衔接

我国已于1994年加入《专利合作条约》，中国专利局是《专利合作条约》的受理局、国际检索单位和国际初步审查单位，应申请人的申请，可能成为专利合作条约所称的指定局或者选定局，因而，我国需要就处理专利国际申请问题与条约有关规定相衔接。因此，草案增加规定："中国单位或者个人可以根据《专利合作条约》提出专利国际申请""国务院专利行政部门作为《专利合作条约》所称的指定局或者选定局，其处理专利国际申请的程序由国务院规定"。

（五）根据政府机构改革精神，完善专利行政执法体制

《专利法》（1992年版）第三条规定："中华人民共和国专利局受理和审查专利申请，对符合本法规定的发明创造授予专利权。"1998年国务院机构改革中，原中国专利局更名为国家知识产权局，成为国务院主管专利工作和统筹协调涉外知识产权事宜的直属机构；原中国专利局对专利申请的受理、审批、复审工作和专利权的无效宣告业务，委托国家知识产权局下属事业单位承担。据此，草案将第三条分为两款，修改为"国务院专利行政部门负责管理全国的专利工作""国务院专利行政部门所属的专利申请受理审查机构受理和审查专利申请"。相应地，将涉及专利授权和其他专利行政管理事项条文中的"专利局"，全部改为"国务院专利行政部门"；其他涉及受理和审查专利申请条文中的"专利局"全部改为"专利申请受理审查机构"。此外，从目前地方政府机构设置的实际情况和专利管理工作需要出发，草案还规定："省、自治区、直辖市人民政府管理专利工作的部门负责本行政区域内的专利管理工作。"

从专利法的第二次修改可以看出，随着我国国力的增强以及经济发展模式的转变，知识产权保护的环境日益成熟，知识产权法律制度的立法及执法都有了长足进步。

2008年3月21日，国务院十六个部门在北京联合发布实施《中医药创新发展规划纲要（二○○六—二○二○年）》。这是中国政府全面推进中医药发展的一项重大举措，旨在促进中医药创新和中医药事业健康发展。纲要指出：中医药创新发展的总体目标是通过科技创新支撑中医药现代化发展，不断提高中医药对我国经济和社会发展的贡献率，巩固和加强我国在传统医药领域的优势地位；重点突破中医药传承和医学及生命科学创新发展的关键问题，争取成为中国科技走向世界的突破口之一；促进东西方医学优势互补、相互融合，为建立具有中国特色的新医药学奠定基础；应用全球科技资源推进中医药国际化进程，弘扬中华民族优秀文化，为人类卫生保健事业作出新贡献。纲要提出了未来15年我国中医药要在继承发扬中医药优势特色的基础上，通过技术创新和知识创新，加快中医药现代化和国际化进程。

四、对药品知识产权精保护时期

2008年，我国对专利法进行了第三次修改，国家知识产权局发布的关于专利法及其实施细则修改简介，摘录如下。

（一）修改背景和主要过程

我国专利法于1985年4月1日起施行，并于1992年和2000年进行了两次修改。随着国内、国际形势的发展，需要进一步完善我国专利法律制度：①党的十七大提出了提高自主创新能力、建设创新型国家的目标，国务院制定了《国家知识产权战略纲要》；②2001年WTO多哈部长级会议通过了《多哈宣言》，2005年WTO总理事会通过了《修改TRIPS议定书》。《宣言》和《议定书》允许世贸组织成员突破TRIPS的限制，在规定条件下给予实施药品专利的强制许可。此外，《生物多样性公约》对利用专利制度保护遗传资源做了原则规定，我国作为遗传资源大国，需要通过修改专利法，行使该公约赋予的权利。

国家知识产权局于2005年启动专利法修改工作，在深入调查研究的基础上，于2006年8月形成征求意见稿，向社会公开征求意见。2006年12月，国家知识产权局向国务院提交了《专利法修订草案（送审稿）》。2008年8月5日，国务院提请全国人大常委会审议《专利法修正案（草案）》。8月底，第十一届全国人大常委会召开第四次会议，审议《专利法修正案（草案）》等法律案。此后，全国人大网就《专利法修正案（草案）》公开征求意见。2008年12月27日，第十一届全国人大常委会第六次会议审议通过《关于修改〈中华人民共和国专利法〉的决定》。修改后的专利法于2009年10月1日起施行。

国家知识产权局于2009年2月向国务院提交了《专利法实施细则修订草案（送审稿）》。国务院于2009年12月召开常务会议审议通过后，于2010年1月发布《国务院关于修改〈中华人民共和国专利法实施细则〉的决定》。修改后的专利法实施细则已于2010年2月1日施行。至此，第三次专利法及其实施细则的修改完成。

全国人大常委会法制工作委员会、国务院法制办公室和国家知识产权局在对专利法及其实施细则修改工作中，始终贯彻民主立法、科学立法的精神，通过课题研究、座谈会、专家咨询会、网上征求意见、前往国外考察等方式听取国内外政府机构、企业、行业协会、司法机关以及专家学者等的意见和建议，确保专利法及其实施细则修改过程的公开、透明，使修改后的专利法及其实施细则既能解决中国面临的问题，又能充分履行中国承担的国际义务。

（二）专利法及其实施细则修改的主要内容

专利法修改的主要内容包括：适度提高授予专利权的条件；增加有关遗传资源保护的规定；完善外观设计制度；完善向外申请专利的保密审查制度；取

消对涉外专利代理机构的指定；明确国家知识产权局传播专利信息的职责；赋予外观设计专利权人许诺销售权；增加诉前证据保全措施；明确将权利人的维权成本纳入侵权赔偿的范围；增加侵权诉讼中现有技术抗辩的规定；允许平行进口；增加药品和医疗器械的审批例外；完善强制许可制度等。

专利法实施细则修改的主要内容包括：对专利申请文件的撰写进行补充和细化；细化向外国申请专利保密审查制度；明确遗传资源相关概念的含义，并规定披露遗传资源来源信息的方式；扩大专利申请的初步审查范围；细化专利权评价报告制度；完善强制许可制度；详细规定假冒专利行为的含义与范围；取消专利申请维持费、中止程序请求费等收费项目；改进职务发明奖励报酬制度，引入约定优先的规定；调整专利国际申请进入中国国家阶段的有关规定。

（三）主要修改点说明

1. 关于向外国申请专利的保密审查　我国专利法从1985年实施之初就建立了保密审查制度。第四条规定："申请专利的发明创造涉及国家安全或者重大利益的，按照国家有关规定办理。"修改前的第二十条规定："中国单位或者个人将其在国内完成的发明创造向外国申请专利的，应当先向国务院专利行政部门申请专利，并遵守本法第四条的规定。"修改前的第六十四条规定："违反本法第二十条规定向外申请专利，泄露国家秘密的，由所在单位或者上级机关给予行政处分；构成犯罪的，依法追究刑事责任。"修改前的专利法实施细则第八条规定了保密审查的具体程序。

但在实践中发现，前述规定存在一些问题：①规定必须首先在中国申请，使一些申请人没有选择的灵活性；②没有规定违反专利法第二十条规定首先向外申请专利的法律责任；③对外观设计也要进行保密审查，实则没有必要；④保密审查的程序不够完善。为了解决这些问题，本次对专利法及其实施细则的相关规定进行了修改：①将首先在中国申请专利改为事先经过保密审查；②明确对外观设计无须进行保密审查；③明确规定未经保密审查向外申请的法律后果，即就该发明创造在中国提出的专利申请不得被授予专利权，泄露国家秘密的情况下依法追究刑事责任；④完善保密审查程序。

根据修改后的专利法及其实施细则的规定，只要向外国申请专利的发明创造是在中国境内完成的，则不论申请人是中国单位或者个人，还是外国单位或者个人，都需要事先经过国家知识产权局的保密审查。但是，考虑到个别情况下申请人希望首先在外国申请专利或者不打算在中国申请专利，修改后的专利法并不要求申请人就该发明创造在中国申请专利。对于准备直接向外国申请专利的，申请人应当首先向国家知识产权局提交保密审查请求书和技术方案说明书。如果申请人打算就该发明创造先在中国申请专利，然后向外申请，则可以在提交中国专利申请的同时或者之后但应当在向外申请之前提出保密审查请求。此外，申请人以中文或者英文直接向国家知识产权局提交专利国际申请的，视为申请人同时提交了保密审查请求。

国家知识产权局收到保密审查请求后，认为发明或者实用新型可能涉及国家安全或者重大利益需要保密的，将向申请人发出保密审查通知，申请人自请求日起4个月内未收到通知的，视为同意其向外申请；发出保密审查通知的，国家知识产权局将及时作出是否需要保密的决定，申请人自请求日起6个月内未收到决定的，视为同意其向外申请。

从实践中看，保密审查程序没有对申请人向外申请专利造成不合理的妨碍。申请人在提交中国申请的同时提出保密审查请求的，国家知识产权局均在发出受理通知书的同时发出同意或者暂缓向外申请的通知书。据统计，申请人在提交中国申请之后或者以技术方案说明的形式提出保密审查请求的，从请求提交日至首次发出通知书的平均周期为30天；专利国际申请进行保密审查的周期为2~3周，远远短于法定的4个月和6个月的最长期限。

2.关于遗传资源保护和来源披露　《生物多样性公约》规定，遗传资源的利用应当遵循国家主权、知情同意、惠益分享的原则，并明确规定，专利制度应有助于实现而不是违反保护遗传资源的目标。为了保护我国丰富的遗传资源，防止非法获得和利用我国遗传资源进行研发并在我国就其研发成果获得专利权，根据《生物多样性公约》前述原则，修改后的《专利法》第五条和第二十六条增加了有关规定，要求在专利申请中披露相关遗传资源的来源，并明确规定对违法获得或者利用中国遗传资源完成的发明创造不授予专利权。例如，按照《中华人民共和国畜牧法》和《中华人民共和国畜禽遗传资源进出境和对外合作研究利用审批办法》的规定，向境外输出列入《国家级畜禽遗传资源保护名录》的畜禽遗传资源应当办理相关审批手续，如果某发明创造的完成依赖于列入《国家级畜禽遗传资源保护名录》的某畜禽遗传资源，但未办理相关审批手续，那么该发明创造不能被授予专利权。

专利法所称遗传资源是指取自人体、动物、植物或者微生物等的含有遗传功能单位并具有实际或者潜在价值的材料。尽管《生物多样性公约》不涉及人类遗传资源，但考虑到现实生活中曾经发生过非法盗取中国人类遗传资源进行药品研发的情况，专利法实施细则明确将人体遗传资源纳入保护范围内。考虑到发明创造虽然利用了生物资源但并未利用其遗传功能的情形较多，专利法实施细则将"依赖遗传资源完成的发明创造"界定为"利用了遗传资源的遗传功能完成的发明创造"。

就依赖遗传资源完成的发明创造申请专利，申请人应当在专利申请的请求书中对遗传资源的来源予以说明，并填写遗传资源来源披露登记表，写明该遗传资源的直接来源和原始来源。申请人说明遗传资源的直接来源，应当提供获取该遗传资源的时间、地点、方式、提供者等信息。申请人说明遗传资源的原始来源，应当提供采集该遗传资源所属的生物体的时间、地点、采集者等信息。

3.关于强制许可制度的完善　修改后的专利法根据《巴黎公约》、TRIPS 和《修改 TRIPS 议定书》的规定，完善了强制许可制度。根据修改后的专利法的规定，如果自专利权被授予之日起满3年，且自提出专利申请之日起满4年，专利权人无正当理由未实施或者未充分实施其专利的，则具备实施条件的单位或者个人可以向国家知识产权局申请强制许可。未实施专利是指专利权人未以制造、许诺销售、销售、使用、进口专利产品等任何方式将其发明或者实用新型在中国实施。专利权人或者其被许可人进口专利产品或者依照专利方法获得的产品也属于实施其专利。未充分实施其专利，是指专利权人及其被许可人实施其专利的方式或者规模不能满足国内对专利产品或者专利方法的需求。以专利权人未实施或者未充分实施为理由申请强制许可的，申请人应当提供证据，证明其以合理的条件请求专利权人许可其实施专利，但未能在合理的时间内获得许可。而且这种强制许可只能主要用于满足国内市场的需要。

此外，修改后的专利法还增加规定，专利权人行使其专利权的行为被认定为垄断行为的，为了减少或者消除该行为对竞争的不利影响，国家知识产权局可以根据具备实施条件的其他单位或者个人的申请，给予实施该专利的强制许可。

WTO 总理事会于2005年12月通过的《修改 TRIPS 议定书》规定，为了帮助不具有制药能力或者能力不足的成员解决公共健康问题，世贸成员可以给予制造并出口专利药品到这些成员的强制许可。中国于2007年10月批准加入该议定书。为履行该议定书，中国专利法增加了第五十条，允许国家知识产权局对专利药品颁发强制许可，以出口到符合条件的国家或者地区。

4.关于职务发明创造的奖励报酬　职务发明创造奖酬制度是中国专利法的重要组成部分之一。《专利法》第十六条规定，被授予专利权的单位应当对职务发明创造的发明人或者设计人给予奖励；发明创造专利实施后，根据其推广应用的范围和取得的经济效益，对发明人或者设计人给予合理的报酬。本次专利法修改对此规定未做调整。德国、英国、法国、瑞典、日本、韩国等国专利法都明确要求获得专利权的雇主对作为发明人的雇员给予工资之外的额外报酬。

修改前的专利法实施细则在规定奖励和报酬的具体标准的时候，对不同所有制的单位进行了区分，即该细则规定的标准适用于国有企事业单位，对其他所有制单位是"参照执行"。为保障企业的经营自主权，并保障发明人、设计人的正当权益，创造公平的市场竞争秩序，修改后的专利法实施细则对职务发明创造的奖酬制度做了调整，不再区分单位的所有制性质，并明确允许单位与发明人、设计人就奖励和报酬进行约定。这种约定既可以是在劳动合同中，也可以是在单位的规章制度中，而且奖励和报酬的方式不限于货币形式。约定的标准在符合专利法第十六条规定的"合理"原则的情况下，可以低于专利法实施细则规定的标准。只有在没有约定的情况下，才适用专利法实施细则规定的标准。这就赋予了单位与发明人、设计人就职务发明创造的奖酬进行平等协商的权利，实现了双方利益的合理平衡。

专利法实施细则规定的标准：一项发明专利的奖金最低为3000元，一项实用新型专利或者外观设计专利的奖金最低为1000元；单位实施专利的，每年应当从实施发明或者实用新型专利的营业利润中提取不低于2%或者从实施该项外观设计专利的营业利润中提取不低于0.2%，作为报酬给予发明人或者设计人，或者参照上述比例，给予发明人或者设计人一次性报酬；许可其他单位或者个人实施专利的，单位应当从收取的使用费中提取不低于10%，作为报酬给予发明人或者设计人。

5.关于适度提高专利授权标准　修改后的专利法适度调整了专利权的授权标准。具体而言，修改后的专利法将授予专利权的新颖性标准由"混合新颖性"改为"绝对新颖性"，即在世界上任何地方已经公开发表、公开使用或者以其他方式为公众所知的技术方案或者设计方案，都会因不具备新颖性而不能在中国获得专利保护。

同时，为提高外观设计专利的质量，修改后的专利法对外观设计专利权的授予增加了类似创造性的要求，要求被授予专利权的外观设计与现有设计或者现有设计特征的组合相比有明显区别。

6.关于加强专利权的保护　为切实有效地制止侵权行为，维护专利权人的合法权益，修改后的专利法增加了诉前证据保全制度，即对于那些可能灭失或者以后难以取得的证据，专利权人可以在提起侵权诉讼之前就请求法院采取保全措施。

修改后的专利法明确赋予了外观设计专利权人享有禁止他人"许诺销售"外观设计专利产品的权利。因此，在橱窗中展示、在广告中宣传或者在展销会上展出外观设计侵权产品的，权利人就可以要求侵权人停止侵权或者赔偿损失。

修改后的专利法完善了侵权赔偿制度。由于专利侵权赔偿数额的计算在实践中较为复杂和困难。为此，修改后的专利法规定，权利人的损失、侵权人的获利以及专利许可使用费均难以确定的，法院可以根据专利权的类型、侵权行为的性质和情节等因素，确定1万元以上100万元以下的赔偿。修改后的专利法还明确将权利人制止侵权行为所支付的合理开支，例如律师费和调查取证费，也纳入赔偿范围。这样可使专利权人得到更为充分的保护，降低其维权成本。

7.关于不视为侵犯专利权的例外　为了促进自由贸易，维护消费者的利益，修改后的专利法明确规定允许平行进口。因此，在专利产品或者依照专利方法直接获得的产品由专利权人或者被许可人在外国投放市场后，其他单位或者个人无须取得该专利权人的许可，就可以自行进口该产品并将其投放中国市场。TRIPS第六条授权各国在权利用尽问题上采取自己的立场，因此中国专利法的前述规定符合TRIPS。

同时，修改后的专利法借鉴美国、加拿大、澳大利亚、德国等的立法，规定了药品和医疗器械实验例外，即为获取行政审批所需要的信息，制造、使用、进口药品或者医疗器械专利的行为不视为侵权。这有利于制药或者医疗器械企业为相关药品或者医疗器械的上市审批提前做好准备，使有关药品或者医疗器械在专利权保护期限届满后能够及时上市，保障公众尽快获得价格低廉的药品和医疗器械。

在专利法修改过程中，有人建议增加药品专利保护期延长的规定。立法机关经过研究，没有采纳这一建议，主要理由如下：①TRIPS第三十三条规定专利权的保护期限为自申请日起至少20年，该协议并未规定WTO成员有延长药品专利保护期限的义务；②有关统计表明，几乎所有专利药品的价格在保护期届满后都会大幅降低，因此药品专利的保护期直接关系到我国民众获得药品的成本和机会，延长药品专利保护期的时机尚不成熟。

近年来，政府不断释放的政治信号显示：我国对制药产业的定位已经由解决缺医少药问题向发展制药产业转变，政府将大力扶植制药产业的发展，而扶植制药产业的切入点是我国在世界范围内绝对拥有技术优势的中药产业。具体路径如下：通过科技创新支持中药产业现代化发展，不断提高其对我国经济和社会发展的贡献率，因此，促进科技创新的药品知识产权制度将不断完善并严格实施。

五、对药品知识产权全面保护时期

2020年，我国对专利法进行了第四次修改，国家知识产权局发布的关于专利法第四次修改的说明，摘录如下。

（一）修改背景和主要过程

进入21世纪以来，随着我国经济社会的快速发展，知识产权成为提高我国自主创新能力、建设创新型国家的重要支撑。加强知识产权保护、提高自主创新能力，成为贯彻落实科学发展观、加快转变经济发展方式的内在要求。

2011年11月13日，国务院下发《关于进一步做好打击侵犯知识产权和制售假冒伪劣商品工作的意见》，指出打击侵权和假冒伪劣是一项长期、复杂、艰巨的任务，要建立健全长效机制，研究修改相关法律法规和规章，加大惩处力度，为依法有效打击侵权和假冒伪劣行为提供有力法制保障。

为了落实前述要求，国家知识产权局于2011年11月启动了修改专利法的准备工作。经各方努力，专利法的修改列入了国务院2012年立法工作计划。

2012年2月，国家知识产权局召开局长办公会，研究专利法的修改工作，讨论通过了修改工作方案，确定了修改工作指导思想以及加大保护力度的重点修改内容。此后，国家知识产权局相关部门根据分工开展了实地调研、讨论等系列工作。调研结果反映，30%的专利权人遇到了侵权纠纷，其中仅有10%的权利人采取维权措施，很多权利人因为专利权难以得到保护已经丧失了对专利制度的信心。国家知识产权局条法司在各部门调研和讨论的基础上，组织相关部门人员多次召开会议，讨论形成专利法修改建议和说明稿。

国家知识产权局与相关部门就专利法修改建议及说明进行了反复沟通，明确了本次专利法修改以"加强专利保护、加大执法力度"为核心内容，审议并原则通过了《中华人民共和国专利法修改草案（征求意见稿）》。在广泛征求意见的基础上形成《专利法修订草案（送审稿）》，于2015年7月上报国务院，由国务院法制办进行审查。2015年12月，国务院法制办就送审稿面向社会公开征求意见，并于此后积极开展研究论证工作。

2018年12月5日，国务院常务会议通过了对《中华人民共和国专利法修正案（草案）》的审议，决定将草案提请全国人大常委会审议。

2018年12月23日，专利法修正案（草案）提交第十三届全国人大常委会第七次会议审议。草案加强对专利权人合法权益的保护，促进专利实施和运用，完善专利授权制度，并将一批实践证明成熟的做法上升为法律规范。2020年10月17日，第十三届全国人大常委会第二十二次会议审议通过《关于修改<中华人民共和国专利法>的决定》。修改后的专利法于2021年6月1日起施行。

（二）主要修改内容

我国专利法于1985年施行，进行过三次修改，对鼓励和保护发明创造、促进科技进步和创新发挥了重要作用。随着形势发展，专利领域出现了一些新情况、新问题。为了进一步贯彻落实党中央、国务院部署要求，解决实践中存在的问题，有必要修改专利法，主要修改内容如下。

1.加强对专利权人合法权益的保护

（1）加大对侵犯专利权的赔偿力度。确定侵犯专利权的赔偿额主要有两种原则，即补偿性原则和惩罚性原则。补偿性原则又叫填平原则，意在弥补权利人因侵权所受到的"实际损失"。在专利法修改之前，我国采用专利侵权赔偿的"填平原则"，其思想是通过权利人因被侵权所受到的"实际损失"来确定赔偿数额，但是由于专利权的无形性，导致专利侵权证据难以获得，证据不足，使得我国大多数案件采取法定赔偿，其数额一般低于"实际损失"，从而导致侵权成本低、专利侵权行为多发易发等现象。

为解决专利维权"赔偿低"问题，修改后的专利法专门增设针对故意侵权的惩罚性赔偿制度。对故意侵犯专利权，情节严重的，可以在按照权利人受到的损失、侵权人获得的利益或者专利许可使用费倍数计算的数额1~5倍内确定赔偿数额；并将在难以计算赔偿数额的情况下法院可以酌情确定的赔偿额，从1万元~100万元提高为3万元~500万元。惩罚性赔偿制度是在权利人的实际损失、侵权人的非法获利、许可费的合理倍数这三种方法确定的赔偿数额基础上乘以1~5倍作为侵权赔偿额。惩罚性原则不仅补偿权利人的实际损失，还对故意侵权人进行经济上的惩罚，加重了故意侵权人的经济负担，对于遏制故意侵权行为具有重大意义，可以起到较好的警示作用。专利法修改之后，我国从原本的补偿性原则改为适用惩罚性原则，这是一次巨大的制度突破，对保护权利人的合法权益、严厉打击专利故意侵权行为、从根本上激励科技创新，都具有重大意义。

（2）完善举证责任。我国知识产权维权一直存在"举证难、周期长、成本高"等问题。为了解决上述问题，2019年11月24日，中共中央办公厅、国务院办公厅印发《关于强化知识产权保护的意见》，其明确规定，力争到2022年，侵权易发多发现象得到有效遏制，权利人维权"举证难、周期长、成本高"的局面明显改观。为解决专利案件的"举证难"问题，修改后的专利法进一步完善了证据规则，在权利人已经尽力举证，而与侵权行为相关的账簿、资料主要由侵权人掌握的情况下，人民法院可以责令侵权人提供，从而减轻权利人的举证负担。

（3）完善专利行政保护。近年来，我国持续加强知识产权保护力度，但专利权保护效果与专利权人的期待仍有所差距，不仅专利维权存在赔偿低、举证难等问题，跨区域侵权现象也逐渐增多。为解决跨区域侵权问题，修改后的专利法增加规定："国务院专利行政部门可以应专利权人或者利害关系人的请求处理在全国有重大影响的专利侵权纠纷。地方人民政府管理专利工作的部门应专利权人或者利害关系人请求处理专利侵权纠纷，对在本行政区域内侵犯其同一专利权的案件可以合并处理；对跨区域侵犯其同一专利权的案件可以请求上级人民政府管理专利工作的部门处理。"

（4）新增诚实信用原则。修改前的专利法只规定了"未经专利权人许可实施其专利，构成对专利权侵犯"，即规定了侵犯专利权的抽象定义，并没有关于专利权人滥用专利权构成对社会公共利益的损害或者他人合法权益侵犯的规定。因此，当专利权人滥用专利权，但没有构成反垄断法禁止的"垄断"时，没有法律规定如何规范专利权人的滥用行为，也就没有办法直接根据民法典"侵权责任编"的规定追究专利权人的侵权责任。为防止专利权人滥用其专利权阻碍他人进行科技创新，修改后的专利法增加规定："申请专利和行使专利权应当遵循诚实信用原则，不得滥用专利权损害公共利益或者他人合法权益。滥用专利权，排除或者限制竞争，构成垄断行为的，依照《中华人民共和国反垄断法》处理。"有了该条规定，如果专利权人滥用专利权，或者根据反垄断法规定追究其垄断责任，或者根据专利法规定追究其侵权责任，再依据民法典具体规定处理。

（5）新增专利权期限补偿制度。实践中，新药上市审批过程耗时很长，一款新药从开发到最后获批上市，一般需要数年甚至十多年的时间，这就使得药品专利实际有效保护期明显偏短，专利权人难以获得足够的投资回报。因此，美国、日本和欧盟自20世纪80年代开始先后建立了药品专利期限补偿制度。2017年10月，为促进我国医药产业创新，中共中央办公厅、国务院办公厅印发《关于深化审评审批制度改革鼓励药品医疗器械创新的意见》，其中就明确要求"开展药品专利期限补偿制度试点"。相较于其他政策措施，药品专利期限补偿制度以法律的形式将药品专利权人所享受的特殊保护固定下来，它能够有效地促进制药领域的技术创新，有助于投资人有效应对新药研发和生产中存在的风险，对投资人的利益保护更为稳妥，更有利于促进制药行业加大研发投入。

为正式引入药品专利期限补偿制度，修改后的专利法增加规定："为补偿新药上市审评审批占用的时间，对在中国获得上市许可的新药相关发明专利，国务院专利行政部门应专利权人的请求给予专利权期限补偿。补偿期限不超过5年，新药批准上市后总有效专利权期限不超过14年。"从短期来看，药品专利期限补偿制度难免会提高我国仿制药企业的仿制成本，但从长远而言，必将有利于我国医药行业的转型发展。

（6）新增药品专利纠纷早期解决机制。修改后的专利法第七十六条规定："药品上市审评审批过程中，药品上市许可申请人与有关专利权人或者利害关系人，因申请注册的药品相关的专利权产生纠纷的，相关当事人可以向人民法院起诉，请求就申请注册的药品相关技术方案是否落入他人药品专利权保护范围作出判决。国务院药品监督管理部门在规定的期限内，可以根据人民法院生效裁判作出是否暂停批准相关药品上市的决定。"

药品专利纠纷早期解决机制的主要目的是使药品审批程序与药品相关专利进行关联，降低可能发生的专利侵权风险。我国早在2002年出台的《药品注册管理办法》中就出现过将药品专利与药品注册程序相链接的规定，但是由于该文件法律位阶较低，且其制度设计存在不足，实践中未能有效制止涉嫌专利侵权的药品通过药品审批，令专利权人与仿制药企业在药品上市后经常陷入专利侵权纠纷。这不仅影响了我国创新型医药企业的自主创新热情，同时也不利于我国仿制药企业的健康发展。在专利法中正式引入药品专利纠纷早期解决机制，有助于在药品审批程序中更为有效地维护药品专利权人的合法权益，推动我国医药产业更快地实现从仿制向创新转型。

2. 促进专利实施和运用

（1）完善职务发明制度。为促进专利实施和运用，修改后的专利法明确单位对职务发明创造的处置权。单位可以依法处置其职务发明创造申请专利的权利和专利权，促进相关发明创造的实施和运用。为采用多种激励方式，激发创新主体创新热情，修改后的专利法新增倡导性规定："国家鼓励被授予专利权的单位实行产权激励，采取股权、期权、分红等方式，使发明人或者设计人合理分享创新收益。"

（2）新增专利开放许可制度。开放许可是指专利权人通过专利授权部门公告作出声明，表明凡是希望实施其专利的人，均可通过支付规定的许可费而获得实施该专利的许可。开放许可属于自愿许可的范畴，但政府可以通过参与其中提供相关服务。由于专利开放许可具有开放性、共享性、公平性、自愿性的特点，可以减少专利转化运用障碍，降低交易成本，让专利需求方以更便捷的方式获得专利许可。因此，建立专利开放许可制度是鼓励专利转化运用的重大举措，同时也是促进专利转移转化的制度创新。

修改后的专利法关于专利开放许可的规定包含三个条款。第五十条规定了开放许可的声明与撤回。专利权人自愿以书面方式向国务院专利行政部门声明愿意许可任何单位或者个人实施其专利，并明确许可使用费支付方式、标准的，由国务院专利行政部门予以公告，实行开放许可。第五十一条规定了专利实施许可的获得、年费减免与许可使用费。开放许可实施期间，对专利权人缴纳专利年费相应给予减免。第五十二条规定了开放许可纠纷解决的处理。当事人就实施开放许可发生纠纷的，由当事人协商解决；不愿协商或者协商不成的，可以请求国务院专利行政部门进行调解，也可以向人民法院起诉。

（3）加强专利转化服务。为解决专利转化服务不足问题，修改后的专利法规定："国务院专利行政部门应当加强专利信息公共服务体系建设，完整、准确、及时发布专利信息，提供专利基础数据，定期出版专利公报，促进专利信息传播与利用。"

3.完善专利授权制度

（1）完善外观设计保护相关制度。修改前的专利法只对产品的整体外观设计给予专利保护，对于产品的局部设计创新未明确给予保护，不利于鼓励设计人积极从事外观设计专利创新。为鼓励设计行业创新，参照国际通行做法，修改后的专利法在外观设计定义中，增加对产品"局部的"外观设计给予专利保护的规定。

为适应我国加入关于外观设计保护的《海牙协定》需要，修改后的专利法将外观设计专利权的保护期由10延长至15年。

为了适应加入相关国际条约和给发明人、设计人取得专利权提供更多便利的需要，修改后的专利法新设外观设计专利申请国内优先权制度。申请人自外观设计在中国第一次提出专利申请之日起6个月内，又向国务院专利行政部门就相同主题提出专利申请的，可以享有优先权。

（2）增加新颖性宽限期的适用情形。当危及公共利益的突发情况出现或即将出现时，为保证尚未申请专利的新技术在公开使用之后仍然能够申请并获得相关专利，充分保障申请人的权利，修改后的专利法新增了不丧失新颖性宽限期的特定情形。申请专利的发明创造在申请日以前6个月内，在国家出现紧急状态或者非常情况时，为公共利益目的首次公开的，不丧失新颖性。

（3）优化要求优先权程序。专利法修改之前，申请人要求优先权的，应在提出在后申请的3个月内提交第一次提出的专利申请文件的副本。实践中，很多优先权文件的副本产生于国外，受国外文件收集的客观难度以及其他突发情况给申请人带来的难以预料的影响，3个月的时间用来提交申请文件的副本对于申请人具有一定的难度。为优化要求优先权程序，专利法修改之后，申请人要求发明、实用新型专利优先权的，应当在首次提出申请之日起16个月内提交第一次提出的专利申请文件的副本。

专利法第四次修改后，我国将形成专利立法、行政、司法为一体的专利保护机制，可以说迄今为止，我国已经基本具备了保护知识产权的政治、经济、文化环境。

第二节　药品知识产权体系框架

经过不断的修改、完善，我国药品知识产权法律体系已基本形成，本书将其归纳为三个层次：我国制定的知识产权基本法律；我国制定的药品知识产权法律、法规、规章；我国参加的知识产权国际公约以及签署的双边或多边知识产权保护协议。

一、我国制定的知识产权基本法律

1.**宪法**　于1982年12月4日通过。第二十一条规定："国家发展医疗卫生事业，发展现代医药和我国传统医药。"《宪法》中直接与知识产权法相关的条款主要如下。第十三条："公民的合法的私有财产不受侵犯。"第十四条："国家通过提高劳动者的积极性和技术水平，推广先进的科学技术，完善经济管理体制和企业经营管理制度，实行各种形式的社会主义责任制，改进劳动组织，以不断提高劳动生产率和经济效益，发展社会生产力。"第二十条："国家发展自然科学和社会科学事业，普及科学和技术知识，奖励科学研究成果和技术发明创造。"第四十七条："中华人民共和国公民有进行科学研究、文学艺术创作和其他文化活动的自由。国家对于从事教育、科学、技术、文学、艺术和其他文化事业的公民的有益于人民的创造性工作给以鼓励和帮助。"这些条款确立了药品知识产权保护的宪法地位，为药品知识产权法律保护体系确立了基本原则。

2.**中华人民共和国科学技术进步法**　于1993年7月2日由全国人大常委会通过，于1993年10月1日起施行。《中华人民共和国科学技术进步法》中，直接与知识产权法相关的条款如下。第三条："国家保障科学技术研究开发的自由，鼓励科学探索和技术创新，保护科学技术人员的合法权益。全社会都应当尊重劳动、尊重知识、尊重人才、尊重创造。"第四条："国家鼓励科学技术研究开发，推动应用科学技术改造传统产业、发展高新技术产业和社会事业。"第七条："国家制定和实施知识产权战略，建立和完善知识产权制度，营造尊重知识产权的社会环境，依法保护知识产权，激励自主创新。"此法确立了国家促进科学技术进步的基本思路。适用于制药行业促进科技进步。

3.**中华人民共和国商标法**　于1982年8月23日由全国人大常委会通过，于1983年1月1日起施行，此后分别于1993年、2001年、2013年和2019进行了修改。

4.**中华人民共和国专利法**　于1985年4月1日实施，开始对药品领域的发明创造给予方法专利保护，并在修改后于1993年1月1日开放了药品的产品专利保护。

5.**中华人民共和国著作权法**　于1990年9月7日由全国人大常委会通过，分别于2001年、2010年和2020年进行修改。对与药品相关的科学作品的作者的著作权以及与其相关的权益进行保护。

6.**中华人民共和国反不正当竞争法**　于1993年9月2日由全国人大常委会通过，于1993年12月1日起施行，2017年和2019年进行修改。本法中关于反不正当竞争的条款适用于药品知识产权保护中的不正当竞争，其保护商业秘密的条款对中药知识产权的保护有益。

二、我国制定的药品知识产权法律、法规、规章

1.**法律**　《中华人民共和国药品管理法》于1984年9月20日由全国人大常委会通过，并在2001年修改后于12月1日起施行，分别于2013年、2015年和2019年进行修改。《中华人民共和国药品管理法》第五条规定："国家鼓励研究和创制新药，保护公民、法人和其他组织研究、开发新药的合法权益。"《中华人民共和国药品管理法》是我国唯一一部关于药品的基本法律，它规定了药品知识产权保护的基本方式。

2.**行政法规**　《中药品种保护条例》《中华人民共和国中医药条例》《野生药材资源保护管理条例》《中华人民共和国植物新品种保护条例》《医疗器械监督管理条例》《医疗器械监督管理条例》《中华人民共和国著作权法实施条例》《中华人民共和国专利法实施条例》《中华人民共和国商标法实施条例》《中华人民共和国药品管理法实施条例》《中华人民共和国知识产权海关保护条例》等对药品知识产权保护做了具体规定。

3.**部门规章**　《药品注册管理办法》《地理标志产品保护规定》《医疗机构制剂注册管理办法》《中药材生产质量管理规范》等规定了药品知识产权保护的具体措施。

此外，我国大部分省级政府都根据本省具体情况制定了地方发展中医药条例。国务院机构改革之前，国家食品药品监督管理总局、卫生部、国家中医药管理局等部门就发布了几百个关于药品知识产权保护的规范性文件。国务院机构改革之后，国家药品监督管理局和卫健委等部门继续发布关于药品知识产权保护的规范性文件。

三、我国参加的知识产权国际公约以及签署的双边或多边知识产权保护协议

当下，还没有关于药品知识产权保护的国际公约、双边或多边保护协议。但是，药品知识产权国际保护可以参照我国参加的知识产权国际公约以及签署的双边或多边知识产权保护协议。比如TRIPS、《巴黎公约》《专利合作条约》《国际专利分类斯特拉斯堡协定》《国际承认用于专利程序的微生物保存布达佩斯条约》《商标法条约》《商标国际注册马德里协定》《伯尔尼公约》《建立世界知识产权组织公约》《世界版权公约》《保护原产地名称及其国际注册里斯本协定》《保护植物新品种国际公约》《生物多样性国际公约》《保护非物质文化遗产公约》等。

第三节　药品专利法律制度述评

一、药品专利权概述

专利权是一国专利主管部门依该国专利法授予某个单位或个人对某项发明创造在一定时期内享有的一种专有权。专利权的基本点包括两个方面：一是以法律手段实现对技术独占；二是以书面的方式实现对技术信息及技术权利状态的公开。专利的技术内容是公开的，人们可以通过专利文献自由查阅，但技术的使用受到限制，他人必须征得专利权人的许可，方可使用获得专利的技术。专利权人可以自己实施自己的发明创造专利，也可许可他人实施，或者将专利权转让给他人。换言之，专利这一无形财产的获取是以公开发明创造的技术方案为前提，以换取国家赋予的、以法律确认的形式在一定时期内享有的对该技术使用的垄断权。

药品知识产权保护的核心内容是由药品研究、开发、生产过程中产生的相关技术内容、技术方案的技术成果权利保护问题。专利保护是保护医药产品发明创造和技术创新成果的国际公认的法律制度。对药品发明创造实施专利保护至少有以下三项重要意义。

（一）从法律上确定创新技术的产权归属，激励技术创新，促进具有自主知识产权的医药产业的发展

在知识产权法的体系当中，专利法与科技创新、科技进步的联系最为直接、最为紧密。科技创新产生了对专利权保护的要求，专利保护制度是激励创新的

一个重要机制。医药行业是技术密集型行业，其产品研究是高投入、高产出、高科技风险的技术领域，医药企业在激烈的竞争中最大的愿望就是企业竞争的地位受到保护，使企业具有竞争力的产品在一段时期不被别人或不能被别人仿制，专利制度就是保护发明创造和技术创新成果的法律制度。对于医药企业来说，获得专利、公开技术信息的目就是为了在一定期限内垄断该技术，垄断技术的目的则是为了垄断市场。在加入WTO、全球专利保护一体化的情况下，拥有专利就是拥有全球市场，这对于高新技术领域的每个医药企业来说尤其重要。

（二）提高研究开发起点，避免低水平重复

如果没有专利制度，新药研究成果就得不到充分的保护，开发者自然就不会公开其技术情报，从而也无法避免别人的重复研究。而专利制度一方面促进了技术情报的提前公开，使得人们可以在新的更高的起点上研究开发更新更好的药品或工艺，可以大大避免低水平的重复研究；另一方面，专利保护可以有效地制止仿制，使得人们不得不把有限的人力、财力等资源用于研究开发新药品和新工艺，由此提高了资源利用的效率，世界知识产权组织的研究结果表明，全世界最新的发明创造信息，90%以上是首先通过专利文献披露的，在研究开发工作的各个阶段注意利用专利文献，不仅能够提高研究开发的起点，而且能节约40%的科研开发经费和60%的研究开发时间。

（三）专利保护是企业开拓市场、占领市场、垄断市场，保持竞争力的一个重要保障

获得专利保护的创新技术，由于有时间和地域的限制，而且必须向专利局缴纳一定的专利保护费用，如果不及时将专利技术进行实施，对专利权人来说将是得不偿失的。所以，专利给技术向生产力的转化施加了一种压力，而这种压力将会转变成促进技术实施获取经济利益的动力。在制药行业的国际市场竞争中，专利竞争早已成为技术竞争和市场竞争的最有力武器，提高药品专利的保护水平无疑会加强一国医药行业的整体素质和竞争力。总而言之，对药品实施专利保护能够为医药产业和医药事业的不断蓬勃发展提供连绵不断的动力。

二、药品专利权的主体与客体

（一）药品专利权的主体

专利权的主体即专利权人。在允许专利权转让的国家（如我国），专利权人可能是有资格申请并获得专利的人，也可能是专利转让活动中的受让人。专利

权的主体与专利申请权的主体是不同的。专利申请人有权提出专利申请，获得专利后即成为专利权的主体——专利权人。在美国，只有发明人本人才可能是专利申请人，而专利权人则大都不是发明人本人；在其他国家，发明人或发明人的单位、发明人的申请权受让人、发明人单位的申请权受让人，都可能是有权申请专利的人。

我国专利法第六条还有关于职务发明创造和非职务发明申请专利的权利及其专利权的归属的特殊规定。职务发明创造是指执行本单位的任务或者主要是利用本单位的物质技术条件所完成的发明创造，职务发明创造申请专利的权利属于该单位，申请被批准后，该单位为专利权人。利用本单位的物质技术条件所完成的发明创造，单位与发明人或者设计人订有合同，对申请专利的权利和专利权的归属作出约定的，从其约定。对于非职务发明创造，申请专利的权利属于发明人或者设计人；申请被批准后，该发明人或者设计人为专利权人。对发明人或者设计人的非职务发明创造申请专利，任何单位或者个人不得压制。

两个以上单位或者个人合作完成的发明创造、一个单位或者个人接受其他单位或者个人委托所完成的发明创造，除另有协议的以外，申请专利的权利属于完成或者共同完成的单位或者个人；申请被批准后，申请的单位或者个人为专利权人。

两个以上的申请人分别就同样的发明创造申请专利的，专利权授予最先申请的人。

药品专利权的主体可以是药品的研究、生产单位和个人，也可以是经营、使用药品的单位和个人，还可以是提供药品服务的单位和个人。

（二）药品专利权的客体

专利权的客体，不同国家有着不同的法律规定。在我国，专利权的客体包括发明、实用新型与外观设计。在许多国家，实用新型与外观设计也受到知识产权法的保护，但不在专利法中；这些客体所享有的权利也不一定是"专利权"。它们可能享有"准专利权"，也可能是版权。在我国作为专利权客体的"实用新型"，与有些国家所保护"小发明"或授予的"实用证书"也有所不同。实用新型这种客体，只能包含产品发明创造，而不能包含生产方法或工艺流程等发明创造，发明与实用证书则既能包含产品，又能包含方法。而有些国家可作为专利权客体的，如植物新品种、不够发明专利条件的小方法发明等，在我国则不能作为专利权客体。

发明是专利法的主要保护对象。按照世界知识产权组织主持起草的发展中国家发明示范法对发明所下的定义，发明是发明人的一种思想，是利用自然规律解决实践中特定问题的技术方案。我国《专利法》第二条第二款规定："发明，是指对产品、方法或者其改进所提出的新的技术方案。"主要包括产品发明和方法发明两类。产品发明是指人工制造的各种有形物品的发明，如新的机器、设备、材料、工具、用具等的发明。方法发明是指关于把一个物品或物质改变成另一个物品或物质所采用的手段的发明，如新的制造方法、化学方法、生物方法的发明等。由于发明是可以产生一种全新的产品或者方法的技术方案，是科技含量和创造性都较高的一种发明创造，因此，各国专利法都将发明作为专利保护的基本对象。

实用新型，也称小发明，其定义则因国而异。我国《专利法》第二条第三款规定："实用新型，是指对产品的形状、构造或者其结合所提出的适于实用的新的技术方案。"实用新型必须是一项新的技术方案，其实质也是一种发明，只不过其创造性和技术水平的要求要低于发明专利。

《专利法》所称的外观设计，是指对产品的整体或局部的形状、图案或者其结合以及色彩与形状、图案的结合所做出的富有美感并适于工业应用的新设计。我国国务院专利行政部门在其发布的《专利审查指南》中，对可作为专利保护的外观设计应具备的特征做了具体阐释。

药品专利权的客体同样包括发明、实用新型和外观设计。药品发明又包括产品发明和方法发明。

1.药品产品发明

（1）新物质（新化合物），指具有一定化学结构式或物理、化学性能的单一物质。包括有一定医疗用途的新化合物；新基因工程产品；新生物制品；用于制药的新原料、新辅料、新中间体、新代谢物和新药物前体；新异构体；新的有效晶型；新分离或提取得到的天然物质等。

（2）药物组合物，指两种或两种以上元素或化合物按一定比例组成具有一定性质和用途的混合物。包括中药新复方制剂；中药的有效部位；药物的新剂型等。

（3）生物制品、微生物及其代谢产物，可授予专利权的微生物及其代谢产物必须经过分离成为纯培养物，并且具有特定工业用途。

（4）制药设备及药物分析仪器、器械等。

（5）为疾病的诊断和治疗而使用的物质、材料、仪器、设备和器具等，如核磁共振仪、频谱治疗仪等。

2.医药方法发明

（1）制备和生产方法，如化合物的制备方法、组合物的制备方法、天然药物的提取分离方法、纯化方法等。

（2）用途发明，如化学物质的新的医药用途、药物的新的适应证等。

3.药品实用新型

（1）某些与功能相关的药物剂型、形状、结构的改变，如通过改变药品的外层结构达到延长药品疗效的技术方案。

（2）诊断用药的试剂盒与功能有关的形状、结构的创新。

（3）生产药品的专用设备的改进。

（4）某些与药品功能有关的包装容器的形状、结构和开关技巧等。

4.药品外观设计

（1）药品的外观，如便于给儿童服用的制成小动物形状的药片。

（2）药品包装的外观，如药品的包装盒。

（3）富有美感和特色的说明书等。

（三）不授予专利权的规定

对发明创造授予专利权必须有利于其推广应用，促进我国科学技术进步和创新及适应社会主义现代化建设的需要。考虑到国家和社会的利益，专利法对专利保护的范围做了某些限制性规定：一方面，第五条规定，对违反法律、社会公德或者妨害公共利益的发明创造不授予专利权；另一方面，第二十五条规定了不授予专利权的客体。

1.不授予专利权的发明创造　根据《专利法》第五条的规定，发明创造的公开、使用、制造违反了法律、社会公德或者妨害了公共利益的，不能被授予专利权。

（1）违反法律的发明创造。发明创造本身的目的与国家法律相违背的，不能被授予专利权。例如，用于赌博的设备、机器或工具；吸毒的器具；伪造国家货币、票据、公文证件、印章、文物的设备等都属于违反法律的发明创造，不能被授予专利权。

发明创造本身的目的并没有违反法律，但是由于被滥用而违反法律的，则不属此列。例如，以医疗为目的的各种毒药、麻醉品、镇静剂、兴奋剂和以娱乐为目的的棋牌等。

《专利法实施细则》第十条规定，《专利法》第五条所称违反法律的发明创造，不包括仅其实施为国家法律所禁止的发明创造。其含义是，如果仅仅是发明创造的产品的生产、销售或使用受到法律的限制或约束，则该产品本身及其制造方法并不属于违反法律的发明创造。例如，以国防为目的的各种武器的生产、销售及使用虽然受到法律的限制，但这些武器本身及其制造方法仍然属于可给予专利保护的客体。

（2）违反社会公德的发明创造。社会公德是指公众普遍认为是正当的、并被接受的伦理道德观念和行为准则。发明创造在客观上与社会公德相违背的，不能被授予专利权。例如，带有暴力凶杀或者淫秽的图片或者照片的外观设计，非医疗目的的人造性器官或者其替代物，人与动物交配的方法等发明创造违反道德风俗，不能被授予专利权。

（3）妨害公共利益的发明创造。妨害公共利益，是指发明创造的实施或使用会给公众或社会造成危害，或者会使国家和社会的正常秩序受到影响。例如：发明创造以致人伤残或损害财物为手段的，如一种目的在于使盗窃者双目失明的防盗装置及方法，不能被授予专利权；发明创造的实施或使用会严重污染环境、破坏生态平衡的，不能被授予专利权；专利申请的文字或者图案涉及国家重大政治事件或宗教信仰、伤害人民感情或民族感情或者宣传封建迷信的，不能被授予专利权。

但是，如果因为对发明创造的滥用而可能造成妨害公共利益的，或者发明创造在产生积极效果的同时存在某种缺点的，例如对人体有某种副作用的药品，则不能以"妨害公共利益"为理由拒绝授予专利权。

2.不授予专利权的客体　专利申请要求保护的主题属于《专利法》第二十五条第一款所列六种不授予专利权的客体的，不能被授予专利权。《专利法》第二十五条第一款前五项所列的不授予专利权的客体不仅适用于发明，也适用于实用新型，第（六）项适用于外观设计。

（1）科学发现，是指对自然界中客观存在的现象、变化过程及其特性和规律的揭示。科学理论是对自然界认识的总结，是更为广义的发现。它们都属于人们认识的延伸。这些被认识的物质、现象、过程、特性和规律不同于改造客观世界的技术方案，不是专利法意义上的发明创造，因此不能被授予专利权。

（2）智力活动的规则和方法。智力活动，是指人的思维运动，它源于人的思维，经过推理、分析和判断产生出抽象的结果，或者必须经过人的思维运动作为媒介才能间接地作用于自然产生结果，它仅是指导人们对信息进行思维、识别、判断和记忆的规则和方法，由于其没有采用技术手段或者利用自然法则，也未解决技术问题和产生技术效果，因而不构成技术方案，属于《专利法》第二十五条第一款第（二）项规定的情形。因此，指导人们进行这类活动的规则和方法不能被授予专利权。

（3）疾病的诊断和治疗方法，是指以有生命的人体或者动物体为直接实施对象，进行识别、确定或消除病因或病灶的过程。

出于人道主义的考虑和社会伦理的原因，医生在诊断和治疗过程中应当有选择各种方法和条件的自由。另外，这类方法直接以有生命的人体或动物体为实施对象，无法在产业上利用，不属于专利法意义上的发明创造。因此疾病的诊断和治疗方法不能被授予专利权。

但是，用于实施疾病诊断和治疗方法的仪器或装置，以及在疾病诊断和治疗方法中使用的物质或材料属于可被授予专利权的客体。

（a）不属于诊断方法的发明。并非所有与诊断有关的发明方法都不给予专利保护。有些发明方法看起来与疾病诊断有关，或者终极目的仍然是诊断疾病，但是它们的直接目的不是诊断疾病，则不能依据《专利法》第二十五条第一款第（三）项的规定拒绝授予其专利权，以下几类发明方法就属于这种情况。

Ⅰ.直接目的不是获得诊断结果，而只是从活的人体或动物体获取作为中间结果的信息和（或）处理信息（形体参数、生理参数或其他参数）的方法（对此需要说明的是，只有当根据现有技术中的医学知识从所获得的信息本身不能够直接得出疾病的诊断结果时，这些信息才能被认为是中间结果）。

Ⅱ.对已经脱离人体或动物体的组织、体液或排泄物进行处理或检测的方法。

Ⅲ.在已经死亡的人体或动物体上实施的病理解剖方法。

（b）不属于治疗方法的发明。如果一种以人体或者动物体为实施对象的方法本身的目的不是治疗，或者其直接目的不是治疗，则不得依据《专利法》第二十五条第一款第（三）项的规定拒绝授予其专利权。例如以下几类方法。

Ⅰ.为治疗肢体或器官残缺目的而制造假肢或者假体的方法，以及为制造该假肢或者假体而实施的测量方法。如一种制造假牙的方法，该方法包括在患者口腔中制作牙齿模具，而在体外制造假牙，虽然其最终目的是治疗，但是该方法本身的目的是制造出合适的假牙。

Ⅱ.通过非外科手术方式处置动物体以改变其生长特性的畜牧业生产方法。例如，通过对活羊施加一定的电磁刺激促进其增长、提高羊肉质量或增加羊毛产量的方法。

Ⅲ.动物屠宰方法。

Ⅳ.对于已经死亡的人体或动物体采取的处置方法。例如解剖、整理遗容、尸体防腐、制作标本的方法。

Ⅴ.单纯的美容方法，即不介入人体或不产生创伤的美容方法，包括在皮肤、毛发、指甲、牙齿外部可为人们所视的部位局部实施的、非治疗目的的身体除臭、保护、装饰或者修饰方法。

Ⅵ.为使处于非病态的人或者动物感觉舒适、愉快，或者在诸如潜水、防毒等特殊情况下输送氧气、负氧离子、水分的方法。

Ⅶ.杀灭人体或者动物体外部（皮肤或毛发上，但不包括伤口和感染部位）

的细菌、病毒、虱子、跳蚤的方法。

（c）外科手术方法，是指使用器械对有生命的人体或者动物体实施的剖开、切除、缝合、文刺等创伤性或者介入性治疗或处置的方法，这种外科手术方法不能被授予专利权。但是，对于已经死亡的人体或者动物体实施的外科手术方法，只要该方法不违反《专利法》第五条，则属于可授予专利权的客体。

以治疗为目的的外科手术方法，属于治疗方法，根据《专利法》第二十五条第一款第（三）项的规定不授予其专利权。

（4）动物和植物品种。动物和植物是有生命的物体。根据《专利法》第二十五条第一款第（四）项的规定，动物和植物品种不能被授予专利权。

《专利法》所称的动物，是指不能自己合成，而只能靠摄取自然的碳水化合物及蛋白质来维系其生命的生物。

《专利法》所称的植物，是指可以借助光合作用，以水、二氧化碳和无机盐等无机物合成碳水化合物、蛋白质来维系生存，并通常不发生移动的生物。动物和植物品种可以通过专利法以外的其他法律保护，例如，植物新品种可以通过《植物新品种保护条例》给予保护。

根据《专利法》第二十五条第二款的规定，对动物和植物品种的生产方法，可以授予专利权。但这里所说的生产方法是指非生物学的方法，不包括生产动物和植物主要是生物学的方法。

一种方法是否属于"主要是生物学的方法"，取决于在该方法中人的技术介入程度；如果人的技术介入对该方法所要达到的目的或者效果起了主要的控制作用或者决定性作用，则这种方法不属于"主要是生物学的方法"，可以被授予专利权。例如，采用辐照饲养法生产高产牛奶的乳牛的方法；改进饲养方法生产瘦肉型猪的方法等可以被授予发明专利权。

所谓微生物发明是指利用各种细菌、真菌、病毒等微生物去生产一种化学物质（如抗生素）或者分解一种物质等的发明。微生物和微生物方法可以获得专利保护。

（5）原子核变换方法和用该方法获得的物质。原子核变换方法以及用该方法所获得的物质关系到国家的经济、国防、科研和公共生活的重大利益，不宜为单位或私人垄断，因此不能被授予专利权。

（6）对平面印刷品的图案、色彩或者二者的结合作出的主要起标识作用的设计。

三、授予药品专利权的条件

授予专利权的实质性条件一般包括"新颖性""创造性"和"实用性"等要

求，简称"三性"要求。根据我国《专利法》的规定，授予专利权的发明与实用新型，应当具备新颖性、创造性和实用性。而授予专利权的外观设计，则应符合如下实质性授权条件：①不属于现有设计；②不存在抵触申请；③与现有设计或者现有设计特征的组合相比，应当具有明显区别；④不得与他人在申请日以前已经取得的合法权利相冲突。

（一）新颖性

新颖性，是指申请专利的发明或者实用新型不属于现有技术；也没有同样的发明或实用新型由他人在申请日以前向专利局提出过申请并且记载在申请日以后公布的专利申请文件或者公告的专利文件中。

"现有技术"是一个用来衡量发明是否具有新颖性（novelty）的客观参照物。现有技术，是指在申请日以前，国内外公众都能够得知的技术内容。处于保密状态的技术内容由于公众不能得知，因此不属于现有技术。现有技术中的"现有"这个时间概念，是从某项发明开始被申请专利的那一天往前算的，凡在那一天之前已经有的技术，均称为现有技术。一般来说，现有技术包含下面4种情况：①已经在文字出版物、录音录像制品、计算机软件、计算机终端等有形物上面公布出来的技术；②已经被口头公布过的技术；③已经在实际中使用的技术；④已经陈列或展出的技术。

而潜在的"现有技术"，即那些已经提交的、但尚未公布的专利申请案。它可以用来否定在后申请案中的"发明"的新颖性，因为相同发明的一个申请案即使比另一个申请案仅仅早一天提交，也肯定能够被作为参照物来排斥另一个申请案取得专利。

不同国家的专利法对新颖性的要求也不一样。有些要求世界范围的新颖性，即世界上任何国家的"现有技术"都可以用来否定本国专利申请案的新颖性；有的则仅仅要求与本国的、一定时期内的"现有技术"相对照具有新颖性。前一种经常被称为"绝对新颖性"或"全面新颖性"，后一种则被称为"相对新颖性"或"局部新颖性"。美国专利法第一百零二条对新颖性的规定是"发明人应享有专利权，除非发明在其有效申请日之前已经获得专利，在出版物中已有描述，或者公开使用、销售或者以其他方式为公众所知"。我国《专利法》第二十二条对发明和实用新型的新颖性的规定是"该发明或者实用新型不属于现有技术；也没有任何单位或者个人就同样的发明或者实用新型在申请日以前向国务院专利行政部门提出过申请，并记载在申请日以后公布的专利申请文件或者公告的专利文件中"。美国和我国专利法所规定的新颖性，是世界上任何国家的"现有技术"都可以用来否定本国专利申请案的新颖性，属于"绝对新颖性"。

丧失新颖性的例外。在某些特殊情况下，尽管申请专利的发明或者实用新型在申请日或者优先权日前公开，但在一定的期限内提出专利申请的，则不丧失新颖性。我国专利法对此做了具体规定，即申请专利的发明创造在申请日以前6个月内，有下列情况之一的，不丧失新颖性：①在国家出现紧急状态或非常情况时，为公共利益的目的首次公开的；②在中国政府主办或者承认的国际展览会上首次展出的；③在规定的学术会议或者技术会议首次发表的；④他人未经申请人同意而泄露其内容的。

（二）创造性

创造性（inventiveness）在不同国家的专利法中往往用不同的术语来表达。欧洲专利公约的成员国大都使用"创造性"或"进步性"（inventive step），美国使用"非显而易见性"（unobviousness），德国则使用"本质性区别"。这些不同的术语都是一个意思：能够获得专利的发明与现有技术相比，不仅要更新颖，而且要更先进；它不能够仅仅是从现有技术中简单地演绎出来的，而必须与现有技术存在着本质上的不同；它对一个在相同技术领域具有一般技术水平的人来讲，必须不是一望而知的，亦即不是显而易见的。

在专利申请的审查中，先进性是"三性"中最难掌握的，原因是很难确定什么是"具有一般技术水平的人"。所以，大多数国家的专利法对于先进性只做了简单抽象的规定，而具体如何衡量，就留给专利局的审查实践或法院的司法实践去解决。有时，一项发明是否具有先进性很难确定，专利局或法院还会参考一些其他辅助因素。根据专利审查实践看，以下几个方面是判断创造性的参考基准：①申请专利的发明解决了人们渴望解决但一直没有解决的技术难题；②申请专利的发明克服了技术偏见；③申请专利的发明取得了意想不到的技术效果；④申请专利的发明在商业上获得成功。

我国《专利法》第二十二条对发明和实用新型的创造性的规定是"与现有技术相比，该发明有突出的实质性特点和显著的进步，该实用新型有实质性特点和进步"。这里讲的"突出的实质性特点"，是指发明与现有技术相比具有明显的本质区别，对于发明所属技术领域的普通技术人员来说是非显而易见的，他不能直接从现有技术中得出构成该发明全部必要的技术特征，也不能通过逻辑分析、推理或者实验而得到。如果通过以上方式就能得到该发明，则该发明就不具备突出的实质性特点。这里讲的"显著的进步"，是指从发明的技术效果上看，与现有技术相比具有长足的进步。判断一项申请专利的实用新型是否符合创造性的标准，相对于发明专利来讲，要求要低一些，只要该实用新型有实质性特点和进步即可，不要求"突出"和"显著"。

一件发明专利申请是否具有创造性，只有在该项发明具备新颖性的前提下才予以审查。若申请专利的发明已被判断为没有新颖性，也就不再进行创造性审查。

对于创造性来说，在药品发明领域常常会发生"模仿性创新"（me-too）的情况。新药的研制有两种思路：一种是独创某种新药，并不是做已有药品结构的改造，这就是自主创新；另一种是模仿性创新，又称为"仿制式开发"，即通过结构改变而找到新药，这是当今世界各国广泛采用的一种知识产权战略。专利申请人为了获得专利必须将其研究成果公诸于众，并且任何一项技术成果也不可能尽善尽美，因此先前的药品专利技术为后来的研究者提供了方便，也留下了开发空间，即在别人成果上进行研究寻找突破口。药物化合物申请往往是以通式化合物进行申请的，对药物开发者来说，在申请专利时不可能合成出通式中包括的所有化合物，也不可能对已合成的化合物进行充分的药理研究。因此对于这种专利文献，后来者即可找到具有良好活性的已在他人专利保护范围之外的新化合物，或者找到虽在专利保护范围内，但是没有被公开的具有更好活性的新化合物。模仿性创新是一种十分普遍的创新行为，是多数企业在发展初期或创新能力较弱时的合理选择。

（三）实用性

有些国家的专利法，把实用性（utility）表述为工业实用性，是指一项技术能够制造或者使用，并且能够产生积极效果。能够制造是指能够按照技术方案制造出产品；能够使用是指技术方案能够在工业生产中使用；能够产生积极的效果是指技术方案所产生的经济、技术和社会的效果应当是积极、有益的。

不具有实用性的几种情况如下：①无再现的申请主题；②违背自然规律的发明或者实用新型专利申请；③利用独一无二的自然条件的产品；④人体或者动物体的非治疗目的的外科手术方法；⑤测量人体或动物体在极限情况下的生理参数的方法；⑥无积极效果的技术方案。

以上"三性"要求基本上是各国专利立法的通行规定，属于授予专利权的"实质条件"。至于授予专利权的"形式条件"，即专利权审查批准的具体程序以及专利的撤销或宣告无效程序，由于各国行政管理体制有较大差别而有较大不同。但是，专利权不能自动获得，而必须由国家机关通过法定程序授予，这一点是相同的。

具体到药品发明创造来说，同样必须具备"三性"要求才有可能获得专利：①药品发明创造的新颖性是指药品发明或者实用新型不属于现有技术，也没有任何单位或者个人就同样的药品发明或者实用新型在申请日以前向国务院专利行政部门提出过申请，并记载在申请日以后公布的专利申请文件或者公告的专利文件中；②药品发明创造的创造性是指同现有技术相比，该药品发明有突出的实质性特点和显著的进步，该药品实用新型具有实质性特点和进步；③药品发明创造的实用性是指该药品发明或者实用新型能够制造或者使用，并且能够产生积极效果。

由此可见，药品专利保护的是世界范围内最新的付出了创造性的劳动后方才开发出来的药品或制备工艺，而所有填补国内空白的仿制药则不具有专利法意义上的新颖性，因此是不能得到专利保护的。然而在实用性方面，药品专利只要求该药品或者制备工艺能够在产业上应用，也即具有产业化前景即可；而且这种产业化应用主要是就其从技术上对疾病的治疗效果而言，而不对其毒性及安全性进行严格的审查。一般来讲，为了抢时间，由动物实验证明了药品的治疗效果后即可申请专利，而不必等到临床试验完成以后。至于药品发明的先进性，如前所述，很大程度上是一个药品专业领域的技术判断的过程。

四、药品专利权的保护

专利权主要表现为一种"排他权"。世界上多数国家对于这种"排他权"的范围规定均类似，例如我国《专利法》第十一条规定："发明和实用新型专利权被授予后，除本法另有规定的以外，任何单位或者个人未经专利权人许可，都不得实施其专利，即不得为生产经营目的制造、使用、许诺销售、销售、进口其专利产品，或者使用其专利方法以及使用、许诺销售、销售、进口依照该专利方法直接获得的产品。外观设计专利权被授予后，任何单位或者个人未经专利权人许可，都不得实施其专利，即不得为生产经营目的制造、许诺销售、销售、进口其外观设计专利产品。"

以上内容可以概括为五项：制造权、使用权、许诺销售权、销售权、进口权。这些也就是专利权的具体范围。当然所谓专利权人对其专利的独占实施权即专有权，并不意味着只有专利权人自己才可以实施其专利，专利权可以转让，也可以许可他人实施。

需要特别指出的是，在我国于2000年8月对专利法的修改中，根据WTO的TRIPS第二十八条的有关规定，在发明和实用新型专利的实施行为中增加了"许诺销售"的规定，从而使我国的专利制度与国际知识产权制度接轨。所谓许诺销售，是指通过在商店内陈列或在展销会上演示、列入销售征订单或拍卖清单、列入推销广告，或者以任何口头、书面或其他方式向特定或非特定的人明确表示对其出售某种产品意愿的行为。与许诺销售相同或类似的概念，已经在不少国家的专利法中有所规定，其目的是为了使专利权人在商业交易实际发生前及时制止侵权、防止侵权产品的传播、防止专利权人因侵权导致蒙受损失的发生与扩大。

专利权的行使，可以表现为积极性与消极性两个方面。所谓积极性，是指专利权人行使权力的主动状态，即他可以自己实施其专利，也可以通过合同的方式许可他人实施其专利；所谓消极性，是指专利权人行使权力的被动状态，即专利权人有权禁止他人未经许可而实施其专利，又称"禁止权"。凡是任何单位或个人未经专利权人许可、又无法律依据而擅自实施其专利的，均构成对专利权的侵犯，应当依法承担法律责任。

从另一个角度看，若未经专利权人许可而实施了上述制造、使用、许诺销售、销售、进口等行为，即构成专利侵权。实践中专利侵权一般均必须依照专利申请案中的"权利要求书"去认定。

在侵权行为的认定上，始终离不开专利法的最基本的问题——专利权的地域性：只有在一项专利的有效地域内发生的行为，才可能构成对该专利的侵犯。例如一个设在中国的企业，绝不可能在中国境内的活动中，侵犯任何美国专利；一项美国专利中的技术内容想要在中国受到专利保护，它的权利人就必须以该技术为主题在中国申请专利。在认定侵权与否时，以专利的"国籍"为标准，这是个基本常识。

此外，在对产品专利和方法专利分别予以立法规定的国家，对于专利产品，未经许可而制作它们，即构成侵权；对于专利制法或工艺流程，未经许可而使用该方法生产产品，即构成侵权。

具体到专利侵权案件的审理程序、归责原则、民事赔偿、行政处罚及刑事制裁等规定，各国则不尽相同，后面将详细阐述，在此从略。

五、药品专利权的限制

专利是一种独占权，在某种意义上，也可说是垄断权。但是，这仅仅是事情的一面。在任何国家，专利赋予其权利人的独占权又总是相对的、有限的，而不是绝对的、无限的。首先，专利权的地域有限性和时间有限性就是对专利权的两种限制，这在各国立法中都是普遍认可的。除此之外，我国对专利权的限制主要表现为专利实施的强制许可和不视为侵犯专利权的行为。

（一）强制许可

强制许可的规定最早出现在《巴黎公约》中。1883年的《巴黎公约》第五条第二款规定：本联盟的每一国家有权采取立法措施规定授予强制许可，以防由于专利赋予的排他权而可能产生的滥用。强制许可的理念就是防止专利权人滥用其权利，保证公众的利益与专利权人利益的适当平衡，保证公平正义目标的实现。这一理念和目标在 WTO 的 TRIPS 中得到了进一步阐述：一方面要防止专利权人滥用权利；另一方面，在顾及第三方合法利益的情况下，这些防范措施不得与专利的正常利用不合理地相冲突，而且也并未不合理地损害专利所有人的合法利益，即要防止政府随意侵犯专利权人的合法利益。为此，TRIPS 对强制许可授予的条件做了明确规定。TRIPS 也规定，各成员的法律可以授权，在未经专利权人许可的情况下，由政府使用或者政府许可第三方使用专利技术。

我国专利法对此也作出相应的规定：任何单位和个人为生产经营目的实施他人专利的，都必须得到专利权人的同意，并与专利权人签订实施许可合同。如果专利权人不同意给予实施许可，任何单位或者个人的实施行为就有可能构成侵犯专利权的行为。因此为了防止专利权人滥用权利并维护公共利益，专利法在赋予专利权人上述权利的同时，也规定了专利实施的强制许可制度。

我国规定强制许可制度的意义如下：①为对专利权人滥用权利进行惩罚；②有助于在国家处于紧急状态时，我国政府能有效控制局面，保证专利权人的利益和广大公众利益的合理平衡；③为与《巴黎公约》和 TRIPS 的有关规定一致，履行我国作为国际条约成员的应尽义务。

专利法规定的强制许可分为以下几种类型：因专利权人不实施或者未充分实施专利而给予的强制许可、为消除或者减少垄断行为对竞争产生的不利影响而给予的强制许可、为公共利益目的而给予的强制许可、为公共健康目的而给予的强制许可以及为从属专利目的的强制许可。

（二）不视为侵犯专利权的行为

1.专利权用尽　根据《专利法》第七十五条第（一）项的规定，专利产品或者依照专利方法直接获得的产品，由专利权人或者经其许可的单位、个人售出后，他人再使用、许诺销售、销售、进口该产品的，不视为侵权行为。这规定在理论上一般称为"专利权用尽原则"。

首先，专利权人通过自己制造、进口或者通过许可他人制造、进口专利产品，并予以销售，就可以从中获利，权利人的权利已经实现，权利人不应当就同一产品重复获利；其次，专利产品在合法制造、进口并予以售出之后，如果权利人还可以对该产品行使权力，则该产品以后的每一个流通环节都必须获得专利权人的许可，有时一件产品可能包含成千上万项专利权，必将给商品的正常流通造成难以想象的困难。此外，从物权法的角度，他人从专利权人或者其许可的单位或者个人那里购买专利产品后，就享有完整的物权，有权占有、使用、收益、处分该产品，如果要再次获得专利权人的许可，则无疑构成对该物权的限制。权利穷竭原则是效益原则和公平原则在知识产权法领域具体应用的体现，为防止过度垄断所导致的资源浪费和不合理配置而存在。

2.先用权　根据《专利法》第七十五条第（二）项的规定，在专利申请日前已经制造相同产品、使用相同方法或者已经做好制造、使用的必要准备，并且仅在原有范围内继续制造、使用的，不构成专利侵权行为。

由于我国实行的是先申请制，申请并获得专利权的人不一定是首先作出发明创造的人，也不一定是首先实施该发明创造的人。在专利权人提出其专利申请之前，可能有人已经研究开发出同样的发明创造，并且已经实施或者准备实施，这样的人被称为"先用者"。先用者可能由于某种原因推迟提出专利申请或者没有提出专利申请。在这种情况下，如果在授予专利权后禁止先用者继续实施其发明创造，显然有失公平，而且会造成社会资源的浪费。为了纠正这种可能的不公平，实行先申请制的国家般都引入"先用权"制度，允许先用者在原有范围内继续使用其发明创造，专利权人如果控告其侵权的，可以主张先用权抗辩，因此，先用权并不是一种独立存在的权利，而仅仅是一种对抗专利侵权指控的抗辩权。

3.临时过境的外国运输工具上使用专利的行为　根据《专利法》第七十五条第（三）项的规定，临时通过中国领陆、领水、领空的外国运输工具，依照其所属国同中国签订的协议或者共同参加的国际条约，或者依照互惠原则，为运输工具自身需要而在其装置和设备中使用有关专利的，不视为侵犯专利权。

这样规定的原因是，专利权是有地域性的，而运输工具处于不断运动的过程中，对临时过境的运输工具主张专利权，会限制境外合法的运输工具进入我国，影响国际交通运输的正常秩序。享有这种例外的对象是临时进入中国领土的外国运输工具，范围是运输工具为自身需要在其装置和设备中使用有关专利的行为，前提条件是运输工具所属国与我国有协议、条约规定或者实施互惠原则。

4.专为科学研究和实验目的而使用专利的行为　根据《专利法》第七十五条第（四）项的规定，专为科学研究和实验使用有关专利行为不视为侵犯专利权，无须得到专利权人的许可。

本项规定的原因是，科技创新总是需要在原有的技术基础上进行，如果为科学研究和实验的目的而使用有关专利都需要征得专利权人的许可，可能会妨碍他人进行研究开发，不利于科学技术的进步，从而有悖于专利法的立法宗旨。为科学研究或者实验的目的使用有关专利，不是为了生产经营，不会影响专利权人独占该项发明创造的市场，根据《专利法》第十一条的规定也不需要获得专利权人的许可。专为科学研究和实验，应当是指针对获得专利的技术本身进行科学研究和实验。

5. 涉及药品和医疗器械的例外　我国在《专利法》中增加了有关Bolar例外的规定，可使公众在药品和医疗器械专利权保护期限届满之后尽快获得价格较为低廉的仿制药品和医疗器械，这对我国解决公共健康问题具有重要意义。因此，《专利法》第七十五条第（五）项规定："为提供行政审批所需的信息，制造、使用、进口专利药品或者专利医疗器械的，以及专门为其制造、进口专利药品或者专利医疗器械的，不视为侵犯专利权。"根据这项规定，不仅药品生产者或者研发机构为提供行政审批所需要的信息而制造、使用、进口专利药品或者专利医疗器械的，不视为侵犯专利权，而且他人专门为药品生产者或者研发机构提供行政审批所需要的信息而制造、进口专利药品或者专利医疗器械，并将其提供给药品生产者或者研发机构的行为也不视为侵犯专利权。

第四节　药品商标法律制度述评

一、药品商标权概述

商标是能够将一个企业的商品或者服务同其他企业的商品或者服务区别开来的标志。换言之，商标是一种用于商品上或者服务中的特定标记，消费者通过这种标记，识别或者确认该商品、服务的生产经营者和服务提供者。

在药品领域，商标是消费者购买药品的主要驱动力。药品作为一种特殊商品，消费者重点关注的是它的功效与安全性，但是消费者并不具备判别药品质量的能力，因此就将注意力转向了商标，尤其在一个具有众多类似品种的市场中，有无商标、商标形象如何成为消费者购买与否的主要判别指标。商标对与消费者之间建立情感纽带是重要的，良好的医药商标带来医师和患者的认识，可发挥产品上市后的最大潜能。因此商标对于企业来说是一种重要的无形资产，对商标专用权的确认和保护也因此成为必然。此外，对药品商标权的保护对于指导安全合理用药、保障人们身体健康也有着重要的意义。

就商标权的法律保护与专利权的法律保护之间的关系而言，后者保护着新产品或新产品的制作方法，前者则保护着产品来源的信誉，指示着产品的质量。实际上一个企业往往利用商标和专利的双重保护来加强自己在某种产品市场上的垄断地位。

与药品商标有关的一个概念是药品的"通用名"。一般来说，所谓"药品名称"包括"通用名"和"商品名"。药品的通用名称是指一国国家药品标准所规定的相同药品所共有的名称；药品的商品名称是一个企业生产的药品所特有的名称。同一通用名称的药品可以有不同的商品名称。药品的商品名称可以申请注册商标，而药品的通用名称是不允许申请注册商标的。为了避免将药品的通用名称与商品名称相混淆，尤其是为了避免把知名的药品商标当作药品通用名称使用，目前各国商标注册机关均以 WHO 出版的《国际非专利药物名称》（International Non-proprietary Names for Pharmaceutical Substance，INN）作为审查药品商标的权威依据。世界卫生组织出版的这部书，上面按外文 26 个字母顺序列有各种药品专用药名，其中有很多药品名称的下面还列有字体较小的若干个药厂生产的同上面的这种药品有同一疗效的药品，并列有该药厂自己专门使用的注册商标。这种小字体的商标后面，一般都带有一个"R"标记，注明它们是注册商标，同时说明带有这些商标的药品，其疗效和上面带名称的药品相同。此外，实践中加强药品监督管理部门与工商管理部门之间的行政协调也很重要。

二、药品商标专用权的取得

商标专用权，在历史上是由于人们在贸易活动中使用商标而产生的，而注册商标制度仅在一百多年前才出现。目前，靠使用与靠注册获得专用权这两种途径同时存在，并依此产生了不同的商标保护制度。TRIPS 也已承认这两种途径均符合 WTO 的要求。从历史上看，曾经存在 4 种商标专用权制度。

（一）靠使用获得商标专用权

这是比较原始的商标保护制度。在 1857 年法国颁布第一部注册商标法之前，商标的使用人在贸易活动中就一种或多种商品建立起了自己的信誉，用户一见到有关商标，就会凭经验识别出自己满意的商品；如果其他经销人在相同或类似的商品上使用同样的商标，则必然在市场上引起混淆，因此被禁止随便使用它。这样，商标通过使用，自然地产生了专有性质。那时并不需要履行什么手续，也不需要通过一定管理机关审查、批准这种专有权。

但是，随着商品生产的发展和市场的扩大，商品经营者越来越多，而真正能在贸易活动中建立起信誉的并不是全部，甚至不占多数。况且，建立信誉还需要一定时间。此外，是否建立"信誉"，也很难有个固定的标准。这样，大多数希望在市场上长期从事某种或某些商品的经营活动的人，就会感到单靠使用而自然建立起专有权和专用权并不可靠，希望能通过固定的法律手续确立这种商标专用权。因此才产生了商标注册制度。不过，注册制度产生后，靠使用产生专用权的传统制度并没有完全消失，在个别国家中，它甚至仍是基本的商标保护制度，典型的国家是美国。在美国，商标专用权就仅仅是靠使用建立的；联邦与各州管理机关实行的两级商标注册制，不过是对已经存在的商标专用权起"承认"作用，而并不起"产生"这种权利的作用。

（二）不注册使用与注册并行，两条途径均可获得商标专用权

这种制度是从原始商标保护制中发展起来的，又多少留有前者的痕迹，它以英国为典型。这种制度与美国式的保护制度相近，但又更强调在保护注册商标的同时，对未注册、但已有市场信誉的商标，通过反假冒（passing off）的途径，承认其专用权。实行这种制度的国家，除英联邦的大多数国家外，还有个别大陆法系国家。

按照上述两种制度，就可能产生两个以上的、在不同地区持有相同商标的人。获得注册的人，一般无权排斥原使用而未注册的人在原贸易活动范围内继续使用其商标。这两种类型商标保护的共同缺点是国家的商标管理机关不可能对全国现存的、有效的商标进行全面统计，因此不可能向新的商标使用人或注册申请人提供可靠的意见，以便在选择文字、图案时避免与其他人相冲突。在这两种制度下，很大一部分商标的专用权实际上并不"专"。

（三）先注册才能使用并获得商标专用权

这种制度也称"全面注册制"或"强制注册制"。实行它的主要目的是便于在全国范围内统一管理。这是典型计划经济的反映，以苏联的《商标条例》为代表。我国1963年的商标条例也属于这一类。这种制度的优点是国家商标管理机关便于全面管理；缺点是管得太死。苏联解体及东欧集团不复存在之后，这种制度已趋于消亡。

（四）不注册使用与注册使用并行，但注册才能获得商标专用权

这种制度既摆脱了原始商标保护制度的不可靠、专用权不专的缺点，又为那些不打算长期经销某种商品的厂商，或不打算在很广的地域内从事贸易活动的厂商，留下了不注册而使用商标的余地，同时也免除了管理机关无休止地受理和撤销某些短期使用的商标的麻烦。同时，按照这种制度，只有获得了注册的商标使用人才享有专用权，才有权排斥其他人在同类商品上使用相同或相似的商标，也才有权对侵权活动起诉。法国现行商标法是这一类制度的典型。

我国商标法实行的就是上述第四种保护制度。这种制度既保证了多数企业的商标专用权，又不妨碍中、小企业，尤其是村镇企业短时使用某些商标。这

无疑对于发展我国社会主义市场经济是有利的。我国从事工商业活动的企业或者个体工商业者，一般均可以根据自己经营商品的范围、经营时间的长短等，决定所使用的商标是否需要取得专用权；如果认为需要，可以向商标局申请注册。

三、药品商标权的主体与客体

在不同国家，依照商标权获得的不同途径，商标权的主体可能是经使用而取得专有权的人，也可能是经注册取得专有权的人。此外，在允许商标专有权的转让的国家，商标权的主体除有权申请并获得商标注册的人，还可能是商标权转让活动中的受让人。而在那些不允许商标权转让的国家，商标权的主体就只能是商标注册人。WTO产生后，不允许转让商标权的国家会越来越少。

商标制度建立的主要目的是将一个产品与其竞争对手区分开来。商标既然是为使买主能识别商品而使用，所以法律对商标没有"新颖性""先进性"之类特殊要求，一般只要求具备"识别性"就行了。不过，还是有一些内容是大多数国家都不允许作为商标使用的。在《巴黎公约》中，规定了下述内容在未经有关当局同意的情况下，都不可以当作商标取得注册：与主权国家的名称、国旗、国徽、军旗相同或近似的文字、图案；与政府间的国际组织的名称、旗帜或其他标记相同或近似的文字、图案。另外，作为一般国家所遵循的惯例，下列内容通常不允许作为商标使用：被标示的商品本身的通用名称或图案（例如以"饼干"二字作为饼干的商标）；直接表示商品质量、数量、原料、功能、用途及其他主要特点的文字或图案（例如以"优质白酒"作为酒的商标）；带有欺骗性的文字或图案等。

1.我国商标法规定的不得作为商标使用的标志

（1）同中华人民共和国的国家名称、国旗、国徽、国歌、军旗、军徽、军歌、勋章等相同或者近似的，以及同中央国家机关的名称、标志、所在地特定地点的名称或者标志性建筑物的名称、图形相同的。

（2）同外国的国家名称、国旗、国徽、军旗等相同或者近似的，但经该国政府同意的除外。

（3）同政府间国际组织的名称、旗帜、徽记相同或者近似的，但经该组织同意或者不易误导公众的除外。

（4）与表明实施控制、予以保证的官方标志、检验印记相同或者近似的，但经授权的除外。

（5）同"红十字""红新月"的名称、标志相同或者近似的。

（6）带有民族歧视性的。

（7）带有欺骗性，容易使公众对商品的质量等特点或者产地产生误认的。

（8）有害于社会主义道德风尚或者有其他不良影响的。

县级以上行政区划的地名或者公众知晓的外国地名，不得作为商标。但是，地名具有其他含义或者作为集体商标、证明商标组成部分的除外；已经注册的使用地名的商标继续有效。

2. 不得作为商标注册的标志

（1）仅有本商品的通用名称、图形、型号的。

（2）仅仅直接表示商品的质量、主要原料、功能、用途、重量、数量及其他特点的。

（3）缺乏显著特征的。

具体来说，对商标权的客体根据不同标准可以做不同的分类，比如根据使用对象是商品还是服务项目的不同，可以分为商品商标和服务商标；根据商标的知名程度的不同，可分为一般商标和驰名商标；根据商标注册人人数的不同，可以分为单个注册人的商标和共有商标；根据商标构成形式的不同，可分为平面商标、立体商标等。

3. 需要加以解释的两种商标

（1）集体商标（collective mark）。以团体、协会或者其他组织名义注册，供该组织成员在商事活动中使用，以表明使用者在该组织中的成员资格的标志。集体商标有时由各所有人的代表去注册，有时由领导这些企业的政府机关代行注册。集体商标的作用，是向用户表明使用该商标的企业所生产的商品具有共同特点。一个使用着集体商标的企业，有权同时使用由自己独占的其他商标。集体商标一般不许可转让。我国、美国、多数大陆法系的西方国家、一些东欧国家和一些发展中国家的商标法中，都有给予集体商标以注册保护的规定。

（2）证明商标（certificate mark）。用以证明商品或者服务的原产地、原料、制造方法、质量或者其他特定品质的标志。商品与服务项目都可以使用证明商标。证明商标一般由对某种商品或者服务具有监督能力的组织所控制，而由该组织以外的单位或者个人使用。也就是说，证明商标的所有人与它所证明的商品或服务项目的产销人或经营人不能是同一个人。大多数英美法系国家，以及我国、伊朗、土耳其等国，均承认和保护证明商标，不过其在转让上有比较严格的限制。

4. 关于商标客体的一些特殊规定　根据《中国药品通用名称命名原则》规定，应避免采用可能给患者以暗示的有关药理学、解剖学、生理学、病理学或治疗学的药品名称。依据新《商标法》，并参考《中国药品通用名称命名原则》的有关规定，商标局形成了较规范的、统一的人用药品商标审查标准。当然，随着社会发展，该标准亦将进一步规范和完善。在药品商标的审查实践中，因不符合《商标法》规定被驳回的，绝大部分是因为违反《商标法》第十一条规定被驳回，主要表现为以下几种情况。

（1）根据《商标法》第十一条第（一）项的规定，仅有本商品的通用名称、图形、型号的标志，不得作为商标注册。

药品通用名称不得注册为商标，也不得作为药品商标使用，这既是《商标法》的要求，也是我国《药品管理法》的规定。

（2）根据《商标法》第十一条第（二）项的规定，仅仅直接表示商品的质量、主要原料、功能、用途、重量、数量及其他特点的标志，不得作为商标注册。

前面已经述及药品名称的来源比较复杂，同时，药品通用名称、药品商标名、药品商品名的管理也是随着我国经济发展，越来越规范。但很多制药企业经常混淆药品通用名、药品商标名、药品商品名之间的关系。

（a）药品商品名能注册为商标。药品通用名不能作为商标注册。但通常，药品（除中药外）商品名只要符合《商标法》的有关规定，是可以作为商标注册的，这对打击侵权行为，获得赔偿，防止商品名被通用化，维护企业权益是非常有利的。一些大型企业和外资企业在这方面做得很好，希望有更多企业意识到药品商品名作为注册商标的重要性。

（b）正确使用注册商标，防止被通用化。在我国，企业没有正确使用注册商标，没有及时阻止商标被通用化的趋势，使得商标被作为商品通用名的案例是不少的。在制药领域，也有外国药品商标在我国作为商品通用名使用多年的案例，如来苏儿。对于今天的制药企业，尤其是那些持有新发明药的企业，更应防止其商标被通用化。

早在2001年《商标法》第二次修正时，国家工商行政管理总局商标局就简化了申请人应提供的人用药品商标申请书件，不再要求申请人提供《药品生产许可证》或《药品经营许可证》。这对持有药品专利权或其他专有技术的科研机构或个人是有利的，通过注册商标和专有技术与他人合作，形成双赢，必将提高他们把知识快速转化为生产的积极性。

四、药品商标注册与商品分类

规定必须申请注册商标才能取得商标专用权的国家（如我国），向商标主管部门提出注册申请是取得商标专用权的第一步。在商标注册申请中，商品分类表是很重要的，必须对其有所了解才能正确地提出商标注册申请。许多国家均规定商标注册申请人必须明确提出在哪一类商品上要求取得商标专用权，并详细填报商品名称。我国《商标法》第二十二条规定："商标注册申请人应当按规定的商品分类表填报使用商标的商品类别和商品名称，提出注册申请。"

由于可以使用商标的商品成千上万，服务品种也不断增加，有的由同一生产经营者提供，有的由不同生产经营者提供。为了便于消费者识别商品和服务的来源，所有建立商标制度的国家均规定，在同种商品或类似商品上（含服务）不得使用相同或近似商标，申请商标注册应当按照一定的商品分类科学、有序地进行，因此制定商品分类表成为必然。商品分类表主要根据商品性能、用途、原料、生产工艺、服务性质等对商品和服务进行归类，以此为商标注册申请人申请商标注册和商标管理机关检索、审查、管理注册商标提供依据。

各国原先自行制定了商品分类表，但是由于国家间存在经济和文化差异，自行制定的商品分类表已不能适应有关商标事务的国际交往。为了改变这种局面，一个由多国共同签署的《商标注册用商品和服务国际分类尼斯协定》应运而生，其宗旨是在国际建立一个共同的商标注册用商品和服务国际分类体系，并保证其实施。我国也于1988年起采用该国际分类，于1994年加入尼斯协定。

如果某一个申请人要将同一个商标使用在不同类别的商品或服务上，这是允许的，没有加以限制，但必须按商品分类表分别提出注册申请；如果商标注册申请人要将同一商标使用于同一类的不同商品和服务上，也必须按每一种商品和服务分别提出商标注册申请。例如，一个申请人欲将"GJ"这一商标同时注册在第五类的药品上和第十类的医疗仪器上，他必须按照商品分类表分别提出注册申请；假如这一申请人欲将"GJ"作为服务商标注册在第四十二类中的医疗服务和法律服务上，他也必须根据商品分类表分别就医疗服务和法律服务提出注册申请。

总而言之，一份商标注册申请，只能填写一个类别的一种商品或者一个服务项目。

按类别注册商标的规定产生了"防御商标"（defendance mark）的概念。已注册商标的所有人享有的专有权，仅能够排斥别人在相同商品上使用相同商标，却不能排斥别人在不同商品上使用相同商标。一个注册商标的所有人会担心其他人以相同的商标在其他商品上使用并获得注册，于是就把自己的商标在多种商品甚至所有商品（包括他并不经营的那些商品）上都申请注册。这样注册的商标，就叫作防御商标。这种商标注册方式也被形象地称为"占位注册"。商标占位注册有利于防止，甚至能够杜绝竞争对手使用与自己商标相同的商标生产经营其他类别的商品（本企业商标未注册的商品类别），以免在市场上引起混淆，减损商标或商标的市场利益。也就是说，如果商标注册范围过于狭窄就会为其他企业抢注留下余地，进而有可能影响自己商标的整体利益。但由于《巴黎公约》第六条中作出了保护驰名商标的特殊规定，所以凡参加了该公约的国家，即使一个知名的商标没有采取占位注册，它也会以驰名商标的地位受到特别保护。当然，这种保护的可靠程度，远远不及注册成为防御商标所受到的那种保护。

五、驰名药品商标的特殊保护

所谓驰名商标是指在市场上享有较高声誉并为相关公众所熟知的商标。一种商品或者服务的商标在市场上享有较高的知名度，就意味着该商品或者服务受到众多消费者青睐，它能给该商标的注册人、使用人带来巨大的经济利益。因此，涉及驰名商标的侵权纠纷不断增多，保护驰名商标已成为国际、国内共同关注的重要领域。

《巴黎公约》和WTO的TRIPS都对驰名商标保护作出了专门规定。根据《巴黎公约》第六条的规定，凡系被成员国认定为驰名商标的标识，一是禁止其他人抢先注册，二是禁止其他人使用与之相同或近似的标识。这两点对驰名商标的特殊保护，是迄今为止多数国家及国家间多边及双边条约中保护驰名商标的基点与主要内容。但巴黎公约尚未将这两点特殊保护延及服务商标。TRIPS比巴黎公约更进一步，该协议第十六条将对驰名商标的保护范围扩大到服务商标以及不类似的商品或者服务，对于如何认定驰名商标，也做了原则性的简单规定，即"确认某商标是否系驰名商标，应顾及有关公众对其知晓程度，包括在该成员地域内因宣传该商标而使公众知晓的程度"。

鉴于驰名商标很难精确定义，《巴黎公约》只提出了驰名商标的保护问题，TRIPS中的"公众知晓程度"也难以确认。为了有效地保护驰名商标，我国《商标法》第十四条在总结实践经验的基础上，参考国际上的通行做法对认定驰名商标应当考虑的因素做了比较具体的规定。

1.相关公众对该商标的知晓程度　驰名商标是在市场上有较高声誉的商标，为相关公众所认同。把公众知晓程度作为认定驰名商标的首要因素符合TRIPS的原则和一般大众心理。这里的"相关公众"是指与使用该商标的商品和服务有关的公众，而非所有的公众。

2.该商标使用的持续时间　一个商标要取得市场信誉，形成竞争力，必须经过使用。无论是注册商标还是未经注册商标，只有通过使用才能体现其存在，体现其价值，也只有通过使用才能为公众知晓，被公众认同。放在抽屉里的商标是不会被公众知晓和认同的，更不会成为驰名商标。因此，把商标使用的持续时间作为认定驰名商标的因素是必要的。

3.该商标的任何宣传工作的持续时间、程度和地理范围　驰名商标应当是公众熟知的商标，要让公众熟知，就需要广为宣传。在市场经济条件下，无论商品的生产者还是服务的提供者，都把宣传、推销自己的商品和服务作为重中之重，不惜重金投入树立自己的品牌形象。不少消费者对某商品的知晓最初就是来自该商品的商标宣传。因此，把商标的任何宣传工作的持续时间、程度和地理范围作为认定驰名商标的因素是很有意义的。

4.该商标作为驰名商标受保护的记录　根据《巴黎公约》和TRIPS的规定，驰名商标在该公约和协议成员国中都是受保护的，如果能够提供曾经作为驰名商标受过保护的记录及相关证明文件，对在我国认定该商标为驰名商标将起重要作用。

5.该商标驰名的其他因素　如使用该商标的商品和服务的销售或经营额、销售或服务区域、市场占有率等。由于无法穷尽认定驰名商标的所有因素，因此，此项规定具有相当的弹性，既可以弥补前四项规定留下的空白，也可以为今后增补新的认定因素提供充足的空间。

应当注意的是，所谓驰名商标的声誉和知晓程度是变化的，具体认定某商标是否为驰名商标涉及该商标权人和广大消费者的利益，因此实际中还需要根据法律规定并结合个案具体加以认定。

对于驰名商标的特殊保护，各国立法虽有所不同，但普遍规定驰名商标的保护力度要远远大于非驰名商标的保护力度。例如根据我国商标法的规定，对已在我国注册的驰名商标，不仅禁止他人在相同或者类似商品或服务上注册和使用，也禁止他人在不相同或者不相类似商品或服务上注册和使用；而对于非驰名商标，仅禁止他人在相同或者类似商品或服务上的注册和使用。

在药品驰名商标的保护上，商标权与专利权的关系更为紧密，商标权与专利权的作用可以互相得到增强。一方面，一个驰名商标依靠商标专用权获得的良好信誉，很大程度上源于其产品专利权受到的严格保护，专利制度保护品牌药品及其制造方法不被仿制或使用，制止、制裁专利侵权行为，从而保护其品牌不受侵害和加强其品牌的知名程度。同时，一种驰名商标的药品依专利法受到的保护，也有可能借助其驰名商标得到实际上的延长：某一专利药的专利期一旦届满，其他厂家均可以合法地仿制这同一种产品，却仍旧不能使用原厂家创出的商标；如果这一商标是驰名商标，实际上原厂家仍能够依靠它来继续垄断自己产品的市场优势地位。

第五节 药品商业秘密法律制度述评

对商业秘密的保护一般被认为是属于"反不正当竞争"的内容之一。多数有法律保护商业秘密的国家，都是纳入反不正当竞争法的轨道去保护的。根据世界知识产权组织1996年的统计，当时世界上仅瑞典及加拿大有单行的商业秘密法；美国等国有相当于"示范法"性质的统一商业秘密法；大多数国家对商业秘密的保护，均纳入反不正当竞争法的轨道。

目前，我国没有专门的保护商业秘密的法律或法规。关于商业秘密的保护，我国法律中大部分为原则性规定，具体案件的处理多依据一些司法解释或行政规章。与保护商业秘密有关的法律依据主要有以下几类。

1.法律法规 《民法典》《反不正当竞争法》第九条、第二十一条，《科学技术进步法》《促进科技成果转化法》《刑法》第二百一十九条，《合同法》《劳动法》。

2.司法解释 最高人民检察院、公安部《最高人民检察院公安部关于公安机关管辖的刑事案件立案追诉标准的规定（二）》第七十三条的规定。

3.部门规章及相关文件 《关于禁止侵犯商业秘密行为的若干规定》（1998年12月3日修正）、《关于加强科技人员流动中技术秘密管理的若干意见》（国家科委，1997年7月2日颁布）、《关于商业秘密构成要件问题的答复》（国家工商行政管理局，1998年6月12日颁布）、《关于劳动争议案中涉及商业秘密侵权问题的函》（劳动和社会保障部办公厅，1999年7月7日颁布）。

4.国际条约 TRIPS（2001年11月10日签订）。

在上述文件中，《反不正当竞争法》对商业秘密的规定最为全面、权威。为了对商业秘密权有更为全面的了解，首先对反不正当竞争予以简要介绍。

一、反不正当竞争

（一）不正当竞争行为的概念与特征

我国《反不正当竞争法》规定："不正当竞争行为，是指经营者在生产经营活动中，违反本法规定，扰乱市场竞争秩序，损害其他经营者或者消费者的合法权益的行为。"上述规定是判断不正当竞争行为的法律依据，由此我们可以将不正当竞争行为的特点概括如下。

（1）不正当竞争发生在竞争活动之中。

（2）不正当竞争违反了诚信、公开的原则。

（3）不正当竞争造成扰乱社会经济秩序的危害后果。

（二）不正当竞争行为的具体表现

（1）擅自使用与他人有一定影响的商品名称、包装、装潢等相同或者近似的标识。

（2）擅自使用他人有一定影响的企业名称（包括简称、字号等）、社会组织名称（包括简称等）、姓名（包括笔名、艺名、译名等）。

（3）擅自使用他人有一定影响的域名主体部分、网站名称、网页等。

（4）经营者采用财物或者其他手段贿赂有关单位或者个人，以谋取交易机会或者竞争优势。

（5）经营者对其商品的性能、功能、质量、销售状况、用户评价、曾获荣誉等作虚假或者引人误解的商业宣传，欺骗、误导消费者。

经营者通过组织虚假交易等方式，帮助其他经营者进行虚假或者引人误解的商业宣传。

（6）经营者实施侵犯商业秘密的行为。

（7）经营者进行有奖销售存在法律规定的情形。

（8）经营者编造、传播虚假信息或者误导性信息，损害竞争对手的商业信誉、商品声誉。

（9）经营者利用技术手段，通过影响用户选择或者其他方式，实施妨碍、破坏其他经营者合法提供的网络产品或者服务正常运行的行为。

（三）与知识产权有关的不正当竞争行为

我国相关立法所列举的不正当竞争行为中，下列情形可归属于知识产权保护领域。

1.混淆行为　经营者在市场经营活动中，以种种不实手法对自己的商品或服务做虚假表示、说明或承诺，或不当利用他人的智力劳动成果推销自己的商品或服务，使用户或者消费者产生误解，扰乱市场秩序、损害同业竞争者的利益或者消费者利益的行为。

混淆行为在我国《反不正当竞争法》第六条中，表现为三种情形：①擅自使用与他人有一定影响的商品名称、包装、装潢等相同或者近似的标识；②擅自使用他人有一定影响的企业名称（包括简称、字号等）、社会组织名称（包括简称等）、姓名（包括笔名、艺名、译名等）；③擅自使用他人有一定影响的域名主体部分、网站名称、网页等。

2.虚假宣传行为　经营者利用广告或其他方法对商品做与实际情况不符的

虚假宣传，导致用户和消费者误认的行为。

虚假宣传所采用的宣传手段主要是广告形式，诸如报纸、杂志、广播、电视、广告牌、商品宣传栏等各种广告媒介；此外还包括其他宣传形式，例如商品信息发布会、商品展销会、产品说明书等推销商品和介绍服务的宣传形式。

虚假宣传的内容涉及商品的性能、功能、质量、销售状况、用户评价、曾获荣誉等。其表现形式有两种：一种是与实际情况不符的虚假宣传，例如，将一般产品宣传为名牌产品，将国产商品宣传为进口商品，将人为合成材料宣传为天然材料等；另一种是引人误解的宣传，即通过宣传上的渲染手段导致用户和消费者对商品的真实情况产生错误的联想，从而影响其对商品的选择。

3.侵犯商业秘密行为　关于商业秘密的法律保护，各国采取不同的立法例，有的制定单行法，有的规定在反不正当竞争法中，有的适用一般侵权行为法。我国反不正当竞争法规定了商业秘密的保护问题。在该法中，竞争行为主体一般为经营者，而商业秘密的侵权人却可能涉及经营者以外的其他人。鉴于上述缺憾及商业秘密保护的重要性，一些学者建议制定单行的专门法律。

4.商业诽谤行为　经营者采取编造、传播虚假信息或者误导性信息等不正当手段，对竞争对手的商业信誉、商品声誉进行诋毁、贬低，以削弱其竞争实力的行为。《反不正当竞争法》第十一条对商业诽谤行为做了明确规定。

商业诽谤行为表现为编造、传播虚假信息或者误导性信息。所谓编造虚假信息或者误导性信息，是指行为人描述竞争对手的情况与客观事实不符。传播虚假信息或者误导性信息既包括向不特定的人传播，也包括向特定的用户或同行业经营者传播。编造、传播虚假信息或者误导性信息的常见手法如下：刊登对比性广告或声明性公告等，贬低竞争对手声誉；唆使或收买某些人，以客户或消费者名义进行投诉，败坏竞争对手声誉；通过商业会议或发布商业信息的方式，对竞争对手的商品质量进行诋毁等。

商业诽谤行为侵害的客体是竞争对手的商业信誉。商业信誉，包括商品声誉，是对经营者的积极社会评价，是经营者赖以生存和发展的保证。这种信誉或声誉，在民法中属于法人的名誉权和荣誉权，应该受到法律保护。

我国《反不正当竞争法》规定，对混淆行为、虚假宣传行为、商业诽谤行为应当给予责令停止违法行为、没收违法所得、罚款以至吊销营业执照等行政处罚；给他人造成损害的，应当依法承担民事责任。我国《刑法》第二百一十九条规定：给商业秘密的权利人造成重大损失的，处3年以下有期徒刑或者拘役，并处或者单处罚金；造成特别严重后果的，处3年以上7年以下有期徒刑，并处罚金。

二、商业秘密与商业秘密权

（一）商业秘密

商业秘密是指不为公众所知悉、具有商业价值并经权利人采取相应保密措施的技术信息、经营信息等商业信息。

商业秘密包括经营秘密和技术秘密两方面的内容。经营秘密，即未公开的经营信息，是指与生产经营销售活动有关的经营方法、管理方法、产销策略、货源情报、客户名单、标底及标书内容等专有知识。技术秘密，即未公开的技术信息，是指与产品生产和制造有关的技术诀窍、生产方案、工艺流程、设计图纸、化学配方、技术情报等专有知识。

商业秘密的构成条件：从TRIPS及世界上多数国家的立法实践来看，商业秘密构成条件主要有以下几点。

1.**实用性或经济性**　商业秘密能够在生产经营中应用并能带给权利人经济利益，包括现实的或潜在的经济利益和竞争优势。这也是商业秘密可以作为一项"无形财产"，商业秘密权应当作为一项"无形财产权"予以保护的根据所在。

2.**未公开性**　信息不为公众所知悉，此处的公众并非指一切人。例如权利人将自己的商业秘密告知需要使用这种秘密的人或者认为能够保守该秘密的人，并不丧失未公开性。相比之下，专利、商标、版权都具有"公开性"，它们都与某种公开的信息相关联：专利与公布的发明说明书相关联；商标是商品与服务来源的公开标志；版权保护的对象则是各类信息的表达形式，除未发表的作品外，均是公开的，而侵犯未发表的作品的唯一途径，即未经许可将其发表了，所以这时被要求保护的客体也已经公开了。如果说专利、商标、版权所覆盖的是公开信息的话，那么商业秘密所覆盖的则是未公开信息。

3.**保密性**　商业秘密的持有人在主观上将其所持有的某种信息视为商业秘密并采取客观的保密措施加以管理。至于保密措施，一般均涉及文件的管理、雇员的约束、技术设备的控制等。法律不可能要求各企业所采取的保护措施都千篇一律，只要在普通人看来，企业所采取的措施是为了防止第三人得知，且该措施对现已掌握了商业秘密的人有一定的拘束性，即应认为该信息具有保密性。

多年以来，知识产权法理论界对于商业秘密究竟能不能作为一种知识产权来对待一直是有争议的。反对者认为商业秘密权不具备传统知识产权的"地域性"和"时间性"特征，其"专有性"也不像专利权、商标权和著作权那样彻底。但是，商业秘密，尤其是其中的"技术秘密"，作为一项重要的"无形财产"，与"专利"和"商标（品牌）"有着不可分割的内在联系。商业秘密一般是企业为克服专利的局限性而设的，因为一种新技术如果申请专利，虽然能够获得专利权，但必须以公开这一技术为代价，这就会为竞争对手进一步研究以致超越这一专利技术的开发成为可能，并且专利的保护也有一定的年限，超越该年限专利技术就不再受法律的保护。相比之下，商业秘密只要不被泄露，或者不被别的企业发现，商业秘密的拥有者就能永远垄断这一技术。世界上的很多名牌企业就是依靠商业秘密来维持自己的品牌地位的。例如著名的"可口可乐"商标，其产品配方在全世界只限定几个人知道，公司董事会的7个成员同时到场才能够查阅和修改这个配方。

正因如此，早在20世纪60年代，国际商会（ICC）就率先将商业秘密视为知识产权。而WTO至少在国际贸易领域对这个问题做了肯定的回答：TRIPS第三十九条明文把"商业秘密"列入一项重要的与贸易有关的知识产权（尽管同时认为它属于"反不正当竞争"的一项内容）。不仅如此，《建立世界知识产权组织公约》第二条第八款中也明文规定"对反不正当竞争活动给予保护"是"知识产权"的一项内容，并且世界知识产权组织在1996年起草的《反不正当竞争示范法》中列举的7种不正当竞争行为中的第4种就是"侵犯商业秘密"。

TRIPS并没有涉及"商业秘密"这个术语，只是提到对"未披露过的信息"的保护。但从协议给"未披露过的信息"下的定义来看，实际上主要就是指对"商业秘密"的保护，其中自然也包括对"Know-How"的保护。

（二）商业秘密权

商业秘密是一种无形的信息财产。我国反不正当竞争法确认商业秘密的财产属性，并规定侵权人负有赔偿责任。这说明，商业秘密权是一种财产权，即商业秘密的合法控制人采取保密措施，依法对其经营信息和技术信息的专有使用权。与有形财产相区别，商业秘密不占据空间，不易为权利人所控制，不发生有形损耗，因此其权利是一种无形财产权。就无形财产权的各项权能来说，商业秘密的权利人与有形财产所有权人一样，依法享有占有、使用、收益和处分的权利，即有权对商业秘密进行控制与管理，防止他人采取不正当手段获取与使用；有权依法使用自己的商业秘密，而不受他人干涉；有权通过自己使用或者许可他人使用以至转让所有权，从而取得相应的经济利益；有权处分自己的商业秘密，包括放弃占有、无偿公开、赠与或转让等。

三、商业秘密的侵权与救济

侵犯商业秘密，是指行为人未经权利人（商业秘密的合法控制人）的许可，以非法手段获取商业秘密并加以公开或使用的行为，这里讲的行为人包括：负有约定的保密义务的合同当事人；实施侵权行为的第三人；侵犯本单位商业秘密的行为人。所谓非法手段则包括：直接侵权，即直接从权利人那里窃取商业秘密并加以公开或使用；间接侵权，即通过第三人窃取权利人的商业秘密并加以公开或使用。

侵犯商业秘密的具体表现形式，依据我国《反不正当竞争法》第九条的规定，主要有以下4种。

（1）以盗窃、贿赂、欺诈、胁迫、电子侵入或者其他不正当手段获取权利人的商业秘密。

盗窃商业秘密，包括单位内部人员盗窃、外部人员盗窃、内外勾结盗窃等手段；以贿赂手段获取商业秘密，通常指行为人向掌握商业秘密的人员提供财物或其他优惠条件，贿赂其向行为人提供商业秘密；以欺诈手段获取商业秘密，是指通过故意告知对方虚假情况，或者故意隐瞒真实情况，使对方在违背真实意思的情况下提供商业秘密；以胁迫手段获取商业秘密，是指行为人采取威胁、强迫手段，使他人在受强制的情况下提供商业秘密；以电子侵入手段获取商业秘密，是指行为人以非法侵入、拖库撞库、端口监听、爬虫软件等电子侵入方式非法窃取企业数据化商业秘密；以其他不正当手段获取商业秘密，是指上述行为以外的其他非法手段，例如，通过商业洽谈、合作开发研究、参观学习等活动套取他人的商业秘密等。

（2）披露、使用或者允许他人使用以不正当手段获取的商业秘密。

所谓披露，是指将权利人的商业秘密向第三人透露或向不特定的其他人公开，使其失去秘密价值；所谓使用或允许他人使用，是指非法使用他人商业秘密的具体情形。需要指出的是，以非法手段获取商业秘密的行为人，如果将该秘密再行披露或使用，即构成双重的侵权；倘若第三人从侵权人那里获悉了商业秘密而将秘密披露或使用，同样构成侵权。

（3）违反保密义务或者违反权利人有关保守商业秘密的要求，披露、使用或者允许他人使用其所掌握的商业秘密。

合法掌握商业秘密的人，可能是与权利人有合同关系的对方当事人，也可能是权利人的单位工作人员或其他知情人，上述行为人违反合同约定或单位规定的保密义务，将其所掌握的商业秘密擅自公开，或自己使用，或许可他人使用，即构成对商业秘密的侵犯。

（4）教唆、引诱、帮助他人违反保密义务或者违反权利人有关保守商业秘密的要求，获取、披露、使用或者允许他人使用权利人的商业秘密；经营者以外的其他自然人、法人和非法人组织实施前述违法行为的，视为侵犯商业秘密；第三人明知或者应知商业秘密权利人的员工、前员工或者其他单位、个人以不正当手段获取权利人的商业秘密，仍获取、披露、使用或者允许他人使用该商业秘密的，视为侵犯商业秘密。

这是对间接侵权行为的规定。反不正当竞争法明确将教唆、引诱、帮助的间接侵权行为纳入法规范围，使得法院裁判商业秘密间接侵权行为有了明确法律依据，对于仅从事了教唆、引诱、帮助行为的间接侵权人，权利人无须通过主张共同侵权来追究其责任，极大减轻了权利人的举证负担；商业秘密侵权主体除了经营者之外，还可以是其他自然人、法人和非法人组织；行为人知悉其为他人的商业秘密，并明知或应知系侵犯商业秘密的情形，依然获取、披露、使用或者允许他人使用该秘密，这种未直接侵权的行为也被视为侵犯商业秘密行为。

对商业秘密的侵权行为，主要采取民事制裁、行政制裁以及刑事制裁的手段。我国《反不正当竞争法》第十七条规定了侵犯商业秘密的民事责任，即经营者违反本法规定，给他人造成损害的，应当依法承担民事责任。第二十一条规定了相应的行政责任，即对侵犯商业秘密的行为，监督检查部门应当责令停止违法行为，没收违法所得，处10万元以上100万元以下的罚款；情节严重的，处50万元以上500万元以下的罚款。我国《刑法》第二百一十九条规定了侵犯商业秘密罪，即实施侵犯商业秘密行为，给商业秘密的权利人造成重大损失的，处3年以下有期徒刑或者拘役，并处或者单处罚金；造成特别严重后果的，处3年以上7年以下有期徒刑，并处罚金。

四、药品商业秘密权的保护

制药行业属于高科技行业，在药品的研究开发、生产经营过程中包含了大量的技术信息和经济信息。与药品有关的商业秘密基本包括以下几方面。

（一）有关药品研究开发的技术秘密

1.新药申报的技术资料　包括新药的物理、化学性能、合成工艺、质量控制、药效学、药动学、毒理学以及临床试验数据。这些技术的开发花费很大，又是获得新药证书和生产批文不可缺少的资料。

2.药品的生产工艺和质量控制的技术资料　包括药品的化学合成工艺、制剂工艺、消毒工艺、包装工艺和药品的检测和质量监控的技术资料。

此外，在民间广泛存在的"祖传配方"等也属于医药商业秘密的范畴。

（二）有关药品生产管理的技术秘密

主要是独特有效的，为医药企业所独具的管理企业的经验，如企业组织形式、库存管理办法、劳动组织结构、征聘技巧等，特别是医药企业为实施企业的方针战略所制定的一系列的标准操作规程、人员培训方法、技术业务档案管理办法等。

（三）有关药品经营销售的商业秘密

1.市场调研报告　经营主体有目的、有组织地对医药市场状况进行调研的总结报告。

2.发展计划　经营主体的远景目标和近期发展计划、投资意向等。

3.经营策略　经营主体根据发展计划采用相应具体化的经营方式、方法。

4.对外业务合同　经营主体与相对人签订药品贸易、医药技术贸易、投资等业务合同。

5.销售渠道和客户名单　经营主体购销商品的有关渠道和与经营主体有业务往来的相对人名单。

药品商业秘密，尤其是其中的技术秘密的保护与专利保护有着较为紧密的关系。如前文所述，药品技术秘密避免了药品专利必须公诸于众的弱点，一定程度上可以弥补专利保护的不足。但是，总体来看，专利保护比技术秘密保护仍具有一定优势。

药品是一种关系到公众健康的特殊商品，公众对其所使用的药品具有知情权，药品的工业化生产必须经过国家的严格审查和实验验证，药品进入市场时需要公开其处方及工艺，并符合药品注册审批的安全有效、质量可控等标准，特别是进入国际市场以后，从所用的原料、生产的过程到最终产品所含的成分都必须详细地申报，因此当今社会药品技术秘密的保密难度大大增加。另外，即使采取了保密措施，一旦他人自发研制成功并申请了专利保护，保密厂家虽然具有先用权，但只能在原有范围内生产和使用，不能许可他人生产和再扩大生产范围，使保密技术和相关企业的发展受到了制约。

因此，对于药品来说，仅仅采用技术秘密保护是不够的，也是难以操作的。如果药品相关技术属于专利保护的范围，技术持有人应当考虑申请专利保护替代原来的技术秘密保护，以防止他人抢先申请专利而使自己处于十分被动的地位。一般情况下，当带有技术秘密的产品上市时，相关利益者总是在设法破密，因此以技术秘密形式保护一段时间后，再转换为专利保护，不仅保险系数大，同时也实际延长了对该技术的占有期。这种方式也称为"替换性保护"。

TRIPS中还规定，对一些采用新化学成分的医用或农用化工产品，如要在一国政府主管部门取得进入市场的许可证，就必须把相关未披露的实验数据或其他数据提供给该政府主管部门，而该国政府主管部门应保护该数据，以防不正当的商业使用。因为如果政府主管部门不承担保密义务，则这些智力成果就有可能从专有领域进入公有领域，损害权利人的利益。

第六节　药品行政保护法律制度述评

我国主要的药品行政保护有中药品种保护、药品行政保护、药品试验数据保护。

一、中药品种保护

中药品种保护是指1992年10月14日国务院颁布的《中药品种保护条例》（国务院令第106号，自1993年1月1日起施行）规定的一项行政保护措施。《中药品种保护条例》第三条规定："国家鼓励研制开发临床有效的中药品种，对质量稳定、疗效确切的中药品种实行分级保护制度。"第五条规定："依照本条例受保护的中药品种，必须是列入国家药品标准的品种。受保护的中药品种分为一、二级。"第十二条规定中药保护品种的保护期限：中药一级保护品种分别为三十年、二十年、十年；中药二级保护品种为七年。第十七条规定："被批准保护的中药品种，在保护期内限于由获得《中药保护品种证书》的企业生产；但是，本条例第十九条另有规定的除外。"第十八条规定："国务院药品监督管理部门批准保护的中药品种如果在批准前是由多家企业生产的，其中未申请《中药保护品种证书》的企业应当自公告发布之日起六个月内向国务院药品监督管理部门申报，并依照本条例第十条的规定提供有关资料，由国务院药品监督管理部门指定药品检验机构对该申报品种进行同品种的质量检验。"国务院药品监督管理部门根据检验结果，可以采取以下措施。

（1）对达到国家药品标准的，补发《中药保护品种证书》。

（2）对未达到国家药品标准的，依照药品管理的法律、行政法规的规定撤销该中药品种的批准文号。

第十五条规定："中药一级保护品种因特殊情况需要延长保护期限的，由生产企业在该品种保护期满前六个月，依照本条例第九条规定的程序申报。延长的保护期限由国务院药品监督管理部门根据国家中药品种保护审评委员会的审评结果确定；但是，每次延长的保护期限不得超过第一次批准时保护期限。"第十六条规定："中药二级保护品种在保护期满后可以延长七年。申请延长保护期的中药二级保护品种，应当在保护期满前六个月，由生产企业依照本条例第九条规定的程序申报。"

中药是我国最有优势的、拥有自己知识产权的研究开发领域。目前，绝大多数中药企业对自己的产品所采取的保护措施是中药品种保护。《中药品种保护条例》是我国对中药实施知识产权保护最有力的行政措施之一，其精神实质是商业秘密的保护，所保护的是中药配方和制备方法等方面的技术信息。中药企业在不能获得专利保护的前提下，可通过新药保护或中药品种保护来维护自己的知识产权，同时，还可对产品的其他方面，如改进工艺的制备方法、外观设计等寻求专利保护。

《中药品种保护条例》对外具有约束力，加入WTO后，条例的相关条文还要进行适当的补充完善。

中药品种保护的目的主要是为了提高中药品种的质量，进而达到药品管理法保障人体用药安全、维护人民身体健康的目标。通过中药品种保护，可以进一步规范药品市场，淘汰质量不好的劣质药品，使高质量的药品占有更大的市场份额，从而为企业赢得更多的经济利益。

二、药品行政保护

药品行政保护的目的是为了扩大对外经济技术合作与交流。由于我国1993年以前对药品发明不给予产品专利保护，为了为我国的改革开放争取较好的贸易环境，我国政府在与美国等发达国家谈判时承诺对其1993年以前的药品发明给予一种追溯性质的行政保护作为弥补。

药品行政保护的期限为7年6个月，自药品行政保护证书颁发之日起计算。对获得行政保护的药品，未经药品独占权人许可，国务院卫生行政部门和省、自治区、直辖市的卫生行政部门不得批准他人制造和销售。未获得药品行政保护的独占权人许可制造或者销售该药品的，药品独占权人可以请求国务院药品生产经营主管部门制止侵权行为；药品独占权人要求经济赔偿的，可以向人民法院起诉。

三、药品试验数据保护

药品试验数据保护是一种通过赋予创新药企业（权利人）在数据保护期内对药品试验数据享有独占权，从而鼓励创新药研发及申报的知识产权保护形式。

在数据保护期内，药品监管机构不得依赖权利人的数据批准其他申请人就已有国家标准的相同品种提出的仿制药申请。

TRIPS第三十九条第三款规定："各成员如要求，作为批准销售使用新型化学个体制造的药品或农业化学物质产品的条件，需提交通过巨大努力取得的、未披露的试验数据或其他数据，则应保护该数据，以防止不正当的商业使用。"2001年，我国正式加入WTO，基于遵守TRIPS第三十九条第三款的承诺，对含有新型化学成分的药品提供试验数据保护。此后，在2002年施行的《药品管理法实施条例》第三十五条以及2007年施行的《药品注册管理办法》第二十条中，进一步对含有新型化学成分的药品的试验数据保护进行确认，给予6年的保护期。但这些规定仅针对"含有新型化学成分"的药品试验数据，改良剂型、改良给药途径、新适应证等试验数据保护未包括在内，且数据保护申请获批后如何公示以便落实保护效果也不明朗。

随着我国医药监管逐步与国际标准接轨，数据保护制度将得到进一步升级。2017年5月，原国家食品药品监督管理总局发布《关于鼓励药品医疗器械创新保护创新者权益的相关政策（征求意见稿）》，明确提出完善药品试验数据保护制度。意见稿相对原有相关规定有以下几个变化：①扩大保护范围，将试验数据保护的对象由含有新型化学成分的药品扩展至创新药、儿童专用药、创新的治疗用生物制品等；②实行分层次保护，针对不同的药品类别分别给予1.5~10年不等的数据独占期限；③试验数据保护可申请获得，规定申请人在提交药品上市申请的同时可提交试验数据保护申请。

为进一步促进药品创新和仿制药发展，完善药品试验数据保护制度，国家药品监督管理局组织起草了《药品试验数据保护实施办法（暂行）（征求意见稿）》，并于2018年4月26日向社会公开征求意见，提出"对在中国境内获批上市的创新药给予6年数据保护期，创新治疗用生物制品给予12年数据保护期""药品试验数据保护权利在药品上市注册申请批准公示时生效，数据保护信息与药品批准信息由《上市药品目录集》收载并公示"等要求。作为与药品专利保护完全不同的知识产权保护体系，这一鼓励创新的后继保护措施对于支持医药研发和技术转化具有十分重要的意义。

实证分析篇

第四章

药品专利申请实证分析

制药产业是典型的高技术依托产业，而高技术依托产业的一个重要特征就是对专利具有强烈的依赖。学者们分析认为，相对于其他行业而言，制药业是最倾向于申请专利的行业，专利制度保证了制药企业高额的研发费用得到补偿，控制一定数量的专利就等于在一定程度上掌握了竞争优势。对药品专利的实证分析有助于回溯我国药品专利发展的真实轨迹，对于政府、企业、研究人员都具有重要参考意义。

鉴于我国知识产权的理论与实践起步较晚，对于专利的统计分析尚处于起步阶段，对于具体产业专利申请、授权、法律状态等统计分析尚不存在统一的标准。根据多年理论研究及实务的经验，尝试对药品专利进行统计分析，这其中存在许多有待改进之处，只是希望通过这种努力给读者以启迪，也希望对推进药品专利的实证分析有所裨益。除有特别注明外，实证分析部分的数据根据《中国高技术产业统计年鉴》和incopat数据库的数据整理而成，数据检索时间范围截止到2020年。

第一节　高技术领域专利申请实证分析

通过图4-1可以看出，近五年（2016~2020年）高技术领域专利申请量中，居第一位的是电子及通信设备制造业，居第二位的是医疗仪器设备及仪器仪表制造业，居第三位的就是医药制造业，并且医药制造业专利申请量与第二位相差无几。可见，医药制造业的专利申请量在各产业中居于较领先地位。

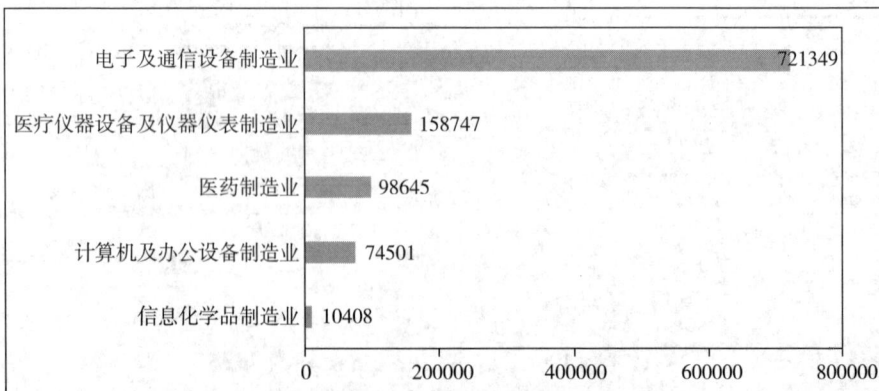

图4-1　近五年高技术领域专利申请量（件）

由图4-2近五年高技术领域发明专利量的排序可以看出，医药制造业的发明专利量居第三位。一般来说，发明专利相对于实用新型专利及外观设计专利具有较高的创造性。由此可见，医药制造业的发展强烈依托于高技术创新。

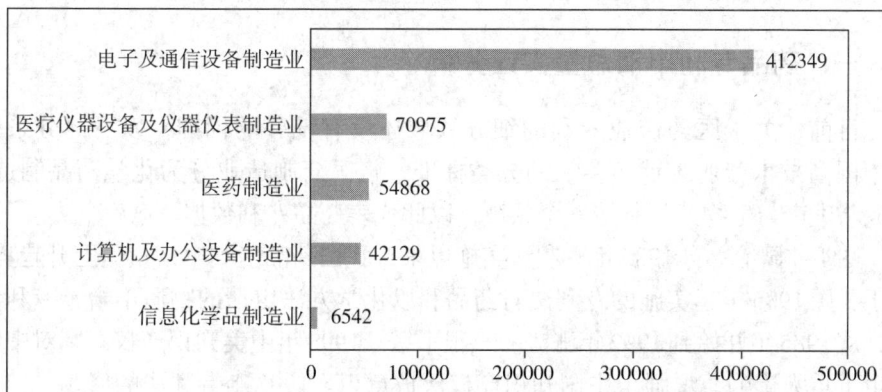

图4-2　近五年高技术领域发明专利量（件）

有效发明专利是指已被授权、尚在专利有效期内的发明专利。由图4-3可以看出，近五年高技术领域有效发明专利量中，医药制造业排名第二位，这也反映了制药企业为掌握竞争优势而更加注重专利的申请与维持。

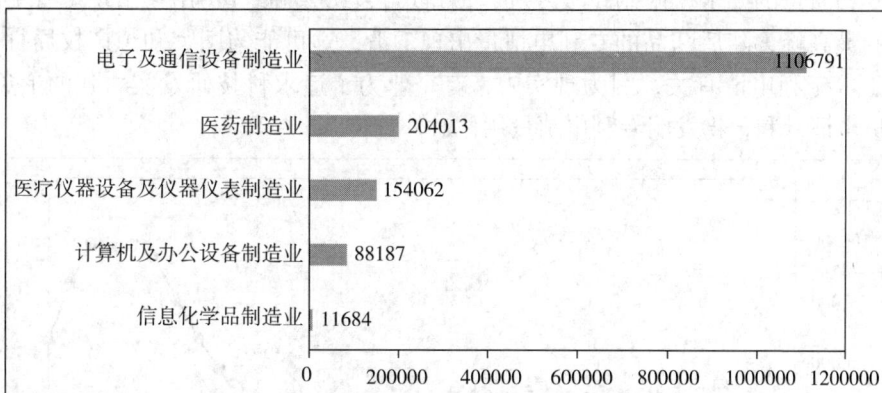

图4-3　近五年高技术领域有效发明专利量（件）

第二节　药品专利申请整体实证分析

一、药品专利申请总量实证分析

目前，关于医药产业专利的细分领域还没有统一的标准，以下部分采用《中国高技术产业统计年鉴》的分类标准，将医药制造业分为化学药品制造、中成药生产与生物药品制造三个领域，以此代表药品专利数据。

图4-4显示，自1985年专利法实施以来，我国药品专利申请量呈上升趋势，由于我国1985年起实施的专利法对药品和以化学方法申请的物质不给予专利保护，从1985年开始到1992年涨势一直很平缓。1992年中美知识产权谈判对中国产生了重大影响，增强了中国知识产权保护意识。1993年专利法的修改，扩大了对药品的专利保护内容，申请量开始出现拐点，1993~2000年增长势头有所增加。2000年专利法第二次修改，加之我国陆续出台很多促进知识产权的政策，我国药品专利年申请量剧增，每年专利申请量都在迅速增长，这表明药品领域的发明创造一直处于活跃状态。2008年我国对专利法进行第三次修改，提高了对专利质量的要求，限制垃圾专利，使得增长较为缓慢。2016年出现了有史以来的最高峰，随后药品的专利申请量出现下滑，这可能与国家知识产权局打击非正常专利申请有关，因为现实中，有企业为了追求科技研发实力强的形象，大量申请专利，将发明专利申请量用作对外宣传。

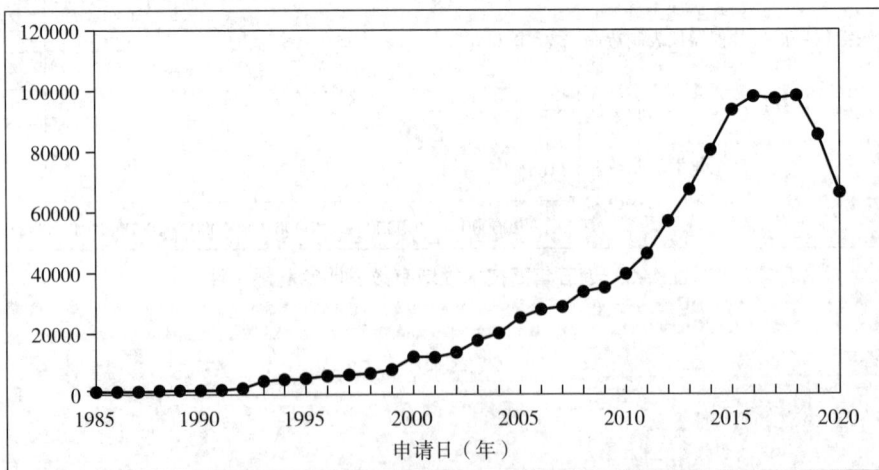

图4-4　我国药品专利申请总量（件）趋势图

从图4-5可知，我国药品发明专利授权数量与申请数量的走势是一致的，但授权量与申请量之间明显存在差距。1985~1992年，授权量与申请量几乎重合，这是由于我国当时刚建立专利制度，各方面还不完善，专利审查较为宽松，致使申请的专利几乎都能被授权。1992~2000年，授权量与申请量之间开始存在差距，但差距较小。这是因为1993年我国开始对药品给予专利保护，由于药品关乎国民健康，加上这一时期我国对制药行业的制度定位是维护人民身体健康，对药品专利的审查开始严格，有些专利因为没有达到授权标准而无法被授权，但授权比例依然很高。2000~2018年，授权量与申请量之间的差距逐渐变大。在这期间，专利法分别于2000年和2008年进行了两次修改，其中2008年修改的专利法扩大了不授予专利权的范围，进一步强化了专利管理制度，使得药品专利申请获得授权难度陡增。表现在自2010年专利法实施细则修改后，药品专利的授权比例迅速下降，甚至在2014年出现"断崖式"下跌。而随着《国务院关于改革药品医疗器械审评审批制度的意见》的进一步落实，对于创新药审批与药品专利授予的技术含量与创新水平将会提出更高要求，这是我国医药企业面临的严峻挑战。

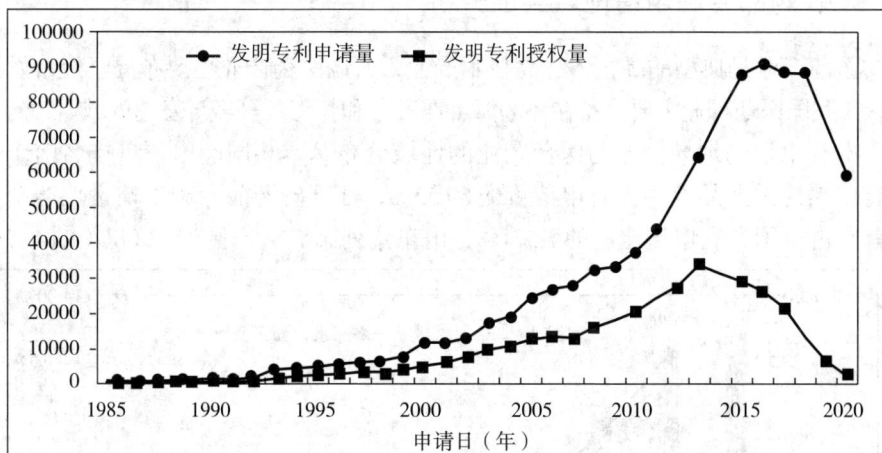

图4-5 我国药品发明专利申请量与授权量（件）趋势图

图4-6显示，2008年之前，我国药品实用新型专利申请量很少，趋势线贴近于横向坐标轴。与发明专利相比，实用新型专利的创造性较低、保护范围较窄而且保护期限很短。而药品属于高技术产品，创造性较高，需要专利保护的范围也比较广，其漫长的研发周期则需要足够长的专利保护期限才能进行弥补，故药品一般会选择申请发明专利而不是实用新型专利。但是2008年专利法对实用新型和发明专利的申请有了新的规定，即同一申请人同日对同样的发明创造既申请实用新型专利又申请发明专利，先获得的实用新型专利权尚未终止，且

申请人声明放弃该实用新型专利权的，可以授予发明专利权。这一规定使得实用新型专利的申请量迅速增加。

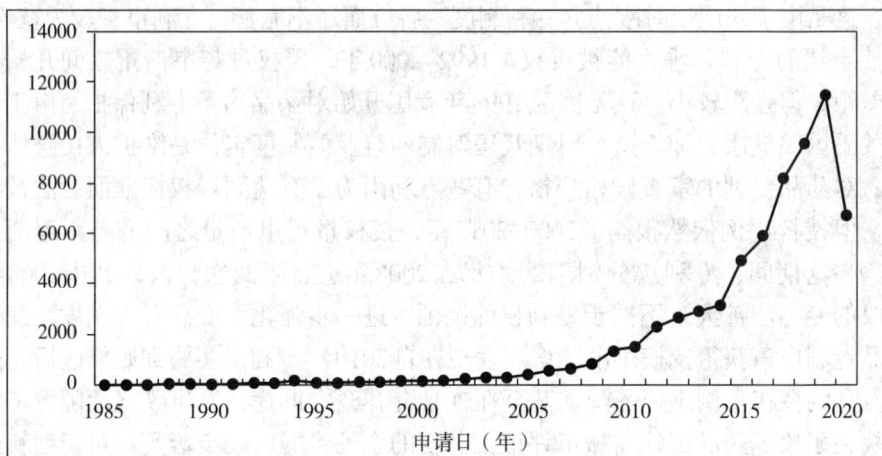

图4-6　我国药品实用新型专利申请量（件）趋势图

二、药品专利申请地域实证分析

医药产业是典型的高投入、高技术产业，所以医药产业主要布局于经济发达地区，我国医药行业主要分布在环渤海、珠三角和长三角等经济发达区域。

专利申请的地域分布与医药产业的地域分布基本相同。申请量排名前十位的省市申请的药品专利占总申请量的69.55%，江苏省药品专利申请量位居全国之首，占全国专利申请比例的12.71%，山东位列第二，比例为12.08%（图4-7）。

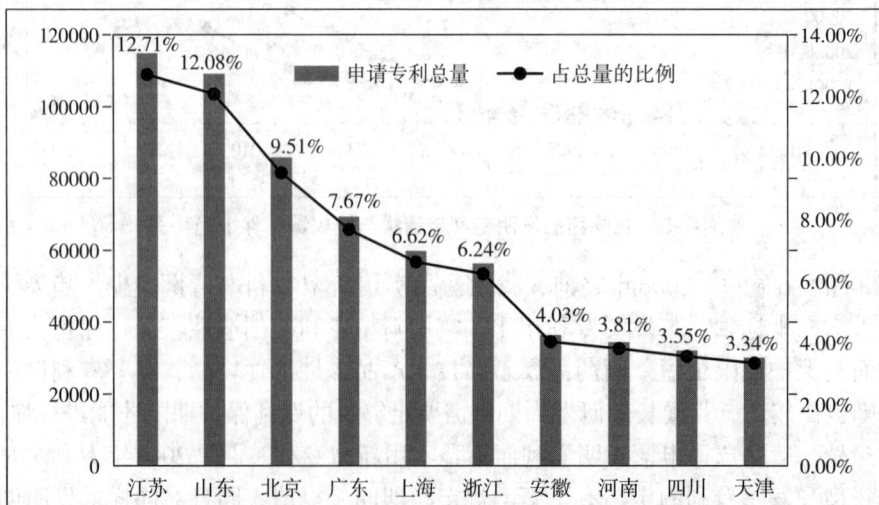

图4-7　排名前十省份药品专利申请量（件）及比重图

　　北京、广东、上海、浙江、安徽、河南、四川、天津各省份分列三到十位的排名。这说明，中国药品专利申请量高的地区主要集中在中国经济实力相对较强医药产业发展较快的"环渤海""珠三角"和"长三角"三大医药工业集聚现象突出地区。可见药品专利申请量的多少，与各省市的重视程度、企业的知识产权意识、投入研发的经费以及经济发展水平高低等因素有关。

　　图4-8是发明专利申请量排名前十省份申请量及比重图，发明专利申请排名靠前的省份与专利申请量排名靠前的省份基本一致。而在图4-9，实用新型专利申请量排名前十省份申请量及比重图中，江苏的实用新型申请量排名第一，排名第二的是山东，广东则排名第三。

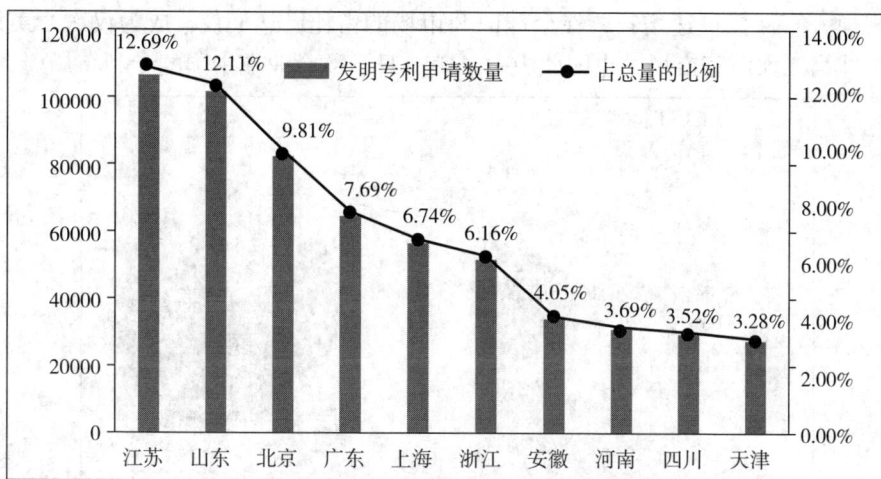

图4-8　排名前十省份发明专利申请量（件）及比重图

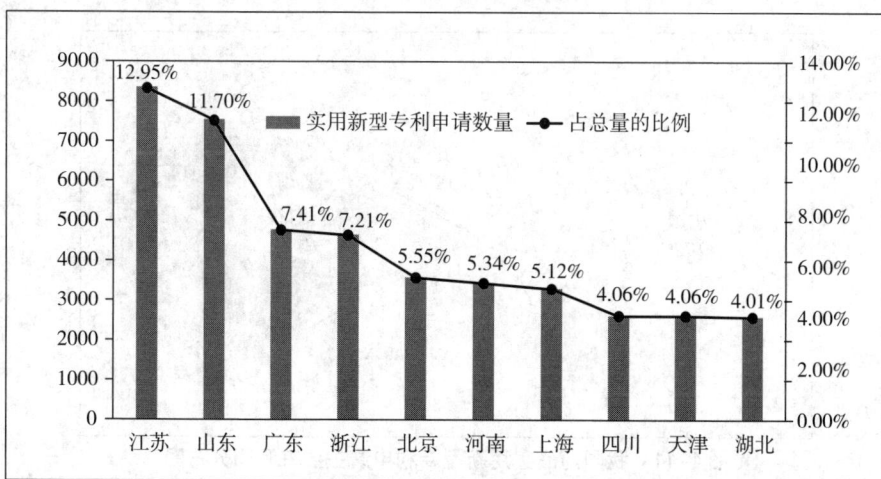

图4-9　排名前十省份实用新型专利申请量（件）及比重图

三、药品专利申请国家分布实证分析

专利权具有地域性，依一国法律取得的专利权只在该国领域内受到法律保护，而在其他国家则不受该国的法律保护，除非两国之间有双边的专利（知识产权）保护协定，或共同参加了有关保护专利（知识产权）的国际公约。我国专利申请人由于具有本土优势，申请的药品发明专利数量最多，占申请总量的85%，其余的15%分别来自美国、日本、德国和瑞士（图4-10、图4-11）。

美、日、欧是药品研发实力雄厚的传统强国/地区，其制药产业非常发达，拥有许多著名的大型跨国公司，药品专利布局遍及全球。近些年，中国医药市场规模一直保持快速增长，在全球医药市场的占比已达11%，成为仅次于美国的全球第二大医药市场，也因此吸引了美、日、欧企业在中国的专利布局。

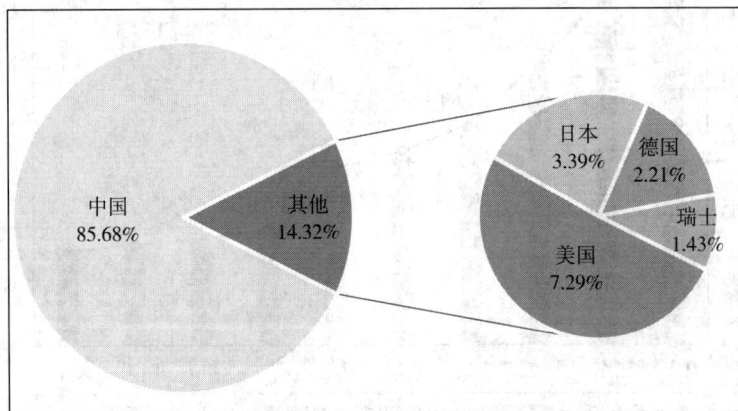

图4-10 我国药品发明专利申请主要来源国分布图

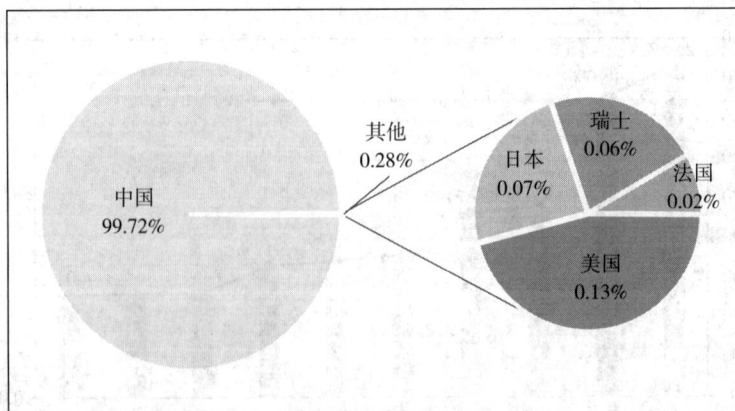

图4-11 我国药品实用新型专利申请主要来源国分布图

第三节 药品各细分领域专利申请量实证分析

一、化学药品制造专利申请实证分析

化学药品制造专利申请以发明专利申请为主，实用新型申请量很少。发明专利申请量从1993年开始明显增长，随后实现由低速到高速增长的转变，近几年有所下降（图4-12）；实用新型专利申请量从2003年开始明显增长，2008年之后快速增长，但2017年之后也开始下降。发明专利申请量和授权量存在差距，近年来授权比例有所下降（图4-13），这意味着化学药品制造专利审查较为严格，也意味着授权专利的质量较高。

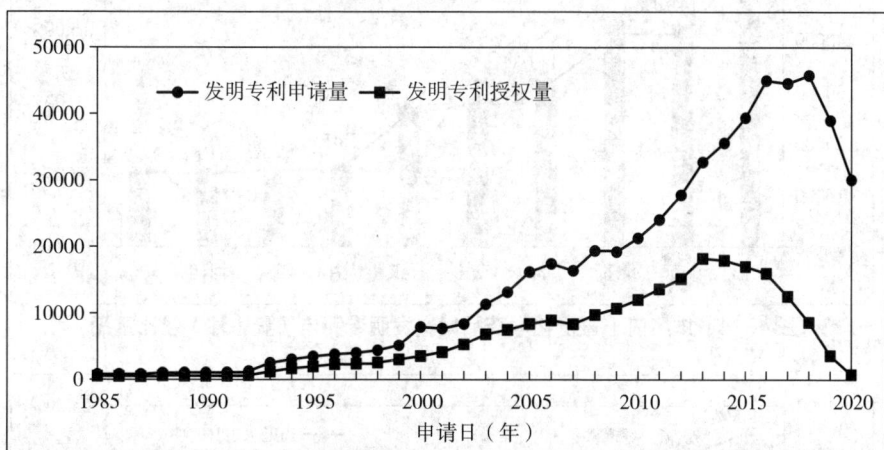

图4-12　化学药品制造发明专利申请量与授权量（件）趋势图

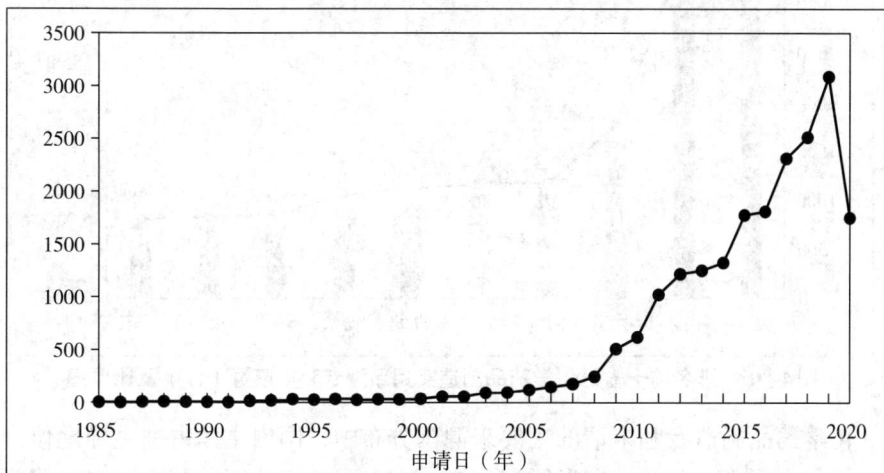

图4-13　化学药品制造实用新型专利申请量（件）趋势图

化学药品制造发明专利申请的地域分布中，可分为三大梯队：第一梯队由江苏、山东和北京构成；第二梯队由上海、广东和浙江构成；第三梯队由天津、四川、河南和安徽构成。三大梯队的申请量顺次下降，相邻梯队之间的差距不是很大（图4-14）。

实用新型专利申请则可以分为两大梯队：第一梯队由江苏和山东构成；第二梯队由其余省份构成。两个梯队之间差距很大，第一梯队的申请数量遥遥领先（图4-15）。

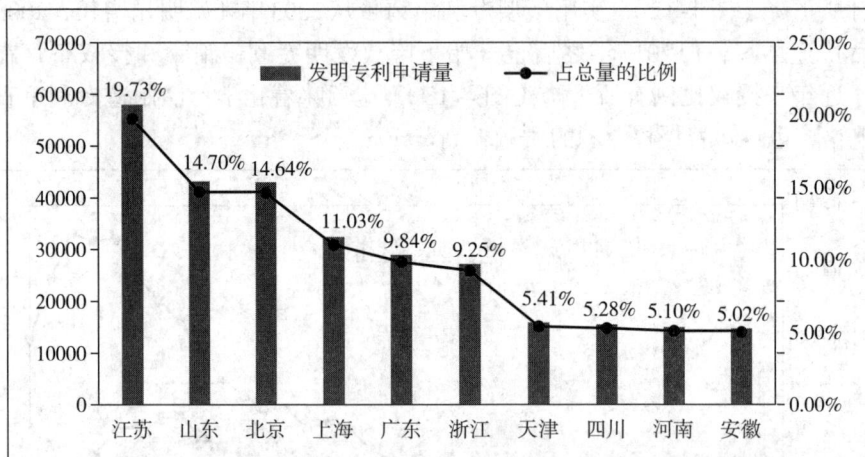

图4-14 排名前十省份化学药品制造发明专利申请量（件）及比重图

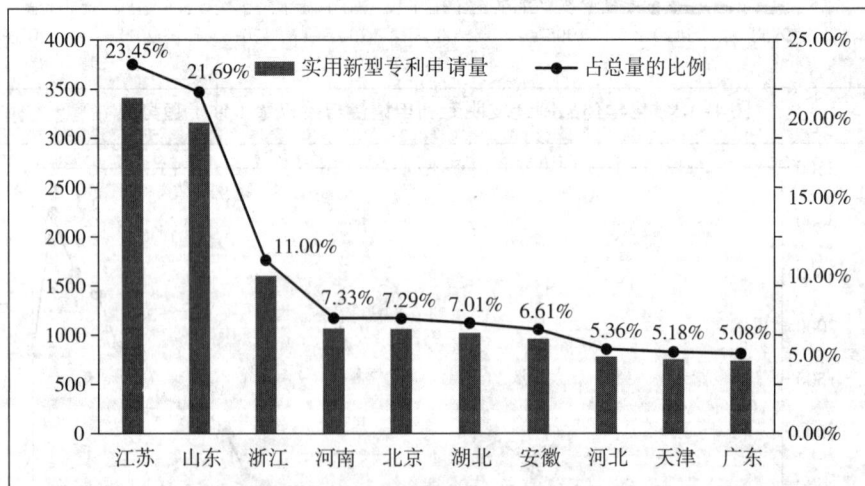

图4-15 排名前十省份化学药品制造实用新型专利申请量（件）及比重图

化学药品制造专利申请的主要来源国分布中，国内主体占据主导地位，国外主体只占很小一部分。在发明专利申请中，国外主体以美国、日本、德国和瑞士为主（图4-16）；实用新型专利申请中，国外主体以瑞士、日本、美国和法国为主（图4-17）。

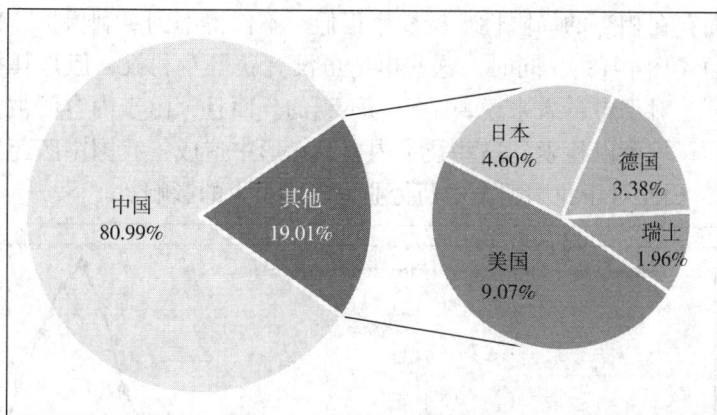

图4-16　化学药品制造发明专利申请主要来源国分布图

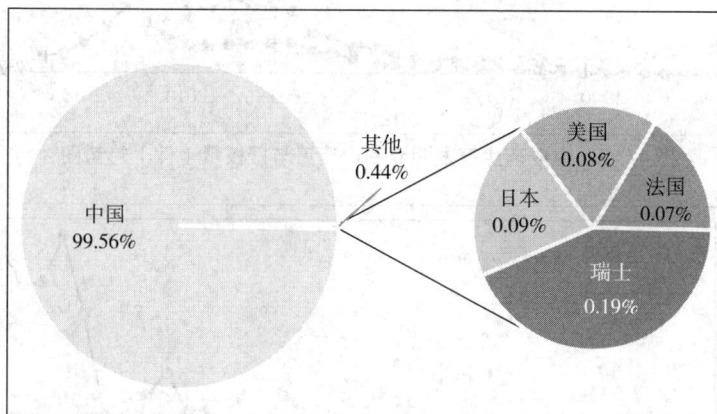

图4-17　化学药品制造实用新型专利申请主要来源国分布图

二、中成药生产专利申请实证分析

在2011年以前，中成药生产发明专利申请量虽然逐年增加，但总量却都处于10000件以下，远不如化学药品制造发明专利。但2011年之后，申请量急剧增长，于2015年达到近40000件，并在2015年之后出现调整性回落（图4-18）。这是因为之前我国对传统中药的知识产权保护意识淡薄，忽视了相关专利申请和布局，但随着国家大力扶植中医药发展，专利申请数量迅速增加。中成药生产实用新型专利申请量于2008年专利法修改之后也迅速增加（图4-19）。

在中成药生产发明专利授权量方面，存在授权比例较低的情况。这是因为中成药生产专利申请中个人的非职务发明比例过高，申请中常常只有配方，既没有动物实验，也没有临床观察报告，所开发的中药在疗效的临床验证、实验手段等方面存在相当的局限性，授权率很低，不仅得不到专利保护，也很难参与国际竞争（图4-18）。同时，这些申请虽没有获得专利权，但是其技术内容已经被公开，对于申请人来说，是极为不利的。而且，由于内容已被公开，在世界范围内，均可以检索到这些技术内容，无形中造成了我国中医药信息资源的"流失"，因此对于我国整个中药行业也造成很大的影响。

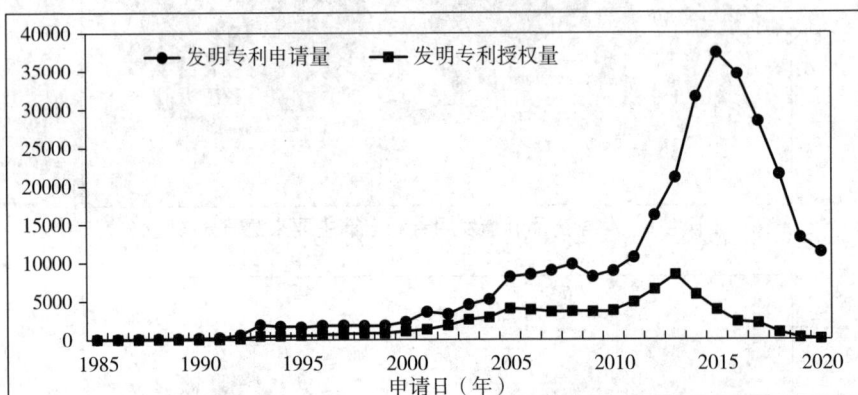

图4-18　中成药生产发明专利申请量与授权量（件）趋势图

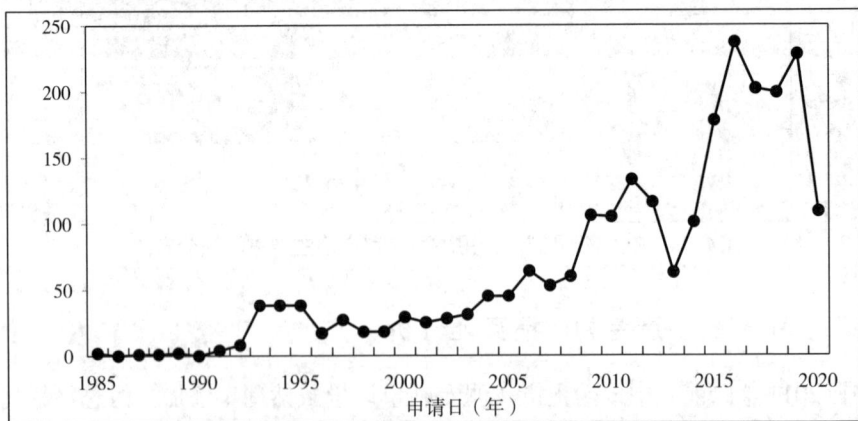

图4-19　中成药生产实用新型专利申请量（件）趋势图

在中成药生产专利申请中，无论是发明专利还是实用新型专利，山东省的申请量都是全国第一，且处于遥遥领先的地位（图4-20、图4-21）。山东省独特的南北过渡型气候条件，起伏多变的地形地貌，造就了丰富的中药材资源，同时，也是全国道地中药材主产区之一。而且山东是我国的医药强省，省内医药企业聚集，中药创新表现突出，因而中成药生产专利申请量很多。

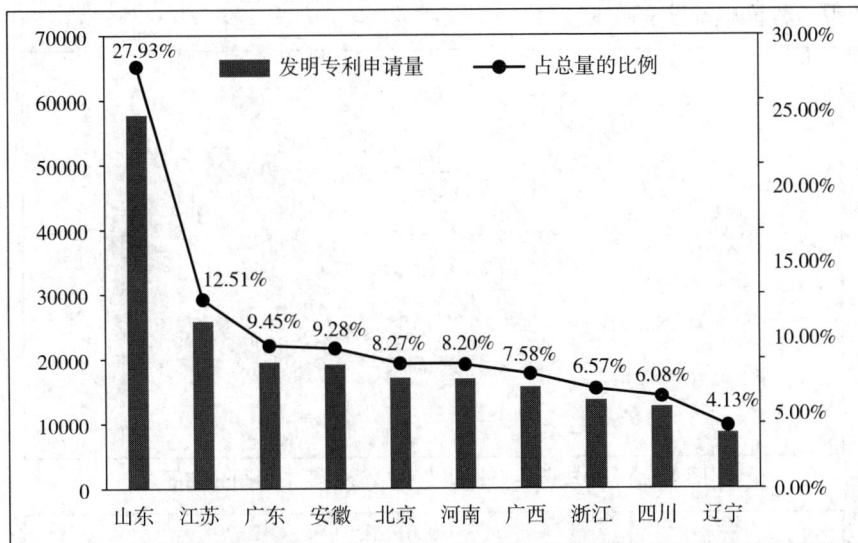

图4-20　排名前十省份中成药生产发明专利申请量（件）及比重图

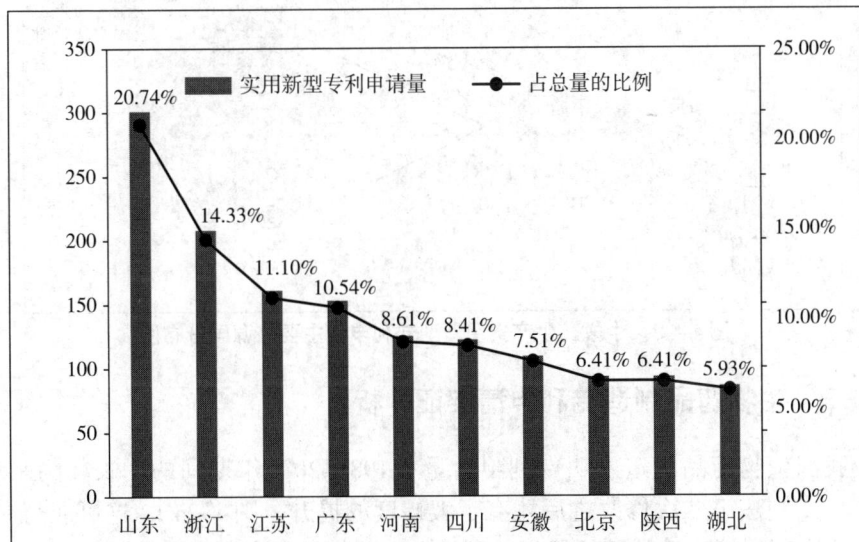

图4-21　排名前十省份中成药生产实用新型专利申请量（件）及比重图

　　中成药生产发明专利申请中，国外主体以美国、日本和韩国为主（图4-22）；实用新型专利申请中，国外主体以美国和韩国为主（图4-23）。世界范围内的传统医药领域，以我国的中药、日本的汉方药、韩国的韩药以及美国的植物药较为出名，而美、日、韩等国家非常重视传统中成药的专利布局，早已在我国进行了专利申请，虽然比重不大，但仍值得关注，我国要警惕传统中成药知识产权面临流失的危险。

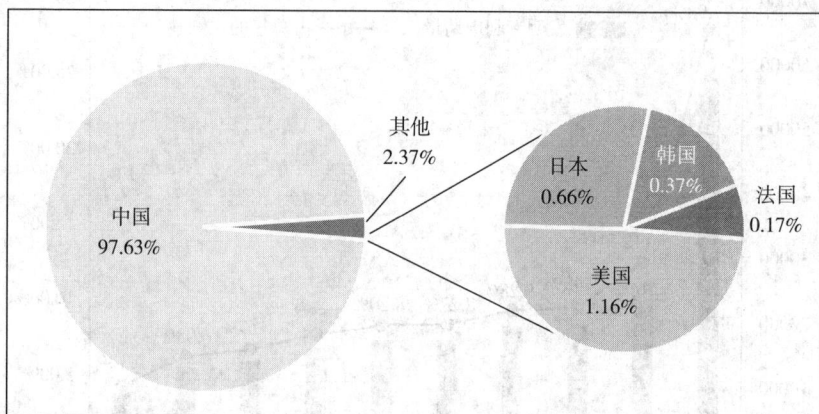

图4-22　中成药生产发明专利申请主要来源国分布图

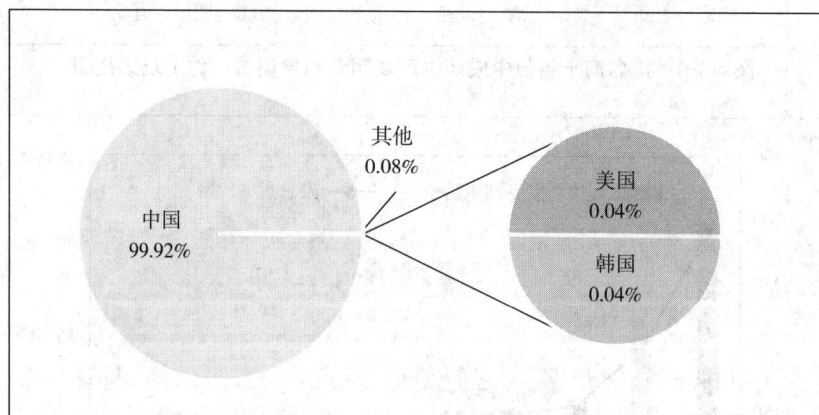

图4-23　中成药生产实用新型专利申请主要来源国分布图

三、生物药品制造专利申请实证分析

　　我国生物药品制造发明专利申请量在1985~2000年期间的增长较为平缓，2000年专利法第二次修改之后才有了大幅度的提升（图4-24），这可能与专利法新增专利侵权赔偿的相关规定，更加全面地保护了专利权有关。此后，专利申请量呈现近乎直线的增长态势，几乎没有太多的起伏波动，表明生物药品制造领域正在稳中有进地发展，这与我国政府在政策上提供的大力支持有关。与化学药品制造和中成药生产领域相比，近几年生物药品制造领域的发明专利申请量下降得不是很明显，实用新型专利申请量则没有出现下降的趋势（图4-25），这表明生物药品制造领域没有出现太多恶意申请专利的情况，知识产权呈健康发展状态。

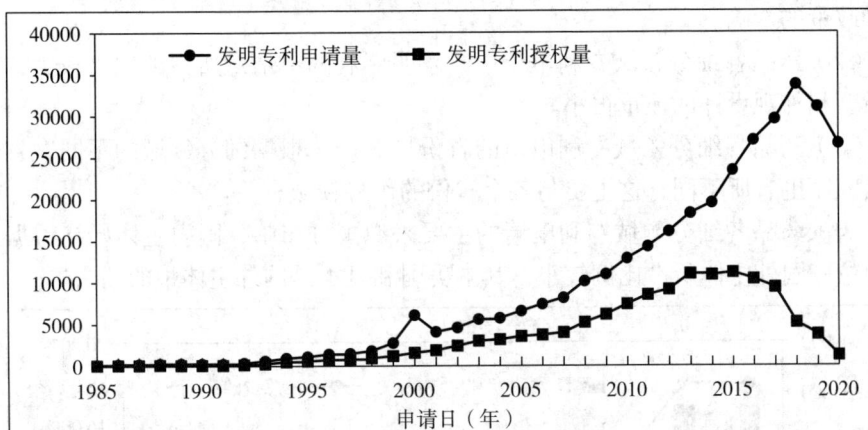

图4-24　生物药品制造发明专利申请量与授权量（件）趋势图

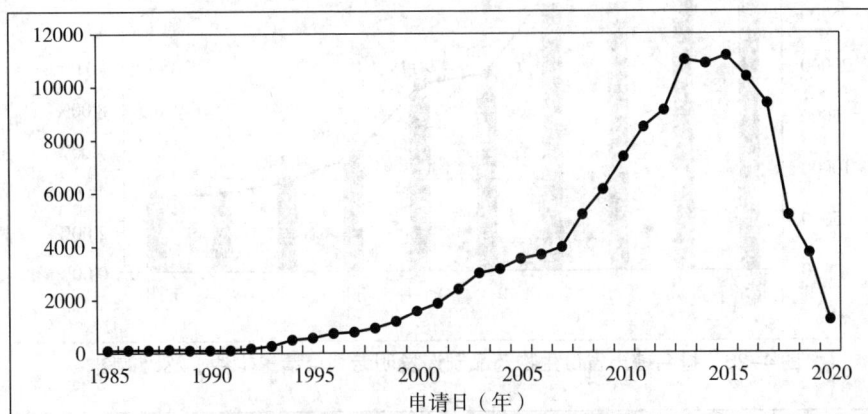

图4-25　生物药品制造实用新型专利申请量（件）趋势图

在生物药品制造专利申请排名前十的省份中，没有出现明显的梯队分布，各省份申请量由高到低依次排开的走向线没有太突出的拐点变化，相邻省份之间相差不大。在发明专利申请中，北京市居首位（图4-26）；实用新型专利申请中，江苏省居首位（图4-27）。

在生物药品制造专利申请的国外主体中，美国处于绝对的主导地位，日本紧随其后（图4-28、图4-29）。众所周知，美国是生物制药行业的领先者，其生物技术药物年销售额占到全球的60%以上，拥有世界上较成功的生物制药公司和较先进的技术，其生物制药公司数量也位居全球第一。因而美国在我国的专利申请较其他国家都要多。

从药品各细分领域专利申请量的数据统计可以看出以下几点。

（1）药品各细分领域专利申请趋势与药品专利申请总量的趋势基本一致，这说明我国药品各细分领域的专利申请无一例外地受到我国专利法修改和专利鼓励政策的影响。

（2）药品各细分领域专利申请中，发明专利的申请量所占的比重较大，实用新型和外观设计的比重很小。

（3）药品各细分领域专利申请的省份排名中，根据细分领域的不同，省份排名顺序也有所不同，这主要与各个省份的优势领域有关。

（4）药品各细分领域专利申请的主要来源国分布中，国内主体始终占据主导地位，国外主体所占比例较小，其中美国和日本是国外主体中的领头羊。

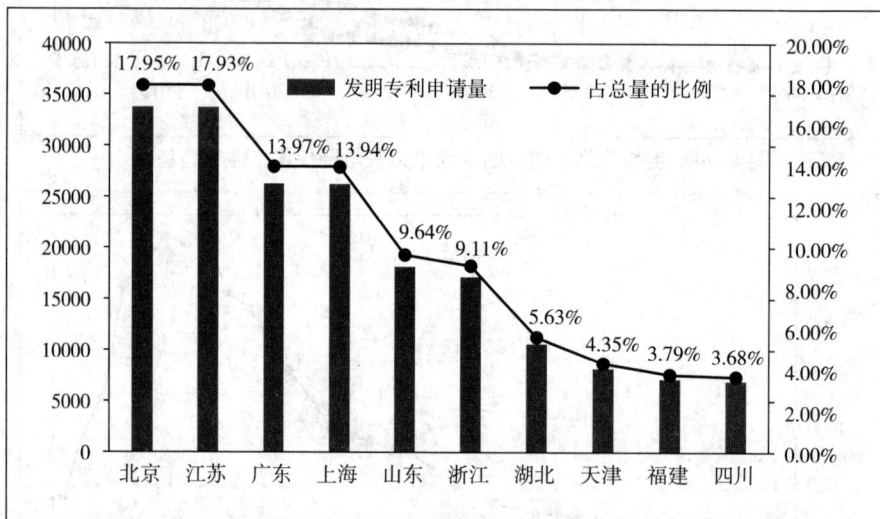

图4-26　排名前十省份生物药品制造发明专利申请量（件）及比重图

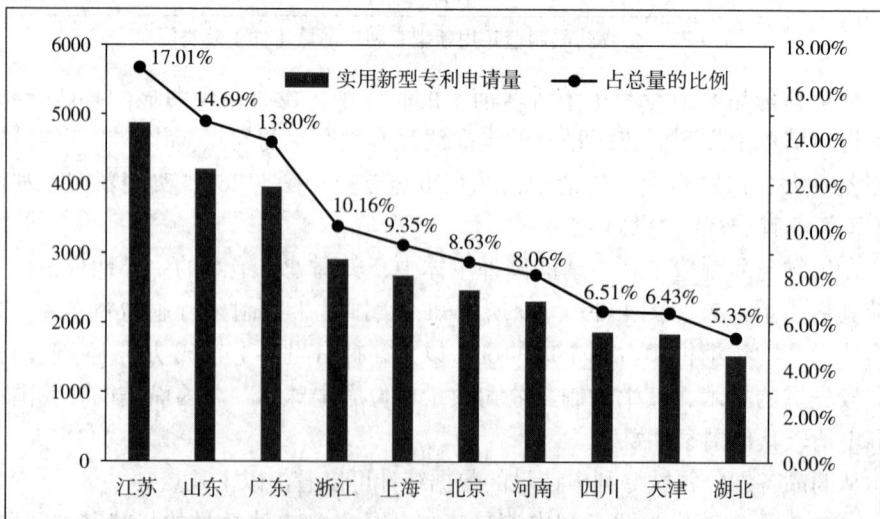

图4-27　排名前十省份生物药品制造实用新型专利申请量（件）及比重图

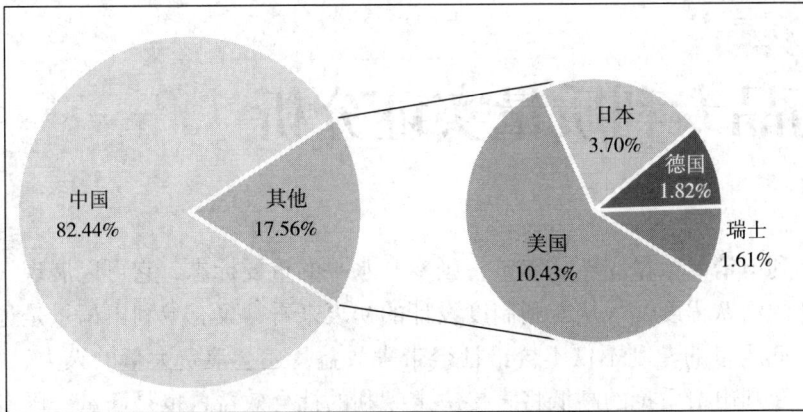

图4-28 生物药品制造发明专利申请主要来源国分布图

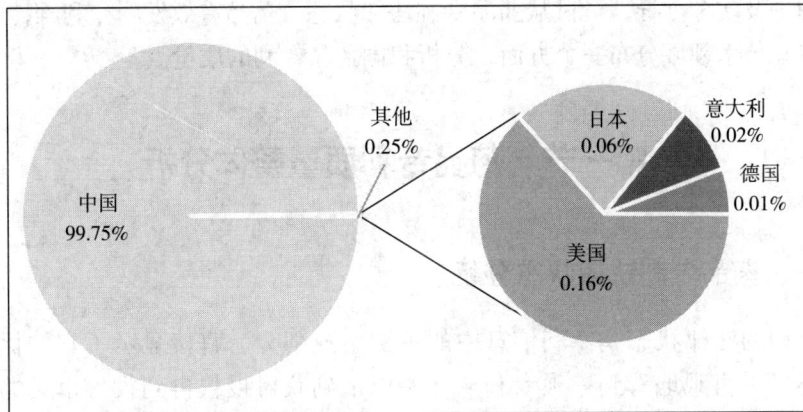

图4-29 生物药品制造实用新型专利申请主要来源国分布图

第五章

药品专利质量实证分析

专利申请的数量固然是衡量一国专利水平的重要标志，它可以展现一国技术创新的活跃程度，但从专利制度设计的初衷来看，仅有专利申请量是远远不够的，低质量的专利不仅不会给社会带来效益，还会浪费大量的人力、物力，因此，专利申请质量的高低将直接决定专利的社会效益，也是衡量一国专利制度有效性的重要标准。目前，世界上并没有衡量专利质量的标准，根据专利制度的理论及实务推导，尝试从药品专利法律状态、药品有效发明专利维持时间、药品专利技术领域分布三个方面，分析我国药品专利的质量。

第一节　药品专利质量整体分析

一、药品专利法律状态分析

专利的法律状态是专利信息中的关键组成部分，直接显示了它的保护现状，还可以直观地看到一项专利从开始申请到获得授权再到投入市场的所有流程，并从侧面展现出该项专利的质量情况和其对社会发展的贡献度。通过对专利法律状态的分析，能够获取企业和科研单位等所需的药品研发创新的重要情报。

图5-1和图5-2显示了1985~2020年间我国药品发明专利和实用新型专利的当前法律状态信息。由图5-1可以看出，截止到2020年底，我国药品发明专利中，处于已经撤回状态的专利所占比重较大，占总数的26.83%；实质审查的专利占到发明专利总数的22.94%；而已经授权的专利占到发明专利总数的22.87%；处于失效状态的专利（如：未缴年费、驳回、权利终止等）占比25.43%。故而，我国处于无效或失效状态的药品发明专利占发明专利总量的52.26%。以上数据表明我国药品发明专利首先在申请时质量不高，难以获得授权；其次在获得专利权以后也因各种原因而未维持专利权有效。无论是专利申请人提前放弃，还是未能获得授权的专利，都说明该专利不具备较高的技术创新性。由此可见，我国药品发明专利质量有待提升。

由图5-2可知，我国药品实用新型专利中，授权的专利占总量的64.68%，未缴年费的专利占比31.32%，法律状态为期限届满、放弃、全部无效的专利占比为2.99%。由于实用新型专利不需要实质审查，故而具有较高的授权率。

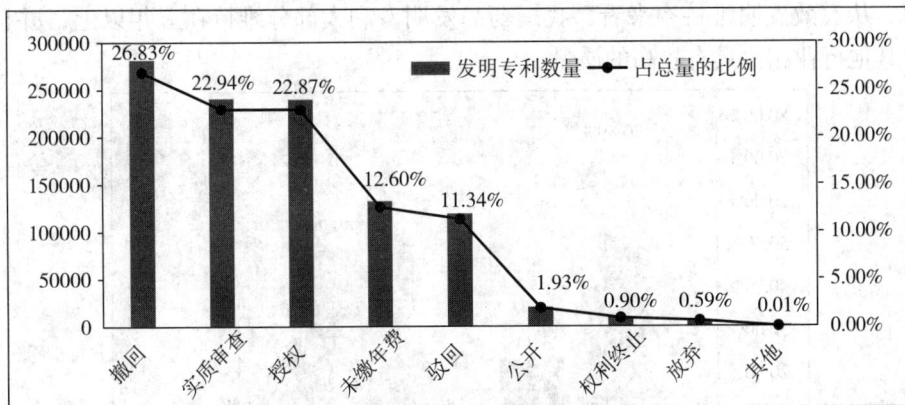

图5-1 我国药品发明专利当前法律状态图

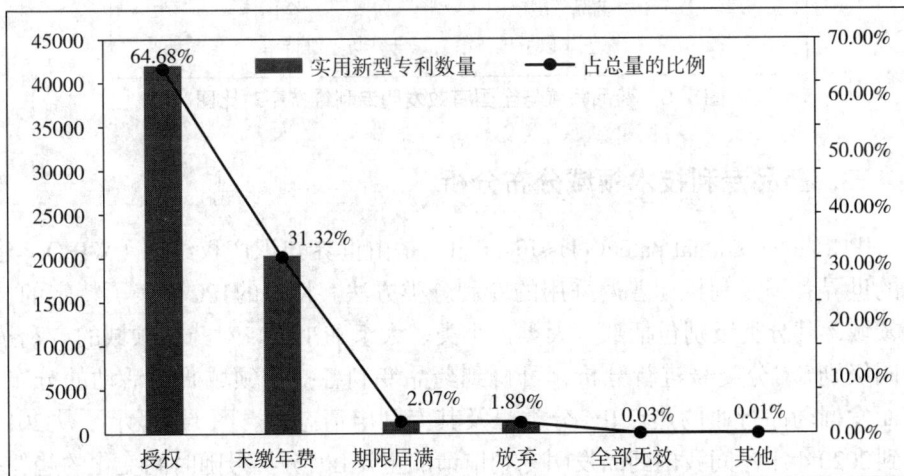

图5-2 我国药品实用新型专利当前法律状态图

二、药品有效发明专利维持时间分析

有效发明专利是指作为第一专利权人拥有的、经境内外知识产权行政部门授权且在有效期内的发明专利。作为维护知识产权领域核心竞争力的保护盾，有效发明专利是专利经济质量的基础，一般来说，维持时间较长的专利，通常是技术水平和经济价值较高的专利。因此，有效发明专利维持率的高低可以反映出专利质量的高低。如图5-3所示，以有效发明专利五年及十年以上维持率指标为表征，以国家知识产权局2014年有效发明专利年报统计量为参照，进行横向对比分析，结果显示：截至2020年底，药品领域有效发明专利五年以上维持率为70.89%，十年以上维持率为23.84%，均远远超过全国有效发明专利维持率。从有效发明维持率来看，我国药品发明专利大部分维持在五年以上，并且与其他行业相比具有较高的质量。

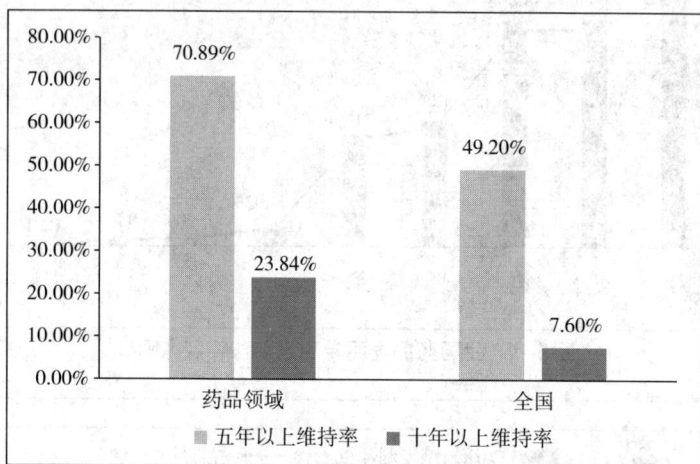

图5-3　药品领域与全国有效发明专利维持率对比图

三、药品专利技术领域分布分析

IPC（international patent classification）是由世界知识产权组织（WIPO）建立的世界各国专利机构普遍采用的专利分类方法。特定的IPC代表了特定的技术领域，其分类级别包括部、大类、小类、大组和小组。对药品领域的专利按不同级别IPC分类号进行分析，可得到药品专利各技术领域研发活动的分布，进而发掘药品行业的热点IPC分类号及其专利申请态势。图5-4显示了从2010年到2020年十年间我国药品发明专利申请的主要IPC分类号随时间变化的趋势。可以看到在大组级别，A61K36（含来自藻类、苔藓、真菌或植物或其派生物，例如传统草药的未确定结构的药物制剂）的申请量在逐年增加，且在数量上占有优势。A61K35（含有不明结构的原材料或其反应产物的医用配制品）则在前期申请量较少，但在近几年申请量有所上升。结合表5-1可知，在IPC分类号小类级别，A61K（医用、牙科用或梳妆用的配制品）占有绝对的数量优势，药品发明专利申请量排名前五的技术领域均出自IPC分类号A61K。

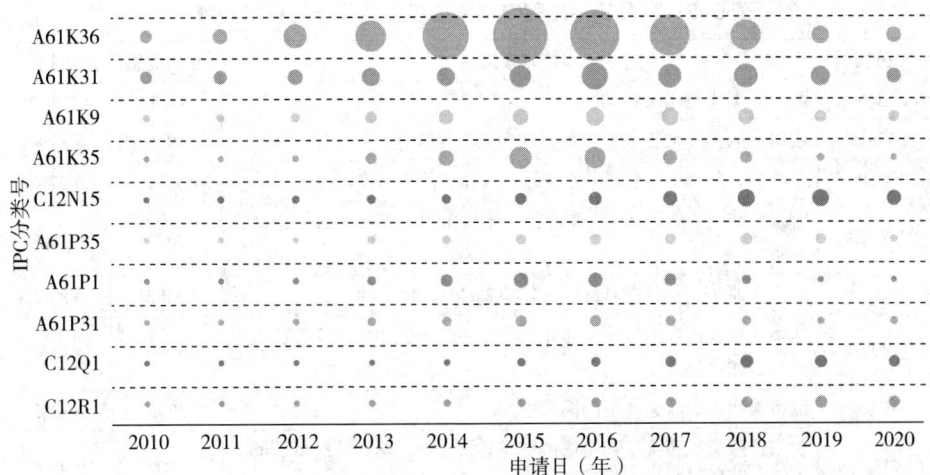

图5-4　我国药品发明专利技术申请趋势气泡图

表5-1　药品发明专利申请量排名前十的技术领域

IPC分类号	技术领域	专利数量	所占比例
A61K36	含来自藻类、苔藓、真菌或植物或其派生物，例如传统草药的未确定结构的药物制剂	263780	20.64%
A61K31	含有机有效成分的医药配制品	213130	16.67%
A61K9	以特殊物理形状为特征的医药配制品	141198	11.05%
A61K35	含有不明结构的原材料或其反应产物的医用配制品	132205	10.34%
C12N15	突变或遗传工程；遗传工程涉及的DNA或RNA，载体（如质粒）其分离、制备或纯化；所使用的宿主	114216	8.94%
A61P35	抗肿瘤药	88960	6.96%
A61P1	治疗消化道或消化系统疾病的药物	85983	6.73%
A61P31	抗感染药，即抗生素、抗菌剂、化疗剂	85185	6.66%
C12Q1	包含酶、核酸或微生物的测定或检验方法	82623	6.46%
C12R1	微生物	70871	5.54%

表5-2是药品实用新型专利申请量排名前十的技术领域，与发明专利的技术热点不同，实用新型专利申请量最高的技术领域为IPC分类号C12M1（酶学或微生物学装置），由于实用新型主要保护对产品的形状、构造或结合提出的新的技术方案，故而与发明专利的热点IPC分类号有很大不同。这也反映了专利申请人结合自身发明创造情况的不同而申请不同的专利。

表5-2 药品实用新型专利申请量排名前十的技术领域

IPC分类号	技术领域	专利数量	所占比例
C12M1	酶学或微生物学装置	38657	63.01%
C12M3	组织、人类、动物或植物细胞或病毒培养装置	4979	8.12%
B01J19	化学的、物理的或物理-化学的一般方法及其有关设备	3231	5.27%
C07C29	含羟基或氧-金属基连接碳原子（不属于六元芳环）的化合物的制备	2571	4.19%
C07C31	非环碳原子上连接羟基或氧-金属基的饱和化合物	2386	3.89%
B01D3	蒸馏或相关的在液体同气体介质相接触的过程中发生交换的方法，例如汽提	2350	3.83%
A61K9	以特殊物理形状为特征的医药配制品	2343	3.82%
A61K36	含来自藻类、苔藓、真菌或植物或其派生物，例如传统草药的未确定结构的药物制剂	1807	2.95%
C07C7	烃的纯化、分离或稳定化；添加剂的使用	1553	2.53%
C07K1	肽的一般制备方法	1478	2.41%

第二节　化学药品制造专利质量实证分析

一、化学药品制造专利法律状态分析

在化学药品制造领域中，发明专利授权量为25.70%，高于药品领域平均水平；处于无效或失效状态（撤回、驳回、未缴年费、放弃等）的专利数量占总量的49.11%，占的比重最大（图5-5）。一方面表明专利申请质量低，达不到授权要求；另一方面也说明专利没有得到很好的维持，专利寿命较短。

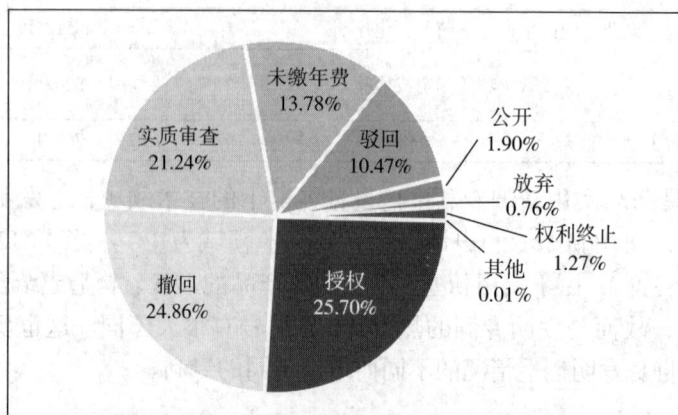

图5-5　化学药品制造发明专利当前法律状态图

由图5-6可知，化学药品制造实用新型专利授权量占比达到64.82%，相对于发明专利，实用新型专利更容易得到授权。

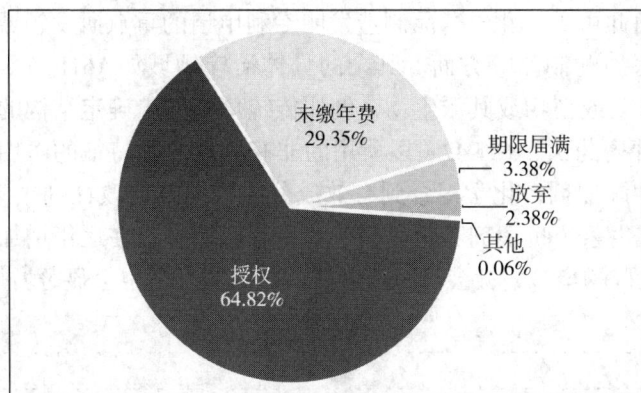

图5-6 化学药品制造实用新型专利当前法律状态图

二、化学药品制造有效发明专利维持时间分析

图5-7将化学药品制造有效发明专利维持率与药品领域及全国发明专利维持率进行对比，可以看出相较于药品领域，化学药品制造有效发明专利维持率较高，与全国平均水平对比也具有较高的专利维持率。

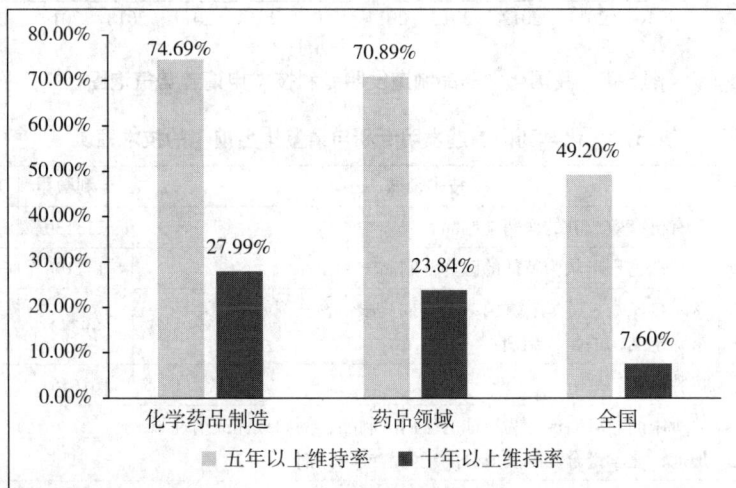

图5-7 化学药品制造有效发明专利维持率对比图

三、化学药品制造专利技术领域分布实证分析

图5-8是我国化学药品制造发明专利技术申请趋势气泡图，从图中可以看出化学药品制造发明专利申请的IPC主要集中在A61K31（含有机有效成分的医

药配制品）和A61K9（以特殊物理形状为特征的医药配制品）两大类，结合表5-3可知，这两类申请分别占总量的27.69%和18.34%，两者加起来占申请总量的46.03%。由此可见，化学药品制造发明专利申请的重点研发领域集中在化合物制备以及医用配制品等方面。其余的具体治疗领域如A61P36（含有来自藻类、苔藓、真菌或植物或其派生物，例如传统草药的未确定结构的药物制剂）、A61P35（抗肿瘤药）、A61K47（以所用的非有效成分为特征的医用配制品，例如载体或惰性添加剂；化学键合到有效成分的靶向剂或改性剂）、A61P31（抗感染药，即抗生素、抗菌剂、化疗剂）的专利申请量也在逐年增加。随着疾病种类和患病人群的增多，社会对医药创新产品的需求量也会显著增加。

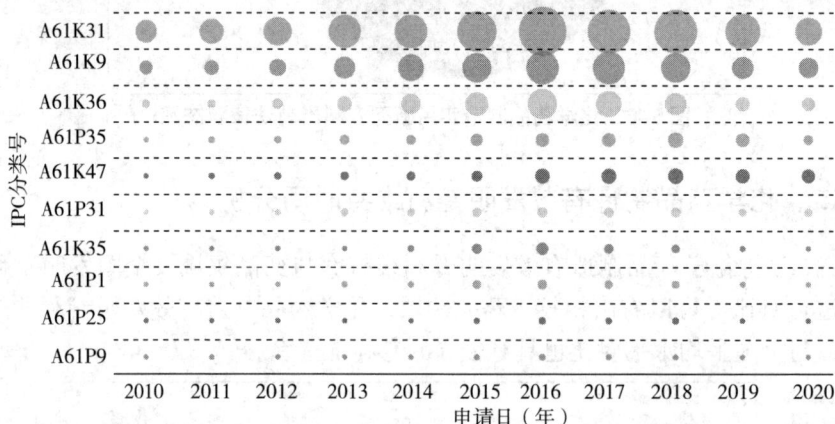

图5-8　我国化学药品制造发明专利技术申请趋势气泡图

表 5-3　化学药品制造发明专利申请量排名前十的技术领域

IPC 分类号	技术领域	专利数量	所占比例
A61K31	含有机有效成分的医药配制品	213130	27.69%
A61K9	以特殊物理形状为特征的医药配制品	141198	18.34%
A61K36	含来自藻类、苔藓、真菌或植物或其派生物，例如传统草药的未确定结构的药物制剂	89343	11.61%
A61P35	抗肿瘤药	61655	8.01%
A61K47	以所用的非有效成分为特征的医用配制品，例如载体或惰性添加剂；化学键合到有效成分的靶向剂或改性剂	57892	7.52%
A61P31	抗感染药，即抗生素、抗菌剂、化疗剂	49240	6.40%
A61K35	含有不明结构的原材料或其反应产物的医用配制品	45140	5.86%
A61P1	治疗消化道或消化系统疾病的药物	39571	5.14%
A61P25	治疗神经系统疾病的药物	36621	4.76%
A61P9	治疗心血管系统疾病的药物	36002	4.68%

表5-4是化学药品制造实用新型专利申请量前十技术领域，可知B01J19（化学的、物理的或物理–化学的一般方法及其有关设备）、C07C29[含羟基或氧–金属基连接碳原子（不属于六元芳环）的化合物的制备]等是化学药品制造实用新型专利主要的技术领域。

表 5-4　化学药品制造实用新型专利申请量排名前十的技术领域

IPC分类号	技术领域	专利数量	所占比例
B01J19	化学的、物理的或物理化学的一般方法及其有关设备	3137	16.35%
C07C29	含羟基或氧–金属基连接碳原子（不属于六元芳环）的化合物的制备	2571	13.40%
C07C31	非环碳原子上连接羟基或氧–金属基的饱和化合物	2386	12.43%
A61K9	以特殊物理形状为特征的医药配制品	2343	12.21%
B01D3	蒸馏或相关的在液体同气体介质相接触的过程中发生交换的方法，例如汽提	2336	12.17%
C07C7	烃的纯化、分离或稳定化；添加剂的使用	1553	8.09%
C07C51	羧酸或它们的盐、卤化物或酐的制备	1396	7.27%
C07C69	羧酸酯；碳酸酯或卤甲酸酯	1275	6.64%
C07C11	无环不饱合烃	1123	5.85%
C07C67	羧酸酯的制备	1071	5.58%

第三节　中成药生产专利质量实证分析

一、中成药生产专利法律状态分析

由图5-9可以看出，中成药生产发明专利中，授权的发明专利数量仅占总数的11.26%；有42.35%的发明专利已经撤回；其他原因（驳回、未缴年费等）失效或无效的专利占比也达到了27.03%左右。中药是我国五千年文明的瑰宝，有着系统的理论和可靠的临床疗效。作为中药的发源地，我国理应拥有大量自主的中药知识产权，然而目前中药专利申请的整体质量并不乐观。中药发明专利申请数量较高但授权率较低，一方面说明近年来我国专利保护意识有所提升，申请专利的积极性较高；另一方面也反映出中药专利申请量的增加并未给中药的专利保护带来成比例增长，庞大专利申请的背后包含了不少低质量的申请，这些低质量申请最终以未获得专利权而结案。我国申请人的专利保护意识还停留在追求专利的绝对数量上。

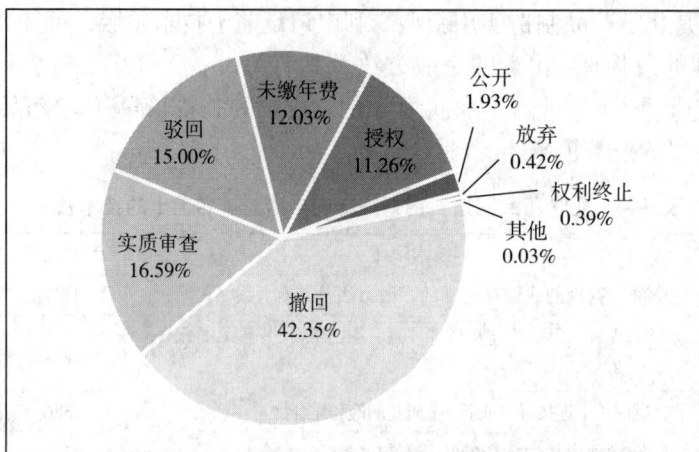

图5-9　中成药生产发明专利当前法律状态图

从图5-10可以看出，中成药生产的实用新型专利授权率是38.8%，与化学药品制造领域相比较低，因未缴纳年费而失效的实用新型专利占比最高，为54.54%，说明较多中药实用新型专利并不具备继续维持的价值。

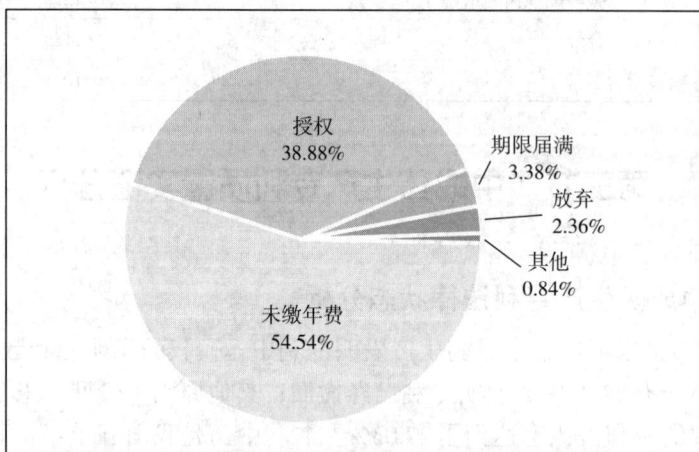

图5-10　中成药生产实用新型专利当前法律状态图

二、中成药生产有效发明专利维持时间分析

从有效发明专利维持时间角度来看，中药领域的专利维持时间较长，说明高质量的中药发明专利得到了较好的维持，专利权利人充分利用了其价值（图5-11）。

三、中成药生产专利技术领域分布实证分析

　　我国中成药生产发明专利申请的主要技术领域分布如图5-12所示，结合表5-5可知，A61K36（含来自藻类、苔藓、真菌或植物或其派生物，例如传统草药的未确定结构的药物制剂）毫无疑问是中药领域的技术热点，且在申请量上占有绝对优势，占比为35.28%。近几年申请量稳步上涨的技术领域是A61K35（含有不明结构的原材料或其反应产物的医用配制品）。

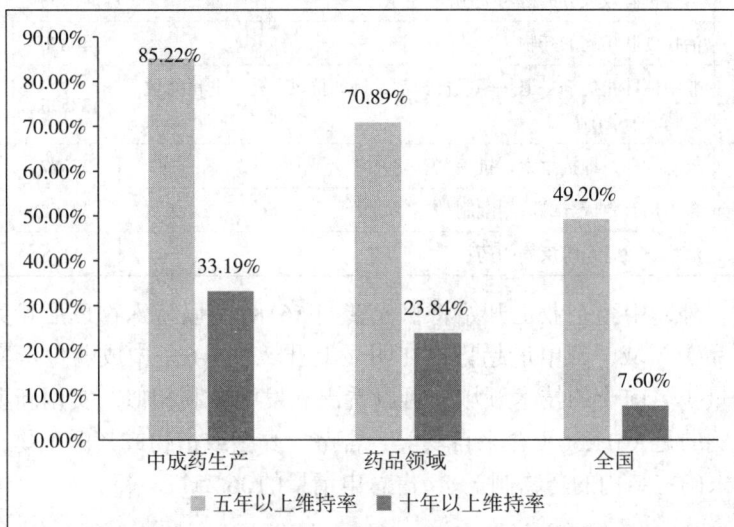

图5-11　中成药生产有效发明专利维持率对比图

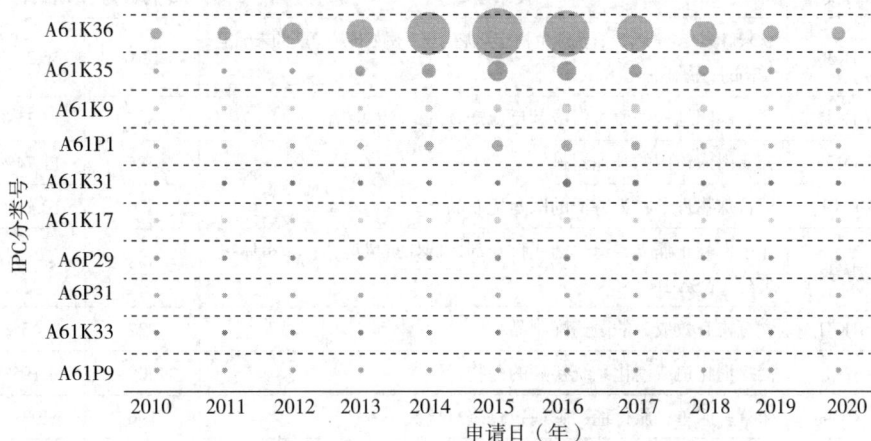

图5-12　我国中成药生产发明专利技术申请趋势气泡图

表 5-5　中成药生产发明专利申请量排名前十的技术领域

IPC分类号	技术领域	专利数量	所占比例
A61K36	含来自藻类、苔藓、真菌或植物或其派生物，例如传统草药的未确定结构的药物制剂	263780	34.72%
A61K35	含有不明结构的原材料或其反应产物的医用配制品	132205	17.40%
A61K9	以特殊物理形状为特征的医药配制品	73675	9.70%
A61P1	治疗消化道或消化系统疾病的药物	63990	8.42%
A61K31	含有机有效成分的医药配制品	45458	5.98%
A61P17	治疗皮肤疾病的药物	40870	5.38%
A61P29	非中枢性止痛剂、退热药或抗炎剂，例如抗风湿药；非甾体抗炎药（NSAIDs）	38595	5.08%
A61P31	抗感染药，即抗生素、抗菌剂、化疗剂	37317	4.91%
A61K33	含无机有效成分的医用配制品	32662	4.30%
A61P9	治疗心血管系统疾病的药物	31178	4.10%

　　除此之外，中药企业也开始将目光转向 A61K9（以特殊物理形状为特征的医药配制品）领域，其申请趋势也在明显上升。表 5-6 是中成药生产实用新型专利申请量排名前十的技术领域，可以看出和发明专利相似，实用新型申请量占较大比例的是 A61K36（含来自藻类、苔藓、真菌或植物或其派生物，例如传统草药的未确定结构的药物制剂），占总申请量的 36.25%。

表 5-6　中成药生产实用新型专利申请量排名前十的技术领域

IPC分类号	技术领域	专利数量	所占比例
A61K36	含来自藻类、苔藓、真菌或植物或其派生物，例如传统草药的未确定结构的药物制剂	1807	36.25%
A61K35	含有不明结构的原材料或其反应产物的医用配制品	865	17.35%
A61M37	介质引入体内的其他器械	585	11.74%
A61K9	以特殊物理形状为特征的医药配制品	520	10.43%
A61P29	非中枢性止痛剂、退热药或抗炎剂，例如抗风湿药；非甾体抗炎药（NSAIDs）	258	5.18%
A61K31	含有机有效成分的医药配制品	222	4.45%
A61P1	治疗消化道或消化系统疾病的药物	209	4.19%
A47G9	床罩；床单；旅行毯；睡毯；睡袋；枕头	196	3.93%
A61P25	治疗神经系统疾病的药物	168	3.37%
A61K33	含无机有效成分的医用配制品	155	3.11%

第四节 生物药品制造专利质量实证分析

一、生物药品制造专利法律状态分析

生物药品制造发明专利授权率为25.50%，高于药品领域平均水平。处于无效或失效状态的发明专利占总量的比例为40.14%，明显低于中药与化药领域（图5-13）。说明生物药品制造发明专利在申请时候质量较高，且得到了较好的维持。生物药品制造的实用新型专利授权率是65.58%，而未缴年费的专利占比达31.36%（图5-14）。

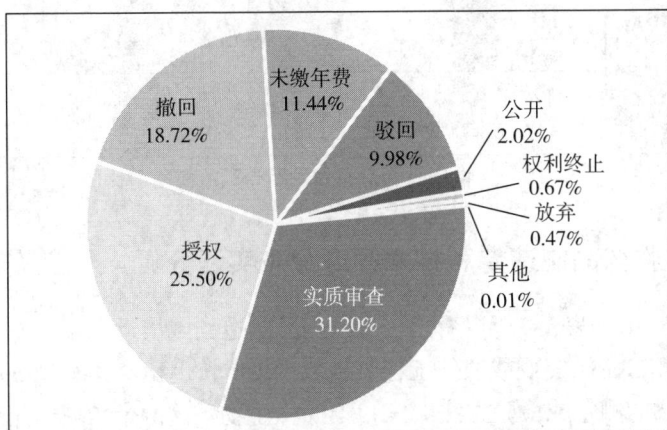

图5-13 生物药品制造发明专利当前法律状态图

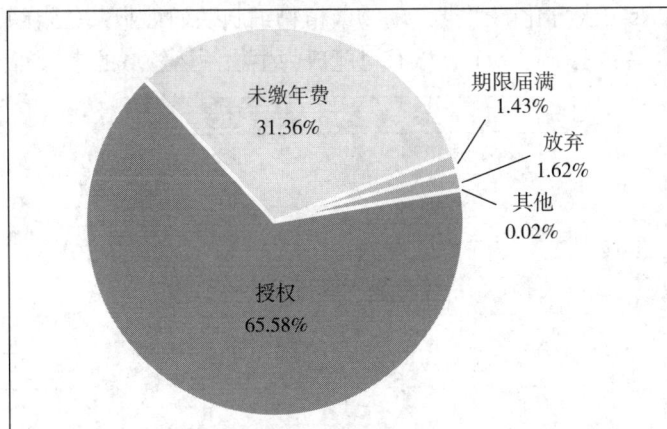

图5-14 生物药品制造实用新型专利当前法律状态图

二、生物药品制造有效发明专利维持时间分析

图5-15是生物药品制造有效发明专利维持率对比图，可以发现其有效发明专利维

持时间低于药品领域平均值，但是十年以上有效发明专利维持率明显高于全国平均水平。

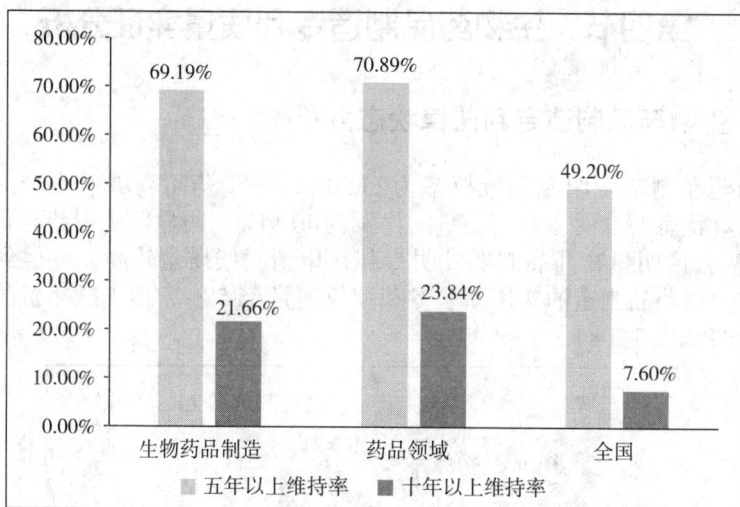

图5-15 生物药品制造有效发明专利维持率对比图

三、生物药品制造专利技术领域分布实证分析

通过图5-16和表5-7可以看出，生物药品制造领域最近十年的专利申请趋势主要集中在C12N15（突变或遗传工程）领域，且增长迅猛。其次C12Q1（包含酶、核酸或微生物的测定或检验方法）、C12R1（微生物）这两个领域也是近几年生物制药领域的研究热点。值得注意的是，C12N1（微生物本身，如原生动物；其组合物）和C12N5（未分化的人类、动物或植物细胞，如细胞系；组织；它们的培养或维持；其培养基）这两个领域有可能成为生物制药领域的未来研究热点。

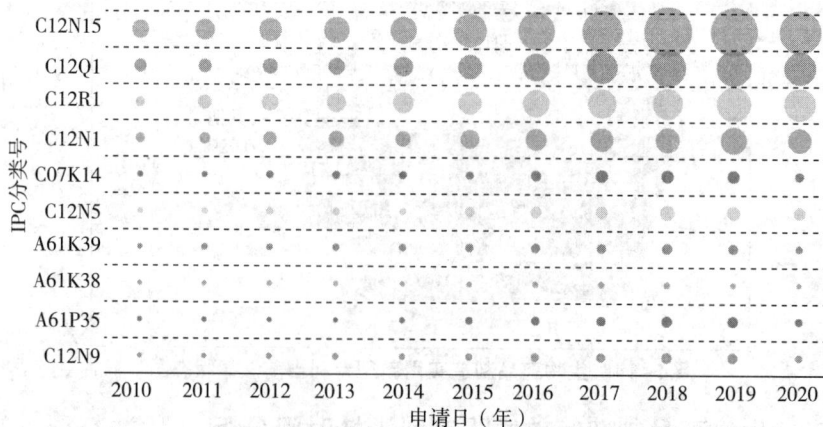

图5-16 我国生物药品制造发明专利技术申请趋势气泡图

表 5-7 生物药品制造发明专利申请量排名前十的技术领域

IPC分类号	技术领域	专利数量	所占比例
C12N15	突变或遗传工程；遗传工程涉及的DNA或RNA，载体（如质粒）或其分离、制备或纯化；所使用的宿主	114216	21.85%
C12Q1	包含酶、核酸或微生物的测定或检验方法	82623	15.80%
C12R1	微生物	70293	13.45%
C12N1	微生物本身，如原生动物；其组合物	60730	11.62%
C07K14	具有多于20个氨基酸的肽；促胃液素；生长激素释放抑制因子；促黑激素；其衍生物	39767	7.61%
C12N5	未分化的人类、动物或植物细胞，如细胞系；组织；它们的培养或维持；其培养基	35624	6.81%
A61K39	含有抗原或抗体的医药配制品	33700	6.45%
A61K38	含肽的医药配制品	28856	5.52%
A61P35	抗肿瘤药	28693	5.49%
C12N9	酶，如连接酶；酶原；其组合物	28311	5.42%

由表5-8可知，生物药品制造领域实用新型专利申请量最高的技术领域是C12M1（酶学或微生物学装置），所占比例达到了77.48%。

表 5-8 生物药品制造实用新型专利申请量排名前十的技术领域

IPC分类号	技术领域	专利数量	所占比例
C12M1	酶学或微生物学装置	38657	77.48%
C12M3	组织、人类、动物或植物细胞或病毒培养装置	4979	9.98%
C07K1	肽的一般制备方法	1478	2.96%
C12Q1	包含酶、核酸或微生物的测定或检验方法	1371	2.75%
C02F11	污泥的处理；其装置	961	1.93%
C12R1	微生物	868	1.74%
A23N17	专用于制备牲畜饲料的设备装置	460	0.92%
G01N33	利用不包括在G01N1/00至G01N31/00组中的特殊方法来研究或分析材料	427	0.86%
A61L2	食品或接触透镜以外的材料或物体的灭菌或消毒的方法或装置；其附件	364	0.73%
C12N15	突变或遗传工程；遗传工程涉及的DNA或RNA，载体（如质粒）或其分离、制备或纯化；所使用的宿主	330	0.66%

第六章

药品专利权人分析

进入知识经济时代以来，知识利益的争夺成为各国竞争的焦点。近年来，掌握着大量知识资产的国外制药企业在华药品专利申请量呈不断上升趋势，如何面对机遇和挑战已成为我国的制药产业的重要课题。通过对我国药品专利权人类型、专利转移量、主要专利权人技术主题进行分析，探究药品专利国内申请人与国外申请人的差异，以期对我国制药产业发展提供切实可行的建议。

第一节　药品主要专利权人分析

从专利授权量排名前10位的国内企业与国外企业的相关数据可以看到，浙江大学以授权量2251件位居首位（图6-1）。值得注意的是，国内前十位申请人中只有一位是公司，其余九位均为高校。而对比国外，排名前十位的国外申请人都是大型跨国制药企业（图6-2）。这也从侧面反映出我国制药企业在专利权数量上与国外大型跨国制药企业存在较大的差距。由此可见，国外制药企业在我国的专利布局已具有相当的规模，国内企业面临着巨大的规避侵权与技术创新的压力；同时，国内制药企业在创新意识、能力方面与国外对手相比还存在一定的差距。

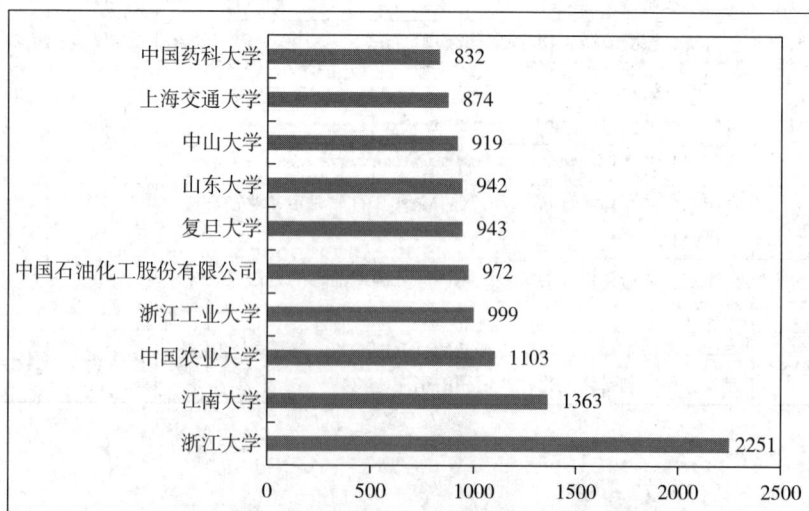

图6-1　我国药品发明专利授权量（件）排名前十的国内申请人

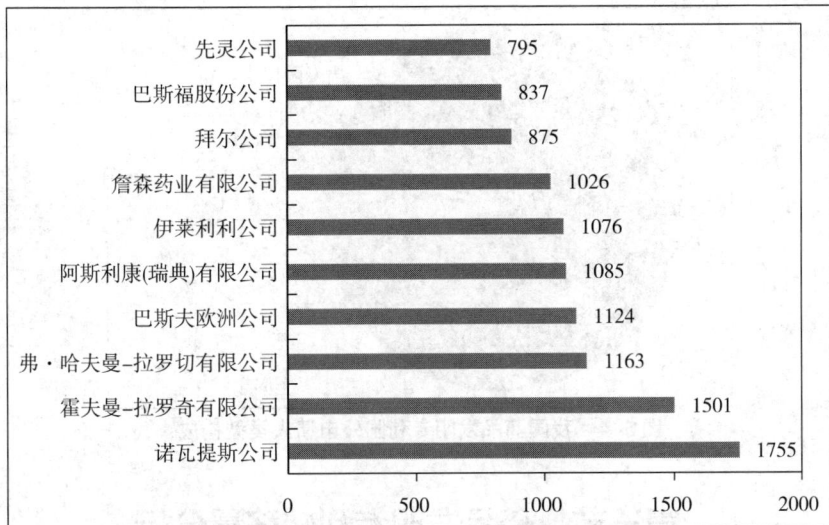

图6-2　我国药品发明专利授权量（件）排名前十的国外申请人

第二节　药品发明专利权人类型分析

从专利权人类型来看，国内申请人呈多样化分布。我国受理的药品领域国内申请中，企业申请占37%，大专院校申请占28%，个人申请占19%，科研院所申请占12%（图6-3）。而国外申请人以跨国公司为主，申请数量较大。由图6-4可知，我国授权的国外发明专利中，有88%的专利权属于企业，尤其是跨国大型企业，可以看到，大型跨国制药企业在我国发明专利申请与授权量中均处于较高水平。我国药品领域超过一半（59%）的国内授权发明专利掌握在高校和科研院所、个人手中，而这对于专利实施是不利的，一般只有企业会将专利产业化，故而我国药品领域专利实施效率较为低下。

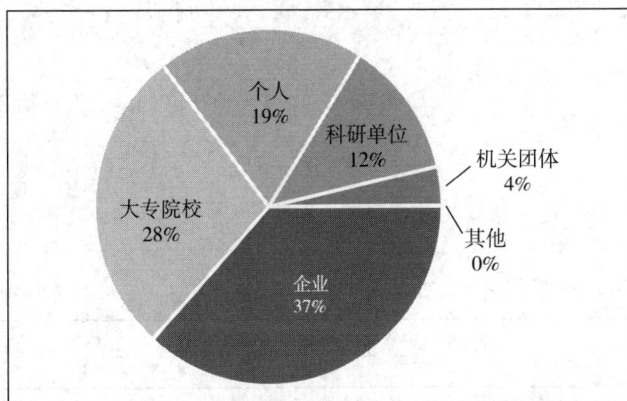

图6-3　我国药品发明专利国内申请人类型构成

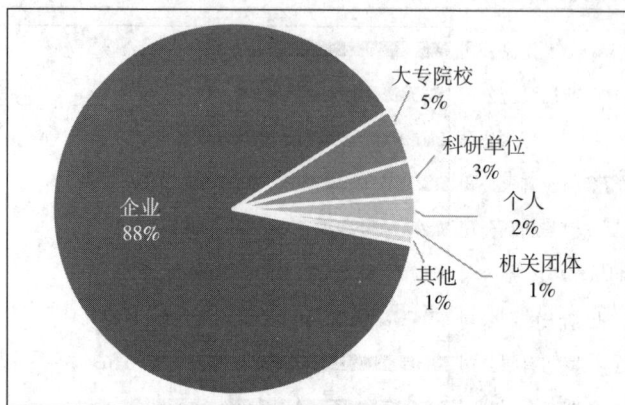

图6-4 我国药品发明专利国外申请人类型构成

第三节 药品发明专利转移量分析

专利转化是指专利文献中的技术获得实施，实施可以是自己实施，也可以是许可或转让他人实施。专利转让是拥有专利申请权和专利权人把专利申请权和专利权让给他人的一种法律行为。专利许可是专利权人依专利许可合同允许他人实施其专利，获得权益的制度。通常把通过签订专利许可合同而进行的交易称为许可证贸易。专利权许可有如下几种：一般许可；排他许可；独占许可；分许可；交叉许可。

通过图6-5可以看出，虽然我国药品发明专利国内申请量在高速增长，但是转让量和许可量却没有明显提高，专利转化率较低。对比图6-6在我国申请专利的国外申请人专利转移情况可以看出，其申请量与授权量较为平稳，并且专利转让量也维持在一定水平。

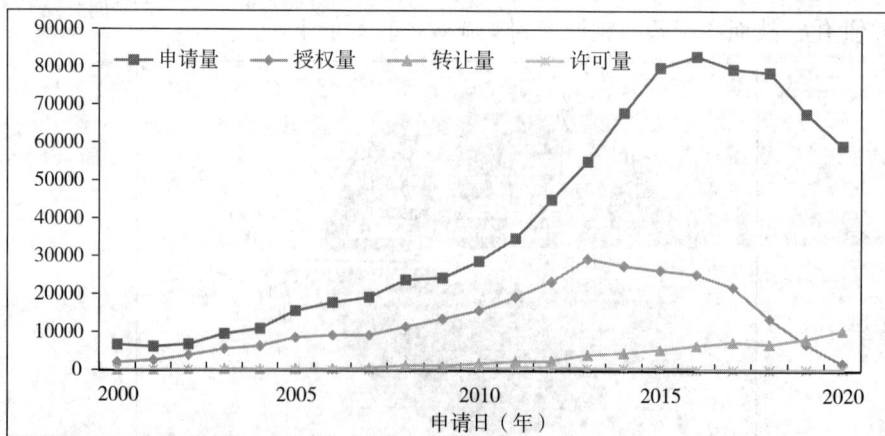

图6-5 我国药品发明专利国内申请人专利转移量（件）

专利转化率低的原因是多方面的，可能由以下原因造成：①部分专利的申请目的不是为了转化，而是为了防范风险或者组合申请；②部分专利的可转化性低，或者不具备转化条件，例如实用新型专利不需要经过实质审查程序，所以很多专利的实用性能力得不到保障；③专利转化风险大，专利技术的前瞻性使得一些专利技术在现阶段找不到合适的转化平台，或者还不具备转化能力。对于医药企业而言，提高专利的转化率可以采取企业寻找转化的方式和寻求政府、第三方中介机构支持的战略，提高专利利用率，盘活企业无形资产。

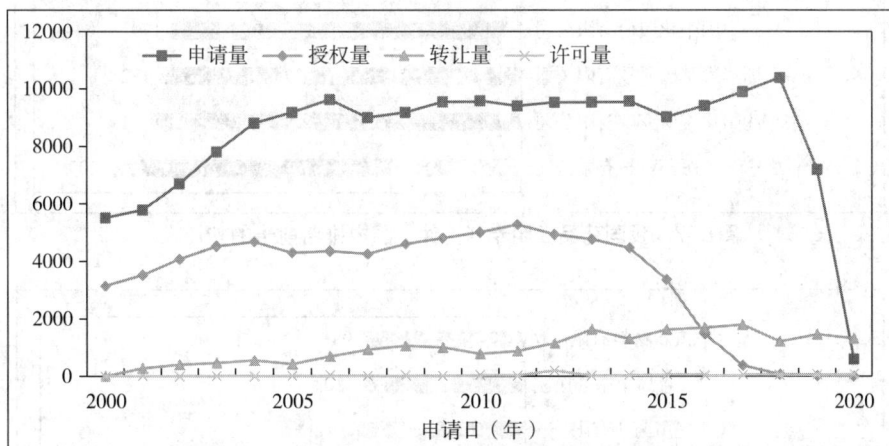

图6-6　我国药品发明专利国外申请人专利转移量（件）

我国药品发明专利国内排名前十位的转让人和受让人大多为企业，只有少数几家是科研院所或高校（图6-7、图6-8）；而许可行为的发生则大部分是在高校和企业之间（图6-9、图6-10）。在国内申请人中，国内高校掌握绝大多数的专利权，故而十分需要将专利转移并实现技术转化。但可以明显看出，高校许可的专利数量和其拥有的专利数量存在巨大的差距。以浙江大学为例，其所拥有的授权专利数量达到2000多件，但实施许可的专利数量仅仅为61件，许可量仅占到授权量的3.05%。这也说明我国高校和科研院所专利实施转化效率较为低下，根据国家知识产权局的调查结果显示，高校在专利转移转化中遇到的主要障碍包括"专利技术水平较低"和"缺乏技术转移的专业队伍"等。高校专利转化效率低下的深层原因可能是高校的大部分专利质量较为低下，加之有些高校科研课题研究或研究方向往往忽略了市场环境中真实的技术需求，从而使其专利技术与市场脱节，造成高校专利在企业中并不太受欢迎。

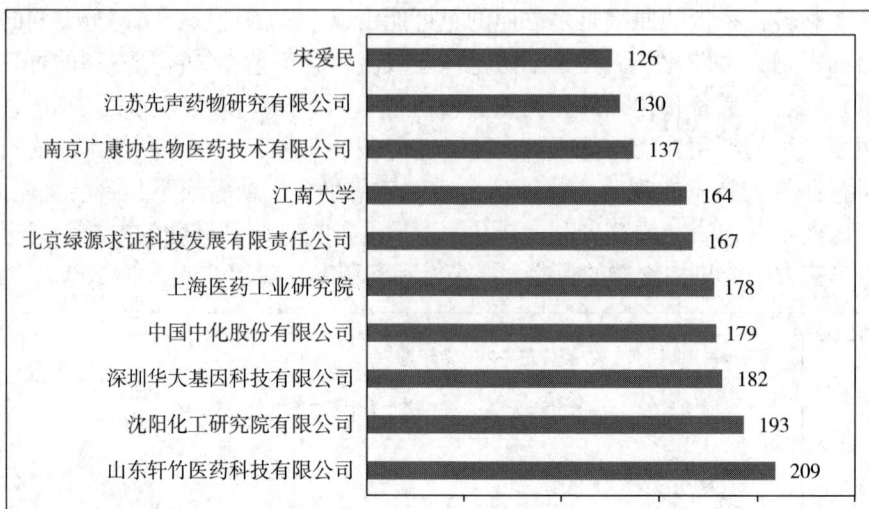

图6-7 我国药品发明专利（件）国内排名前十的转让人

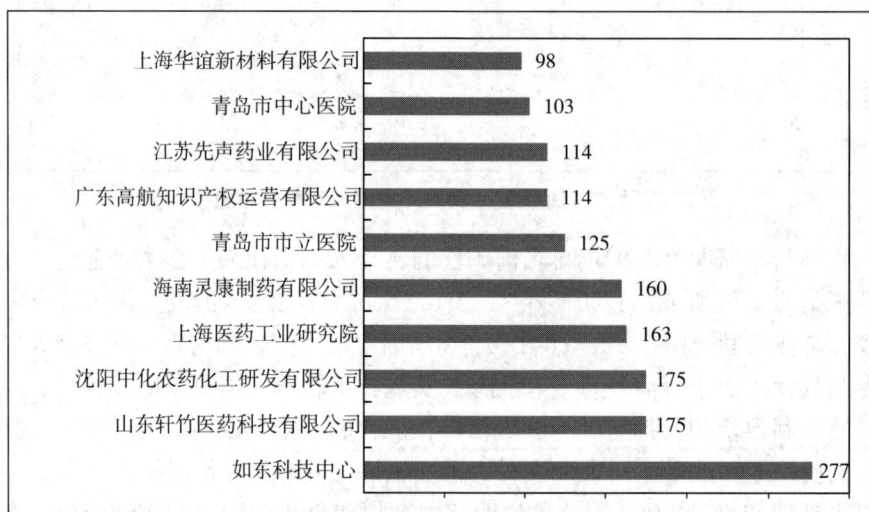

转让人	数量
宋爱民	126
江苏先声药物研究有限公司	130
南京广康协生物医药技术有限公司	137
江南大学	164
北京绿源求证科技发展有限责任公司	167
上海医药工业研究院	178
中国中化股份有限公司	179
深圳华大基因科技有限公司	182
沈阳化工研究院有限公司	193
山东轩竹医药科技有限公司	209

图6-8 我国药品发明专利（件）国内排名前十的受让人

受让人	数量
上海华谊新材料有限公司	98
青岛市中心医院	103
江苏先声药业有限公司	114
广东高航知识产权运营有限公司	114
青岛市市立医院	125
海南灵康制药有限公司	160
上海医药工业研究院	163
沈阳中化农药化工研发有限公司	175
山东轩竹医药科技有限公司	175
如东科技中心	277

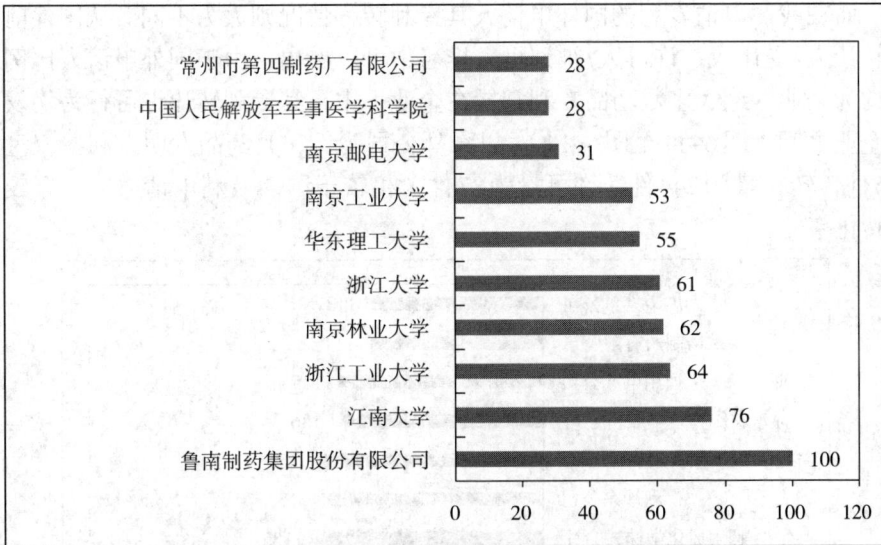

图6-9 我国药品发明专利（件）国内排名前十的许可人

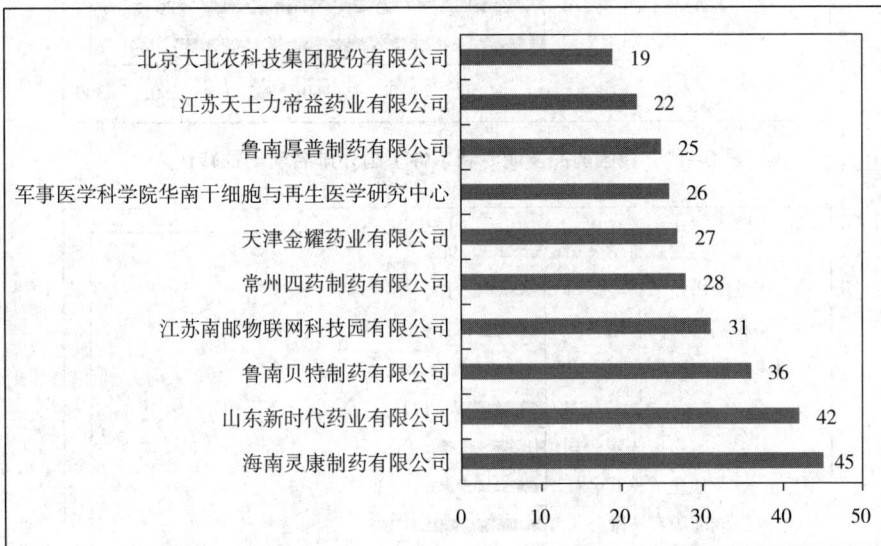

图6-10 我国药品发明专利（件）国内排名前十的被许可人

　　而在我国申请专利的国外申请人其专利转移情况则大为不同。从国外前十位转让人/受让人、许可人/被许可人排名中可以看出，由于国外申请人比例最高的为企业，绝大多数药品专利掌握在企业手中，其专利转让许可行为均发生在企业之间（图6-11至图6-14）。以拜耳公司为例，其药品发明专利授权量为875件，转让量为244件，许可量为87件，相较于国内专利申请人，具有较高的转化率。

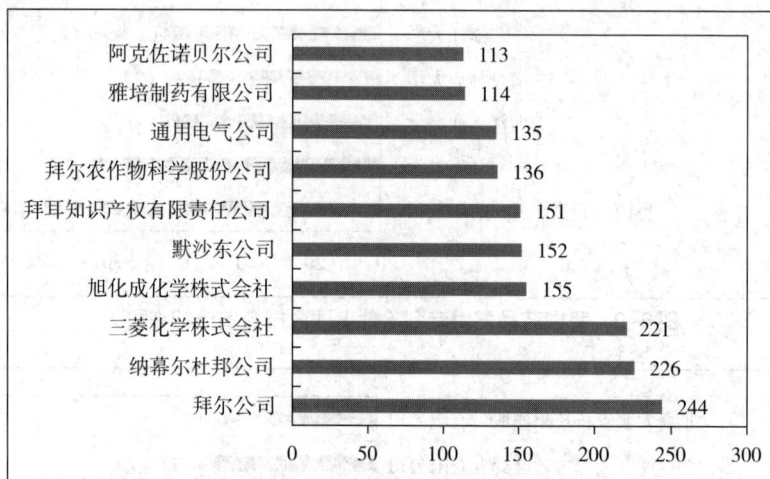

图6-11　我国药品发明专利（件）国外排名前十的转让人

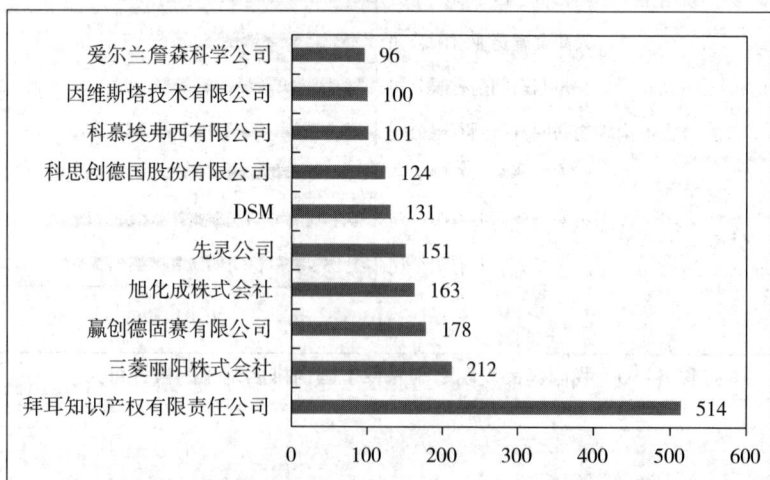

图6-12　我国药品发明专利（件）国外排名前十的受让人

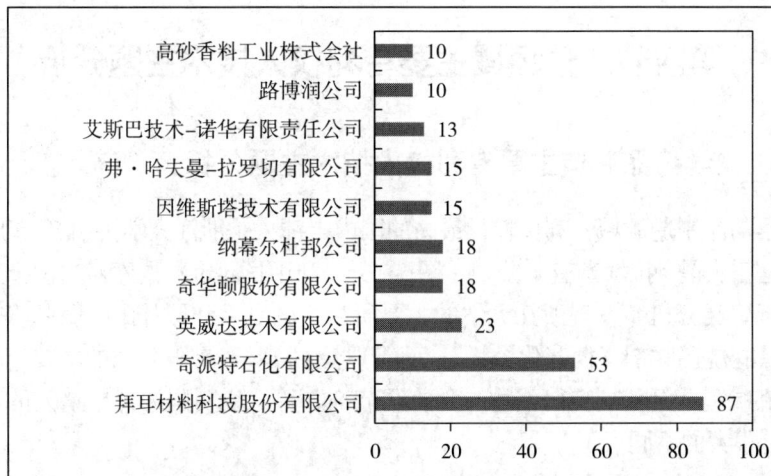

图6-13 我国药品发明专利（件）国外排名前十的许可人

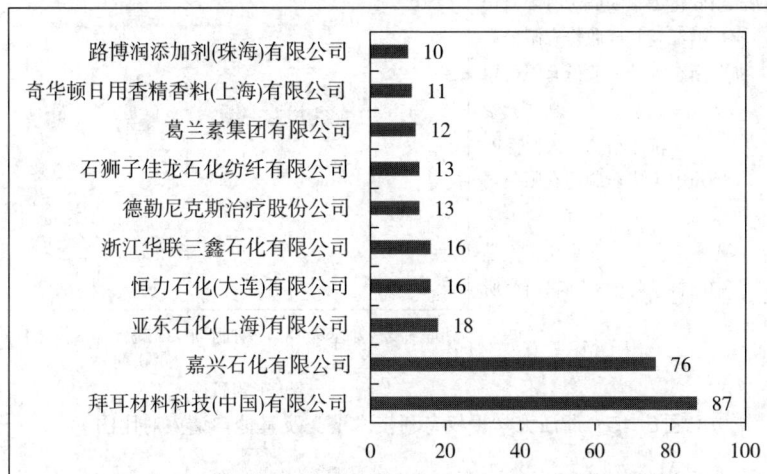

图6-14 我国药品发明专利（件）国外排名前十的被许可人

国家建立专利制度的目的是通过授予专利权人以独占权，鼓励其在生产实践中进行转化，从而推动社会科技创新与生产力水平的提高。专利转化是专利授权的最终目的，然而，在我国高校中，多数科研人员把专利授权作为专利申请的最终成果，忽视了专利的实施与转化，从而大大降低了专利的社会价值和经济价值。有数据显示，2007年全国高校共申请专利24490项，授权专利12043项，签订专利出售合同的仅为70项，专利转化率不足6%。2014年高校专利转化率也仅为9.9%，与企业68.6%的转化率比较，相差甚远。美国高校的专利申请量虽然只占该国专利申请量的4%，但其专利许可费收入占到全国总量的12%，欧美国家高校的专利管理非常值得我国高校学习和借鉴。

第四节　分领域主要专利权人技术主题分析

一、化学药品制造主要专利权人技术主题分析

化学药品制造领域专利授权量最高的国内申请人是浙江大学（图6-15），国外申请人是霍夫曼-拉罗奇有限公司（图6-16）。利用incoPat数据库对这两家机构的专利进行聚类分析。发现浙江大学的主要研究主题是"和厚朴酚、氨基噻唑、注射制剂、硅烷偶联剂、糖苷化合物"。而霍夫曼-拉罗奇有限公司的主要研究主题是"亚硫酸氢、氨基嘧啶衍生物、激酶调节剂"等。说明国内外申请人的主要研究方向有很大的不同。

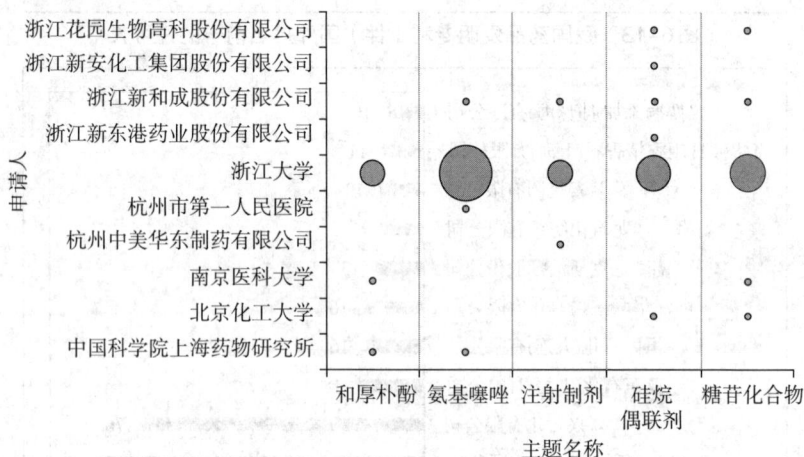

图6-15　浙江大学授权专利技术聚类及其他申请人对比图

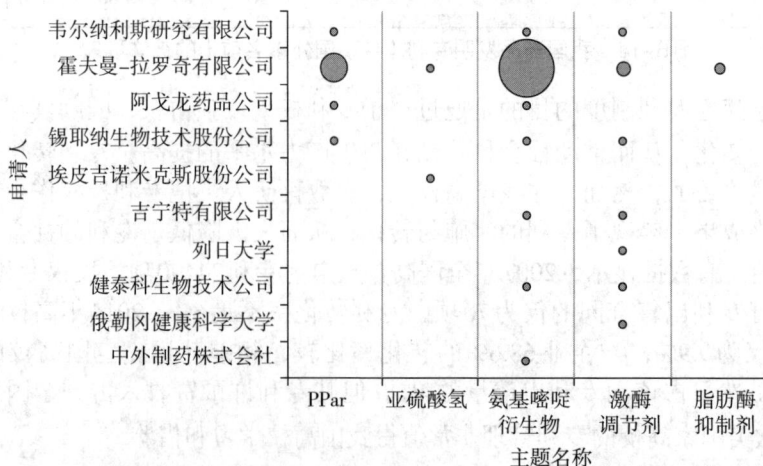

图6-16　霍夫曼-拉罗奇有限公司授权专利技术聚类及其他申请人对比图

专利地图是专利战略分析的高级工具。在专利地图中进行模拟推演，可以快速聚焦专利布局的热点，掌握竞争对手的研发方向和专利布局，提升自身的专利质量和市场竞争力。

3D专利沙盘用三维地形图形象地展示了技术的竞争态势，波峰代表技术密集区，波谷代表技术空白点。不同颜色可以标记不同的专利申请人，以清晰地展示竞争态势。每个点代表一件专利，点的距离越近，表明技术的相关度越高。一个点代表一件专利文献，两点之间的距离代表这两篇专利的技术相关程度，距离越近，技术相关度越高；主题相近的专利文献聚在一起形成山峰，峰顶用3个关键词标识出技术主题。如图6-17是我国化学药品制造领域的专利地图。该图形成了9个较大的山峰，表示9个技术主题。用深色的点表示国内申请人的专利，浅色的点表示国外申请人的专利。技术主题名称上方的线条颜色可表示不同主体的专利占比情况。可以看出国内和国外申请人的专利大多分布在不同的山峰。国内主要在"提取物、提取、质量控制方法、注射用水"等化药制备方法申请了大量的专利。而国外主要的研究方向则是"碳原子数、有机电致发光器、杂芳基"等化学结构。

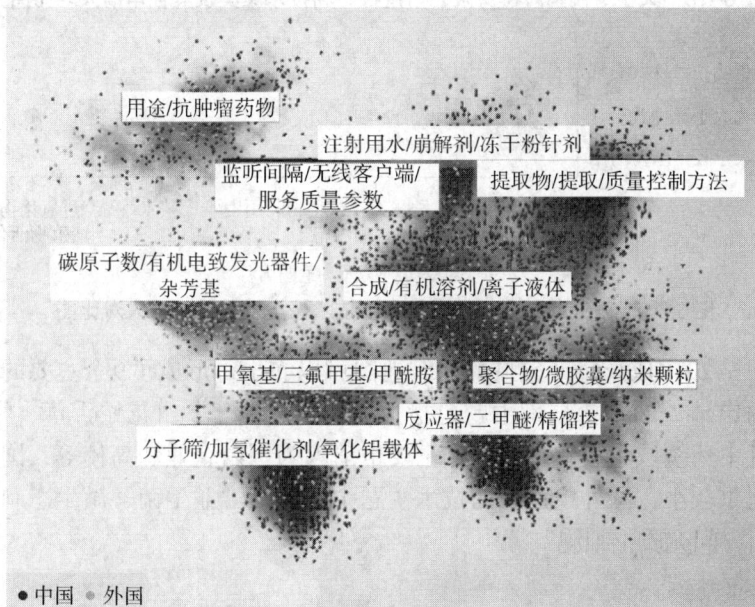

图6-17 化学药品制造领域专利地图

二、中成药生产专利主要专利权人技术主题分析

中成药生产领域专利授权量最高的国内申请人是天津天士力制药股份有限公司（图6-18），国外申请人是爱茉莉太平洋株式会社（图6-19）。天津天士力的主要研究主题是"心血管疾病、支气管炎、术后炎症反应、王不留行和苏合香"等适应证和中药药材。而爱茉莉株式会社的主要研究主题是"加速新陈代谢、生物利用度"等。

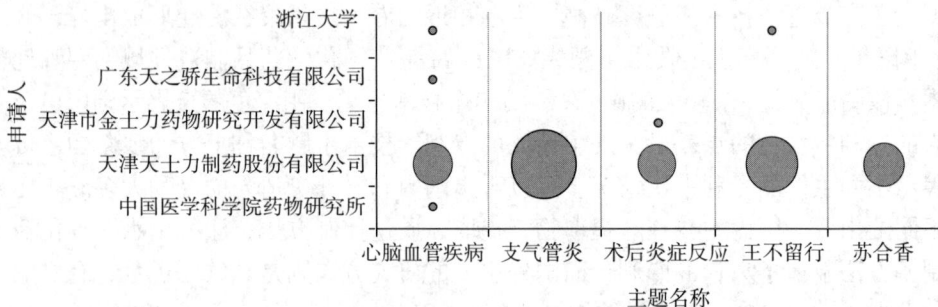

图6-18　天士力制药股份有限公司授权专利技术聚类及其他申请人对比图

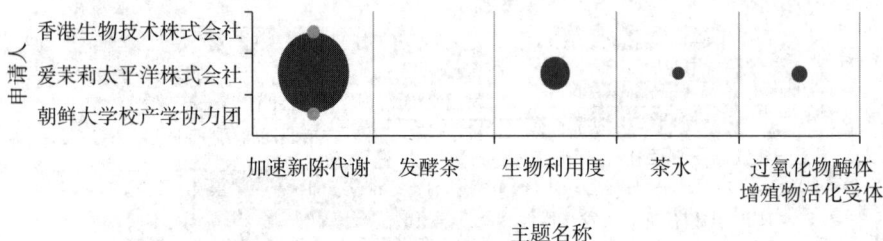

图6-19　爱茉莉株式会社授权专利技术聚类及其他申请人对比图

从图6-20中成药生产领域的专利地图可以看出，形成了9个主要的技术主题，国内申请人的主要技术主题包括"组合物、中药、白花蛇舌草、麝香酮"等。而且中药领域具有本土优势，主要申请人为国内企业和高校等，国外申请人所占比重较小，国外申请人的技术主题主要包括"益生菌、微生态制剂、植物乳杆菌、间充质干细胞"等。

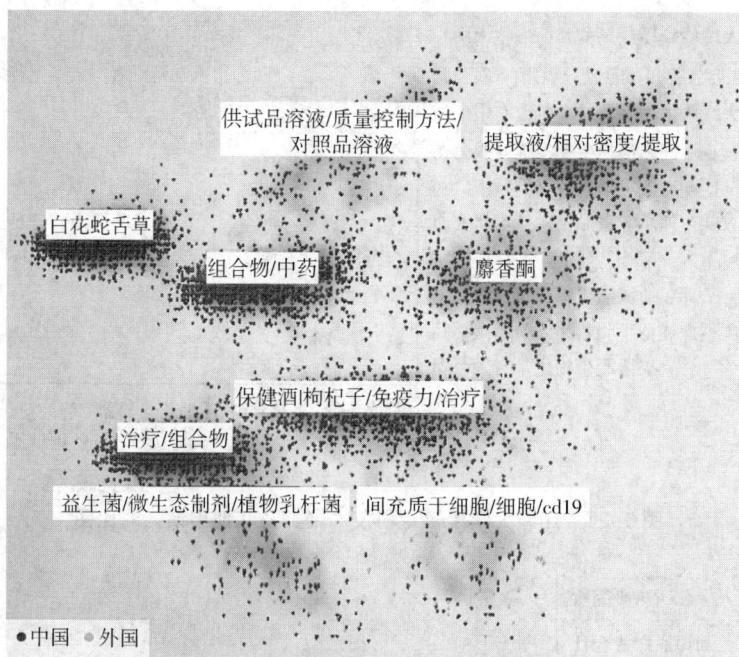

图6-20　中成药生产领域专利地图

三、生物药品制造主要专利权人技术主题分析

生物药品制造领域专利授权量最高的国内申请人是江南大学（图6-21），国外申请人是味之素株式会社（图6-22）。进行聚类分析发现江南大学的主要研究方向是"环糊精葡萄糖基转移酶、解淀粉芽孢杆菌、谷氨酰胺转氨酶"等。而味之素株式会社的主要研究主题是"埃希菌属细菌、谷氨酸"等。说明国内外申请人的主要研究方向有很大的不同。

观察图6-23生物药品制造领域的专利地图可以发现，生物药品制造领域之间的波峰联系较为紧密，波峰之间的波谷较少，也就是说各个技术主题之间具有较高的相似性。生物药品制造领域目前的技术主题主要有"突变体、基因工程菌、杂交瘤细胞株、分子标记"等技术主题，均表明了当前该领域的主要研究方向与技术主题。

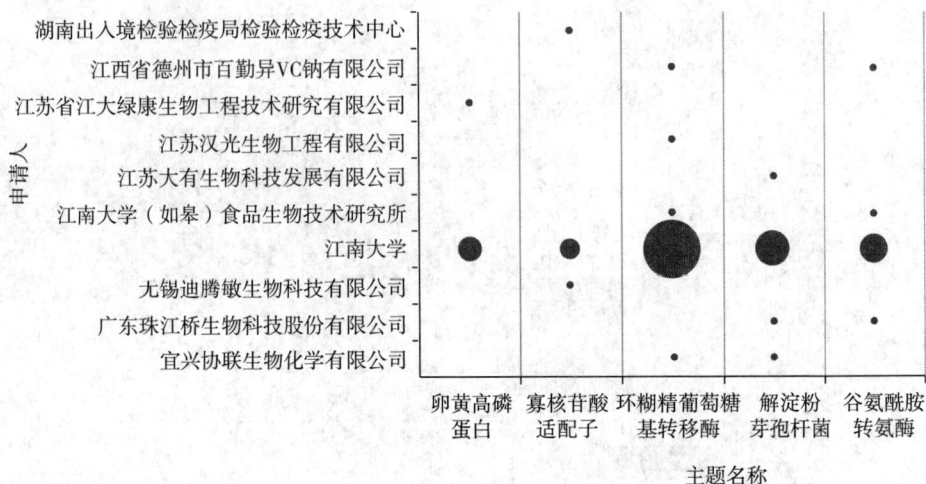

图6-21　江南大学授权专利技术聚类及其他申请人对比图

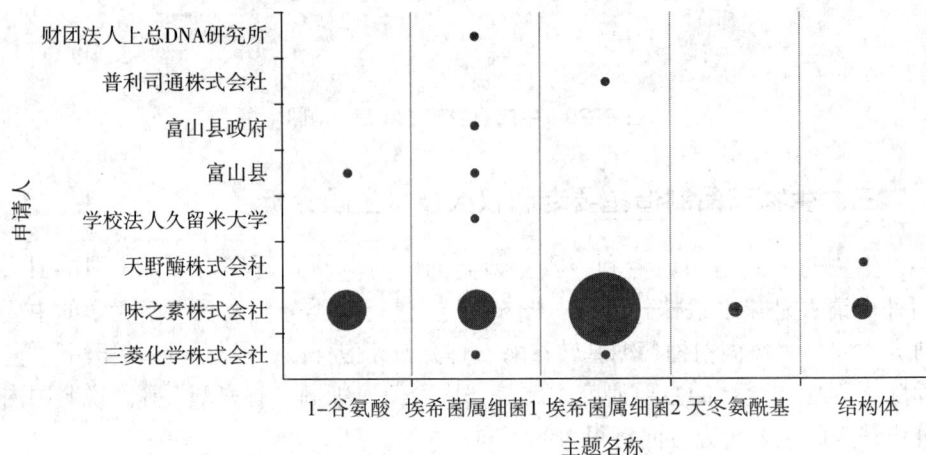

图6-22　味之素株式会社授权专利技术聚类及其他申请人对比图

图6-23 生物药品制造领域专利地图

第五节 我国药品专利申请应对之策

实践证明，专利保护是保护药品发明最有效的方式，各医药跨国公司对其药品发明的保护均主要采取这种形式。加入WTO后我国医药企业将逐渐失去政策性保护，因而充分合理地采用专利策略是我国医药企业加强自身知识产权保护、扩大专利优势的最主要途径之一。针对国外制药企业及个人的在华专利策略，笔者提出如下应对之策。

一、完善药品知识产权法律制度

对我国而言，知识产权制度是典型的舶来品，从这一制度引入中国到其发展的每一个进程都充满了激烈的争论，尤其在事关国民健康权的制药领域，争论尤为激烈。争论的焦点之一在于：药品知识产权保护的客体——智力创造成果的主要拥有者为国外大型制药企业，我国制药企业拥有的自主知识产权极少，实施药品知识产权保护更有利于国外制药企业，因此，这一制度实施的必要性受到质疑。通过数据分析看到，在实施药品知识产权保护初期，国外的药品专利申请量确实非常大，但是，这一制度的实施也极大地激发了国内企业申请专利的积极性，尽管我国药品专利申请在质量上与国外制药企业的差距很大，但是，中国药品专利发展的进程是举世瞩目的，只要不断完善这一制度，它必将为我国制药产业的发展提供重要的制度支持。

二、提高药品专利申请的技术含量

在中国经济快速发展及医药行业大环境回暖的背景下，各跨国药企纷纷表示，将在研发、营销等领域继续加大对华投资力度。为节约成本、提高效率，跨国公司纷纷到中国寻求研发合作。赛诺菲-安万特实施了在华研发规模扩展计划，这一计划不是在华建立一个机构，尔后招聘更多人员开展研发工作，而是与中国顶尖的科研机构和科学家开展广泛的合作，主要是扩大建立合作伙伴关系和协作关系。我国应该充分利用外资进入所带来的中国医药产业的技术进步和产品升级，加快境外品牌医药产品的国产化进程，实现产品的进口替代，提高我国药品专利申请的技术含量。

三、实现药品专利申请的合作共赢

实践表明，外资药企在与我国药企争夺利益的同时，也为我国药企带来了高新技术，为我们培养了大批高层次人才。中国医药企业应充分发挥外资的技术外溢效应，与外企展开多层次的合作，努力参与全球新一轮的市场竞争。

跨国公司希望建立资源共享、风险共担的合作模式，进一步降低风险和成本，提高效率，这与中国的需求有很大的契合点。中科院上海生命科学研究院过去的优势在于基础研究，但现在的趋势是要将基础研究的成果快速转化为实际应用，为此，需要与工业界进行广泛、深入的合作。这种转变，没有大公司的参与和帮助是很困难的，这种合作共赢的方式应该成为我国制药企业专利申请的一种重要方式。

实务操作篇

第七章

药品专利申请实务

第一节　专利申请的准备

这项工作一般是在最初立项时需要完成的，发明人要站在比较高的起点开始自己的研发工作，必然要检索已有的科技文献和已经公布的专利文献，然后在这些已有技术的基础上有所改进或者创新，作出自己的发明创造。

但是，由于药品的研发周期较长，发明人要取得一定的成果，往往需要若干年的时间。在这期间，他人很可能发表了相同主题内容的文章，或者公布了相同主题的专利申请。所以，申请人在研发的过程中不能只专注自我研发，忽视了其他同行或者竞争对手的进展情况，应该在申请以前再次进行文献检索，确认自己要申请的专利是具有新颖性和创造性的。此外，即使没有文献记载，如果他人能够确定这是本领域的公知常识，也会导致专利申请被驳回。因此，研究开发新药，专利信息的检索、分析与利用就显得尤为重要。

一、专利文献

专利文献是申请或批准专利的发明创造，即包含已经申请或被确认为发明、实用新型和工业品外观设计的研究、设计、开发和实验成果的有关资料，以及保护发明人、专利所有人及工业品外观设计和实用新型注册证书持有人权利的有关资料的已出版或未出版的文件（或其摘要）的总称。这些资料是在专利审批过程中产生的文件，有些是公开出版的，有些则仅为存档或仅供复制使用。

作为公开出版物的专利文献主要有：专利申请说明书、专利说明书、实用新型说明书、工业品外观设计说明书、专利公报、专利索引等。

目前，世界上有160多个国家和地区设有专利机构并出版专利资料，我国自1980年1月经国务院批准成立专利局起，就陆续出版、发行专利文献。依据专利法保护对象的不同，专利公报分为《发明专利公报》《实用新型专利公报》和《外观设计专利公报》。依据各种专利审批程度的不同，说明书分为《发明专利申请公开说明书》《发明专利申请审定说明书》及《实用新型专利申请说明书》。1992年9月《专利法》重新修改，依照新法的审批程序，取消了发明专利申请审定公告程序，改为直接授权出版《发明专利说明书》及《实用新型专利说明书》。

中国专利文献有以下几种形式。

（1）专利说明书（纸件）。

（2）专利说明书（缩微制品），其中，胶卷型（microfilm）依文献顺序号排列；平片型（microfiche）按国际专利分类号排列。

（3）中国专利文献光盘。

（4）中国专利英文文摘（计算机磁盘）。

（5）专利公报和《中国专利索引》等。

其中，（3）（4）（5）这3种是查找中国专利最常用的检索工具。

二、我国专利文献的手工检索

（一）中国专利公报

公报类专利文献主要有以下3种：《发明专利公报》《实用新型专利公报》和《外观设计专利公报》。目前，3种公报每星期二、星期五在国家知识产权局官网上进行公开，它们的内容主要有专利申请公布、国际专利申请公布（仅发明专利公报）；专利权授予；宣告专利权部分无效；事务；索引；更正等部分。

（二）中国专利索引

1999年，中国专利局将《中国专利索引》由原来的每年出版改版成每季度出版一套，每套包括《分类号索引》《申请人、专利权人索引》和《申请号/专利号索引》，检索者可按所掌握的资料选择不同的索引类别，获得专利的国际专利分类号、发明名称、授权公告号、申请号、专利号、申请人（或专利权人）以及专利公报的卷、期等信息，从而可进一步追踪专利公报或专利说明书。

（三）国外专利文献的手工检索

德温特公司出版社（Derwent Publication Ltd）是英国一家专门用英文报道和检索世界各主要国家专利情报的出版公司，于1951年成立，创刊时为《英国专利文摘》（British Patent Abstracts），随后出版美、苏、法等12种分国专利文摘；1970年开始出版《中心专利索引》（Central Patent Index），即现在的《Chemical Patent Index》；1974年创刊《世界专利索引》并以《WPI索引周报》（WPI Gazette）、《WPI文摘周报》（WPI Alerting Abstracts Bulletin）及各类分册的形式出版，索引周报因以题录的形式报道，故也称为"题录周报"。

《WPI索引周报》每周以题录的形式报道世界30个国家与专利条约组织的专利文献，约占世界专利发明的90%，按P、Q、R（S–X）、CH（A–M）四个分册出版，每分册有四种索引途径，适应不同的检索要求。

《WPI文摘周报》有多种形式，以内容分类：有快报型文摘周报（Alerting Abstracts Bulletins）和基本专利文摘周报（Basic Abstracts Journals，现改称Documentaion Abstracts Journals）；以编排形式分类：有按国分编和按分类号编两种形式（Alerting Abstracts Bulletins Country Order和Alerting Abertacts Bulletins Classified）。

（四）中国专利文献CD–ROM光盘检索

国家知识产权局知识产权出版社是中国专利文献唯一法定出版单位，于1992年成功开发了第一批专利文献CD–ROM光盘，标志着我国专利文献的出版迈入电子化时代。其后陆续出版多种光盘，用户可以非常方便地检索专利信息，如今光盘已成为专利主要载体之一。

1.《中国专利说明书全文》光盘　该光盘于1994年元月正式出版发行，收录了1985年9月以来的所有发明专利和实用新型的说明书上的全部信息，包括摘要及其附图、权利要求书、说明书及其附图等，是中国最完整、最准确的专利图文信息库。

2.《中国专利数据库文摘》光盘　该光盘收录了1985年9月以来的所有专利信息，包含实用新型、发明专利、外观设计。每条信息均包含著录项目，如发明人、发明日期、公开日、公告日、优先权、摘要、主权项等。提供二十多个检索入口，操作简单易懂，界面友好，使用方便。

3.《专利公报》光盘　该光盘是知识产权出版社为了进一步满足广大用户的要求，完善专利文献系列出版，配合纸件公报而发行的电子出版物，该盘提供了每期专利公报的全部图文信息，并首次实现了外观设计专利图形的电子化。公报光盘自1998年开始每三周出版一张盘片。

4.《外观设计》光盘　该光盘记载了1985年以来的所有外观图形光盘，图形采用电子扫描而成的线条图、灰度图和彩色图制成。本套光盘检索方便、快捷，是查询外观设计专利最好的工具。

5.《中国医药及化工产品专利文献数据库》光盘　该光盘收载自1985年以来世界各国在中国申请的医药专利，其中包括化学合成原料药、中间体、抗生素、制剂、传统中药、天然药物、生物技术产品、饲料添加剂、保健品等。

6.其他专利光盘　为了更好地为用户服务，提高专利利用率，知识产权出版社还出版了大量其他专利文献光盘，如《专利复审委员会决定》《中国失效专利》等光盘。同时还提供为用户专门定制各种分类光盘或按申请号提取专利数据等服务。

知识产权出版社逐步形成专利光盘系列，使用统一的检索系统，该系统检索功能强，用户可用关键字或不同组合形式快速检索；可用公开（告）日、公开（告）号、分类号、申请号、申请日、申请人、地址等申请著录项为入口进行查找，检索极为方便。

（五）国外专利文献光盘数据库

国外专利数据库有美国专利光盘检索系统 CPAS（1969~）、欧洲/PCT 检索光盘 ESPACE/ACCESS（1978~）、欧洲法律状态光盘 ESPACE/Bulletin（1978~）、国际专利检索光盘 GLOBALPat（1971~）、英国专利文摘光盘 GB-A（1994~）等。

由于光盘检索需到特定的光盘收藏单位进行，目前，网络上有大量免费的专利信息网，使得专利检索更为快捷、方便。

（六）中国专利文献的网络检索

1.中国知识产权网（http：//www.cnipr.com/）是知识产权出版社推出的网上专利说明书全文检索阅览系统，该系统可在线浏览、检索自1985年以来在中国公开的专利信息，为用户提供两种检索方式：基本检索和高级检索。

（1）基本检索。是为了普及和推广专利信息技术面向普通用户的免费检索方式。在检索系统主页面上点击"基本检索"，出现检索词发送界面。

（a）选择屏幕左侧导航栏专利类别，可以选择全部专利，也可以分别选择发明公开、实用新型和外观设计。这样，系统将只在你选择的专利库内按检索要求查询并显示检索结果。

（b）选择每页显示记录数。点击屏幕右侧第二个下拉箭头，会出现检索结果每页显示记录数列表（5、10、15、20）。

（c）选择检索字段，输入检索内容。基本检索提供了申请（专利）号、公开（公告）日、公开（公告）号、申请（专利）人、分类号、摘要、申请人地址及专利名称等8个检索字段。检索时，可单字段查询，也可多个检索字段组配查询。如果输入的检索内容不完整，可在输入字符的前面或后面加上模糊符号"%"进行模糊检索（当不能确定的内容出现在已知字符串之后则可以省略"%"）。

（d）点击"确定"键，发送检索提问。

（e）浏览检索结果。点击"确定"按钮后，屏幕显示检索结果。检索结果显示屏分上、下两部分。上部的第一行标明了根据用户检索条件查到的专利的总的记录数。接下来是每条专利的记录号、申请号和专利名称。点击不同的专利名称，则下部变为该专利的详细内容。

（2）高级检索。是面向会员用户的收费检索方式，第一次使用前必须下载安装浏览器软件，在浏览器内注册成为会员，并购买网站发行的"专利文献阅读卡"，获得卡号和密码，进行读书卡注册，才能检索和下载专利全文说明书及外观设计图形，并可享受其他收费服务项目（如专题检索服务、网上技术贸易展览、商标展示、网上和网刊的广告服务）优惠。

2. 中国专利信息网（http：//www.patent.com.cn）　始建于1998年5月，于2002年1月改版，网络用户可以免费向该专利服务机构注册并检索。通过检索可免费得到专利的著录项、文摘，并可浏览全文专利说明书，检索方式包括：简单检索、逻辑组配检索、菜单检索。浏览专利说明书必须下载并安装专利全文浏览插件（alternatiffx-1.4.3.zip）。

（1）简单检索。在检索框内键入检索词，各检索词之间用空格隔开，然后选择检索框下方的选项（"且"或"或"），简单检索默认关键词之间的逻辑联系是"且"的关系，最后单击"检索"按钮，系统会在新打开的窗口中列出检索结果。用户可在检索结果中进行二次检索。

（2）逻辑组配检索。逻辑组配可以更准确地检索出用户所要求的专利，"检索式1"和"检索式2"检索框可分别输入多个关键词并可以进行组配，检索词之间的组配关系：空格、"，""*""&"及"AND"都可以表示"且"的关系；"+""|"和"OR"都表示"或"的关系；"—"和"NOT"都表示"非"的关系；"检索式1"与"检索式2"之间的逻辑组配关系可通过中间的逻辑关系选项（AND、OR、NOT）选择。在"检索式1"和"检索式2"的右侧给出了可供选择的检索字段，默认为在全部字段中进行检索，用户可在字段下拉菜单中进行选择限定在特定字段中检索，使用者可进一步在限定时间范围内，单击"检索"得到结果。

（3）菜单检索。提供多字段组配检索，各字段之间的逻辑组配关系为"和"，即检索项与项之间的关系是"且"的关系，各检索名称皆可点击，用于查询各检索式的输入格式及要求。用户在各项检索框内输入检索词，然后，点击"检索"按钮，即可得检索结果。

按上述方法得到显示结果后，单击题录项，可得到"申请号""公告号""申请日"等著录项，进一步点击右上角的"浏览全文"可显示全文说明书（alternatiffx软件平台）。

（七）国外专利文献的网络检索

1.**美国专利商标局专利数据库**（http：//www.uspto.gov/patft/）　由美国专利和商标局提供的网上免费的专利全文数据库，收录了1976年1月1日至今的美国专利授予及2001年3月15日以后的美国专利申请。

专利授予数据库和专利申请数据库的检索方式基本相同，均包括快速检索（quick search）、高级检索（advanced search）以及专利号检索（patent number search），检索结果以"专利号＋发明名称"形式显示。

快速检索是以设计好的提问框形式要求用户输入或选择，其中可选择数据库（select years）、检索字段（field）、组配方式（布氏符）；允许在检索词的两个框（term）中输入两个检索词；该检索界面简单直观，易于初学者掌握。

高级检索则要求用户在检索提问框中（query）输入字段限制的检索关键词并以布尔逻辑运算符组配，可用的逻辑组配符有：AND、OR、ANDNOT、XOP、<>，即与、或、非、异或、优先；字段标识符可在该检索页下方表内查到。

专利号检索是指依据专利号检索特定专利。检索结果先以"申请号＋发明名称"形式显示；点击任意记录后，可见其文摘格式，其中也提供了参考专利及引用者的链接，全文库中检索时可见专利的全文及图形。

2.**欧洲专利、PCT及世界各国专利数据库**（http：//ie.espacenet.com/）　从1998年年中开始欧洲专利局EPO的esp@cenet开始向Internet用户提供免费的专利服务，服务的具体内容包括检索最近两年内由欧洲专利局和欧洲专利组织成员国出版的专利、世界知识产权组织WIPO出版的PCT专利的著录信息以及专利的全文扫描图像、1920年以来的世界各国专利的信息检索，其中1970年以后所收集的专利都有英文的标题和摘要可供检索。这些专利的全文扫描图像数据分别存储在相应的专利机构，格式为PDF，可用Adobe公司的免费浏览软件Acrobat Reader浏览。

从esp@cenet检索专利信息可以从欧洲专利局的站点进行，也可以从欧洲专利组织各成员国的站点进行，各成员国的站点可支持本国的官方语种。本文以欧洲专利局的esp@cenet英语站点为例加以介绍，该站点还支持法语和德语。主页提供以worldwide为数据库快速检索，也可进入欧洲专利局编制的4种esp@cenet检索专利的入口，包括欧洲专利（EP）、世界知识产权组织专利（PCT）、Worldwide数据库（Worldwide – 30 million documents）和日本专利（Japanese patents）。

3.**DelPhion知识产权网**　IBM知识产权网IPN（The IBM Intellectual Property Network）的前身是IBM专利服务器（The IBM Patent Server），于1997年推出，

Internet Capital Group（ICG）和IBM公司合办成立DelPhion知识产权网。通过Delphion可检索到世界范围内的专利信息，覆盖了美国专利申请（United States Patents-Applications）、美国专利许可（Uniled States Patents-Granted）、Derwent世界专利索引（Derwent World Patents Index）、欧洲专利申请（European Patents-Applications）、欧洲专利许可（European Patents-Granted）、INPADOC家族与法律状态（INPADOC Family and Legal Status）、日本专利索引（Patent Abstracts of Japan）、瑞士专利（Swiss Patent）和世界知识产权组织PCT出版物（WIPO PCT Publications）等内容。

4. 其他专利网站

（1）Derwent专利数据库（http：//www.derwent.com）。英国Derwent公司出版的WPI主要收集工业化国家的专利，报道工程技术各领域所取得的专利，采用国际专利分类法编制专利分类体系，全部是英文文摘。

（2）The Shadow Patent Office（SPO）。是著名的EDS（Electronic Data Systems）的一部分，1998年12月31日改为http：//www.nsnto.gov，提供美国专利全文数据库的检索服务。数据库收集了自1972年1月以来美国专利商标局公布的所有专利文件。该检索的特色之一是提供一种基于上下文的检索方法来查询专利信息，其结果要比用关键词得到的结果更为准确。

（八）专利信息的分析与利用

对于药品来说，大体上可分为产品专利（包括化合物和组合物专利）、方法专利和用途专利，这里根据新药开发的特点仅浅谈产品专利信息的分析与利用。

1. 开发化合物

（1）开发具有新作用机制、新分子结构的化合物。开发这种化合物，首先应进行专利查新，如果查新通过，就应尽早申报化合物专利，在专利申报到18个月公开期前，应跟踪检索相关专利信息，以便应对可能存在的专利。

（2）对原始创新药物进行结构改造。这类药物首先应进行专利信息检索，找到原始药物的专利，明确其法律状态后，进而分析其专利的权利要求内容，在确定能够绕开其专利保护范围且不会造成等同替换的前提下，可以利用其母核结构进行结构改造，如果改造后的化合物在药物活性或某些方面优于先前的化合物，还可以申报改造后的化合物专利。

（3）明确国外已有的化合物（包括在研或已上市）。这类化合物一般都会有专利保护，因此首先需明确该化合物的法律状态，看其是否已进入中国，如果未进入中国，还需分析其是否具备申请药品行政保护的条件；如果既没有专利进入中国，也不具备申请药品行政保护的条件，则需进一步检索与该化合物相关的制剂、方法或用途专利。如果未检索到相关专利或检索到的相关专利未进入中国，则可以在中国进行该化合物及相关制剂的研究开发，并且可以无偿使用未进入中国的相关专利技术；如果发现有相关专利进入中国，首先需分析这些专利的法律状态，进一步分析专利的保护范围，预测其专利授权的可能性及绕开专利的可能性，再决定是否立项开发。

2.开发组合物

（1）国外已上市的单一成分改变剂型。首先分析化合物的中国专利及行政保护情况，进而检索国外上市剂型的对应专利，分析其法律状态，如果该专利未进入中国，则可以无偿使用该专利技术；如果其已进入中国，则需了解该专利的法律状态，然后分析其授权的可能性及绕开专利的可能性，再确定是否立项。

（2）未上市的单一活性成分改变剂型。首先需进行追溯性检索，检索各个化合物、组合物及相关技术平台专利，分析其法律状态及保护范围，然后确定是否立项。

（3）国外已上市的复方制剂。首先分析复方中各组分的中国专利及行政保护情况，进而检索国外上市制剂的对应专利，分析法律状态，确定是否立项。

（4）未上市的复方制剂。首先需进行追溯性检索，检索各个化合物、复方组合物及相关技术平台专利，分析其法律状态及保护范围，然后确定是否立项。

三、专利分类

目前已存在的国际专利分类系统主要有两个：一个是针对发明专利的"国际专利分类法"，另一个是针对外观设计专利的"国际外观设计分类表"。我国建立专利制度较晚，在1985年实行专利制度时就直接采用了全世界通用的发明专利"国际专利分类法"，对于实用新型专利也同样采用上述分类法来进行分类。对于外观设计专利则采用了"国际外观设计分类表"。我国于1997年6月19日才正式成为《国际专利分类斯特拉斯堡协定》的签约国。

（一）国际发明、实用新型专利分类法

国际专利分类（IPC）是发明专利的分类法，其原来的基础是20世纪50年代欧洲国家的专利分类法，经过有关国家于1954年12月19日在法国巴黎签署的相关协定的修改，国际专利分类表第一版于1968年9月1日公布生效。国际专利分类表一般每5年修改一次，主要是根据科学技术的新发展和分类使用过程中出现的具体问题来增补和删去相关的内容。

国际专利分类表内容包括与发明专利有关的全部技术领域，一般是采用有

确切识别号的四级分类。最高一级是部，其次是大类、小类和组，全部分类表共分成8个部，100多个大类，600多个小类，近万个大组，其代码如下。

第一级是部，分为A~H共8个部。

A部：人类生活必需；

　　A61：医学或兽医学，卫生学；

　　A61B：诊断，外科，鉴定；

　　A61C：口腔或牙齿卫生；

　　A61D：兽医用仪器、器械、工具或方法；

　　A61M：将介质输入人体内或输到人体上的器械；

B部：作业，运输；

C部：化学，冶金；

D部：纺织和造纸；

E部：固定建筑物；

F部：机械工程、照明、加热、武器、爆破；

G部：物理；

H部：电学。

第二级是大类，分类表共有100多个大类。大类号位于部号之后，由两位数字构成。

第三级是小类，分类表共有600多个小类。每一大类中包括若干个小类。小类号位于大类号之后，由一个大写字母组成。

第四级是组，小类下面分成组，组由大组和小组构成。分类表共有近万个大组，大组下设有7万多个小组。大组号是位于小类类号之后，由一组1~3位的数字和"/000"组成。

（二）国际外观设计专利分类法

1960年的荷兰海牙协定会议提出了拟建立并起草工业设计分类法的专家委员会。1968年在瑞士洛迦诺通过了国际外观专利分类表，并于1971年生效。国际外观设计分类表每4年修改一次。中国外观设计专利全部采用国际外观设计分类表，并于1996年9月19日正式被批准加入《洛迦诺协定》。

国际外观设计分类表一般也称为"洛迦诺分类表"，其结构是采用"大类和小类"两级分类制。第一级是大类，用2位阿拉伯数字按顺序排列。共计32大类，32类的顺序号为01~32，第二级是小类，用2位阿拉伯数字顺序排列，"99"表示其他杂项，共计237个小类，其中包括5000多个产品系列。

四、专利文件的撰写

专利申请的书面性原则，使填写或撰写申请文件成为十分重要的事情。申请文件填写或撰写的好坏，往往影响审批程序的长短、保护范围的宽窄，有时甚至会影响专利申请能否被批准为专利。申请文件的撰写和填写有很多技巧，下面只是对法律要求的以及实施细则要求的原则进行说明。

（一）请求书

请求书有三种，分别是发明专利请求书、实用新型专利请求书以及外观设计专利请求书。它们的栏目和填写要求基本相同。在填写3种请求书时，都应当按照专利法及其实施细则的规定，在专利局统一制订的表格上打字或印刷。现以发明专利请求书为例，说明各栏的填写要求和注意事项。

1.第①、②、③、④、⑤、⑥、㉗栏　由专利局填写。

2.第⑦栏：发明名称

（1）发明或实用新型名称应当简单、明确地表达发明创造的主题，一般以15个字为宜，最长不超过25个字；特殊情况下，例如，化学领域的某些发明，可以允许最多到40个字。

（2）发明创造名称不应过于烦琐，也不能太抽象、笼统。发明或者实用新型应当根据发明主题的宽窄，确定一个与国际专利分类表（IPC）中的类组相适应的名称。外观设计产品应当尽量使用洛迦诺分类表上列出的产品名称。

（3）发明创造的名称不应当包含人名、地名、单位名称和产品型号、商标、代码等，也不允许使用含义不确定的词汇，例如，"××及其类似物"，因为这样会使发明主题模糊。外观设计产品名称不应当包含描述产品功能、用途的词汇。

（4）请求书中的发明创造名称应当与说明书以及其他各种申请文件中的发明创造名称一致。

3.第⑧栏：发明人

（1）发明人必须是自然人。可以是一个人，也可以是多个人，但请求书中不得填写单位或者集体，例如，不得写成"××课题组"等。

（2）发明人不受国籍、性别、年龄、职业或居住地的限制，只要对发明创造作出实质性贡献的人均可以成为发明人。

（3）发明权不能继承、转让，发明人死亡的，仍应注明原发明人姓名，但是可以注明死亡。

（4）发明人姓名由申请人代为填写，但应将填写情况通知发明人。在有多个发明人的情况下，如果排列次序有先后的，应当用阿拉伯数字注明顺序，否则专利局将按先左后右、先上后下次序排列。

（5）发明人因特殊原则，要求不公布姓名的，应当在本栏填写"本人请求不公布姓名"。如果发明人中有人愿意公布姓名，有人不愿意时，则将愿意公布姓名的填入。请求不公布姓名的，应当提交请求书，在请求书中应说明理由，并由发明人本人签章。请求批准以后，发明人姓名在专利公报、说明书单行本和专利证书上均不载明，并且发明人以后不得再要求重新公布姓名。

4. 第⑩栏：申请人

（1）申请人可以是个人，也可以是单位。如果是单位，单位应当是法人或者是可以独立承担民事责任的组织，并应当写明其正式的全称。如果是个人，应当写明本人的真实姓名，不能用笔名或者化名。外国人的姓名允许用简化形式。学位、头衔等不属于人名部分的内容应当删去。

（2）申请人的地址应当写明省、市以及邮件可以迅速送达的详细地址（包括邮政编码）。一般不能用单位名称代替地址。一个地址内有多个单位的，除写明地址外还应写明单位名称。居所或经常营业所在我国境外的申请人，其地址可以只写国家和州。我国台湾、香港、澳门地区的申请人地址可以分别写明为：中国台湾、香港特别行政区或澳门。

（3）申请人的国籍，可以用国家全称，也可以用简称，例如，中华人民共和国，或中国。

（4）申请人是单位的，除写明单位名称外，如未委托专利代理机构的，还应当指定一名企业专利工作者作为办案联系人，填写在申请人地址之后。但委托专利代理机构的，可以不指定联系人。

（5）申请人有两个或两个以上，又未委托专利代理的，应当推举其中一人为代表人。代表人应当填写在申请人栏目的第一署名人位置。在专利审批程序中，专利局一般只与代表人联系，代表人有义务将专利局的文件或其抄件转送其他申请人。除涉及共同权利的事项外（例如撤回申请、放弃专利权、变更权利人等），代表人可以代表全体申请人办理各项手续。

（6）专利局针对外国人的申请资格按照专利法第十七条进行审查，对国内申请人，除有申请权纠纷的以外，凡填写在请求书"申请人"栏目中的单位或者个人，在专利审批程序中均被视为有权申请专利的合法申请人。

5. 第⑬栏：专利代理机构

（1）申请人申请专利时，办理申请手续有两种选择：一是自己办理；二是委托专利代理机构办理。只有委托专利代理机构办理手续的需要填写本栏目。尽管委托专利代理是非强制性的，但是考虑到精心撰写申请文件的重要性，以及审批程序的法律严谨性，对经验不多的申请人来说，委托专利代理是值得提倡的。

（2）申请人未曾办理专利代理委托手续，不得自行填写本栏目，否则不但构成对专利代理机构的严重侵权行为，而且可能会造成对申请人严重不利的法律后果。

（3）我国实行专利代理机构负责制，申请人委托专利代理时，应当与专利代理机构订立委托合同，然后由专利代理机构指定本机构的代理人为申请人办理申请手续。一件申请最多可以指定两名代理人办理，其中至少有一名为专职代理人。

（4）申请人委托的专利代理机构应当是在专利局正式备案的，代理机构指定的本机构的代理人应当是经过专利局考核认可并在专利局登记的。为此，本栏目不仅要填明专利代理机构的名称，还应当填写其备案的编码和地址，代理人应当填明姓名以及在专利局的登记号。

（5）申请人在同一时期内只允许委托一家专利代理机构。有多个申请人的应当由全体申请人共同委托一家专利代理机构。在委托共同的专利代理机构以后，如果同时推举有代表人的，这时相当于经全体申请人同意由代表人同专利代理机构联系。专利代理机构接受委托以后，其在委托权限内采取的行为与委托人采取的相同行为有同等效力，由此产生的后果对委托人具有约束力。但是，按照规定，专利代理机构办理转委托手续，办理转让申请权或专利权的手续，撤回专利申请和放弃专利权的手续时，应当得到全体委托人的同意。

（6）申请人有权撤销对专利代理机构的委托。反之，专利代理机构也可以辞去对其的委托。有上述情况的都应当通知对方并向专利局提出声明和办理相应的著录项目变更手续。

（7）在我国境内没有长期居所或营业所的外国人和我国台湾、香港、澳门地区的单位申请专利时，应当委托国务院授权专利局指定的专利代理机构办理申请手续。我国台湾、香港、澳门地区个人以及我国在国外工作和学习的人员申请专利时，除同样可以委托上述代理机构办理外，也可以委托国内专利代理机构办理，但不得委托个人或由本人自己办理。

6. 第⑮栏：生物材料样品　本栏目只有发明专利请求书上才有。当发明涉及微生物并且需要对微生物进行保藏时才需要考虑填写本栏目。

（1）需要保藏的微生物有两类：一类是公众无法获得的新的微生物；另一类微生物本身不是新的，但使用该微生物的方法或其产品是新的，当这种或这些微生物是公众无法获得的时候，也应当保藏。

（2）微生物的保藏日期应当在提出专利申请之前，最迟在申请的同一天，因为它被看作专利申请的一部分。以实物微生物作为专利申请的一部分，这是专利书面申请原则的唯一例外情况。

（3）保藏单位。1995年以前，我国只承认专利局指定的两个微生物保藏单位，即中国微生物菌种保藏管理委员会普通微生物中心和中国典型培养物保藏中心的保藏手续。由于我国从1995年起已经为《布达佩斯条约》的缔约国，所以在1995年以后，在所有《布达佩斯条约》指定的国际保藏单位进行的微生物保藏手续，都可以获得我国的承认。申请人在该栏目中应当准确地填写国际保藏单位的名称，以便专利局核对。

（4）保藏编号。申请人在上述单位保藏微生物菌种以后，可以获得保藏编号。申请人如果因为提交菌种保藏的手续是在提出申请的同一天办理的，而无法将保藏编号填入请求书中时，可以在请求书上先填上保藏单位和保藏日期，然后在3个月之内以书面补正形式提交保藏编号。

（5）涉及微生物并需要保藏的专利申请。除需要在请求书中填明保藏单位、日期和编号以外，还要在3个月之内提交保藏单位出具的保藏证明和微生物菌种存活证明。未在规定期限内办理上述（4）、（5）手续的，将视为菌种未提交保藏。

7.第⑭栏：分案申请　当专利申请不符合单一性要求时，申请人除应当对该申请进行修改使其符合单一性要求外，还可以将申请中包含的其他发明、实用新型或者外观设计，按照一申请一发明的原则重新提出一件或多件分案申请。分案申请享有原申请的申请日，如果原申请有优先权要求的，分案申请可以保留原申请的优先权日。申请人提出分案申请的，在1993年以前要填写专门的分案申请请求书。现在分案申请不再设立单独的请求书，而是将其作为请求书中的一个栏目。

（1）分案申请不得改变申请的类型。原申请是发明，分案申请也应当是发明。实用新型或者外观设计也一样。分案申请改变类别的不予受理。

（2）提出分案申请的申请人应当是原申请的申请人或其合法继受人。原申请有多个申请人的，分案申请应当由全体申请人共同提出。

（3）分案申请可以由申请人主动提出，也可以在接到审查员认为原申请缺乏单一性，并要求对申请内容进行限定的通知以后提出。但专利局对原申请发出授权通知书以后，不得再提出分案申请。

（4）提出分案申请的应当在本栏内填明原申请的申请号、申请日。原申请的申请日即为分案申请的申请日。未填写原申请的申请号、申请日的，按普通专利申请处理。

（5）分案申请的内容不得超出原申请记载的范围，如果超出后又不愿删去的，分案申请予以驳回。

（6）分案申请应当按照新申请的要求提交申请文件，缴纳申请费；同时应当在提出分案申请之日起2个月内补办以原申请的申请日为计算起点的已经到期的各种手续，缴纳已经到期的各种费用。特别是发明专利申请的分案申请，应当注意提出实审请求和缴纳维持费的期限都是从原申请的申请日起计算的。如果原申请享有优先权的，则实审请求期限还要从优先权日起计算。

（7）原申请享有优先权的，在提交分案申请的同时，还应当提交原申请的优先权文件副本。申请时未提交的，应当在接到审查员的补正通知后按规定期限补交，否则申请将被视为撤回。

8. 第⑪栏：要求优先权声明　我国专利法规定，优先权有两种：一种是外国优先权；另一种是本国优先权。这两种优先权都不是自动产生的，必须在申请时提出声明，并办理规定手续，经专利局审查后才能享有。1993年以前，优先权声明有单独的表格，现在已作为请求书的一个栏目。

（1）要求优先权的申请人应当在本栏填写明作为优先权基础的在先申请的受理国或受理局（当受理局是一个《巴黎公约》成员的国际组织时，例如欧洲专利局，则可以填写受理局）；填明由在先申请的受理局确定的在先申请的申请日；填明受理局给予的在先申请的申请号。要求优先权而未填写本栏目，或者要求外国优先权而未填明受理国（局）和申请日的，要求本国优先权而未填明申请日、申请号的均视为未提出优先声明。

（2）受理国（局）可以用国家或局的简称填写，例如中国、欧洲专利局；也可以用国际标准国别代码填写，例如CN、EP要求本国优先权的，不得省略受理国名称，不得填写"我国"而应当填写"中国"或"CN"，申请日应当用阿拉伯数字按照年、月、日顺序填写，例如"1992.10.7."，申请号应当按照在先申请的受理国（局）给予的形式填写。

（3）要求多项优先权的，应当填明每一项在先申请的受理国（局）、受理国（局）确定的申请日以及申请号。要求多项优先权的，其提出优先权请求的12个月的期限从申请日期最早的在先申请的申请日起计算。

（4）要求优先权的申请人与先申请的申请人必须一致。如果不一致（包括申请人有增加或减少），应当在申请前办理好优先权转让手续。要求本国优先权的，如果在先申请仍然是有效的，则不能单独转让优先权，应当与在先申请的申请权一起转让。因为从要求本国优先权的申请提出之日起，在先申请即被视为撤回。

（5）要求优先权的申请人，还应当在提出申请起2个月内，按照要求优先权的项数缴纳优先权要求费（每项50元）。要求外国优先权提交经原受理局证明的在先申请文件副本。逾期未缴纳优先权要求费，或者未提交申请文件副本的，优先权请求视为未提出。

（6）外观设计专利申请既能要求本国优先权，也可以要求外国优先权，外观设计专利申请要求本国、外国优先权的期限是6个月。以上栏目的填写都应当打字或印刷，否则专利局将不予受理。

9.第⑲栏：不丧失新颖性说明　我国专利法规定，在某些特殊情况下，申请人在提出专利申请前6个月内公开自己的发明创造，不损害自己提出的专利申请的新颖性。

（1）这些特殊情况中有两项印在本栏"□"后：一是申请前已在中国政府主办或者承认的国际展览会上首次展出过；二是申请前已在规定的学术会议或技术会议上发表过。有上述情况的应当在"□"中打钩。如果申请时忘记打钩，以后补交声明是不允许的。

（2）提出上述声明（在"□"中打钩）的，应当在申请日起2个月提交有关证明。例如，展览组织单位出具的有关发明创造被展出的内容和日期的证明，或者有关会议组织单位出具的发明创造被发表的内容和日期的证明。

（3）展览会的主办部门应当是我国政府授权的国务院有关部委，学术会议和技术会议的组织者应当是国务院有关部门或者是在国家科委或全国科协注册的全国性学术团体。

（4）尽管有对新颖性的这种宽限规定，但是申请专利以前公开发明创造内容，对发明人、申请人进行专利保护还是很不利的。申请人应当尽量避免在申请以前公开发明创造内容。

10.第⑳栏：请求保密处理　本栏只有发明专利请求书才有。按照规定，国防系统各单位的涉及国家安全需要保密的发明专利申请，应当向国防专利局提出申请。在非国防系统的产品及其方法的发明专利申请中，如果申请人认为该申请的技术内容可能涉及国家重大利益，不宜公开，可以在本栏打钩，要求进行保密审查。但是，是否予以保密由主管该技术的国务院主管部门决定。需要保密的，由专利局按照保密专利申请处理，并且通知申请人。保密专利申请以及批准的保密专利在解密以前不向社会公开，也不得向国外申请专利，保密专利的转让和实施除必须经专利权人同意以外，还必须经原决定保密的部门批准。

11.第㉔、㉕栏：申请文件及附件文件清单

（1）清单由申请人填写，专利局负责核对，以证实申请文件的完整性，并检查申请文件是否还夹带或附有其他文件。

（2）申请人应当在清单上填写每一种文件的份数和页数。申请人提交的文件或附件，清单上未列出的，可以补写在后面。

（3）文件提交情况以专利局核实为准。专利局将核实情况填写在请求书上，并将其中一份连同受理通知书一起寄给申请人。

12.第㉖栏：全体申请人或专利代理机构签章或盖章 签章是文件产生法律效力的基本条件。

（1）申请人是个人的，应当由申请人亲自签字或盖章；申请人是单位的，应当加盖公章。有几个申请人的，应当由全体申请人签字或盖章。

（2）委托专利代理机构的，应当由专利代理机构加盖公章，但应当同时提交由申请人签章的专利代理委托书。有多个申请人的，应当由共同委托的专利代理机构盖章，并同时提交由全体申请人签章的专利代理委托书。

（3）签章应当与请求书中填写的申请人或专利代理机构的姓名或名称一致。签章不得复印，不得代签。

（4）不符合上述要求的，视为签字手续未履行。例如，请求书由专利代理机构盖章，但未同时提交有效专利代理委托书的，该签章手续无效。

（二）说明书

1.一般要求

（1）应清楚、完整地写明发明或实用新型的内容，使所属技术领域的普通专业人员能够根据此内容实施发明创造。说明书不能隐瞒任何实质性的技术要点。

（2）要保持用词一致性。要使用该技术领域通用的名词和术语，不要使用行话，但以其特定意义作为定义使用的，不在此限。

（3）应使用国家计量部门规定的国际通用的计量单位。

（4）可以有化学式、数学式，但不能有插图，说明书的附图应当附在说明书后面。

（5）在说明书的题目和正文中，不能使用商业性宣传用语，不能使用意义不确切的语言，不允许使用以地点、人名等命名的名称，商标、产品广告、服务标志等也不允许在说明书中出现。说明书中不允许有对他人或他人的发明创造加以诽谤或有意贬低的内容。

（6）涉及外文技术文献或无统一译名的技术名词时，要在译名后注明原文。

2.撰写要求 发明或实用新型专利申请的说明书，除发明或实用新型项目本身的特殊情况需要以其他方式说明外，通常应当按照下列顺序和要求撰写。

（1）发明和实用新型的名称，必须与请求书中的一致，应简洁、明确地表达发明或实用新型的主题。可以按其技术性质来命名，或按用途命名，如其技术与用途密不可分，也可以使用双重命名法。字数一般以15个字为宜，最长不超过40个字。名称应书写在说明书首页的顶部居中位置，下空一行写说明节正文。

（2）发明或实用新型所属的技术领域，是正文的第一自然段，一般应先用一句话说明该发明或实用新型直接所属的技术领域，或直接应用的技术领域，而不能写成发明本身。

（3）写明申请人了解的对理解、检索和审查本发明创造用或有关的背景技术，并且引证反映这些背景技术的文件。客观地指出背景技术存在的问题或不足。申请人在这里引述的技术应当是就申请人所知与发明最接近的背景技术，此外，对背景技术存在的问题或不足不需要全面论述，仅需指出申请人的发明所要解决的问题或不足，在可能的情况下，可以说明前人为解决这些问题曾经遇到的困难。

（4）提出发明或实用新型的目的或任务，说明所要解决的技术问题。这一段应当和上一段相呼应，针对上面提到的背景技术存在的问题或不足，从正面说明发明要解决的技术问题。有时可以提出多个目的或任务，但是它们必须是同一个发明或者同一个发明构思下的几个发明能够解决的技术问题。

（5）清楚、简明地写出发明或实用新型的技术方案，使所属技术领域的普通技术人员能够理解该技术方案，并能够利用该技术方案解决所提出的技术问题，达到发明或实用新型的目的。技术方案是各种技术措施的有机组合，而技术措施一般是用技术特征来体现的。所以清楚、简明地写出发明或实用新型的技术方案，就是用若干技术特征的有机结合来限定发明。一般情况下，这一段有关发明的技术方案的描述和权利要求中的独立权利要求的叙述，在实质性部分是完全相同的。

（6）发明或实用新型同现有技术相比所具有的优点、特点或积极效果，可以从方法或者产品的性能、成本、效率、使用寿命、材料、能源消耗、操作方便安全或减少环境污染等诸方面进行比较。评价应当客观、公正，不应有意贬低现有技术。优点、特点或积极效果的结论可以通过对发明同现有技术的技术特征的对比分析得出，也可以通过统计资料或实验数据得出，但是不得采用不实语言进行欺骗或者做无根据的断言。

（7）如必须用图来帮助说明发明的技术内容时，应有附图（实用新型必须有附图），而且应对每一幅图做介绍性说明，一般用"图1是……""图2是……"的方式进行简要说明即可。

（8）详细描述申请人认为实施发明或实用新型的最好方式，并将其作为一件典型实例，列出与发明要点有关的参数及条件，有附图的应当对照附图加以说明，技术中不能隐瞒任何实质性的技术要点，如必要时，在权利要求的保护范围比较宽的情况下，和在难以从理论分析或者根据实践经验判断发明的适用范围的情况下，应当列举多个实施例。特别是有关化学物质的发明，通常都要列举几个，甚至几十个实施例。通过这一段的描述使所属技术领域的普通专业人员能够根据此内容实施发明创造，并且使独立权利要求中的每一个技术特征的内容明确并得到说明书的支持。

（9）发明如果是涉及微生物方面的，申请文件中应当写明该微生物的特征和分类命名，并注明拉丁文名称。上述说明书的几个部分，一般都要采用单独段落进行阐述。

对于内容特别简单的发明创造，上述（5）、（7）、（8）所述内容可以合为一段。

（三）权利要求书

专利法规定：专利权的保护范围以被批准的权利要求内容为准。权利要求书是专门记载权利要求的文件，它由一项或多项权利要求组成。

1.一般要求

（1）文字书写、纸张要求与说明书相同，也应当使用专利局的统一表格。

（2）权利要求书是一个独立文件，应与说明书分开书写，单独编页。

（3）使用的技术名词、术语应与说明书中一致。权利要求书中可以有化学式、数字式，但不能有插图。除绝对必要，不得引用说明书和附图，即不得用"如说明书所述的……"或"如图所示的……"的方式撰写权利要求。为了表达清楚，权利要求书可以引用设备部件名称和附图标记。

（4）权利要求应当说明发明或实用新型的技术特征，清楚、简要地表达请求保护的范围。其中的技术特征可以引用说明书附图中相应的附图标记，这些附图标记应当用括号括起来，放在相应的技术特征后面。

（5）权利要求分两种：从整体上反映发明或实用新型的技术方案，记载实现发明目的必不可少的技术特征的权利要求称为独立权利要求；引用独立权利要求或者别的权利要求，并用附加的技术特征对它们做进一步限定的权利要求称为从属权利要求。

（6）一项发明或者实用新型只应当有一项技术权利要求。所以，一般情况下一件专利申请至少包括一项独立权利要求。属于一个总的发明构思、符合合案申请要求的几项发明或实用新型可以在一件发明或者实用新型专利申请中提出，这时权利要求书中可以有两项以上的独立权利要求。每一个独立权利要求可以有若干个从属权利要求。有多项权利要求的应当用阿拉伯数字顺序编号。编号时独立权利要求应排在前面，它的从属权利要求紧随在后。

2.撰写要求

（1）一项权利要求要用一句话表达，中间可以有逗号、顿号、分号，但不能有句号，以强调其意思的不可分割的单一性和独立性。

（2）权利要求起始端不用书写发明或实用新型名称，可以直接书写第1项独立权利要求，它的从属权利要求从序号2往下顺序排列。发明或实用新型有两项以上独立权利要求的，各自的从属权利则要求分别写在各独立权利要求之后。

（3）独立权利要求一般应当分两部分撰写：前序部分、特征部分。前序部分：写明发明或者实用新型要求保护的主题名称和该项发明或者实用新型与最接近的现有技术共有的必要技术特征。特征部分：写明发明或者实用新型区别于现有技术的技术特征，这是权利要求的核心内容，这部分应紧接前序部分，用"其特征是……"或者"其特征在于……"等类似用语与上文连接。独立权利要求的前序部分和特征部分应当包含发明的全部必要的技术特征，共同构成一个完整的技术解决方案，同时限定发明或实用新型的保护范围。

（4）从属权利要求也应分两部分撰写：引用部分、限定部分。引用部分：写明被引用的权利要求的编号及发明或实用新型主题名称。限定部分：写明发明或者实用新型附加的技术特征。它们是对独立权利要求的补充，以及对引用部分的技术特征的进一步限定。也应当以"其特征是……"或者"其特征在于……"等类似用语连接上文。

从属权利要求的引用部分，只能引用排列在前的权利要求。同时引用两项以上权利要求时，只允许使用"或"连接，这样的权利要求称为多项从属权利要求。一项多项从属权利要求不能作为另一项从属权利要求的引用对象。

（5）同一构思的两项发明或实用新型可以合案申请，因而可能存在两项独立权利要求。这时应当确定一项为主要的，作为第一项独立权利要求；另一项排在后面成为与第一项独立权利要求平行的、有独立的法律意义的权利要求。例如，一项产品发明和制造该产品的方法发明可以合案申请，这时一般常常把产品作为权利要求1，其后跟随若干个产品的从属权利要求，例如权利要求2、权利要求3等，然后再依次排列方法的独立权利要求和方法的从属权利要求。

（6）权利要求书应当以说明书为依据，其中的权利要求应当受说明书的支持，其提出的保护范围应当与说明书中公开的内容相适应。

3.说明书附图　是为了更好地表达发明专利的内容而用图示的形式表达出来。发明专利说明书根据内容需要，可以有附图，也可以没有附图。申请实用新型专利时必须提交说明书附图，一式两份（正副本一份）。附图和说明书中对附图的说明要图文相符。文中提到附图，而实际上却没有提交或少交附图的，将可能影响申请日。附图的形式可以是基本视图、斜视图，也可以是示意图或流程图。只要能完整、准确地表达说明书的内容即可。附图不必画成详细的工程加工图或装配图。复杂的图表一般也作为附图处理。有关附图的具体要求如下。

（1）用纸规格与说明书一致，并应采用专利局统一制定的格式。

（2）图形大小要求其在缩小到三分之二时，仍能清楚地分辨出图中的各个细节，以能够满足复印、扫描的要求为准。但为保证版心，图形不宜过大，最大不超过220mm×145mm。如果一张纸画不下，可以用截断线分割后连续画在几张纸上。

（3）要使用黑色绘图墨水和绘图工具绘制附图。不得用铅笔、钢笔、圆珠笔等绘制，不得着色，不得用照片、蓝图、油印件，但可以使用复印件。

（4）图形线条要均匀清楚、适合复印要求。图形应当大体按各部分尺寸的比例绘制。发明创造的关键部位，或者为了表明与现有技术的差别，可以绘制局部放大图和剖视图等。

（5）图的布局要符合要求。图应当尽量竖向布置，如果宽度大于高度，而且宽度在14cm以内布置不下，则允许横向布置，此时，应把图的上部置于纸的左边。同一页上有其他图表的，也应横向布置。

（6）几幅图可以画在一张图纸上，也可以一幅图连续画在几张图纸上。不论附图种类如何，都要连续编号，标明"图1""图2"等。如有几张图纸的，应当在图纸的下部边缘正中标明页码。图纸页码的表示可以采用"分页码/总页码"的形式，如2/5，表示总共5页图纸，这是其中的第2页。续页必须与首页大小、质量相一致，横向书写，只限于使用正面，反面不得使用，四周应留有空白，左侧和顶部各留2.5cm，右侧和底部各留1.5cm。发明或者实用新型名称居中，名称与正文之间空一行。邮寄申请文件不得折叠。

（7）为了标明图中的不同组成部分，可以用阿拉伯数字作出标记。附图中作出的标记应当和说明书中提到的标记一一对应。申请文件各部分中表示同一组成部分的标记应当一致。

（8）同一附图中应当采用相同比例绘制，为使其中某一组成部分清楚显示，可以另外增加一幅局部放大图。附图中除必需的词语外，不得含有其他注释。附图中的词语应当使用中文，必要时，可以在其后的括号里注明原文。流程图、框图应当作为附图，并应当在其框内给出必要的文字和符号。一般不得使用照片作为附图，但特殊情况下，例如，显示金相结构、组织细胞或者电泳图谱时，可以使用照片贴在图纸上作为附图。

4.说明书摘要及摘要附图 摘要是发明或实用新型说明书内容的简要概括。编写和公布摘要的主要目的是方便公众对专利文献进行检索，方便专业人员及时了解本行业的技术概况。摘要本身不具有法律效力。

（1）应当写明发明或实用新型的名称、所属技术领域、要解决的技术问题、主要技术特征和用途。不得有商业性宣传用语和过多的对发明创造优点的描述。

（2）可以包含有最能说明发明创造技术特征的数字式或化学式。发明创造有附图的，应当指定并提交一幅最能说明发明创造技术特征的图，作为摘要附图。摘要附图应当画在专门的摘要附图表格上。

（3）除非经审查员同意，摘要的文字部分（包括标点符号）一般不得超过300个字，摘要附图的大小和清晰度，应当保证在该图缩小到$4cm \times 6cm$时，仍能清楚地分辨出图中的各个细节。

（四）外观设计的图片或照片

申请外观设计专利的要就每件外观设计产品提交不同侧面或者状态的图片或照片，以便清楚、完整地显示请求保护的对象。一般情况下应有六面视图（主视图、仰视图、左视图、右视图、俯视图、后视图），必要时还应有剖视图、剖面图、使用状态参考图和立体图。

图片、照片要符合下列要求。

1.图片

（1）用纸规格与请求书一致，并应采用专利局统一限定的格式。

（2）图片的大小不得小于$3cm \times 8cm$，也不得大于$14.5cm \times 22cm$。图片的清晰度应保证当图片缩小到三分之二时，仍能清楚地分辨出图中的各个细节。

（3）制图时要使用黑色墨水和绘图工具，不得用铅笔、圆珠笔或钢笔绘制。图形线条要均匀、连续、清晰、适合复印要求。要求一式两份的不能用油印件、蓝图代替，应当使用原图的复印件。

（4）图形应当垂直布置，并按设计的尺寸比例绘制。要横向布置时，图形上部应当朝向图纸左边。

（5）图中一律不画中心线、尺寸线、阴影线，一般也不得出现虚线或标记线。图形中不允许有文字、商标、服务标志、质量标志以及近代人物的肖像。文字经艺术化处理可以视为图案。

（6）几幅视图最好画在一页图纸上，若画不下，也可以画在几张纸上。有多张图纸时应当按顺序编上页码。各向视图和其他各种类型的图，都应当按投影关系绘制，并注明视图名称。

（7）几类特殊类型产品的外观设计绘制要求：①组合式产品，如组合音响设备、组合玩具，应当绘制组合状态的六面视图，以及每一单件的立体图；②可以折叠的产品，如折叠椅、折叠车，不但要绘制六面视图，还要绘制使用状态的立体参考图，使用状态可以用虚线画出；③内部结构较复杂的产品，如电视机、电动机等，绘制视图时，可以将内部结构省略，只给出请求保护部分的图形；④圆柱形或回转型产品，如茶具、咖啡具等，应当绘制每件产品的六面视图。

（8）请求保护色彩的外观设计专利申请，提交的彩色图片应当用彩色绘制。色彩和纹样复杂的产品，如地毯等的色彩与纹样，要使用彩色照片。绘制彩色图片的纸张，应用较厚的绘图纸绘制后粘贴到标准表格。

（9）当产品形状较为复杂时，除画出视图外，还应当提交反映产品立体形状的照片。

2.照片

（1）对外观设计照片的尺寸要求与图片相同。

（2）应当图像清晰、反差适中，要完整、清楚地反映所申请的外观设计。

（3）除要求保护的产品外，一律不得有衬托物或陪衬物。背景应当根据产品阴暗关系，处理成白色或灰黑色。彩色照片中的背衬应与产品成对比色调，以便分清产品轮廓。

（4）关于特殊类型的产品的外观设计，应当提交的照片要求，请参照图片要求的第（7）条。

（5）照片不得折叠，并应当按照视图关系将其粘贴在外观设计图片或照片的表格上。图的左侧和顶部最少各留2.5cm空白，右侧和底部各留1.5cm空白。

（6）照片一式两份时不得使用复印件，应当使用两份洗印件。

（五）外观设计简要说明

简要说明是对外观设计图片或照片进行的简要解释，是对图片或照片的一种补充。简要说明不得有商业性宣传用语，也不能用来说明产品的性能和用途。简要说明应当简明扼要，通俗易懂。

1.应当有简要说明的情况

（1）外观设计产品左右、上下、前后对称时，可以各省略一幅视图，但要说明。例如，"左视图和右视图对称，省略右视图"。此外，外观设计产品某一个不属于创作部位的方向，也可以省略视图，但要说明。

（2）在外观设计较为复杂，已有设计部分、创新部分不易被人注意的情况下，可以写明主要创作部位或设计要点，以加强专利批准以后的保护。

（3）补充图片或照片中难以清楚表达的内容：如果产品外表或部分外表是用透明材料制成，图片和照片都难以清楚反映"透明"这一设计内容时，可以在图片或照片透明部位引出标记线，注上符号"A""B"等，并在简要说明中说明"A""B"等处为透明部位。

（4）图片或照片只表示产品局部时，较长的产品，可画一段长度，在简要说明中说明产品全长宽比例。有些纺织物，上下、左右都可以省略，只需画出局部花样与纹路，但在简要说明中应说明地毯的长、宽尺寸。

（5）外观设计产品的效果与制造的特殊材料有关时，简要说明中应注明材料。

（6）对需要保护色彩的外观设计产品，除了提供彩色及黑白图片或照片各一套外，还应当在简要说明中说明，如"本产品要求保护色彩"。

（7）新开发的产品，特别是在外观设计分类表（洛迦诺分类表）中尚没有的，要在简要说明中写明产品的使用方法和目的，以便明确保护类别和补充分类表。应当提交简要说明，而申请时未提交的，经审查员同意可以补正。

2.专利申请文件文字和书写要求

（1）申请文件各部分一律使用汉字，汉字应当以国家公布的简化字为准。外国人名、地名和科技术语如没有统一中文译名，应当注明英文或原文。申请人提供的附件或证明是外文的，应当附有中文译文，申请文件包括请求书在内，都应当用宋体、仿宋体或楷体打字或印刷，字迹呈黑色，字高应当在3.5~4.5mm之间，行距应当在2.5~3.5mm之间。各种文件应当分别用阿拉伯数字按顺序编写页码。页码应当置于每页下部页边的上沿，并左右居中。要求提交一式两份文件的，其中一份为原件，另一份应采用复印件。申请文件中有图的，应当用墨水和绘图工具，或者绘图软件绘制，线条应当均匀、清晰，不得涂改。

（2）计量单位应当使用国家法定计量单位，包括国际单位制计量单位和国家选定的其他计量单位，必要时可以在括号内同时标注本领域公知的其他计量单位。

（3）各种文件使用的纸张应当柔韧、结实、耐久、光滑、无光、白色。申请文件的纸张质量应与80克胶版纸相当或更高。纸面不得有无用的文字、记号、框、线等。各种文件一律采用A4尺寸（210mm×297mm）的纸张。

（4）申请文件的纸张应当纵向使用，只使用一面。文字应当自左向右排列，纸张左边和上边应各留25mm空白，右边和下边应当各留15mm空白，以便出版和审查时使用。申请文件各部分的第一页必须使用国家知识产权局统一制定的表格。这些表格可以在专利局受理大厅的咨询处索要，也可以向各地的专利局代办处索取，或直接从国家知识产权局网站下载。

第二节　专利申请的提交与受理

一、专利申请的提交

（一）提交的要求

办理专利申请应当提交必要的申请文件，并按规定缴纳费用。专利申请必须采用纸件形式或者电子申请的形式办理，不能用口头说明或者提供样品或模型的方法代替或省略书面申请文件。

（二）申请文件的排列

发明或者实用新型专利申请文件应按下列顺序排列：请求书、说明书摘要、摘要附图、权利要求书、说明书、说明书附图。外观设计专利申请文件应按下列顺序排列：请求书、图片或照片、简要说明。申请文件各部分都应当分别用阿拉伯数字按顺序编号。

（三）专利申请的方式

1.自行申请　向国家知识产权局专利局（以下简称专利局）提出专利申请需要提交6个文件：《请求书》《说明书》《权利要求书》《说明书摘要》《说明书附图》《说明书摘要附图》；个人申请专利应当再提交一份《费用减缴请求书》，这样可以节省85%费用。

2.委托代理申请　专利局受理专利申请以后，依照专利法规定的程序进行严格审查，对符合专利法规定的，才授予专利权。一般而言，发明人不熟悉有关专利的法律、法规，没受过专门训练，写好专利申请文件是非常不容易的。因此，可以请全国专利代理师考试考核通过的专利代理师提供有效帮助。

（四）专利申请的费用

1.申请费缴纳的方式　申请费以及其他费用都可以直接向专利局收费处或专利局代办处面交，或通过银行或邮局汇付。目前，银行采用电子划拨，邮局大部分采用电子汇兑方式。缴费人通过银行或邮局缴付专利费用时，应当在汇单上写明正确的申请号或者专利号，缴纳费用的名称可使用简称。缴费人应当要求银行或邮局工作人员在汇款附言栏中录入上述缴费信息，通过邮局汇款的，还应当要求邮局工作人员录入完整通信地址（包括邮政编码），这些信息在以后的程序中是有重要作用的。费用不得寄到专利局受理处。

2.申请费缴纳的时间　面交申请文件的，可以在取得受理通知书及缴纳申请费通知书以后，当时缴纳申请费，也可以通过邮局、银行汇付。通过邮寄方式提交申请的，应当在收到受理通知书及缴纳申请费通知书以后再缴纳申请费。缴纳申请费需要写明相应的申请号，申请人应当自申请日起2个月或在收到受理通知书之日起15日内缴纳费用。

3.缴费日期的确定　向专利局收费处面交申请费或其他费用的，缴费当日为缴费日。以邮局汇付方式缴纳费用的，以邮局汇出的邮戳日为缴费日。以银行汇付方式缴纳费用的，以银行实际汇出日为缴费日。

4.申请费的减缴　请求减缴申请费或其他费用的，应当提交《费用减缴请求书》，必要时还应当附具证明文件。《费用减缴请求书》应当由全体申请人（或专利权人）签字或者盖章；申请人（或专利权人）委托专利代理机构办理费用减缴手续并提交声明的，可以由专利代理机构盖章。委托专利代理机构办理费用减缴手续的声明可以在专利代理委托书中注明，也可以单独提交。

二、专利申请的受理

专利局受理处或各专利代办处收到专利申请后，对符合受理条件的申请，将确定申请日，给予申请号，发出受理通知书。对申请人面交专利局受理处或各专利代办处的申请文件，当时进行申请是否符合受理条件的审查，符合受理条件的当场办理受理手续。

（一）受理专利申请的部门

申请人申请专利时，应当将申请文件直接提交或寄交到国家知识产权局专利局受理处（以下简称专利局受理处），也可以提交或寄交到国家知识产权局设立的专利代办处，目前已在北京、沈阳、济南、长沙、成都、南京、上海、广州、西安、武汉以及郑州、天津、石家庄、哈尔滨、长春、福州、贵阳、杭州、昆明、南宁、深圳、乌鲁木齐、重庆、南昌、银川、苏州、合肥、兰州、海口、太原、西宁、呼和浩特、青岛、拉萨设立了国家知识产权局专利代办处；国防专利分局专门受理国防专利申请。

（二）受理和不受理专利申请的条件

1.受理条件

（1）申请文件中有请求书。该请求书中申请专利的类别明确；写明了申请人姓名或者名称及其地址。

（2）发明专利申请文件中有说明书和权利要求书；实用新型专利申请文件中有说明书、说明书附图和权利要求书；外观设计专利申请文件中有图片或者照片和简要说明。

（3）申请文件是使用中文打字或者印刷的。全部申请文件的字迹和线条清晰可辨，没有涂改，能够分辨其内容。发明或者实用新型专利申请的说明书附图和外观专利设计申请的图片是用不易擦去的笔迹绘制的，并且没有涂改。

（4）申请人是外国人、外国企业或者外国其他组织的，符合《专利法》第十八条第一款的有关规定，其所属国符合《专利法》第十七条的有关规定。

（5）申请人是中国香港、澳门或者台湾地区的个人、企业或者其他组织的，符合专利申请指南的有关规定。

2.不受理条件

（1）发明专利申请缺少请求书、说明书或者权利要求书的；实用新型专利申请缺少请求书、说明书、说明书附图或者权利要求书的；外观设计专利申请缺少请求书、图片或照片或简要说明的。

（2）未使用中文的。

（3）不符合规定受理条件的。

（4）请求书中缺少申请人姓名或名称，或者缺少地址的。

（5）外国申请人因国籍或者居所原因，明显不具有提出专利申请资格的。

（6）在中国内地没有经常居所或者营业所的外国人、外国企业或者外国其他组织作为第一署名申请人，没有委托专利代理机构的。

（7）在中国内地没有经常居所或者营业所的香港、澳门或者台湾地区的个人、企业或者其他组织作为第一署名申请人，没有委托专利代理机构的。

（8）直接从外国向专利局邮寄的。

（9）直接从中国香港、澳门或者台湾地区向专利局邮寄的。

（10）专利申请类别（发明、实用新型或者外观设计）不明确或者难以确定的。

（三）申请日的确定和申请号的给予

1.确定申请日 向专利局受理处或者代办处窗口直接递交的专利申请，以收到日为申请日；通过邮局邮寄递交到专利局受理处或者代办处的专利申请，以信封上的寄出邮戳日为申请日；寄出的邮戳日不清晰无法辨认的，以专利局受理处或者代办处收到日为申请日，并将信封存档。通过速递公司递交到专利局受理处或者代办处的专利申请，以收到日为申请日。邮寄或者递交到专利局非受理部门或者个人的专利申请，其邮寄日或者递交日不具有确定申请日的效力，如果该专利申请被转送到专利局受理处或者代办处，以受理处或者代办处实际收到日为申请日。分案申请以原申请的申请日为申请日，并在请求书上记载分案申请递交日。

2.给出申请号　按照专利申请的类别和专利申请的先后顺序给出相应的专利申请号，号条贴在请求书和案卷夹上。

（四）受理通知书

向专利局受理处寄交申请文件的，一般在1个月左右可以收到专利局的受理通知书，不符合受理条件的，将收到不受理通知书以及退还的申请文件复印件。超过1个月尚未收到专利局通知的，申请人应当及时向专利局受理处查询，以及时发现申请文件或通知书在邮寄中可能丢失。

三、向专利局申请专利提交文件时的注意事项

（1）向专利局提交申请文件或办理各种手续的文件，应当使用国家知识产权局统一制定的表格，申请文件均应一式两份，手续性文件可以一式一份；表格可以从网上下载，网址是www.cnipa.gov.cn，也可以到国家知识产权局受理大厅索取或以函方式索取。

（2）一张表格只能用于一件专利申请。

（3）向专利局提交的各种文件，申请人都应当留存底稿，以保证申请审批过程中文件填写的一致性，并可以此作为答复审查意见时的参照。

（4）各种手续文件都应当按规定签章，签章应当与请求书中填写的姓名或者名称完全一致。签章不得复印。涉及权利转移的手续，应当有全体申请人签章，其他手续可以由申请人的代表人签章办理，委托专利代理机构的，应当由专利代理机构签章办理。

（5）办理手续要附具证明文件或者附件的，证明文件与附件应当使用原件或者副本，不得使用复印件。如原件只有一份的，可以使用复印件，但同时需要附有公证机关出具的复印件与原件一致的证明。

（6）申请文件是邮寄的，应当用挂号信函。无法用挂号信邮寄的，可以用特快专递邮寄，不要用包裹邮寄申请文件。挂号信函上除写明专利局或者专利代办处的详细地址（包括邮政编码）外，还应当标有"申请文件"及"国家知

识产权局专利局受理处收"或"国家知识产权局××专利代办处收"的字样。申请文件最好不要通过快递公司递交，通过快递公司递交申请文件，以专利局受理处以及各专利代办处实际收到日为申请日。一封挂号信内应当只装同一件申请的申请文件或其他文件。邮寄后，申请人应当妥善保管好挂号收据存根。

（7）专利局在受理专利申请时不接收样品、样本或模型。在审查程序中，申请人应审查员要求提交样品或模型时，若是在专利局受理窗口当面提交的，应当出示审查意见通知书；若是邮寄的，应当在邮件上写明"应审查员×××（姓名）要求提交模型"的字样。

（8）申请人或专利权人的地址有变动，请及时向专利局提出著录项目变更；申请人与专利事务所解除代理关系，应向专利局办理变更手续。

（9）同一申请人同日对同样的发明创造既申请实用新型专利又申请发明专利的，应当在申请时分别说明。未做说明的，不适用专利法第九条第一款关于同一申请人同日对同样的发明创造既申请实用新型专利又申请发明专利的规定，即会造成其发明专利不能授权。

（10）任何单位或者个人在中国完成的发明或实用新型，准备直接向外国申请专利的，应当事先向专利局提出保密审查请求，并详细说明其技术方案；如果首先向专利局申请专利，而准备随后向外国申请专利或者向有关国外机构提交专利国际申请的，应当在向外国申请专利或者向有关国外机构提交专利国际申请前提出保密审查请求，也可以在专利局申请专利的同时提出保密审查请求。向国家知识产权局提交专利国际申请的，被视为同时提出了保密审查请求。

第三节　药品专利申请的初步审查

一、发明专利申请的初步审查

（一）主要任务

（1）审查申请人提交的申请文件是否符合专利法及其实施细则的规定，发现存在可以补正的缺陷时，通知申请人以补正的方式消除缺陷，使其符合公布的条件；发现存在不可克服的缺陷时，发出审查意见通知书，指明缺陷的性质，并通过驳回的方式结束审查程序。

（2）审查申请人在提出专利申请的同时或者随后提交的与专利申请有关的其他文件是否符合专利法及其实施细则的规定，发现文件存在缺陷时，根据缺陷的性质，通知申请人以补正的方式消除缺陷，或者直接作出文件视为未提交的决定。

（3）审查申请人提交的与专利申请有关的其他文件是否是在专利法及其实施细则规定的期限内或者专利局指定的期限内提交；期满未提交或者逾期提交的，根据情况作出申请视为撤回或者文件视为未提交的决定。

（4）审查申请人缴纳的有关费用的金额和期限是否符合专利法及其实施细则的规定，费用未缴纳或者未缴足或者逾期缴纳的，根据情况作出申请视为撤回或者请求视为未提出的决定。

（二）审查范围

（1）申请文件的形式审查，包括专利申请是否包含专利法第二十六条规定的申请文件，以及这些文件格式上是否明显不符合专利法实施细则第十六条至第十九条、第二十三条的规定，是否符合专利法实施细则第二条、第三条、第二十六条第二款、第一百一十九条、第一百二十一条的规定。

（2）申请文件的明显实质性缺陷审查，包括专利申请是否明显属于专利法第五条、第二十五条规定的情形，是否不符合专利法第十七条、第十八条第一款、第十九条第一款的规定，是否明显不符合专利法第二条第二款、第二十六条第五款、第三十一条第一款、第三十三条或者专利法实施细则第十七条、第十九条的规定。

（3）其他文件的形式审查，包括与专利申请有关的其他手续和文件是否符合专利法第十条、第二十四条、第二十九条、第三十条以及专利法实施细则第二条、第三条、第六条、第七条、第十五条第三款和第四款、第二十四条、第三十条、第三十一条第一款至第三款、第三十二条、第三十三条、第三十六条、第四十条、第四十二条、第四十三条、第四十五条、第四十六条、第八十六条、第八十七条、第一百条的规定。

（4）有关费用的审查，包括专利申请是否按照专利法实施细则第九十三条、第九十五条、第九十六条、第九十九条的规定缴纳了相关费用。

（三）审查原则

初步审查程序中，审查员应当遵循以下审查原则。

1.保密原则　审查员在专利申请的审批程序中，根据有关保密规定，对于尚未公布、公告的专利申请文件和与专利申请有关的其他内容，以及其他不适宜公开的信息负有保密责任。

2.书面审查原则　审查员应当以申请人提交的书面文件为基础进行审查，审查意见（包括补正通知）和审查结果应当以书面形式通知申请人。初步审查程序中，原则上不进行会晤。

3.听证原则　审查员在作出驳回决定之前，应当将驳回所依据的事实、理由和证据通知申请人，至少给申请人一次陈述意见和（或）修改申请文件的机会。审查员作出驳回决定时，驳回决定所依据的事实、理由和证据，应当是已经通知过申请人的，不得包含新的事实、理由和（或）证据。

4.程序节约原则　在符合规定的情况下，审查员应当尽可能提高审查效率，缩短审查过程。对于存在可以通过补正克服的缺陷的申请，审查员应当进行全面审查，并尽可能在一次补正通知书中指出全部缺陷。对于申请文件中文字和符号的明显错误，审查员可以依职权自行修改，并通知申请人。对于存在不可能通过补正克服的实质性缺陷的申请，审查员可以不对申请文件和其他文件的形式缺陷进行审查，在审查意见通知书中可以仅指出实质性缺陷。

除遵循以上原则外，审查员在作出视为未提出、视为撤回、驳回等处分决定的同时，应当告知申请人可以启动的后续程序。

（四）审查程序

1.初步审查合格　经初步审查，对于申请文件符合专利法及其实施细则有关规定并且不存在明显实质性缺陷的专利申请，包括经过补正符合初步审查要求的专利申请，应当认为初步审查合格。审查员应当发出初步审查合格通知书，指明公布所依据的申请文本，之后进入公布程序。

2.申请文件的补正　初步审查中，对于申请文件存在可以通过补正克服的缺陷的专利申请，审查员应当进行全面审查，并发出补正通知书。补正通知书中应当指明专利申请存在的缺陷，说明理由，同时指定答复期限。经申请人补正后，申请文件仍然存在缺陷的，审查员应当再次发出补正通知书。

3.明显实质性缺陷的处理　初步审查中，对于申请文件存在不可能通过补正方式克服的明显实质性缺陷的专利申请，审查员应当发出审查意见通知书。审查意见通知书中应当指明专利申请存在的实质性缺陷，说明理由，同时指定答复期限。对于申请文件中存在的实质性缺陷，只有其明显存在并影响公布时，才需指出和处理。

4.通知书的答复　申请人在收到补正通知书或者审查意见通知书后，应当在指定的期限内补正或者陈述意见。申请人对专利申请进行补正的，应当提交补正书和相应修改文件替换页。申请文件的修改替换页应当一式两份，其他文件只需提交一份。对申请文件的修改，应当针对通知书指出的缺陷进行。修改的内容不得超出申请日提交的说明书和权利要求书记载的范围。申请人期满未答复的，审查员应当根据情况发出视为撤回通知书或者其他通知书。申请人因正当理由难以在指定的期限内作出答复的，可以提出延长期限请求。

5.申请的驳回　申请文件存在明显实质性缺陷，在审查员发出审查意见通知书后，经申请人陈述意见或者修改后仍然没有消除的；或者申请文件存在形式缺陷，审查员针对该缺陷已发出过两次补正通知书，经申请人陈述意见或者补正后仍然没有消除的，审查员可以作出驳回决定。

驳回决定正文应当包括案由、驳回的理由和决定三部分内容。案由部分应当简述被驳回申请的审查过程；驳回的理由部分应当说明驳回的事实、理由和证据；决定部分应当明确指出该专利申请不符合专利法及其实施细则的相应条款，并说明根据专利法实施细则第四十四条第二款的规定驳回该专利申请。

6.前置审查和复审后的处理　申请人对驳回决定不服的，可以在规定的期限内向复审和无效审理部提出复审请求。

（五）申请文件的形式审查

1.请求书

（1）发明名称。请求书中的发明名称和说明书中的发明名称应当一致。发明名称应当简短、准确地表明发明专利申请要求保护的主题和类型。发明名称中不得含有非技术词语，例如人名、单位名称、商标、代号、型号等；也不得含有含糊的词语，例如"及其他""及其类似物"等；也不得仅使用笼统的词语，致使未给出任何发明信息，例如仅用"方法""装置""组合物""化合物"等词作为发明名称。

（2）发明人。专利法实施细则第十三条规定，发明人是指对发明创造的实质性特点作出创造性贡献的人。在专利局的审查程序中，审查员对请求书中填写的发明人是否符合该规定不做审查。

发明人应当是个人，请求书中不得填写单位或者集体，例如不得写成"××课题组"等。发明人应当使用本人真实姓名，不得使用笔名或者其他非正式的姓名。多个发明人的，应当自左向右顺序填写。不符合规定的，审查员应当发出补正通知书。申请人改正请求书中所填写的发明人姓名的，应当提交补正书、当事人的声明及相应的证明文件。

发明人可以请求专利局不公布其姓名。提出专利申请时请求不公布发明人姓名的，应当在请求书"发明人"一栏所填写的相应发明人后面注明"不公布姓名"。不公布姓名的请求提出之后，经审查认为符合规定的，专利局在专利公报、专利申请单行本、专利单行本以及专利证书中均不公布其姓名，并在相应位置注明"请求不公布姓名"字样，发明人也不得再请求重新公布其姓名。提出专利申请后请求不公布发明人姓名的，应当提交由发明人签字或者盖章的书面声明，但是专利申请进入公布准备后才提出该请求的，视为未提出请求，审查员应当发出视为未提出通知书。

外国发明人中文译名中可以使用外文缩写字母,姓和名之间用圆点分开,圆点置于中间位置,例如"M·琼斯"。

(3)申请人

(a)申请人是本国人。职务发明,申请专利的权利属于单位;非职务发明,申请专利的权利属于发明人。在专利局的审查程序中,审查员对请求书中填写的申请人一般情况下不做资格审查。申请人是个人的,可以推定该发明为非职务发明的,该个人有权提出专利申请,除非根据专利申请的内容判断申请人的资格明显有疑义,才需要通知申请人提供所在单位出具的非职务发明证明。申请人是单位的,可以推定该发明是职务发明的,该单位有权提出专利申请,除非该单位的申请人资格明显有疑义,例如填写的单位是"××大学科研处"或者"××研究所××课题组",才需要发出补正通知书,通知申请人提供能表明其具有申请人资格的证明文件。申请人声明自己具有资格并提交证明文件的,可视为申请人具备资格。上级主管部门出具的证明、加盖本单位公章的法人证书或者有效营业执照的复印件,均视为有效的证明文件。填写的申请人不具备申请人资格,需要更换申请人的,应当由更换后的申请人办理补正手续,提交补正书及更换前、后申请人签字或者盖章的更换申请人声明。

申请人是中国单位或者个人的,应当填写其名称或者姓名、地址、邮政编码、组织机构代码或者居民身份证件号码。申请人是个人的,应当使用本人真实姓名,不得使用笔名或者其他非正式的姓名。

申请人是单位的,应当使用正式全称,不得使用缩写或者简称。请求书中填写的单位名称应当与所使用的公章上的单位名称一致。

(b)申请人是外国人、外国企业或者外国其他组织。《专利法》第十七条规定:"在中国没有经常居所或者营业所的外国人、外国企业或者外国其他组织在中国申请专利的,依照其所属国同中国签订的协议或者共同参加的国际条约,或者依照互惠原则,根据本法办理。"

申请人是外国人、外国企业或者外国其他组织的,应当填写其姓名或者名称、国籍或者注册的国家或者地区。

在确认申请人是在中国没有经常居所或者营业所的外国人、外国企业或者外国其他组织后,应当审查请求书中填写的申请人国籍、注册地是否符合下列三个条件之一。

Ⅰ.申请人所属国同我国签订有相互给予对方国民以专利保护的协议。

Ⅱ.申请人所属国是《巴黎公约》成员国或者WTO成员。

Ⅲ.申请人所属国依互惠原则给外国人以专利保护。

（c）本国申请人与外国申请人共同申请。该情况参照上述的有关规定和要求。

（4）联系人。申请人是单位且未委托专利代理机构的，应当填写联系人，联系人是代替该单位接收专利局所发信函的收件人。联系人应当是本单位的工作人员，且只能填写一人。填写联系人的，还需要同时填写联系人的通信地址、邮政编码和电话号码。

（5）代表人。申请人有两人以上且未委托专利代理机构的，以第一署名申请人为代表人。请求书中另有声明的，所声明的代表人应当是申请人之一。除直接涉及共有权利的手续外，代表人可以代表全体申请人办理在专利局的其他手续。直接涉及共有权利的手续包括：提出专利申请，委托专利代理，转让专利申请权、优先权或者专利权，撤回专利申请，撤回优先权要求，放弃专利权等。直接涉及共有权利的手续应当由全体权利人签字或者盖章。

（6）专利代理机构、专利代理师。专利代理机构应当依照专利代理条例的规定经国家知识产权局批准成立。专利代理机构的名称应当使用其在国家知识产权局登记的全称，并且要与加盖在申请文件中的专利代理机构公章上的名称一致，不得使用简称或者缩写。请求书中还应当填写国家知识产权局给予该专利代理机构的机构代码。

专利代理师，是指获得专利代理师资格证书、在合法的专利代理机构执业，并且在国家知识产权局办理了专利代理师执业证的人员。在请求书中，专利代理师应当使用其真实姓名，同时填写专利代理师执业证号码和联系电话。一件专利申请的专利代理师不得超过两人。

（7）地址。请求书中的地址（包括申请人、专利代理机构、联系人的地址）应当符合邮件能够迅速、准确投递的要求。本国的地址应当包括所在地区的邮政编码，以及省（自治区）、市（自治州）、区、街道门牌号码和电话号码，或者省（自治区）、县（自治县）、镇（乡）、街道门牌号码和电话号码，或者直辖市、区、街道门牌号码和电话号码。有邮政信箱的，可以按照规定使用邮政信箱。地址中可以包含单位名称，但单位名称不得代替地址，例如不得仅填写"××省××大学"。外国的地址应当注明国别、市（县、州），并附具外文详细地址。

2.说明书

（1）名称。说明书第一页第一行应当写明发明名称，该名称应当与请求书中的名称一致，并左右居中。发明名称前面不得冠以"发明名称"或者"名称"等字样。发明名称与说明书正文之间应当空一行。

（2）格式。应当包括以下各部分，并在每一部分前面写明标题：技术领域；

背景技术；发明内容；附图说明；具体实施方式。

说明书无附图的，说明书文字部分不包括附图说明及其相应的标题。

涉及核苷酸或者氨基酸序列的申请，应当将该序列表作为说明书的一个单独部分，并单独编写页码。申请人应当在申请的同时提交与该序列表相一致的计算机可读形式的副本，如提交记载有该序列表的符合规定的光盘或者软盘。提交的光盘或者软盘中记载的序列表与说明书中的序列表不一致的，以说明书中的序列表为准。

说明书文字部分可以有化学式、数学式或者表格，但不得有插图。说明书文字部分写有附图说明的，应当有附图。说明书有附图的，文字部分应当有附图说明。

3.说明书附图　应当使用包括计算机在内的制图工具和黑色墨水绘制，线条应当均匀清晰、足够深，不得着色和涂改，不得使用工程蓝图。

几幅附图可以绘制在一张图纸上。一幅总体图可以绘制在几张图纸上，但应当保证每一张上的图都是独立的，而且当全部图纸组合起来构成一幅完整总体图时又不互相影响其清晰程度。附图的周围不得有与图无关的框线。附图总数在两幅以上的，应当使用阿拉伯数字按顺序编号，并在编号前冠以"图"字，例如"图1""图2"。该编号应当标注在相应附图的正下方。

附图应当尽量竖向绘制在图纸上，彼此明显分开。当零件横向尺寸明显大于竖向尺寸必须水平布置时，应当将附图的顶部置于图纸的左边。一页图纸上有两幅以上的附图，且有一幅已经水平布置时，该页上其他附图也应当水平布置。

附图标记应当使用阿拉伯数字编号。说明书文字部分中未提及的附图标记不得在附图中出现，附图中未出现的附图标记不得在说明书文字部分中提及。申请文件中表示同一组成部分的附图标记应当一致。

附图的大小及清晰度，应当保证在该图缩小到三分之二时仍能清晰地分辨出图中各个细节，以能够满足复印、扫描的要求为准。

同一附图中应当采用相同比例绘制，为使其中某一组成部分清楚显示，可以另外增加一幅局部放大图。附图中除必需的词语外，不得含有其他注释。附图中的词语应当使用中文，必要时，可以在其后的括号里注明原文。

流程图、框图应当作为附图，并应当在其框内给出必要的文字和符号。一般不得使用照片作为附图，但特殊情况下，例如，显示金相结构、组织细胞或者电泳图谱时，可以使用照片贴在图纸上作为附图。

说明书附图应当用阿拉伯数字按顺序编写页码。

4.权利要求书　有几项权利要求的，应当用阿拉伯数字按顺序编号，编号前不得冠以"权利要求"或者"权项"等词。权利要求中可以有化学式或者数学式，必要时也可以有表格，但不得有插图。

权利要求书应当用阿拉伯数字按顺序编写页码。

5.说明书摘要　摘要文字部分应当写明发明的名称和所属的技术领域，清楚反映所要解决的技术问题，解决该问题的技术方案的要点以及主要用途。

摘要文字部分不得使用标题，文字部分（包括标点符号）不得超过300个字。

说明书有附图的，申请人应当提交一幅最能说明该发明技术方案主要技术特征的附图作为摘要附图。摘要附图应当是说明书附图中的一幅。

摘要附图的大小及清晰度，应当保证在该图缩小到4cm×6cm时，仍能清楚地分辨出图中的各个细节。

摘要中可以包含最能说明发明的化学式，该化学式可被视为摘要附图。

6.申请文件出版条件的格式审查　专利申请公布时的说明书、权利要求书和说明书摘要的文字应当整齐清晰，不得涂改，行间不得加字。说明书附图、说明书摘要附图的线条（如轮廓线、点划线、剖面线、中心线、标引线等）应当清晰可辨。文字和线条应当是黑色，并且足够深，背景干净，以能够满足复印、扫描的要求为准。文字和附图的版心四周不应有框线。各种文件的页码应当分别连续编写。

（六）特殊专利申请的初步审查

1.分案申请

（1）分案申请的核实。一件专利申请包括两项以上发明的，申请人可以主动提出或者依据审查员的审查意见提出分案申请。分案申请应当以原申请（第一次提出的申请）为基础提出。分案申请的类别应当与原申请的类别一致。分案申请应当在请求书中填写原申请的申请号和申请日；对于已提出过分案申请，申请人需要针对该分案申请再次提出分案申请的，还应当在原申请的申请号后的括号内填写该分案申请的申请号。

对于分案申请，除按规定审查申请文件和其他文件外，审查员还应当根据原申请核实下列各项内容：请求书中填写的原申请的申请日是否正确填写；请求书中填写的原申请的申请号是否正确填写；分案申请的递交时间最迟应当在收到专利局对原申请作出授予专利权通知书之日起2个月期限（办理登记手续的期限）届满之前提出；分案申请的申请人和发明人是否相同；分案申请是否提交了文件的副本（如优先权文件副本）。原申请中已提交的各种证明材料，可以使用复印件。原申请的国际公布使用外文的，除提交原申请的中文副本外，还应当同时提交原申请国际公布文本的副本。对于不符合规定的，审查员应当发出补正通知书，通知申请人补正。期满未补正的，审查员应当发出视为撤回通知书。

（2）分案申请的期限和费用。分案申请适用的各种法定期限，例如提出实质审查请求的期限，应当从原申请日起算。对于已经届满或者自分案申请递交日起至期限届满日不足2个月的各种期限，申请人可以自分案申请递交日起2个月内或者自收到受理通知书之日起15日内补办各种手续。

申请递交日起至期限届满日不足2个月的各种费用，申请人可以在自分案申请递交日起2个月内或者自收到受理通知书之日起15日内补缴。

2. 涉及生物材料的申请

（1）涉及生物材料的申请的核实。对于涉及生物材料的申请，申请人除应当使申请符合专利法及其实施细则的有关规定外，还应当办理下列手续。

（a）在申请日前或者最迟在申请日（有优先权的，指优先权日），将该生物材料样品提交至国家知识产权局认可的生物材料样品国际保藏单位保藏。

（b）在请求书和说明书中注明保藏该生物材料样品的单位名称、地址、保藏日期和编号，以及该生物材料的分类命名（注明拉丁文名称）。

（c）在申请文件中提供有关生物材料特征的资料。

（d）自申请日起4个月内提交保藏单位出具的保藏证明和存活证明。

（2）初步审查中，对于已在规定期限内提交保藏证明的，审查员应当根据保藏证明核实下列各项内容。

（a）保藏单位。应当是国家知识产权局认可的生物材料样品国际保藏单位。

（b）保藏日期。应当在申请日之前或者在申请日（有优先权的，指优先权日）当天。

但是，保藏证明写明的保藏日期在所要求的优先权日之后，并且在申请日之前的，审查员会发出办理手续补正通知书，要求申请人在指定的期限内撤回优先权要求，或者声明该保藏证明涉及的生物材料的内容不要求享受优先权。

（c）保藏及存活证明和请求书的一致性。保藏及存活证明与请求书中所填写的项目应当一致。在自申请日起4个月内，申请人未提交生物材料存活证明，又没有说明未能提交该证明的正当理由的，该生物材料样品视为未提交保藏。

提交生物材料样品在保藏过程中发生样品死亡的，除申请人能够提供证据证明造成生物材料样品死亡并非申请人责任外，该生物材料样品视为未提交保藏。申请人提供证明的，可以在自申请日起4个月内重新提供与原样品相同的新样品重新保藏，并以原提交保藏日为保藏日。

涉及生物材料的专利申请，申请人应当在请求书和说明书中分别写明生物材料的分类命名，保藏该生物材料样品的单位名称、地址、保藏日期和保藏编号，并且相一致。申请时请求书和说明书都未写明的，申请人应当自申请日起4个月内补正，期满未补正的，视为未提交保藏。请求书和说明书填写不一致的，申请人可以在收到专利局通知书后，在指定的期限内补正，期满未补正的，视为未提交保藏。

（3）保藏的恢复。审查员发出生物材料样品视为未保藏通知书后，申请人有正当理由的，可以根据《专利法实施细则》第六条第二款的规定启动恢复程序。除其他方面正当理由外，属于生物材料样品未提交保藏或未存活方面的正当理由如下。

（a）保藏单位未能在自申请日起4个月内作出保藏证明或者存活证明，并出具了证明文件。

（b）提交生物材料样品过程中发生生物材料样品死亡，申请人能够提供证据证明生物材料样品死亡并非申请人的责任。

3.涉及遗传资源的申请　就依赖遗传资源完成的发明创造申请专利，申请人应当在请求书中对于遗传资源的来源予以说明，并填写遗传资源来源披露登记表，写明该遗传资源的直接来源和原始来源。申请人无法说明原始来源的，应当陈述理由。对于不符合规定的，审查员会发出补正通知书，通知申请人补正。

（七）其他文件和相关手续的审查

1.委托专利代理机构

（1）委托。根据《专利法》第十八条第一款的规定，在中国内地没有经常居所或者营业所的外国人、外国企业或者外国其他组织在中国申请专利和办理其他专利事务，或者作为第一署名申请人与中国内地的申请人共同申请专利和办理其他专利事务的，应当委托专利代理机构办理。

中国内地的单位或者个人可以委托专利代理机构在国内申请专利和办理其他专利事务。委托不符合规定的，审查员会发出补正通知书，通知专利代理机构在指定期限内补正。

在中国内地没有经常居所或者营业所的香港、澳门或者台湾地区的申请人向专利局提出专利申请和办理其他专利事务，或者作为第一署名申请人与中国内地的申请人共同申请专利和办理其他专利事务的，应当委托专利代理机构办理。委托的双方当事人是申请人和被委托的专利代理机构。申请人有两个以上的，委托的双方当事人是全体申请人和被委托的专利代理机构。被委托的专利代理机构仅限一家，专利代理机构接受委托后，应当指定该专利代理机构的专利代理师办理有关事务，被指定的专利代理师不得超过两名。

（2）委托书。申请人委托专利代理机构向专利局申请专利和办理其他专利事务的，应当提交委托书。委托书应当使用专利局制定的标准表格，写明委托权限、发明创造名称、专利代理机构名称、专利代理师姓名，并应当与请求书中填写的内容相一致。在专利申请确定申请号后提交委托书的，还应当注明专利申请号。

申请人是个人的，委托书应当有申请人签字或者盖章；申请人是单位的，应当加盖单位公章，同时也可以附有其法定代表人的签字或者盖章；申请人有两个以上的，应当由全体申请人签字或者盖章。此外，委托书还应当由专利代理机构加盖公章。

（3）解除委托和辞去委托。申请人（或专利权人）委托专利代理机构后，可以解除委托；专利代理机构接受申请人（或专利权人）委托后，可以辞去委托。

2.要求优先权 是指申请人根据《专利法》第二十九条规定向专利局要求以其在先提出的专利申请为基础享有优先权。申请人要求优先权应当符合《专利法》第二十九条、第三十条，《专利法实施细则》第三十一条、第三十二条以及《巴黎公约》的有关规定。

（1）要求外国优先权。申请人向专利局提出一件专利申请并要求外国优先权的，审查员会审查作为要求优先权基础的在先申请是否是在《巴黎公约》成员国内提出的，或者是对该成员国有效的地区申请或者国际申请；对于来自非《巴黎公约》成员国的要求优先权的申请，应当审查该国是否是承认我国优先权的国家；还会审查要求优先权的申请人是否有权享受《巴黎公约》给予的权利，即申请人是否是巴黎公约成员国的国民或者居民，或者申请人是否是承认我国优先权的国家的国民或者居民。

审查员还会审查要求优先权的在后申请是否是在规定的期限内提出的。

申请人要求优先权的，应当在提出专利申请的同时在请求书中声明。

作为优先权基础的在先申请文件的副本应当由该在先申请的原受理机构出具。在先申请文件副本的格式应当符合国际惯例，至少应当表明原受理机构、申请人、申请日、申请号。

（2）要求本国优先权。在先申请和要求优先权的在后申请应当符合下列规定：在先申请不应当是分案申请；在先申请的主题没有要求过外国优先权或者本国优先权，或者虽然要求过外国优先权或者本国优先权，但未享有优先权；该在先申请的主题，尚未授予专利权；要求优先权的在后申请是在其在先申请的申请日起12个月或6个月内提出的。

申请人要求优先权的，应当在提出专利申请的同时在请求书中声明。

在先申请文件的副本，由专利局根据规定制作。申请人要求本国优先权并且在请求书中写明了在先申请的申请日和申请号的，视为提交了在先申请文件副本。

要求优先权的在后申请的申请人与在先申请中记载的申请人应当一致；不一致的，在后申请的申请人应当在提出在后申请之日起3个月内提交由在先申请的全体申请人签字或者盖章的优先权转让证明文件。

申请人要求本国优先权的，其在先申请自在后申请提出之日起即视为撤回。

（3）优先权要求的撤回。申请人要求优先权之后，可以撤回优先权要求。申请人要求多项优先权之后，可以撤回全部优先权要求，也可以撤回其中某一项或者几项优先权要求。

申请人要求撤回优先权要求的，应当提交全体申请人签字或者盖章的撤回优先权声明。优先权要求撤回后，导致该专利申请的最早优先权日变更时，自该优先权日起算的各种期限尚未届满的，该期限应当自变更后的最早优先权日或者申请日起算，撤回优先权的请求是在原最早优先权日起15个月之后到达专利局的，则在后专利申请的公布期限仍按照原最早优先权日起算。

要求本国优先权的，撤回优先权后，已按照专利法实施细则第三十二条第三款规定被视为撤回的在先申请不得因优先权要求的撤回而请求恢复。

（4）优先权要求费。要求优先权的，应当在缴纳申请费的同时缴纳优先权要求费。

（5）优先权要求的恢复。视为未要求优先权并属于下列情形之一的，申请人可以根据专利法实施细则第六条的规定请求恢复要求优先权的权利。

（a）由于未在指定期限内答复办理手续补正通知书导致视为未要求优先权。

（b）要求优先权声明中至少一项内容填写正确，但未在规定的期限内提交在先申请文件副本或者优先权转让证明。

（c）要求优先权声明中至少一项内容填写正确，但未在规定期限内缴纳或者缴足优先权要求费。

（d）分案申请的原申请要求了优先权。

除以上情形外，其他原因造成被视为未要求优先权的，不予恢复。

3.不丧失新颖性的公开　根据专利法第二十四条的规定，申请专利的发明创造在申请日（享有优先权的，指优先权日）之前6个月内有下列情况之一的，不丧失新颖性。

（1）在国家出现紧急状态或非常情况时，为公共利益目的首次公开的。

（2）在中国政府主办或者承认的国际展览会上首次展出的。

（3）在规定的学术会议或者技术会议上首次发表的。

（4）他人未经申请人同意而泄露其内容的。

4.实质审查请求 发明专利申请的实质审查程序主要依据申请人的实质审查请求而启动。

5.提前公布声明 只适用于发明专利申请。申请人提出提前公布声明不能附有任何条件。

6.撤回专利申请声明 授予专利权之前，申请人随时可以主动要求撤回其专利申请。申请人撤回专利申请的，应当提交撤回专利申请声明，并附具全体申请人签字或者盖章同意撤回专利申请的证明材料，或者仅提交由全体申请人签字或者盖章的撤回专利申请声明。委托专利代理机构的，撤回专利申请的手续应当由专利代理机构办理，并附具全体申请人签字或者盖章同意撤回专利申请的证明材料，或者仅提交由专利代理机构和全体申请人签字或者盖章的撤回专利申请声明。撤回专利申请不得附有任何条件。

7.著录项目变更 其中有关人事的著录项目（申请人或者专利权人事项、发明人姓名、专利代理事项、联系人事项、代表人）发生变化的，应当由当事人按照规定办理著录项目变更手续；其他著录项目发生变化的，可以由专利局根据情况依职权进行变更。专利申请权（或专利权）转让或者因其他事由发生转移的，申请人（或专利权人）应当以著录项目变更的形式向专利局登记。

（八）明显实质性缺陷的审查

1.根据《专利法》第二条第二款的审查 专利法所称的发明是指对产品、方法或者其改进所提出的新的技术方案。

2.根据《专利法》第五条的审查 对违反法律、社会公德或者妨害公共利益的发明创造，以及违反法律、行政法规的规定获取或者利用遗传资源，并依赖该遗传资源完成的发明创造，不授予专利权。

3.根据《专利法》第十七条的审查 在中国没有经常居所或者营业所的外国人、外国企业或者外国其他组织在中国申请专利的，依照其所属国同中国签订的协议或者共同参加的国际条约，或者依照互惠原则，根据本法办理。

4.根据《专利法》第十八条第一款的审查 在中国没有经常居所或者营业所的外国人、外国企业或者外国其他组织在中国申请专利和办理其他专利事务的，应当委托依法设立的专利代理机构办理。

5.根据《专利法》第十九条第一款的审查 申请人将在中国完成的发明向外国申请专利的，应当事先报经专利局进行保密审查。

根据《专利法实施细则》第八条第一款的规定，在中国完成的发明，是指技术方案的实质性内容在中国境内完成的发明。

6.**根据《专利法》第二十五条的审查**　下列各项不授予专利权。

（1）科学发现。

（2）智力活动的规则和方法。

（3）疾病的诊断和治疗方法。

（4）动物和植物品种。

（5）原子核变换方法以及用原子核变换方法获得的物质。

7.**根据《专利法》第二十六条第五款的审查**　依赖遗传资源完成的发明创造，申请人应当在专利申请文件中说明该遗传资源的直接来源和原始来源；申请人无法说明原始来源的，应当陈述理由。

8.**根据《专利法》第三十一条第一款的审查**　一件发明专利申请应当限于一项发明，属于一个总的发明构思的两项以上的发明，可以作为一件申请提出。

9.**根据《专利法》第三十三条的审查**　申请人可以对其专利申请文件进行修改，但是，对专利申请文件的修改不得超出原说明书和权利要求书记载的范围。

10.**根据《专利法实施细则》第十七条的审查**　在说明书中，不得使用与技术无关的词句，也不得使用商业性宣传用语以及贬低或者诽谤他人或者他人产品的词句，但客观地指出背景技术所存在的技术问题不应当认为是贬低行为。说明书中应当记载发明的技术内容。

11.**根据《专利法实施细则》第十九条的审查**　权利要求书应当记载发明的技术特征。权利要求书中不得使用与技术方案的内容无关的词句，例如"请求保护该专利的生产、销售权"等，不得使用商业性宣传用语，也不得使用贬低他人或者他人产品的词句。

（九）依职权修改

根据专利法实施细则第五十一条第四款的规定，对于发明专利申请文件中文字和符号的明显错误，审查员可以在初步审查合格之前依职权进行修改，并通知申请人。依职权修改的常见情形如下。

1.**请求书**　修改申请人地址或联系人地址中漏写、错写或者重复填写的省（自治区、直辖市）、市、邮政编码等信息。

2.**权利要求书和说明书**　改正明显的文字错误和标点符号错误，修改明显的文本编辑错误，删除明显多余的信息。但是，可能导致原始申请文件记载范围发生变化的修改，不属于依职权修改的范围。

3.**摘要**　添加明显遗漏的内容，改正明显的文字错误和标点符号错误，删除明显多余的信息，指定摘要附图。

二、实用新型专利申请的初步审查

（一）审查原则

同发明专利申请的初审原则。

（二）审查程序

1.授予专利权通知　实用新型专利申请经初步审查没有发现驳回理由的，审查员应当作出授予实用新型专利权通知。能够授予专利权的实用新型专利申请包括不需要补正就符合初步审查要求的专利申请，以及经过补正符合初步审查要求的专利申请。

2.申请文件的补正　初步审查中，对于申请文件存在可以通过补正克服的缺陷的专利申请。

3.明显实质性缺陷的处理　初步审查中，如果审查员认为申请文件存在不可能通过补正方式克服的明显实质性缺陷，会发出审查意见通知书。

4.通知书的答复　申请人在收到补正通知书或者审查意见通知书后，应当在指定的期限内补正或者陈述意见。申请人对专利申请进行补正的，应当提交补正书和相应修改文件替换页。申请文件的修改替换页应当一式两份，其他文件只需提交一份。对申请文件的修改，应当针对通知书指出的缺陷进行。修改的内容不得超出申请日提交的说明书和权利要求书记载的范围。

5.申请的驳回　申请文件存在审查员认为不可能通过补正方式克服的明显实质性缺陷，审查员发出审查意见通知书后，在指定的期限内申请人未提出有说服力的意见陈述和（或）证据，也未针对通知书指出的缺陷进行修改，例如仅改变了错别字或改变了表述方式，审查员可以作出驳回决定。如果是针对通知书指出的缺陷进行了修改，即使所指出的缺陷仍然存在，也应当给申请人再次陈述和（或）修改文件的机会。对于此后再次修改涉及同类缺陷的，如果修改后的申请文件仍然存在已通知过申请人的缺陷，审查员可以作出驳回决定。

6.前置审查和复审后的处理　因不符合专利法及其实施细则的规定，专利申请被驳回，申请人对驳回决定不服的，可以在规定的期限内向复审和无效审理部提出复审请求。

（三）申请文件的形式审查

对请求书、说明书、说明书附图、权利要求书、说明书摘要、申请文件出版条件的格式审查参照发明专利申请的初步审查。

（四）其他文件和相关手续的审查

委托专利代理机构、要求优先权、不丧失新颖性的公开、撤回专利申请声明、著录项目变更的初步审查同发明专利申请的初步审查。

（五）明显实质性缺陷的审查

1.根据《专利法》第五条、第二十五条的审查　对实用新型专利申请是否明显属于《专利法》第五条、第二十五条规定的不授予专利的条件予以审查。

2.根据《专利法》第二条第三款的审查　专利法所称实用新型，是指对产品的形状、构造或者其结合所提出的适于实用的新的技术方案。实用新型专利只保护产品，所述产品应当是经过产业方法制造的，有确定形状、构造且占据一定空间的实体。实用新型应当是针对产品的形状和（或）构造所提出的改进。技术方案，是指对要解决的技术问题所采取的利用了自然规律的技术手段的集合。技术手段通常是由技术特征来体现的。

3.根据《专利法》第三十三条的审查　申请人可以对其实用新型专利申请文件进行修改，但是，对申请文件的修改不得超出原说明书和权利要求书记载的范围。

如果申请人对申请文件进行修改时，加入了所属技术领域的技术人员不能从原说明书和权利要求书中直接地、毫无疑义地确定的内容，这样的修改即被认为超出了原说明书和权利要求书记载的范围。

4.根据《专利法》第三十一条第一款的审查　对实用新型专利申请明显缺乏单一性的缺陷进行审查，在实用新型的初步审查中，确定特定技术特征时一般依据申请文件所描述的背景技术。

5.根据《专利法实施细则》第四十三条第一款的审查　分案申请，可以保留原申请日，享有优先权的，可以保留优先权日，但是不得超出原申请记载的范围。

6.根据《专利法》第二十二条第二款的审查　初步审查中，审查员一般不通过检索来判断实用新型是否明显不具备新颖性。审查员可以根据未经其检索获得的有关现有技术或抵触申请的信息判断实用新型是否明显不具备新颖性。

7.根据《专利法》第二十二条第四款的审查　实用性是指所申请的产品必须能够在产业中制造和应用，而且该产品能够产生积极、有益的效果。

8.根据《专利法》第九条的审查　同样的发明创造只能授予一项专利权。两个以上的申请人分别就同样的发明创造申请专利的，专利权授予最先申请的人。

9.根据《专利法》第十九条第一款的审查　申请人将在中国完成的实用新

型向外国申请专利的，应当事先报经专利局进行保密审查。

10.根据《专利法》第十七条、第十八条第一款的审查　在中国没有经常居所或者营业所的外国人、外国企业或者外国其他组织在中国申请专利的，应当审查其所属国是否同中国签订协议、共同参加的国际条约或者依互惠原则给予中国人专利保护，符合上述三个条件之一的，应继续审查其是否委托依法设立的专利代理机构办理专利事务。

11.根据《专利法》第二十六条第三款、第四款的审查　说明书应当对发明或者实用新型作出清楚、完整的说明，以所属技术领域的技术人员能够实现为准；必要的时候，应当有附图。摘要应当简要说明发明或者实用新型的技术要点。权利要求书应当以说明书为依据，清楚、简要地限定要求专利保护的范围。

12.根据《专利法实施细则》第十七至第二十二条的审查　说明书、权利要求书的撰写应当符合相关要求。

（六）进入国家阶段的国际申请的审查

1.审查依据文本的确认　作为审查基础的文本以审查基础声明中指明的为准。审查基础声明包括：进入国家阶段时在进入声明规定栏目中的指明，以及进入国家阶段之后在规定期限内以补充声明的形式对审查基础的补充指明。后者是对前者的补充和修正。

如果申请人在进入声明中指明申请文件中含有援引加入的项目或者部分，并且在办理进入国家阶段手续时已经重新确定了相对于中国的国际申请日，则援引加入的项目或者部分应当是原始提交的申请文件的一部分。

2.审查要求　对文件的内容与形式、单一性、在先申请、译文错误改正符合专利法及实施细则的规定。

三、外观设计专利申请的初步审查

（一）审查原则

同发明专利申请的初审原则。

（二）审查程序

同实用新型专利申请的初审程序。

（三）申请文件的形式审查

1.请求书

（1）名称。使用外观设计的产品名称对图片或者照片中表示的外观设计所应用的产品种类具有说明作用。使用外观设计的产品名称应当与外观设计图片或者照片中表示的外观设计相符合，准确、简明地表明要求保护的产品的外观设计。

产品名称通常还应当避免下列情形。

（a）含有人名、地名、国名、单位名称、商标、代号、型号或以历史时代命名的产品名称。

（b）概括不当、过于抽象的名称。

（c）描述技术效果、内部构造的名称。

（d）附有产品规格、大小、规模、数量单位的名称。

（e）以外国文字或无确定的中文意义的文字命名的名称，但已经众所周知并且含义确定的文字可以使用。

（2）设计人、申请人、联系人、代表人、专利代理机构、专利代理师、地址的审查同发明专利申请的审查。

2.外观设计图片或者照片

根据《专利法》第六十四条第二款的规定，外观设计专利权的保护范围以表示在图片或者照片中的该产品的外观设计为准，简要说明可以用于解释图片或者照片所表示的该产品的外观设计。根据专利法第二十七条第二款的规定，申请人提交的有关图片或者照片应当清楚地显示要求专利保护的产品外观设计。

就立体产品的外观设计而言，产品设计要点涉及六个面的，应当提交六面正投影视图；产品设计要点仅涉及一个或几个面的，应当至少提交所涉及面的正投影视图和立体图，并应当在简要说明中写明省略视图的原因。

就平面产品的外观设计而言，产品设计要点涉及一个面的，可以仅提交该面正投影视图；产品设计要点涉及两个面的，应当提交两面正投影视图。

3.简要说明

（1）外观设计产品的名称。简要说明中的产品名称应当与请求书中的产品名称一致。

（2）外观设计产品的用途。简要说明中应当写明有助于确定产品类别的用途。对于具有多种用途的产品，简要说明中应当写明所述产品的有多种用途。

（3）外观设计的设计要点。设计要点是指与现有设计相区别的产品的形状、图案及其结合，或者色彩与形状、图案的结合，或者部位。对设计要点的描述应当简明扼要。

（4）指定一幅最能表明设计要点的图片或者照片。指定的图片或者照片用于出版专利公报。

（四）其他文件和相关手续的审查

同发明专利申请的初步审查。

（五）明显实质性缺陷的审查

1.根据《专利法》第五条第一款、第二十五条第一款第（六）项的审查 对违反法律、社会公德或者妨害公共利益的发明创造，不授予专利。对平面印刷品的图案、色彩或者二者的结合作出的主要起标识作用的设计，不授予专利权。

2.根据《专利法》第二条第四款的审查 专利法所称外观设计，是指对产品的整体或者局部的形状、图案或者其结合以及色彩与形状、图案的结合所做出的富有美感并适于工业应用的新设计。

3.根据《专利法》第二十三条第一款的审查 外观设计专利申请的初步审查中，通常不进行检索，审查员仅需要根据申请文件的内容及一般消费者的常识，判断所要求保护的外观设计专利申请是否明显不符合规定。

但是，审查员可以根据未经其检索获得的有关现有设计或抵触申请的信息判断所要求保护的外观设计专利申请是否明显不符合规定。

4.根据《专利法》第三十一条第二款的审查 一件外观设计专利申请应当限于一项外观设计。同一产品两项以上的相似外观设计，或者属于同一类别并且成套出售或者使用的产品的两项以上的外观设计，可以作为一件申请提出（简称合案申请）。

5.根据《专利法》第三十三条的审查 申请人对其外观设计专利申请文件的修改不得超出原图片或者照片表示的范围。修改超出原图片或者照片表示的范围，是指修改后的外观设计与原始申请文件中表示的相应的外观设计相比，属于不相同的设计。

6.根据《专利法》第九条的审查 同样的发明创造只能授予一项专利权。两个以上的申请人分别就同样的发明创造申请专利的，专利权授予最先申请的人。

7.根据《专利法》第十七条、第十八条第一款的审查 在中国没有经常居所者营业所的外国人、外国企业或者外国其他组织在中国申请专利的，应当审查其是否具有在中国申请专利的权利，继而审查其是否委托依法设立的专利代理机构办理专利事务。

8.根据《专利法》第二十七条第二款的审查 申请人提交的有关图片或者照片应当清楚地显示要求专利保护的产品的外观设计。

9.根据《专利法实施细则》第四十三条第一款的审查 分案申请可以保留原申请日，享有优先权的，可以保留优先权日，但是不得超出原申请记载的范围。

（六）外观设计分类

专利局采用国际外观设计分类法（洛迦诺分类法）对外观设计专利申请进行分类。

外观设计分类是针对使用该外观设计的产品进行的，分类号由"LOC""（版本号）""Cl.""大类号–小类号"组合而成，多个分类号的，各分类号之间用分号分隔。

第四节　药品专利申请的实质审查

一、不授予专利的申请

（一）不符合《专利法》第二条第二款规定的客体

《专利法》所称的发明，是指对产品、方法或者其改进所提出的新的技术方案，这是对可申请专利保护的发明客体的一般性定义，不是判断新颖性、创造性的具体审查标准。

技术方案是对要解决的技术问题所采取的利用了自然规律的技术手段的集合。技术手段通常是由技术特征来体现的。

未采用技术手段解决技术问题，以获得符合自然规律的技术效果的方案，不属于《专利法》第二条第二款规定的客体。

气味或者诸如声、光、电、磁、波等信号或者能量也不属于《专利法》第二条第二款规定的客体。但利用其性质解决技术问题的，则不属此列。

（二）不授予专利权的发明创造

1.根据《专利法》第五条第一款不授予专利权的发明创造 根据《专利法》第五条第一款的规定，发明创造的公开、使用、制造违反了法律、社会公德或者妨害了公共利益的，不能授予专利权。

一件专利申请中含有违反法律、社会公德或者妨害公共利益的内容，而其他部分是合法的，则该专利申请称为部分违反《专利法》第五条第一款的申请。对于这样的专利申请申请人应当进行修改。

2.根据《专利法》第五条第二款不授予专利权的发明创造 根据《专利法》第五条第二款的规定，对违反法律、行政法规的规定获取或者利用遗传资源，并依赖遗传资源完成的发明创造，不授予专利权。

根据《专利法实施细则》第二十六条第一款的规定，《专利法》所称遗传资源，是指取自人体、动物、植物或者微生物等含有遗传功能单位并具有实际或者潜在价值的材料；《专利法》所称依赖遗传资源完成的发明创造，是指利用了遗传资源的遗传功能完成的发明创造。

违反法律、行政法规的规定获取或者利用遗传资源，是指遗传资源的获取或者利用未按照我国有关法律、行政法规的规定事先获得有关行政管理部门的批准或者相关权利人的许可。

（三）不符合《专利法》第二十五条规定的客体

1.科学发现 是指对自然界中客观存在的物质、现象、变化过程及其特性和规律的揭示。科学理论是对自然界认识的总结，是更为广义的发现。它们都属于人们认识的延伸。这些被认识的物质、现象、过程、特性和规律不同于改造客观世界的技术方案，不是专利法意义上的发明创造，因此不能被授予专利权。

2.智力活动的规则和方法 智力活动，是指人的思维运动，它源于人的思维，经过推理、分析和判断产生出抽象的结果，或者必须经过人的思维运动作为媒介，间接地作用于自然产生结果。智力活动的规则和方法是指导人们进行思维、表述、判断和记忆的规则和方法。

在判断涉及智力活动的规则和方法的专利申请要求保护的主题是否属于可授予专利权的客体时，应当遵循以下原则。

（1）如果一项权利要求仅仅涉及智力活动的规则和方法，则不应当被授予专利权。

（2）除了上述（1）所描述的情形之外，如果一项权利要求在对其进行限定的全部内容中既包含智力活动的规则和方法的内容，又包含技术特征，则该权利要求就整体而言并不是一种智力活动的规则和方法，不应当依据《专利法》第二十五条排除其获得专利权的可能性。例如，涉及商业模式的权利要求，如果既包含商业规则和方法的内容，又包含技术特征，则不应当依据《专利法》第二十五条排除其获得专利权的可能性。

3.疾病的诊断和治疗方法 是指以有生命的人体或者动物体为直接实施对象，进行识别、确定或消除病因或病灶的过程。

诊断方法，是指为识别、研究和确定有生命的人体或动物体病因或病灶状态的过程。

治疗方法，是指为使有生命的人体或者动物体恢复或获得健康或减少痛苦，进行阻断、缓解或者消除病因或病灶的过程。

4.动物和植物品种 根据《专利法》第二十五条第一款第（四）项的规定，动物和植物品种不能被授予专利权。《专利法》所称的动物不包括人，所述动物是指不能自己合成，而只能靠摄取自然的碳水化合物及蛋白质来维系其生命的生物。专利法所称的植物，是指可以借助光合作用，以水、二氧化碳和无机盐等无机物合成碳水化合物、蛋白质来维系生存，并通常不发生移动的生物。动物和植物品种可以通过《专利法》以外的其他法律法规保护。

根据《专利法》第二十五条第二款的规定，对动物和植物品种的生产方法，可以授予专利权，但这里所说的生产方法是指非生物学的方法。

5.原子核变换方法以及用该方法所获得的物质 这关系到国家的经济、国防、科研和公共生活的重大利益。不适宜单位或私人垄断，因此不能被授予专利权。

二、说明书和权利要求书

（一）说明书

1.一般要求 说明书对发明或者实用新型作出的清楚、完整的说明，应当达到所属技术领域的技术人员能够实现的程度。也就是说，说明书应当满足充分公开发明或者实用新型的要求。

（1）清楚

（a）主题明确。说明书应当从现有技术出发，明确地反映出发明或者实用新型想要做什么和如何去做，使所属技术领域的技术人员能够确切地理解该发明或者实用新型要求保护的主题。

（b）表述准确。说明书应当使用发明或者实用新型所属技术领域的技术术语。说明书的表述应当准确地表达发明或者实用新型的技术内容，不得含糊不清或者模棱两可，以致所属技术领域的技术人员不能清楚、正确地理解该发明或者实用新型。

（2）完整。一份完整的说明书应当包括下列各项内容。

（a）帮助理解发明或者实用新型不可缺少的内容。例如，有关所属技术领域、背景技术状况的描述以及说明书有附图时的附图说明等。

（b）确定发明或者实用新型具有新颖性、创造性和实用性所需的内容。例如，发明或者实用新型所要解决的技术问题，解决其技术问题采用的技术方案和发明或者实用新型的有益效果。

（c）实现发明或者实用新型所需的内容。例如，为解决发明或者实用新型的技术问题而采用的技术方案的具体实施方式。

（3）能够实现。所属技术领域的技术人员能够实现，是指所属技术领域的技术人员按照说明书记载的内容，就能够实现该发明或者实用新型的技术方案，解决其技术问题，并且产生预期的技术效果。

说明书应当清楚地记载发明或者实用新型的技术方案，详细地描述实现发明或者实用新型的具体实施方式，完整地公开对于理解和实现发明或者实用新型必不可少的技术内容，达到所属技术领域的技术人员能够实现该发明或者实用新型的程度。

2. 撰写要求

（1）名称。发明或者实用新型的名称应当清楚、简要，写在说明书首页正文部分的上方居中位置。名称与请求书中的名称应当一致，一般不得超过25个字，特殊情况下，可以允许最多40个字。

（2）技术领域。发明或者实用新型的技术领域应当是要求保护的发明或者实用新型技术方案所属或者直接应用的具体技术领域，而不是上位的或者相邻的技术领域，也不是发明或者实用新型本身。

（3）背景技术。发明或者实用新型说明书的背景技术部分应当写明对发明或者实用新型的理解、检索、审查有用的背景技术，并且尽可能引证反映这些背景技术的文件。尤其要引证包含发明或者实用新型权利要求书中的独立权利要求前序部分技术特征的现有技术文件，即引证与发明或者实用新型专利申请最接近的现有技术文件。说明书中引证的文件可以是专利文件，也可以是非专利文件。

（4）发明或者实用新型内容。写明发明或者实用新型所要解决的技术问题以及解决其技术问题采用的技术方案，并对照现有技术写明发明或者实用新型的有益效果。

（5）附图说明。说明书有附图的，应当写明各幅附图的图名，并且对图示的内容做简要说明。

（6）具体实施方式。详细写明申请人认为实现发明或者实用新型的优选方式，在适当的情况下，应当举例说明，有附图的，应当对照附图进行说明。

（7）对于说明书撰写的其他要求

（a）说明书应当用词规范，语句清楚。

（b）说明书应当使用发明或者实用新型所属技术领域的技术术语。

（c）说明书应当使用中文，但是在不产生歧义的前提下，个别词语可以使用中文以外的其他文字。

（d）说明书中的计量单位应当使用国家法定计量单位。

（e）说明书中无法避免使用商品名称时，其后应当注明其型号、规格、性能及制造单位。

3.说明书附图

（1）附图的作用在于用图形补充说明书文字部分的描述，使人能够直观地、形象化地理解发明或者实用新型的每个技术特征和整体技术方案。

（2）对发明专利申请，用文字足以清楚、完整地描述其技术方案的，可以没有附图。实用新型专利申请必须有附图。

（3）一件专利申请有多幅附图时，在用于表示同一实施方式的各幅附图中，表示同一组成部分（同一技术特征或者同一对象）的附图标记应当一致。说明书中与附图中使用的相同的附图标记应当表示同一组成部分。说明书文字部分中未提及的附图标记不得在附图中出现，附图中未出现的附图标记也不得在说明书文字部分中提及。

（4）附图中除了必需的词语外，不应当含有其他的注释；但对于流程图、框图一类的附图，应当在其框内给出必要的文字或符号。

4.说明书摘要

（1）摘要应当写明发明或者实用新型的名称和所属技术领域，并清楚地反映所要解决的技术问题、解决该问题的技术方案的要点以及主要用途，其中以技术方案为主；摘要可以包含最能说明发明的化学式。

（2）有附图的专利申请，应当提供或者由审查员指定一幅最能反映该发明或者实用新型技术方案的主要技术特征的附图作为摘要附图，该摘要附图应当是说明书附图中的一幅。

（3）摘要附图的大小及清晰度应当保证在该图缩小到 $4cm \times 6cm$ 时，仍能清楚分辨出图中的各个细节。

（4）摘要文字部分（包括标点符号）不得超过300个字，并且不得使用商业性宣传用语。

（5）摘要文字部分出现的附图标记应当加括号。

（二）权利要求书

1.权利要求

（1）权利要求的类型。按照性质划分，权利要求有两种基本类型，即物的权利要求和活动的权利要求，或者简单地称为产品权利要求和方法权利要求。

第一种基本类型的权利要求包括人类技术生产的物（产品、设备）；第二种基本类型的权利要求包括有时间过程要素的活动（方法、用途）。属于物的权利要求的有物品、物质、材料、工具、装置、设备等权利要求；属于活动的权利要求的有制造方法、使用方法、通讯方法、处理方法以及产品用于特定用途的方法等权利要求。

（2）独立权利要求和从属权利要求。独立权利要求应当从整体上反映发明或者实用新型的技术方案，记载解决技术问题的必要技术特征。判断某一技术特征是否为必要技术特征，应当从所要解决的技术问题出发并考虑说明书描述的整体内容，不应简单地将实施例中的技术特征直接认定为必要技术特征。

如果一项权利要求包含了另一项同类型权利要求中的所有技术特征，且对该另一项权利要求的技术方案做了进一步的限定，则该权利要求为从属权利要求。从属权利要求中的附加技术特征，可以是对所引用的权利要求的技术特征做进一步的限定的技术特征，也可以是增加的技术特征。

2. 一般要求

（1）以说明书为依据。权利要求书中的每一项权利要求所要求保护的技术方案应当是所属技术领域的技术人员能够从说明书充分公开的内容中得到或概括得出的技术方案，并且不得超出说明书公开的范围。

（2）清楚

（a）每项权利要求的类型应当清楚。权利要求的主题名称应当能够清楚地表明该权利要求的类型是产品权利要求还是方法权利要求。不允许采用模糊不清的主题名称

（b）每项权利要求所确定的保护范围应当清楚。权利要求的保护范围应当根据其所用词语的含义来理解。一般情况下，权利要求中的用词应当理解为相关技术领域通常具有的含义。在特定情况下，如果说明书中指明了某词具有特定的含义，并且使用了该词的权利要求的保护范围由于说明书中对该词的说明而被限定得足够清楚，这种情况也是允许的。

（c）构成权利要求书的所有权利要求作为一个整体也应当清楚。

（3）简要。一是指每一项权利要求应当简要；二是指构成权利要求书的所有权利要求作为一个整体也应当简要。

3. 撰写要求

（1）权利要求的保护范围是由权利要求中记载的全部内容作为一个整体限定的，因此每一项权利要求只允许在其结尾处使用句号。

（2）权利要求书有几项权利要求的，应当用阿拉伯数字按顺序编号。

（3）权利要求中使用的科技术语应当与说明书中使用的科技术语一致。

（4）权利要求中可以有化学式或者数学式，但是不得有插图。除绝对必要外，权利要求中不得使用"如说明书……部分所述"或者"如图……所示"等类似用语。绝对必要的情况，是指当发明或者实用新型涉及的某特定形状仅能用图形限定而无法用语言表达时。

（5）权利要求中通常不允许使用表格，除非使用表格能够更清楚地说明发明或者实用新型要求保护的主题。

（6）权利要求中的技术特征可以引用说明书附图中相应的标记，以帮助理解权利要求所记载的技术方案。但是，这些标记应当用括号括起来，放在相应的技术特征后面。附图标记不得解释为对权利要求保护范围的限制。

（7）通常，一项权利要求用一个自然段表述。但是当技术特征较多，内容和相互关系较复杂，借助于标点符号难以将其关系表达清楚时，一项权利要求也可以用分行或者分小段的方式描述。

（8）通常，开放式的权利要求宜采用"包含""包括""主要由……组成"的表达方式，其解释为还可以含有该权利要求中没有述及的结构组成部分或方法步骤。封闭式的权利要求宜采用"由……组成"的表达方式，其一般解释为不含有该权利要求中所述以外的结构组成部分或方法步骤。

（9）一般情况下，权利要求中包含数值范围的，其数值范围尽量以数学方式表达，例如，"$\geqslant 30℃$"">5"等。通常，"大于""小于""超过"等理解为不包括本数；"以上""以下""以内"等理解为包括本数。

（10）在得到说明书支持的情况下，允许权利要求对发明或者实用新型做概括性的限定。

（11）采用并列选择法概括时，被并列选择概括的具体内容应当是等效的，不得将上位概念概括的内容，用"或者"与其下位概念并列。另外，被并列选择概括的概念，应含义清楚。

三、新颖性

（一）新颖性的概念

新颖性，是指该发明或者实用新型不属于现有技术；也没有任何单位或者个人就同样的发明或者实用新型在申请日以前向专利局提出过申请，并记载在申请日以后（含申请日）公布的申请文件或者公告的专利文件中。

（二）新颖性的审查

1.审查原则

（1）同样的发明或者实用新型。被审查的发明或者实用新型专利申请与现有技术或者申请日前由任何单位或者个人向专利局提出申请并在申请日后（含申请日）公布或公告的发明或者实用新型的相关内容相比，如果其技术领域、所解决的技术问题、技术方案和预期效果实质上相同，则认为两者为同样的发明或者实用新型。

（2）单独对比。判断新颖性时，应当将发明或者实用新型专利申请的各项权利要求分别与每一项已有技术或抵触申请公开的与该权利要求相关的技术内容单独地进行比较，不得将其与几项已有技术或抵触申请的内容的组合或者与一份对比文件中的多项技术方案的组合进行对比。也就是说，判断发明或者实用新型专利申请的新颖性适用单独对比的原则。

2.审查基准 判断发明或者实用新型有无新颖性，应当以《专利法》第二十二条第二款为基准。

（1）相同内容发明或者实用新型。如果要求保护的发明或者实用新型与对比文件所公开的技术内容完全相同，或者仅仅是简单的文字变换，则该发明或者实用新型不具备新颖性。

（2）具体（下位）概念和一般（上位）概念。如果要求保护的发明或者实用新型与对比文件相比，其区别仅在于前者采用一般（上位）概念，而后者采用具体（下位）概念限定同类性质的技术特征，则具体（下位）概念的公开使采用一般（上位）概念限定的发明或者实用新型丧失新颖性。

（3）惯用手段的直接置换。如果要求保护的发明或者实用新型与对比文件的区别仅仅是所属技术领域的惯用手段的直接置换，则该发明或者实用新型不具备新颖性。

（4）数值和数值范围。如果要求保护的发明或者实用新型存在以数值或者连续变化的数值范围限定的技术特征，则其新颖性的判断应当依照以下各项规定。

（a）对比文件公开的数值或者数值范围落在上述限定的技术特征的数值范围内，将破坏要求保护的发明或者实用新型的新颖性。

（b）对比文件公开的数值范围与上述限定的技术特征的数值范围部分重叠或者有一个共同的端点，将破坏要求保护的发明或者实用新型的新颖性。

（c）对比文件公开的数值范围的两个端点将破坏上述限定的技术特征为离散数值，并且具有该两端点中任一个的发明或者实用新型的新颖性，但不破坏上述限定的技术特征为该两端点之间任一数值的发明或者实用新型的新颖性。

（d）上述限定的技术特征的数值或者数值范围落在对比文件公开的数值范围内，并且与对比文件公开的数值范围没有共同的端点，则对比文件不破坏要求保护的发明或者实用新型的新颖性。

（5）包含性能、参数、用途、制备方法等特征的产品权利要求

（a）包含性能、参数特征的产品权利要求。对于这类权利要求，应当考虑权利要求中的性能、参数特征是否隐含了要求保护的产品具有某种特定的结构和（或）组成。

（b）包含用途特征的产品权利要求。对于这类权利要求，应当考虑权利要求中的用途特征是否隐含了要求保护的产品具有某种特定结构和（或）组成。

（c）包含制备方法特征的产品权利要求。对于这类权利要求，应当考虑该制备方法是否导致产品具有某种特定的结构和（或）组成。

（三）优先权

1. 外国优先权　申请人在外国首次申请后，就相同主题的发明创造在优先权期限内向中国提出的专利申请，均都被看作在该外国首次申请的申请日提出，不会因为在优先权期间内，即首次申请的申请日与在后申请的申请日之间任何单位和个人提出了相同主题的申请或者公布、利用这种发明创造而失去效力。

由于优先权的效力，任何单位和个人提出的相同主题发明创造的专利申请不能被授予专利权。

2. 本国优先权　享有本国优先权的专利申请应当满足以下条件。

（1）申请人就相同主题的发明或者实用新型在中国第一次提出专利申请（以下简称中国首次申请）后又向专利局提出专利申请（以下简称中国在后申请）。

（2）发明或实用新型的中国在后申请之日不得迟于中国首次申请之日起12个月，外观设计的中国在后申请之日不得迟于中国首次申请之日起6个月。

（四）不丧失新颖性宽限期

根据《专利法》第二十四条的规定，申请专利的发明创造在申请日以前6个月内，有下列情形之一的，不丧失新颖性。

（1）在国家出现紧急状态或者非常情况时，为公共利益目的首次公开的。

（2）在中国政府主办或者承认的国际展览会上首次展出的。

（3）在规定的学术会议或者技术会议上首次发表的。

（4）他人未经申请人同意而泄露其内容的。

（五）对同样的发明创造的处理

同样的发明创造只能授予一项专利权。两个以上的申请人分别就同样的发明创造提出申请专利的，专利权授予最先申请的人。

四、创造性

（一）创造性的概念

创造性，是指与现有技术相比，该发明有突出的实质性特点和显著的进步。

（二）创造性的审查

1.审查原则

（1）发明是否具有突出的实质性特点，是否具有显著的进步。

（2）不仅要考虑发明的技术方案本身，而且要考虑发明所属技术领域、所解决的技术问题和所产生的技术效果，将发明作为一个整体看。

2.审查基准

（1）突出的实质性特点判断。判断发明是否具有突出的实质性特点，就是要判断对本领域的技术人员来说，要求保护的发明相对于现有技术是否显而易见。

（2）显著的进步的判断。在评价发明是否具有显著的进步时，主要应当考虑发明是否具有有益的技术效果。

（三）几种不同类型发明的创造性判断

1.开拓性发明　同现有技术相比，具有突出的实质性特点和显著的进步，具备创造性。

2.组合发明　组合后的各技术特征在功能上是否彼此相互支持、组合的难易程度、现有技术中是否存在组合的启示以及组合后的技术效果等。

3.选择发明　进行选择发明创造性的判断时，选择所带来的预料不到的技术效果是考虑的主要因素。

4.转用发明　进行转用发明的创造性判断时通常需要考虑：转用的技术领域的远近、是否存在相应的技术启示、转用的难易程度、是否需要克服技术上的困难、转用所带来技术效果等。

5.已知产品新用途发明　进行已知产品新用途发明的创造性判断时通常需要考虑：新用途与现有用途技术领域的远近、新用途所带来技术效果等。

6.要素关系改变的发明　是指发明与现有技术相比，其形状、尺寸、比例、位置及作用关系等发生了变化。

（四）判断发明创造性时需考虑的其他因素

（1）发明解决了人们一直渴望解决但始终未能获得成功的技术难题。

（2）发明克服了技术偏见。

（3）发明取得了预料不到的技术效果。

（4）发明在商业上获得成功。

五、实用性

（一）实用性的概念

实用性，是指发明或者实用新型申请的主题必须能够在产业上制造或者使用，并且能够产生积极效果。

（二）实用性的审查

1.审查原则

（1）以申请日提交的说明书（包括附图）和权利要求书所公开的整体技术内容为依据，而不仅仅局限于权利要求所记载的内容。

（2）实用性与所申请的发明或者实用新型是怎样创出来的或者是否已经实施无关。

2.审查基准 《专利法》第二十二条第四款所说的"能够制造或者使用"，是指发明或者实用新型的技术方案具有在产业中被制造或使用的可能性。满足实用性要求的技术方案不能违背自然规律并且应当具有再现性。

以下给出不具备实用性的几种情形。

（1）无再现性。具有实用性的发明或者实用新型专利申请主题，应当具有再现性。反之，无再现性的发明或者实用新型专利申请主题不具备实用性。

（2）违背自然规律。具有实用性的发明或者实用新型专利申请应当符合自然规律。违背自然规律的发明或者实用新型专利申请是不能实施的，因此，不具备实用性。

（3）利用独一无二的自然条件的产品。具备实用性的发明或者实用新型专利申请不得是由自然条件限定的独一无二的产品。利用特定的自然条件建造的自始至终都是不可移动的唯一产品不具备实用性。

（4）人体或者动物体的非治疗目的的外科手术方法。外科手术方法包括治疗目的和非治疗目的的手术方法。以治疗为目的的外科手术方法属于不授予专利权的客体；非治疗目的的外科手术方法，由于是以有生命的人或者动物为实施对象，无法在产业上使用，因此不具备实用性。

（5）测量人体或动物体在极限情况下的生理参数的方法。测量人体或动物体在极限情况下的生理参数需要将被测对象置于极限环境中，这会对人或动物的生命构成威胁，不同的人或动物个体可以耐受的极限条件是不同的，需要有经验的测试人员根据被测对象的情况来确定其耐受的极限条件，因此这类方法无法在产业上使用，不具备实用性。

（6）无积极效果。具备实用性的发明或者实用新型专利申请的技术方案应当能够产生预期的积极效果。明显无益、脱离社会需要的发明或者实用新型专利申请的技术方案不具备实用性。

六、单一性和分案申请

（一）单一性

1.单一性的概念

（1）单一性要求。单一性，是指一件发明或者实用新型专利申请应当限于一项发明或者实用新型，属于一个总的发明构思的两项以上发明或者实用新型，可以作为一件申请提出。也就是说，如果一件申请包括几项发明或者实用新型，则只有在所有这几项发明或者实用新型之间有一个总的发明构思使之相互关联的情况下才被允许。

（2）总的发明构思。《专利法实施细则》第三十四条规定，可以作为一件专利申请提出的属于一个总的发明构思的两项以上的发明或者实用新型，应当在技术上相互关联，包含一个或者多个相同或者相应的特定技术特征，其中特定技术特征是指每一项发明或者实用新型作为整体，对现有技术作出贡献的技术特征。

2.单一性的审查

（1）审查原则

（a）根据《专利法》第三十一条第一款及其实施细则第三十四条所规定的内容，判断一件专利申请中要求保护的两项以上发明是否满足发明单一性的要求，就是要看权利要求中记载的技术方案的实质性内容是否属于一个总的发明构思，即判断这些权利要求中是否包含使它们在技术上相互关联的一个或者多个相同或者相应的特定技术特征。

（b）属于一个总的发明构思的两项以上发明的权利要求可以按照以下六种方式之一撰写。但是，不属于一个总的发明构思的两项以上独立权利要求，即使按照以下六种方式中的某一种方式撰写，也不能允许在一件申请中请求保护。

Ⅰ.不能包括在一项权利要求内的两项以上产品或者方法的同类独立权利要求。

Ⅱ.产品和专用于制造该产品的独立权利要求。

Ⅲ.产品和该产品的用途的独立权利要求。

Ⅳ.产品、专用于制造该产品的方法和该产品的用途的独立权利要求。

Ⅴ.产品、专用于制造该产品的方法和为实施该方法而专门设计的设备的独立权利要求。

Ⅵ.方法和为实施该方法而专门设计的设备的独立权利要求。

（c）以上列举了六种可允许包括在一件申请中的两项以上同类或不同类独立权利要求的组合方式及适当的排列次序，但是，所列六种方式并非穷举，也就是说，在属于一个总的发明构思的前提下，除上述排列组合方式外，还允许有其他的方式。

（d）评定两项以上发明是否属于一个总的发明构思，无须考虑这些发明是分别在各自的独立权利要求中要求保护，还是在同一项权利要求中作为并列选择的技术方案要求保护。对于上述两种情况，均应当按照相同的标准判断其单一性。

（e）一般情况下，审查员只需要考虑独立权利要求之间的单一性，从属权利要求与其所从属的独立权利要求之间不存在缺乏单一性的问题。但是，在遇到形式上为从属权利要求而实质上是独立权利要求的情况时，应当审查其是否符合单一性规定。

（f）某些申请的单一性可以在检索现有技术之前确定，而某些申请的单一性则只有在考虑了现有技术之后才能确定。当一件申请中不同的发明明显不具有一个总的发明构思时，在检索之前即可判断其缺乏单一性。

（2）审查方法

（a）将第一项发明的主题与相关的现有技术进行比较，确定体现发明对现有技术作出贡献的技术特征。

（b）判断第二项发明中是否存在一个或者多个与第一项发明相同或者相应的技术特征，从而确定这两项发明是否在技术上相关联。

（c）如果在发明之间存在一个或者多个相同或者相应的特定技术特征，即存在技术上的关联，则可以得出它们属于一个总的发明构思的结论。相反，如果各项发明之间不存在技术上的关联，则可以作出它们不属于一个总的发明构思的结论，进而确定它们不具有单一性。

（二）分案申请

1.分案的几种情况

（1）权利要求书中包含不符合单一性规定的两项以上发明。

（2）在修改的申请文件中所增加或替换的独立权利要求与原权利要求书中的发明之间不具有单一性。

（3）独立权利要求之一缺乏新颖性或创造性，其余的权利要求之间缺乏单一性。

2.分案申请应当满足的要求

（1）分案申请文本。分案申请应当在其说明书的起始部分，即发明所属技术领域之前，说明本申请是哪一件申请的分案申请，并写明原申请的申请日。

在提交分案申请时，应当提交原申请文件的副本；要求优先权的，还应当提交原申请的优先权文件副本。

（2）分案申请内容。不得超出原申请记载的范围。

（3）分案申请说明书和权利要求书。分案后的原申请与分案申请的权利要求书应当分别要求保护不同的发明；而它们的说明书可以允许有不同的情况。

3.分案的审查

（1）根据《专利法实施细则》第四十三条第一款的规定，分案申请的内容不得超出原申请记载的范围。

（2）根据《专利法实施细则》第四十二条第二款的规定，一件申请不符合《专利法》第三十一条第一款和《专利法实施细则》第三十四条规定的，应当通知申请人在指定期限内对其申请进行修改。也就是说，在该期限内将原申请改为一项发明或者属于一个总的发明构思的几项发明。

（3）除了依据《专利法实施细则》第四十二条和第四十三条进行审查之外，其他的审查与对一般申请的审查相同。

七、检索

1.审查用检索资料

（1）检索用专利文献。发明专利申请实质审查程序中的检索，主要在检索用专利文献中进行。检索用专利文献主要包括：电子形式（机检数据库和光盘）的多国专利文献；纸件形式的、按国际专利分类号排列的审查用检索资料和按流水号排列的各国专利文献；缩微胶片形式的各国专利文献。

（2）检索用非专利文献。除在专利文献中进行检索外，还应当查阅检索用非专利文献。检索用非专利文献主要包括：电子或纸件等形式的国内外科技图书、期刊、索引工具及手册等。

2.检索主题

（1）检索依据的申请文本。通常是申请人在申请日提交的原权利要求书和说明书（有附图的，包括附图）。

（2）对独立权利要求的检索。以独立权利要求所限定的技术方案作为检索的主题。

（3）对从属独立权利要求的检索。以从属权利要求进一步限定的技术方案作为检索的主题，继续检索。

（4）对要素组合的权利要求的检索。权利要求是要素 A、B 和 C 的组合的，要素进行应当首先对 A＋B＋C 的技术方案进行检索，如果未查找到可评述其新颖性、创造性的对比文件，则应当对 A＋B、B＋C、A＋C 的分组组合以及 A、B 和 C 单个要素进行检索。

（5）对不同类型权利要求的检索。除了对该方法权利要求本身进行检索外，为了评价其创造性，对用该方法制造的最终产品，除它们是明显已知的以外，也应当进行检索。

（6）对说明书及其附图的检索。针对说明书及其附图中公开的对该申请的主题做进一步限定的其他实质性内容进行检索。

3.检索时间界限

（1）检索现有技术中相关文献的时间界限。检索发明专利申请在中国提出申请之日以前公开的所有相同或相近技术领域的专利文献和非专利文献。

（2）检索抵触申请的时间界限

（a）检索所有由任何单位或个人在该申请的申请日之前向专利局提交的，并且在该申请的申请日后 18 个月内已经公布或公告的相同或相近技术领域的专利申请或专利文件。

（b）检索所有由任何单位或个人在该申请的申请日之前向国际申请受理局提交的，并且在该申请的申请日后 18 个月内作出国际公布的相同或相近技术领域的指定中国的国际申请，以便检索出与该申请相同的、可能会按照专利合作条约（PCT）的规定进入中国国家阶段而成为该申请的抵触申请的国际申请。

4.检索前的准备

（1）阅读申请的有关文件。

（2）核定申请的国际专利分类号。

（3）确定检索的技术领域

（4）分析权利要求，确定检索要素。

5.对发明专利的检索

（1）检索的要点。既要把注意力集中到新颖性上，也要注意和创造性有关的现有技术，把那些相互结合后可能使申请的主题不具备创造性的两份或者多份对比文件检索出来。

（2）检索的顺序。在所属技术领域中检索→在功能类似的技术领域中检索→重新确定技术领域后再进行检索→检索其他资料。

（3）具体步骤

（a）机检方式。对于每个检索要素从多个角度进行表达，如用关键词、分类号、化学结构式等。

（b）手检方式

Ⅰ.迅速浏览要检索的技术领域的审查用检索文档中专利文献扉页上的摘要和附图以及权利要求书中独立权利要求的内容；日本、俄罗斯（包括苏联）、德国（包括原联邦德国）、英国、法国和瑞士等国的专利分类文摘；中外期刊论文分类题录等，将那些初步判断可能与申请的主题有关的文件提出来。

Ⅱ.仔细阅读第Ⅰ步中提出的那些文件的摘要、附图和权利要求，以及有关文摘和题录所对应的文件，选出与申请较相关的对比文件。

Ⅲ.仔细阅读和分析研究第Ⅱ步中选出的文件的说明书部分，最后确定在检索报告和审查意见通知书正文中将引用的对比文件。

（4）抵触申请的审查。由于一项发明创造只能授予一项专利权，因此，为避免对同样的发明或者实用新型专利申请重复授权，审查员在进行新颖性审查时，应当检索是否存在损害该发明或者实用新型专利申请新颖性的抵触申请。

6.防止重复授权的检索　将在中国专利文献中已经有的涉及同样的发明创造的专利申请或者专利文件检索出来。

7.中止检索

（1）已经找到一份与申请的全部主题密切相关的对比文件，并且认为它清楚地公开了申请的全部主题的全部技术特征，或者由它所公开的内容使所属技术领域的技术人员能够得出权利要求书中的全部技术方案。

（2）已经找到两份或者多份与申请的全部主题密切相关的对比文件，并且认为申请所属技术领域的技术人员能够容易地把它们结合起来，得出权利要求书中的全部技术方案。

（3）不值得继续检索的。

8.特殊情况的检索　如果申请的主题跨越不同的技术领域，或者是申请缺乏单一性，可视情况进行进一步检索。

9.不必检索的情况

（1）属于《专利法》第五条或者第二十五条的不授予专利的情形。

（2）不符合《专利法》第二条第二款的规定。

（3）不具备实用性。

（4）说明书和权利要求书未对该申请的主题作出清楚、完整的说明，以至于所属技术领域的技术人员不能实现。

10.补充检索　申请人修改了权利要求、为澄清某些内容、以前检索不完整或者不准确，都可补充检索。

11.检索报告　用于记载检索的结果，特别是记载构成相关现有技术的文件。

八、实质审查程序

（一）实质审查程序基本原则

1.请求原则 除专利法及其实施细则另有规定外，实质审查程序只有在申请人提出实质审查的前提下才能启动。

2.听证原则 实质审查过程中，审查员在作出驳回决定之前，应当给申请人提供至少一次针对驳回所依据的事实、理由和证据陈述意见和（或）修改申请文件的机会。

3.程序节约原则 应当尽可能地缩短审查过程，设法尽早地结案。

（二）申请文件的核查与实审准备

（1）核对申请的国际专利号分类。

（2）查对申请文档。对实质审查所需要的文件（包括原始申请文件及公布的申请文件，如果申请人对申请文件进行了主动修改或在初审期间应专利局的要求做过修改，还应当包括经修改的申请文件）是否齐全。

（3）建立个人审查档案。

（4）审查顺序。一般应当按照接收的先后顺序进行审查，但是对国家利益或者公共利益具有重大意义的申请，以及专利局自行启动的实质审查的专利申请，可以优先审查。

（三）实质审查内容

1.审查的文本 申请人在提出实质审查请求时，或者在收到专利局发出的发明专利申请进入实质审查阶段通知书之日起的3个月内，对发明专利申请进行了主动修改的，无论修改的内容是否超出原说明书和权利要求书记载的范围，均应当以申请人提交经过主动修改的申请文件作为审查文本。

2.阅读申请文件并理解发明 重点在于了解发明所要解决的技术问题，理解解决所述技术问题的技术方案，并且明确该技术方案的全部必要技术特征，特别是其中区别于背景技术的特征，还应了解该技术方案所能带来的技术效果。

3.不必检索即可发出审查意见通知书的专利申请 见前述不必检索的情形。

4.对缺乏单一性申请的处理 先通知申请人在指定的2个月期限内修改，或检索后再通知申请人修改。

5.检索 每一件发明专利申请在被授予专利权之前都应当进行检索。

6.优先权的核实 判断在后申请中各项权利要求所述的技术方案是否清楚地记载在先申请的文件（说明书和权利要求书，不包括摘要）中。

7.全面审查 审查的重点是说明书和全部权利要求是否存在《专利法实施细则》第五十三条所列的情形。一般情况下，首先审查申请的主题是否属于《专利法》第五条、第二十五条规定的不授予专利权的情形；是否符合《专利法》第二条第二款的规定；是否具有《专利法》第二十二条第四款所规定的实用性；说明书是否按照《专利法》第二十六条第三款的要求充分公开了请求保护的主题。然后审查权利要求所限定的技术方案是否具备《专利法》第二十二条第二款和第三款规定的新颖性和创造性；权利要求书是否按照《专利法》第二十六条第四款的规定，以说明书为依据，清楚、简要地限定要求专利保护的范围；独立权利要求是否表述了一个解决技术问题的完整的技术方案。在进行上述审查的过程中，还应当审查权利要求书是否存在缺乏单一性的缺陷；申请的修改是否符合《专利法》第三十三条及实施细则第五十一条的规定；分案申请是否符合《专利法实施细则》第四十三条第一款的规定；对于依赖遗传资源完成的发明创造，还需要审查申请文件是否符合《专利法》第二十六条第五款的规定。

8.不全面审查的情况 申请文件存在严重不符合专利法及其实施细则规定的缺陷的，即存在《专利法实施细则》第五十三条所列情形的缺陷，并且该申请不可能被授予专利权的，对该申请不做全面审查。

9.对公众意见的处理 审查时要考虑公众意见，但公众的意见若是在审查员发出授予专利权的通知之后收到的，就不必考虑。

10.第一次审查意见通知书 对申请进行实质审查后，通常以审查意见通知书的形式，将审查的意见和倾向性结论通知申请人。

11.继续审查 申请人根据审查员的意见，对申请做了修改，消除了可能导致被驳回的缺陷，使修改后的申请有可能被授予专利权的可要求再次审查。

12.会晤 在某些情况下，审查员可以约请申请人会晤，以加快审查程序。申请人亦可以要求会晤。

13.电话讨论 仅适用于解决次要的且不会引起误解的形式方面的缺陷所涉及的问题。

14.取证和现场调查 如果申请人不同意审查员的意见，那么，由申请人决定是否提供证据来支持其主张。

（四）答复和修改

1.答复 申请人的答复可以仅仅是意见陈述书，也可以进一步包括经修改的申请文件［替换页和（或）补正书］。申请人在其答复中对审查意见通知书中的审查意见提出反对意见或者对申请文件进行修改时，应当在其意见陈述书中详细陈述其具体意见，或者对修改内容是否符合相关规定以及如何克服原申请文件存在的缺陷予以说明。

申请人可以请求专利局延长指定的答复期限。但是，延长期限的请求应当在期限届满前提出。对于审查意见通知书，申请人应当采用专利局规定的意见陈述书或补正书的方式，在指定的期限内作出答复。

2.修改　根据《专利法》第三十三条的规定，申请人可以对其专利申请文件进行修改，但是，对发明和实用新型专利申请文件的修改不得超出原说明书和权利要求书记载的范围。

根据《专利法实施细则》第五十一条第一款的规定，发明专利申请人在提出实质审查请求时以及在收到专利局发出的发明专利申请进入实质审查阶段通知书之日起的3个月内，可以对发明专利主动提出修改。

（五）驳回决定和授予专利权的通知

1.驳回决定　一般应当在第二次审查意见通知书之后才能作出。但是，如果申请人在第一次审查意见通知书指定的期限内未针对通知书指出的可驳回缺陷提出有说服力的意见陈述和（或）证据，也未针对该缺陷对申请文件进行修改或者修改，而仅是改正了错别字或更换了表述方式，即技术方案没有实质上的改变，则可直接驳回。

2.授予专利权的通知　在作出授予专利权的决定之前，应当发出授予发明专利权的通知书。

（六）实质审查程序的终止、中止和恢复

1.程序的终止　驳回决定且决定生效，或者发出授予专利权的通知书，或者因申请人主动撤回申请，或者因申请被视为撤回而终止。

2.程序的中止　实质审查程序可能因专利申请权归属纠纷的当事人根据《专利法实施细则》第八十六条第一款的规定提出请求而中止或因财产保全而中止。

3.程序的恢复　专利申请因不可抗拒的事由或正当理由耽误《专利法》或《专利法实施细则》规定的期限，或者专利局指定的期限造成被视为撤回而导致程序终止的，根据《专利法实施细则》第六条第一款和第二款的规定，申请人可以向专利局请求恢复被终止的实质审查程序。

（七）前置审查与复审后的继续审查

对复审和无效审理部转送的复审请求书进行前置审查，由复审和无效审理部作出复审决定。

第五节　进入国家阶段的国际申请的审查以及复审与无效请求的审查

一、进入国家阶段国际申请的初步审查及事务处理

按照专利合作条约（PCT）提出的国际申请，指明希望获得中国的发明专利或者实用新型专利保护的，在完成国际阶段的程序后，应当根据专利法实施细则第一百零三条、第一百零四条的规定，向专利局办理进入中国国家阶段（以下简称国家阶段）的手续，从而启动国家阶段的程序。国家阶段程序包括：在专利合作条约允许的限度内进行的初步审查、国家公布，参考国际检索和国际初步审查结果进行的实质审查、授权或驳回，以及可能发生的其他程序。

（1）根据《专利法实施细则》第一百零五条，审查声称进入国家阶段的国际申请是否符合规定的条件，对在中国没有效力或失去效力的申请作出处理。

声称进入国家阶段的国际申请，其国际公布文本中没有指定中国的记载的，该国际申请在中国没有效力。

对于声称进入国家阶段的国际申请，在国际阶段中，国际局曾经向专利局传送了"撤回国际申请"（PCT/IB/307表）或"国际申请被认为撤回"（PCT/IB/325表）通知的，或者传送了该国际申请对中国"撤回指定"（PCT/IB/307表）的，根据《专利法实施细则》第一百零五条第一款第（一）项的规定，该国际申请在中国的效力终止。

（2）根据《专利法实施细则》第一百零四条，审查国际申请进入国家阶段时是否提交了符合规定的原始申请的中文译文或文件，根据《专利法实施细则》第四十四条审查译文和文件是否符合规定。

（3）根据《专利法实施细则》第一百零六条，审查申请人提交国际阶段作出的修改文件译文的时机是否符合规定，对不符合规定的文件作出处理。

（4）审查与申请有关的其他文件是否提交并符合规定

（a）进入国家阶段的书面声明（以下简称进入声明）中填写的国际申请日应当与国际公布文本扉页上的记载相同。

（b）国际申请指定中国的，办理进入国家阶段手续时，应当选择要求获得的是"发明专利"或者"实用新型专利"，两者择其一，不允许同时要求获得"发明专利"和"实用新型专利"。

（c）进入声明中的发明名称应当与国际公布文本扉页中记载的一致。

（d）除在国际阶段由国际局记录过变更的情况外，进入声明中填写的发明人应当是国际申请请求书中写明的发明人。发明人姓名的写法应当姓在前、名在后。

（e）进入声明中填写的申请人，除在国际阶段由国际局记录过变更的情况外，应当是国际申请请求书中写明的申请人。该申请人通常是PCT缔约国的国民或居民，至少是《巴黎公约》成员国的国民或居民。申请人为个人时，姓名的写法应当姓在前、名在后。

（5）对国际申请的国家公布等事务作出处理。

二、进入国家阶段的国际申请的实质审查

（1）专利性国际初步报告的使用。审查依据的文本与作出专利性国际初步报告所依据的文本是否一致。

（2）审查申请是否属于不授予专利权的发明创造。

（3）审查优先权。

（4）审查新颖性和创造性。

（5）审查单一性。

（6）审查重复授权。

（7）审查译文错误的改正。

三、复审与无效请求的审查

1.复审　复审程序是因申请人对驳回决定不服而启动的救济程序，同时也是专利审批程序的延续。

在收到专利局作出的驳回决定之日起3个月内，且缴足复审费后，被驳回申请的申请人可以向复审和无效审理部提出复审请求。复审请求人应当提交复审请求书，说明理由，必要时还应当附具有关证据。

2.无效请求的审查　请求人应当具体说明无效宣告理由，提交有证据的，应当结合提交的所有证据具体说明。请求人在提出无效宣告请求之日起1个月内补充证据。对于发明或者实用新型专利需要进行技术方案对比的，应当具体描述涉案专利和对比文件中相关的技术方案，并进行比较分析；对于外观设计专利需要进行对比的，应当具体描述涉案专利和对比文件中相关的图片或者照片表示的产品外观设计，并进行比较分析。

无效宣告请求书及其附件应当一式两份，并符合规定的格式，请求人自提出无效宣告请求之日起1个月内应缴纳费用。

第六节 专利权的授予与终止

一、专利的授予

1.专利授予程序

（1）专利局发出授予专利权的通知书。

（2）专利局发出办理登记手续通知书。

（3）申请人办理登记手续。

（4）专利局颁发专利证书，并同时进行专利权授予登记和公告。

2.专利证书 著录事项包括：专利证书号（顺序号）、发明创造名称、专利号（申请号）、专利申请日、发明人或者设计人姓名和专利权人姓名或者名称。

3.专利登记簿 登记的内容包括：专利权的授予，专利申请权、专利权的转移，保密专利的解密，专利权的无效宣告，专利权的终止，专利权的恢复，专利权的质押、保全及其解除，专利实施许可合同的备案，专利实施的强制许可以及专利权人姓名或者名称、国籍、地址的变更。

二、专利权的终止

1.专利权期满 发明专利权的期限为20年，实用新型专利权的期限为10年，外观设计专利权期限为15年，均自申请日起计算。

2.专利权人没有按照规定缴纳年费 各年度年费按照收费表中规定的数额缴纳。专利年费滞纳期满仍未缴纳或者缴足专利年费或者滞纳金的，自滞纳期满之日起2个月后审查员应当发出专利权终止通知书。专利权人未启动恢复程序或者恢复权利请求未被批准的，专利局应当在终止通知书发出4个月后，进行失效处理，并在专利公报上公告。

3.专利权人放弃专利权 授予专利权后，专利权人随时可以主动要求放弃专利权，专利权人放弃专利权的，应当提交放弃专利权声明，并附具全体专利权人签字或者盖章同意放弃专利权的证明材料，或者仅提交由全体专利权人签字或者盖章的放弃专利权声明。委托专利代理机构的，放弃专利权的手续应当由专利代理机构办理，并附具全体申请人签字或者盖章的同意放弃专利权声明。主动放弃专利权的声明不得附有任何条件。放弃专利权只能放弃一件专利的全部，放弃部分专利权的声明被视为未提出。

第八章

药品商标注册实务

第一节　商标注册的准备

一、商标注册申请前的查询

商标查询是指商标注册申请人或其代理人在提出注册申请前，对其申请的商标是否与在先权利商标有无相同或近似的查询工作。如果商标注册申请被驳回，申请人一方面损失商标注册费，另一方面重新申请注册商标还需要时间，而且再次申请能否被核准注册仍然处于未知状态。因此，申请人在申请注册商标之前最好进行商标查询（非必需程序），了解在先权利情况，根据查询结果作出判断以后再提交申请书。

"中国商标网"提供免费商标查询信息，申请人可以登录"中国商标网"点击"商标查询"栏目进行商标近似查询。商标近似查询按汉字、拼音、英文、数字、字头、图形等商标组成要素分别提供检索功能，申请人可以自行检索在相同或类似商品上是否已有相同或近似的商标。

二、商标注册用商品和服务国际分类

第一类　用于工业、科学、摄影、农业、园艺和林业的化学品，未加工人造合成树脂、未加工塑料物质，灭火和防火用合成物，淬火和焊接用制剂，鞣制动物皮毛用物质，工业用黏合剂，油灰及其他膏状填料，堆肥、肥料、化肥，工业和科学用生物制剂。

［注释］第一类主要包括用于工业、科学和农业的化学制品，包括用于制造属于其他类别的产品的化学制品。

本类尤其包括：感光纸；补轮胎用合成物；非食品用防腐盐；某些食品工业用添加剂；某些生产化妆品和药品用原料；某些过滤材料。

本类尤其不包括：未加工的天然树脂（第二类）、半加工的树脂（第十七类）；医用或兽医用化学制剂（第五类）；杀真菌剂、除草剂和消灭有害动物制

剂（第五类）；文具用或家用黏合剂（第十六类）；食品用防腐盐（第三十类）；褥草（腐殖土的覆盖物）（第三十一类）。

第二类　颜料、清漆、漆，防锈剂和木材防腐剂，着色剂、染料，印刷、标记和雕刻用油墨，未加工的天然树脂，绘画、装饰、印刷和艺术用金属箔及金属粉。

[注释] 第二类主要包括颜料、着色剂和防腐制品。

本类尤其包括：工业、手工业和艺术用颜料、清漆和漆；用于油漆、清漆和漆的稀释剂、增稠剂、固定剂和催干剂；木材和皮革用媒染剂；防锈油和木材防腐油；服装染料；食品和饮料用着色剂。

本类尤其不包括：未加工的人造树脂（第一类）、半加工的树脂（第十七类）；金属腐蚀剂（第一类）；洗衣和漂白用上蓝剂（第三类）；美容用染料（第三类）；颜料盒（学校用文具）（第十六类）；文具用墨水（第十六类）；绝缘颜料和绝缘漆（第十七类）。

第三类　不含药物的化妆品和梳洗用制剂，不含药物的牙膏，香料、香精油，洗衣用漂白剂及其他物料，清洁、擦亮、去渍及研磨用制剂。

[注释] 第三类主要包括不含药物的梳洗制剂以及用于家庭和其他环境的清洁制剂。

本类尤其包括：梳妆用卫生制剂；浸化妆水的薄纸；人用或动物用除臭剂；室内芳香剂；指甲彩绘贴片；抛光蜡；砂纸。

本类尤其不包括：生产化妆品用原料；生产加工用除脂剂（第一类）；清洁烟囱用化学制品（第一类）；非人用、非动物用除臭剂（第五类）；含药物的洗发水、肥皂、洗液和牙膏（第五类）；指甲砂锉、金刚砂锉、磨石和砂轮（手工具）（第八类）；化妆和清洁器具。

第四类　工业用油和油脂、蜡，润滑剂，吸收、润湿和黏结灰尘用合成物，燃料和照明材料，照明用蜡烛和灯芯。

[注释] 第四类主要包括工业用油和油脂、燃料和照明材料。

本类尤其包括：砖石建筑或皮革保护用油；蜡（原料）、工业用蜡；电能；发动机用燃料、生物燃料；燃料用非化学添加剂；木材（燃料）。

本类尤其不包括：某些特殊的工业用油和油脂；美容用按摩蜡烛（第三类）和含药物的按摩蜡烛（第五类）；某些特殊的蜡；油炉专用炉芯（第十一类）、吸烟打火机用火芯（第三十四类）。

第五类　药品、医用和兽医用制剂，医用卫生制剂，医用或兽医用营养食物和物质、婴儿食品，人用和动物用膳食补充剂，膏药、绷敷材料，填塞牙孔用料、牙科用蜡，消毒剂，消灭有害动物制剂，杀真菌剂、除莠剂。

〔注释〕第五类主要包括药品和其他医用或兽医用制剂。

本类尤其包括：除梳妆用制剂以外的个人保健用卫生制剂；婴儿和失禁者用尿布；非人用、非动物用除臭剂；含药物的洗发水、肥皂、洗剂和牙膏；膳食补充剂，为正常饮食提供补充或有益健康的；医用或兽医用代餐物、营养食物和饮料；不含烟草的医用卷烟。

本类尤其不包括：制药用原料；梳妆用不含药物的卫生制剂（第三类）；人用或动物用除臭剂（第三类）；矫形用绷带（第十类）；非医用、非兽医用的代餐物、营养食物和饮料，上述应被归入相应的食品或饮料类别。

第六类　普通金属及其合金、金属矿石，金属建筑材料，可移动金属建筑物，普通金属制非电气用缆线，金属小五金具，存储和运输用金属容器，保险箱。

〔注释〕第六类主要包括未加工及半加工金属、金属矿石，以及某些普通金属制品。

本类尤其包括：用于进一步加工的金属箔或金属粉；金属小五金具；可移动金属建筑物或金属建筑结构；不按照功能或用途分类的某些普通金属制品。

本类尤其不包括：因为其化学特性在工业和科学研究中被用作化学品的金属和矿石；绘画、装饰、印刷和艺术用金属箔及金属粉（第二类）；电缆（第九类），非金属、非电气缆绳（第二十二类）；作为卫生设备部件的管道（第十一类）、非金属软管和非金属柔性管（第十七类）、非金属硬管（第十九类）；家养宠物用笼子（第二十一类）；某些按其功能和用途分类的普通金属制品。

第七类　机器、机床、电动工具，马达和引擎（陆地车辆用的除外），机器联结器和传动机件（陆地车辆用的除外），除手动手工具以外的农业器具，孵化器，自动售货机。

〔注释〕第七类主要包括机器和机床、马达和引擎。

本类尤其包括：各类马达和引擎的部件；电动清洁机器和装置；3D打印机；工业机器人；某些特殊的非运输用运载工具。

本类尤其不包括：手动的手工具和器具（第八类）；具有人工智能的人形机器人、实验室机器人、教学机器人、安全监控机器人（第九类）、外科手术机器人（第十类）、机器自动驾驶汽车（第十二类）、机器人鼓（第十五类）、玩具机器人（第二十八类）；陆地车辆用马达和引擎（第十二类）；运载工具和拖拉机用履带（第十二类）；某些特殊机器。

第八类　手工具和器具（手动的），刀、叉和勺餐具，除火器外的随身武器，剃刀。

〔注释〕第八类主要包括用于钻孔、成型、切割和穿孔等工作的手动工具和器具。

本类尤其包括：农业、园艺和景观美化用手动工具；木工、艺术家和其他工匠用手动工具；手动的手工具用柄；个人仪容修饰和人体艺术用电动和非电动手工器具；手动泵；餐具。

本类尤其不包括：马达带动的机床和器具（第七类）；外科手术刀（第十类）；自行车轮胎用充气泵（第十二类）、运动球类充气专用气泵（第二十八类）；随身武器（火器）（第十三类）；办公用切纸刀和碎纸机（第十六类）；物品手柄依据物品的功能和用途归入不同类别；上菜用具和厨房用具；击剑用兵器（第二十八类）。

第九类　科学、研究、导航、测量、摄影、电影、视听、光学、衡具、量具、信号、侦测、测试、检验、救生和教学用装置和仪器，处理、开关、转换、积累、调节或控制电的配送或使用的装置和仪器，录制、传送、重放或处理声音、影像或数据的装置和仪器，已录制和可下载的媒体、计算机软件、录制和存储用空白的数字或模拟介质，投币启动设备用机械装置，收银机、计算设备，计算机和计算机外围设备，潜水服、潜水面罩、潜水用耳塞、潜水和游泳用鼻夹、潜水员手套、潜水呼吸器，灭火设备。

［注释］本类尤其包括：实验室科研用装置和仪器；训练器械和模拟器和无人驾驶运载工具用装置和仪器；安全和安保器械和仪器；防严重伤害或防致命伤害用服装；光学器械和仪器；磁铁；作为数据处理设备的智能手表、穿戴式行动追踪器；与计算机连用的操纵杆（视频游戏用除外）、头戴式虚拟现实装置、智能眼镜；眼镜套、智能手机用壳、特制摄影设备和器具箱；自动取款机、开发票机、材料检验仪器和机器；电子香烟用电池和充电器；乐器用电动和电子效果器；实验室机器人、教学机器人、安全监控机器人、具有人工智能的人形机器人。

本类尤其不包括：作为机器部件的操纵杆（游戏机用除外）（第七类）、运载工具用操纵杆（第十二类）、视频游戏操纵杆、玩具和游戏机控制器（第二十八类）；按功能或用途分类的投币启动设备；工业机器人（第七类）、外科手术机器人（第十类）、玩具机器人（第二十八类）；脉搏计、心率监测设备、人体成分监测仪（第十类）；实验室灯、实验室燃烧器（第十一类）；潜水灯（第十一类）；爆炸性烟雾信号、信号火箭（第十三类）；教学用组织剖面图、显微镜用生物样本（教学材料）（第十六类）；进行某项运动所穿戴的服装和装备。

第十类　外科、医疗、牙科和兽医用仪器及器械，假肢、假眼和假牙，矫形用物品，缝合用材料，残疾人专用治疗装置，按摩器械，婴儿护理用器械、器具及用品，性生活用器械、器具及用品。

［注释］第十类主要包括主要用于诊断、治疗及改善人和动物的功能或健康状态的外科、内科、牙科及兽医用仪器、器械及用品。

本类尤其包括：医疗用支撑绷带和特种服装；月经、避孕及分娩用仪器、器械及用品；由人造或合成材料制成的植入用假体及治疗用具；医用特制家具。

本类尤其不包括：医用辅料和吸收性卫生用品；活体外科移植物（第五类）；医用无烟草香烟（第五类）和电子香烟（第三十四类）；轮椅和电动代步车（第十二类）；按摩用床和医院用床（第二十类）。

第十一类 照明、加热、冷却、蒸汽发生、烹饪、干燥、通风、供水以及卫生用装置和设备。

［注释］第十一类主要包括环境控制装置和设备，特别是照明、烹饪、冷却和消毒用装置和设备。

本类尤其包括：空气调节装置和设备；非实验室用烘箱；炉子（取暖器具）；太阳能集热器；烟囱用烟道、烟囱用风箱、壁炉炉床、家用壁炉；消毒器、焚化炉；照明设备和装置；灯；晒皮肤设备（日光浴床）；浴室装置、沐浴用设备、浴室用管子装置；抽水马桶、小便池；喷水器、巧克力喷泉机；非医用电热垫和电热毯；热水袋；电热服装；电热制酸奶器、制面包机、煮咖啡机、制冰淇淋机；制冰机和设备。

本类尤其不包括：制造蒸汽的装置（机器部件）（第七类）；空气凝结器（第七类）；电流发生器、发电机组（第七类）；喷焊灯（第七类）、光学灯（第九类）、暗室灯（第九类）、医用灯（第十类）；实验室用烘箱（第九类）；光伏电池（第九类）；信号灯（第九类）；医用电热垫和电热毯（第十类）；便携式婴儿浴盆（第二十一类）；非电便携式冷藏箱（第二十一类）；无加热源的烹饪用具；非电暖脚套（第二十五类）。

第十二类 运载工具，陆、空、海用运载装置。

［注释］第十二类主要包括运载工具，陆、空、海用客运或货运装置。

本类尤其包括：陆地车辆用马达和引擎；陆地车辆用联结器和传动机件；气垫船；遥控运载工具（非玩具）；运载工具部件。

本类尤其不包括：铁路用金属材料（第六类）；非陆地车辆用马达、引擎、联结器和传动机件（第七类）；各类马达和引擎的部件；橡胶履带（履带式建筑工程机械、采矿机械、农业机械和其他重型机械的部件）（第七类）；幼儿用三轮脚踏车和滑板车（玩具）（第二十八类）；某些特殊的非运输用运载工具或带轮装置；某些运载工具部件。

第十三类 火器，军火及弹药，炸药，焰火。

［注释］第十三类主要包括火器和烟火产品。

本类尤其包括：救援用信号弹、炸药或烟火；信号枪；个人防护用喷雾；爆炸性烟雾信号、信号火箭；气枪（武器）；武器肩带；体育用火器、猎枪。

本类尤其不包括：武器用润滑油（第四类）；剑（武器）（第八类）；除火器外的随身武器（第八类）；非爆炸性烟雾信号、救援激光信号灯（第九类）；火器用瞄准望远镜（第九类）；火炬（第十一类）；圣诞拉炮（聚会助兴道具）（第二十八类）；火帽（玩具）（第二十八类）；玩具气枪（第二十八类）；火柴（第三十四类）。

第十四类 贵重金属及其合金，首饰、宝石和半宝石，钟表和计时仪器。

［注释］第十四类主要包括贵重金属、某些贵重金属制品或镀贵重金属制品、首饰和钟表及其零部件。

本类尤其包括：首饰，包括仿真首饰；钥匙圈和钥匙链以及上面挂的小饰物；首饰用小饰物；首饰盒；首饰和钟表的零部件。

本类尤其不包括：作为数据处理设备的智能手表（第九类）；非首饰用、非钥匙链用、非钥匙圈用小饰物（第二十六类）；按照材质分类的非贵重金属制或非镀有贵重金属的艺术品；某些按其功能或用途分类的贵重金属制品或镀贵重金属制品；牙科用金汞合金（第五类）；刀叉餐具（第八类）；电触点（第九类）；金笔尖（第十六类）；茶壶（第二十一类）；金银线制绣品（第二十六类）；雪茄烟盒（第三十四类）。

第十五类 乐器，乐谱架和乐器架，指挥棒。

［注释］第十五类主要包括乐器及其部件和附件。

本类尤其包括：机械乐器及其附件；电动和电子乐器；乐器用弦、簧片、弦轴和踏板；音叉、校音扳头；弦乐器用松香。

本类尤其不包括：录制、传送、放大和重放声音的装置；可下载的音乐文件（第九类）；可下载的电子乐谱（第九类）、印刷好的乐谱（第十六类）；投币式自动点唱机（第九类）；节拍器（第九类）；音乐贺卡（第十六类）。

第十六类 纸和纸板，印刷品，书籍装订材料，照片，文具和办公用品（家具除外），文具用或家庭用黏合剂，绘画材料和艺术家用材料，画笔，教育或教学用品，包装和打包用塑料纸、塑料膜和塑料袋，印刷铅字、印版。

［注释］第十六类主要包括纸、纸板及某些纸和纸板制品、办公用品。

本类尤其包括：切纸刀和切纸机；夹持或保护纸的套、封皮或装置；某些办公用机器；艺术家和室内外油漆匠用绘画涂漆用具；某些一次性纸制品；某些不按照功能和用途分类的纸制品和纸板制品。

本类尤其不包括：颜料（第二类）；艺术家用手工具；教学仪器；某些按其

功能和用途分类的纸制品和纸板制品。

第十七类 未加工和半加工的橡胶、古塔胶、树胶、石棉、云母及这些材料的代用品，生产用成型塑料和树脂制品，包装、填充和绝缘用材料，非金属软管和非金属柔性管。

［注释］第十七类主要包括电绝缘、隔热或隔音材料，以及生产用塑料片、板或杆，和由橡胶、古塔胶、树胶、石棉、云母及这些材料的替代品制成的某些制品。

本类尤其包括：修复轮胎用橡胶材料；抗污染的浮动屏障；非文具、非医用、非家用胶带；非包装用塑料膜；非纺织用弹性线、橡胶线和塑料线；某些由本类的材料制成的不按照功能和用途分类的制品。

本类尤其不包括：消防水龙带（第九类）；作为卫生设备部件的管道（第十一类）、金属硬管（第六类）及非金属硬管（第十九类）；建筑用隔热玻璃（第十九类）；某些按其功能或用途分类的本类原材料制品。

第十八类 皮革和人造皮革，动物皮，行李箱和背包，雨伞和阳伞，手杖，鞭、马具和鞍具，动物用项圈、皮带和衣服。

［注释］第十八类主要包括皮革、人造皮革及由其制成的某些制品。

本类尤其包括：行李箱和背包；名片夹和钱包；皮革或皮革板制箱和盒。

本类尤其不包括：医用拐杖（第十类）；人用的皮制的服装、鞋、帽（第二十五类）；为所装产品定制的包或箱；某些按其功能或用途分类的皮革、人造皮革、毛皮制品。

第十九类 非金属的建筑材料，建筑用非金属刚性管，柏油、沥青，可移动非金属建筑物，非金属纪念碑。

［注释］第十九类主要包括非金属建筑材料。

本类尤其包括：建筑用半成品木材；建筑用玻璃；花岗石、大理石、沙砾；赤土（建筑材料）；太阳能电池组成的非金属屋顶板；非金属墓碑和非金属墓；石、混凝土或大理石制塑像、半身像和艺术品；混凝土制信箱；土工布；涂层（建筑材料）；非金属脚手架；非金属制可移动的建筑物或建筑结构。

本类尤其不包括：水泥保护剂、水泥防水用制剂（第一类）；防火制剂（第一类）；木材防腐剂（第二类）；建筑用脱模油（第四类）；金属信箱（第六类），非金属、非砖石制信箱（第二十类）；像、半身像和艺术品；某些非建筑用的非金属管；建筑防潮材料（第十七类）；运载工具用窗玻璃（半成品）（第十一类）；鸟笼（第十一类）；地席、亚麻油地毡及其他铺在已建成地板上的材料（第二十七类）；未切锯或未加工的木材（第三十一类）。

第二十类 家具、镜子、相框，存储或运输用非金属容器，未加工或半加工的骨、角、鲸骨或珍珠母，贝壳，海泡石，黄琥珀。

[注释] 第二十类主要包括家具及其部件，由木、软木、苇、藤、柳条、角、骨、象牙、鲸骨、贝壳、琥珀、珍珠母、海泡石以及这些材料的代用品或塑料制成的某些制品。

本类尤其包括：金属家具、野营用家具、枪架、报纸陈列架；室内窗用百叶帘或遮光帘；寝具；镜子、家具用和梳妆用镜；非金属车牌；非金属小五金器具；非金属、非混凝土制信箱。

本类尤其不包括：实验室用特制家具（第九类）或医用特制家具（第十类）；室外百叶帘；被单和枕套、鸭绒被和睡袋（第二十四类）；某些特殊用途的镜子；某些按其功能或用途分类的由木、软木、苇、藤、柳条、角、骨、象牙、鲸骨、贝壳、琥珀、珍珠母、海泡石以及这些材料的代用品或塑料制成的产品。

第二十一类 家用或厨房用器具和容器，烹饪用具和餐具（刀、叉、匙除外），梳子和海绵，刷子（画笔除外），制刷原料，清洁用具，未加工或半加工玻璃（建筑用玻璃除外），玻璃器皿、瓷器和陶器。

[注释] 第二十一类主要包括家庭和厨房用小型手动器具，化妆和盥洗室用具，玻璃器皿和由瓷陶瓷、陶土、赤陶或玻璃制成的某些制品。

本类尤其包括：家庭和厨房用具以及上菜用具；家庭、厨房和烹饪用容器；厨房用小型手动的切碎机、研磨机、压榨机、碾碎机；碗碟架和饮料瓶架（餐具）；化妆和梳洗用具；园艺用品；室内水族池、室内生态培养箱。

本类尤其不包括：清洁制剂（第三类）；货物存储和运输用金属容器（第六类），货物存储和运输用非金属容器（第二十类）；小型电动的切碎机、研磨机、压榨机、碾碎机（第七类）；剃须及剃毛装置、理发器和指甲钳、电或非电的修指甲和修脚器具；刀叉餐具（第八类）和手动的厨房用切割工具；除虱梳、刮舌器（第十类）；电烹饪器具（第十一类）；梳妆镜（第二十类）；某些按其功能或用途分类的玻璃制品、瓷器和陶器。

第二十二类 绳索和细绳，网，帐篷和防水遮布，纺织品或合成纤维材料制遮篷，帆，运输和贮存散装物用麻袋，衬垫和填充材料（纸或纸板、橡胶、塑料制除外），纺织用纤维原料及其替代品。

[注释] 第二十二类主要包括帆布和制帆用其他材料，绳缆，衬垫、减震和填充材料，纺织用纤维原料。

本类尤其包括：用天然或人工纺织纤维、纸或塑料制成的缆和绳；渔网、吊床、绳梯；运载工具非专用盖罩；某些不按照功能或用途分类的包和袋；包装用纺织袋；动物纤维和纤维纺织原料。

本类尤其不包括：金属绳（第六类）；乐器弦（第十五类）和球拍线（第二十八类）；纸或纸板制衬垫及填充料（第十六类）、橡胶或塑料制衬垫及填充料（第十七类）；某些按照功能或用途分类的网和包；按照材质分类的非纺织品包装袋。

第二十三类 纺织用纱和线。

［注释］第二十三类主要包括纺织用天然或合成的纱和线。

本类尤其包括：纺织用玻璃纤维线、弹性线、橡胶线和塑料线；绣花、织补和缝纫用线（包括金属线）；绢丝、精纺棉、精纺羊毛。

本类尤其不包括：某些特定用途的线；按照材质分类的非纺织品用线。

第二十四类 织物及其替代品，家庭日用纺织品，纺织品制或塑料制帘。

［注释］第二十四类主要包括织物和家用织物覆盖物。

本类尤其包括：家庭日用纺织品；纸制床单和枕套；睡袋、睡袋衬里；蚊帐。

本类尤其不包括：医用电热毯（第十类）和非医用电热毯（第十一类）；纸制桌布和餐巾（第十六类）；石棉防火幕（第十七类）、竹帘和装饰珠帘（第二十类）；马毯（第十八类）；某些特殊用途的纺织品和织物。

第二十五类 服装，鞋，帽。

［注释］第二十五类主要包括人用的服装、鞋和帽。

本类尤其包括：服装、鞋和帽部件；运动服和运动鞋；化装舞会用服装；纸衣服、纸帽子（服装）；非纸制围涎；西服袋巾；非电暖脚套。

本类尤其不包括：制鞋用小五金件以及用于服装、鞋、帽的缝纫附件和扣件；某些特殊用途的服装、鞋和帽，进行某项运动所必需的服装和鞋；电热服装（第十一类）；电暖脚套（第十一类），婴儿车和平卧式婴儿车专用脚套（第十二类）；纸围涎（第十六类）；纸制手帕（第十六类）和纺织品制手帕（第二十四类）；动物服装（第十八类）；狂欢节面具（第二十八类）；玩具娃娃衣（第二十八类）；纸制晚会帽（第二十八类）。

第二十六类 花边、编带和刺绣品、缝纫用饰带和蝴蝶结，纽扣、领钩扣、饰针和缝针，人造花，发饰，假发。

［注释］第二十六类主要包括缝纫用品，用于佩戴的天然或人造毛发，头发装饰品，以及用于装饰其他物品的、不属别类的小件物品。

本类尤其包括：假发套、遮秃假发、假胡须；发夹和发带；用作缝纫用品或发饰的各类材质制饰带和蝴蝶结；礼品包装用非纸制饰带和非纸制蝴蝶结；发网；扣子和拉链；非用于首饰、钥匙圈和钥匙链的小饰物；人造花制圣诞花环，包括带灯饰的；某些卷发用品。

本类尤其不包括：假睫毛（第三类）；作为小五金具的金属钩子（第六类）和非金属钩子（第二十类），窗帘钩（第二十类）；某些特种针；卷毛发用手工具；植发用毛发（第十类）；首饰用小饰物、用于钥匙圈或钥匙链的小饰物（第十四类）；某些饰带和蝴蝶结；纺织用纱和线（第二十三类）；合成材料制圣诞树（第二十八类）。

第二十七类　地毯、地席、席类、亚麻油地毡及其他铺在已建成地板上的材料，非纺织品制壁挂。

［注释］第二十七类主要包括作为覆盖物铺在已建成的地板和墙壁上的制品。

本类尤其包括：汽车用脚垫；作为地板覆盖物的垫；人工草皮；墙纸，包括纺织品制墙纸。

本类尤其不包括：金属制地板、铺地材料和地板砖（第六类），非金属制地板、铺地材料和地板砖（第十九类），木地板条（第十九类）；电热地毯（第十一类）；土工布（第十九类）；婴儿游戏围栏用垫（第二十类）；纺织品制壁挂（第二十四类）。

第二十八类　游戏器具和玩具，视频游戏装置，体育和运动用品，圣诞树用装饰品。

［注释］第二十八类主要包括玩具和游戏装置、体育设备、娱乐及创意道具，以及某些圣诞树用装饰品。

本类尤其包括：娱乐和游戏装置，包括其控制器；恶作剧和聚会用创意玩具；打猎和钓鱼用具；各种运动和游戏设备。

本类尤其不包括：圣诞树用的蜡烛（第四类）、圣诞树用电灯（第十一类）、圣诞树用糖果和巧克力装饰物（第三十类）；潜水装备（第九类）；性玩具和性爱娃娃（第十类）；体育和运动用服装（第二十五类）；某些按照其他功能和用途分类的体育运动装备；某些按照其他功能和用途分类的打猎和钓鱼用具。

第二十九类　肉、鱼、家禽和野味，肉汁，腌渍、冷冻、干制及煮熟的水果和蔬菜，果冻、果酱、蜜饯，蛋，奶、奶酪、黄油、酸奶和其他奶制品，食用油和油脂。

［注释］第二十九类主要包括为食用目的而预制或腌制的动物性食品、蔬菜和其他园艺产品。

本类尤其包括：以肉、鱼、水果或蔬菜为主的食品；可食用昆虫；以奶为主的奶饮料；牛奶替代品；腌制蘑菇；供人食用的加工过的豆类和坚果；人食用的加工过的种子（非用作调味品的）。

本类尤其不包括：非食用油和油脂；婴儿食品（第五类）；医用营养食物和

物质（第五类）；膳食补充剂（第五类）；色拉用调味品（第三十类）；加工过的
种子（用作调味品的）（第三十类）；裹巧克力的坚果（第三十类）；新鲜和未加
工的水果、蔬菜、坚果和种子（第三十一类）；动物饲料（第三十一类）；活动
物（第三十一类）；种植用种子（第三十一类）。

第三十类　咖啡、茶、可可和咖啡代用品，米；意式面食、面条，食用淀
粉和西米，面粉和谷类制品，面包、糕点和甜食，巧克力，冰淇淋、果汁刨冰
和其他食用冰，糖、蜂蜜、糖浆，鲜酵母、发酵粉，食盐、调味料、香辛料、
腌制香草，醋、调味酱汁和其他调味品，冰（冻结的水）。

［注释］第三十类主要包括为食用目的而预制或腌制的植物性食品（水果和
蔬菜除外），以及食品调味佐料。

本类尤其包括：以咖啡、可可、巧克力或茶为主的饮料；供人食用的加工
过的谷物；比萨饼、馅饼（点心）、三明治；裹巧克力的坚果；除香精油外的食
品或饮料用调味品。

本类尤其不包括：工业用盐（第一类）；食品或饮料用调味香精油（第三
类）；药茶和医用营养食物和物质（第五类）；婴儿食品（第五类）；膳食补充
剂（第五类），药用酵母（第五类），动物食用酵母（第三十一类）；咖啡味、
可可味、巧克力味或茶味牛奶饮料（第二十九类）；汤、牛肉清汤（第二十九
类）；未加工的谷物（第三十一类）；新鲜的香草（第三十一类）；动物饲料（第
三十一类）。

第三十一类　未加工的农业、水产养殖业、园艺、林业产品，未加工的谷
物和种子，新鲜水果和蔬菜、新鲜芳香草本植物，草木和花卉，种植用球茎、
幼苗和种子，活动物，动物的饮食，麦芽。

［注释］第三十一类主要包括没有经过任何为了食用目的处理的田地产物和
海产品，活动物和植物，以及动物饲料。

本类尤其包括：未加工的谷物；新鲜的水果和蔬菜，包括经过清洗或打蜡
处理的；植物残体；未加工的藻类；未切锯木材；待孵蛋；新鲜蘑菇和块菌；
动物用便溺垫物。

本类尤其不包括：微生物培养物和医用水蛭（第五类）；动物用膳食补充
剂和含药物的饲料（第五类）；半成品木材（第十九类）；人造鱼饵（第二十八
类）；米（第三十类）；烟草（第三十四类）。

第三十二类　啤酒，无酒精饮料，矿泉水和汽水，水果饮料及果汁，糖浆
及其他制饮料用无酒精制剂。

［注释］第三十二类主要包括不含酒精的饮料及啤酒。

本类尤其包括：无酒精饮料；软饮料；非用作牛奶替代品的米制饮料和豆制饮料；能量饮料，等渗饮料，富含蛋白质的运动饮料；制作饮料用无酒精原汁和果汁。

本类尤其不包括：饮料用调味品；医用营养饮料（第五类）；以奶为主的奶饮料、奶昔（第二十九类）；牛奶替代品；烹饪用柠檬汁、烹调用番茄汁（第二十九类）；以咖啡、可可、巧克力或茶为主的饮料（第三十类）；宠物饮料（第三十一类）；酒精饮料（啤酒除外）（第三十三类）。

第三十三类 酒精饮料（啤酒除外），制饮料用酒精制剂。

［注释］第三十三类主要包括酒精饮料、酒精饮料的原汁和浓缩汁。

本类尤其包括：葡萄酒、加烈葡萄酒；含酒精的苹果酒和梨酒；烈酒、利口酒；酒精饮料原汁、果酒（含酒精）、苦味酒。

本类尤其不包括：医用饮料（第五类）；无酒精饮料（第三十二类）；啤酒（第三十二类）；制作酒精饮料用无酒精混合物。

第三十四类 烟草和烟草代用品，香烟和雪茄，电子香烟和吸烟者用口腔雾化器，烟具，火柴。

［注释］第三十四类主要包括烟草和烟具，以及某些用于吸烟和烟具的附件和容器。

本类尤其包括：非医用烟草代用品；用于电子香烟、吸烟者用口腔雾化器的调味品（香精油除外）；烟用草本植物；鼻烟；某些与烟草和烟具有关的附件和容器。

本类尤其不包括：医用无烟草香烟（第五类）；电子香烟用电池和充电器（第九类）；汽车用烟灰缸（第十二类）。

第三十五类 广告，商业经营，商业管理，办公事务。

［注释］第三十五类主要包括由个人或组织提供的服务，旨在对商业企业的经营或管理进行帮助、对工商企业的业务活动或者商业职能的管理进行帮助；以及由广告部门为各种商品或服务提供的服务，旨在通过各种传播方式向公众进行广告宣传。

本类尤其包括：为他人将各种商品（运输除外）归类，以便顾客浏览和购买；这种服务可由零售商店、批发商店、自动售货机、邮购目录或借助电子媒介提供；广告机构的服务，以及直接或邮寄散发说明书，或者散发样品的服务；本类可能涉及有关其他服务（如银行借贷）的广告，或者无线电广告。

本类尤其不包括：与工商企业的经营或者管理无直接关系的估价和编写工程师报告的服务（查阅按字母顺序排列的服务分类表）。

第三十六类　保险，金融事务，货币事务，不动产事务。

［注释］第三十六类主要包括金融业务和货币业务提供的服务以及与各种保险契约有关的服务。

本类尤其包括：与金融业务和货币业务有关的服务，即银行及其有关的机构的服务、不属于银行的信贷部门的服务、控股公司的"投资信托"服务、股票及财产经纪人的服务、与承受信用代理人担保的货币业务有关的服务、与发行旅行支票和信用证有关的服务；融资租赁服务；不动产管理人对建筑物的服务，即出租、估价或金融服务；与保险有关的服务，如保险代理人或经纪人提供的服务、为被保险人和承保人提供的服务。

第三十七类　建筑服务，安装和修理服务，采矿、石油和天然气钻探。

［注释］第三十七类主要包括建筑领域的服务，以及为恢复物品原样或保持现状而进行的不改变其物理或化学特征的修复服务。

本类尤其包括：建筑或拆除房屋、道路、桥梁、堤坝或通信线路的服务，以及建筑领域其他服务；造船；建筑工具、机器和设备出租；各种修理服务；各种修复服务；维修服务，旨在使物品保持原样而不改变其任何属性；清洁各种物品。

本类尤其不包括：货物的物理贮存（第三十九类）；物品或物质的转化处理服务，包括改变其主要特性的加工处理服务；计算机软件的安装、维护和更新（第四十二类），网站的创建和托管（第四十二类）；建筑制图和建筑学服务（第四十二类）。

第三十八类　电信服务。

［注释］第三十八类主要包括允许至少一方与另一方通信的服务，以及用于播放和传输数据的服务。

本类尤其包括：数字文件和电子邮件的传送；提供全球计算机网络用户接入服务；无线电广播和电视播放；视频点播传输；提供互联网聊天室和在线论坛；电话和语音邮件服务；电话会议和视频会议服务。

本类尤其不包括：无线电广告（第三十五类）；电话市场营销服务（第三十五类）；通信活动中可能包含的内容或主题；通过电信连接进行的服务；广播和电视节目制作（第四十一类）；电信技术咨询（第四十二类）；在线社交网络服务（第四十五类）。

第三十九类　运输，商品包装和贮藏，旅行安排。

［注释］第三十九类主要包括通过铁路、公路、水上、空中或管道将人、动物或货物从一处运送到另一处所提供的服务和与此有关的必要服务，以及各类

存储设施、仓库或其他类型的建筑物为保存或看管货物所提供的贮藏服务。

本类尤其包括：车站、桥梁、铁路、渡轮和其他运输设施的运营；出租运输用运载工具和雇用其操作人员；与运输、贮存和旅行有关的出租服务；海上拖曳作业、卸货、港口和码头作业、营救遇险船只及其货物；货物的包装、灌装、打包和递送；自动售货机的补货和自助取款机的现金补充；由经纪人及旅行社提供的有关旅行或货运的信息服务，以及提供有关运输的价目、时刻表和方式的信息服务；为运输目的检查运载工具或货物；能源和电力的分配，水的分配和供应。

本类尤其不包括：关于旅行或运输的广告（第三十五类）；人或货物在运输过程中的保险服务（第三十六类）；保养和修理运载工具或其他用于运输人或货物的运输工具（第三十七类）；导游服务（第四十一类）；电子数据存储（第四十二类）；由旅行社或经纪人提供的预订旅馆房间或其他临时住宿处（第四十三类）。

第四十类　材料处理，废物和垃圾的回收利用，空气净化和水处理，印刷服务，食物和饮料的防腐处理。

［注释］第四十类主要包括对物品、有机物或无机物进行机械或化学加工、处理或者制造的服务，包括定制生产服务。按分类的要求，只有在为他人提供的情况下，商品的制造或生产才被视为服务。如果制造或生产不是为履行满足客户的特殊需要、要求或规格的产品订单，则一般从属于制造商交易活动中的主要商业行为或是商品。如果物质或物品被其处理、加工或制造方交易给第三方，则一般不视为服务。

本类尤其包括：物品或物质的转化处理服务，以及任何改变其主要特性的加工处理服务；如果在维修和保养时进行了这样的处理，也属于第四十类；在物质生产或建筑物建造过程中的材料处理服务；材料接合；食品加工和处理；根据他人的订单和规格要求定制生产产品；牙科技师服务；缝被子、刺绣、服装定制、纺织品染色、纺织品精加工。

本类尤其不包括：不需要改变物品或物质基本特性的服务；建筑服务；清洁服务；防锈；某些定制服务；食物装饰、食物雕刻（第四十三类）。

第四十一类　教育，提供培训，娱乐，文体活动。

［注释］第四十一类主要包括由个人或团体提供的人或动物智力开发方面的服务，以及用于娱乐或消遣时的服务。

本类尤其包括：有关人员教育或动物训练的各种形式的服务；旨在人们娱乐、消遣或文娱活动的服务；为文化和教育目的向公众展示可视艺术作品或文学作品。

第四十二类　科学技术服务和与之相关的研究与设计服务，工业分析、工业研究和工业品外观设计服务，质量控制和质量认证服务，计算机硬件与软件的设计与开发。

［注释］第四十二类主要包括由人提供的涉及复杂活动领域的理论和实践服务。

本类尤其包括：保护计算机数据、个人和金融信息安全的计算机服务及技术服务，以及监测未经授权接入数据和信息；软件即服务（SaaS），平台即服务（PaaS）；为医务目的所做的科学研究服务；建筑学和城市规划服务；某些设计服务；测量；石油、天然气、矿产勘测服务。

本类尤其不包括：某些研究服务；商业审计（第三十五类）；计算机文档管理服务（第三十五类）；金融评估服务（第三十六类）；采矿、石油和天然气钻探（第三十七类）；计算机硬件安装、维护和修理（第三十七类）；音响工程服务（第四十一类）；某些设计服务；医疗和兽医服务（第四十四类）；法律服务（第四十五类）。

第四十三类　提供食物和饮料服务，临时住宿。

［注释］第四十三类主要包括由个人或机构为消费者提供食物和饮料的服务，以及为使在宾馆、寄宿处或其他提供临时住宿的机构得到床位和寄宿所提供的服务。

本类尤其包括：为旅游者提供住宿预订服务，尤其是通过旅行社或经纪人提供的服务；为动物提供膳食。

本类尤其不包括：出租可永久使用的住房、公寓等不动产（第三十六类）；由旅行社提供的旅行服务（第三十九类）；食物和饮料的防腐处理服务（第四十类）；迪斯科舞厅服务（第四十一类）；寄宿学校（第四十一类）；疗养院（第四十四类）。

第四十四类　医疗服务，兽医服务，人或动物的卫生和美容服务，农业、水产养殖、园艺和林业服务。

［注释］第四十四类主要包括由个人或机构向人或动物提供的医疗（包括替代疗法）、卫生和美容服务；以及与农业、水产养殖、园艺和林业领域相关的服务。

本类尤其包括：医院；远程医疗服务；牙科，验光和心理健康服务；医疗诊所服务和由医学实验室提供的、用于诊断和治疗的医学分析服务；治疗服务；配药咨询和药剂师配药服务；血库和人体组织库服务；康复中心和疗养院服务；

饮食营养建议；矿泉疗养；人工授精和体外授精服务；动物养殖；动物清洁；人体穿孔和文身；与园艺有关的服务；与花卉艺术有关的服务；除草，虫害防治服务（为农业、水产养殖业、园艺或林业目的）。

本类尤其不包括：虫害防治（为农业、水产养殖业、园艺和林业目的除外）（第三十七类）；灌溉设备的安装和修理服务（第三十七类）；救护运输（第三十九类）；动物屠宰及其标本制作（第四十类）；树木砍伐和加工（第四十类）；动物驯养（第四十一类）；为体育锻炼目的而设的健康俱乐部（第四十一类）；医学科学研究服务（第四十二类）；为动物提供膳食（第四十三类）；养老院（第四十三类）；殡仪（第四十五类）。

第四十五类 法律服务，为有形财产和个人提供实体保护的安全服务，由他人提供的为满足个人需要的私人和社会服务。

［注释］本类尤其包括：由律师、法律助理和私人律师为个人、组织、团体、企业提供的服务；与个人和有形财产的实体安全相关的调查和监视服务；为个人提供的与社会活动相关的服务。

本类尤其不包括：为商业运作提供直接指导的专业服务（第三十五类）；为处理与保险有关的金融或货币事务和服务有关的服务（第三十六类）；护送旅客（第三十九类）；安全运输（第三十九类）；各种个人教育服务（第四十一类）；歌唱演员和舞蹈演员的表演（第四十一类）；为保护计算机软件所提供的计算机编程服务（第四十二类）；计算机和互联网安全咨询及数据加密服务（第四十二类）；由他人为人类和动物提供的医疗、卫生或美容服务（第四十四类）；某些出租服务。

三、商标注册申请的书件及填写

（一）文件要求

（1）《商标注册申请书》。每一件商标注册申请应当提交《商标注册申请书》1份。申请人为法人或其他组织的，应当在申请书的指定位置加盖公章；申请人为自然人的，应当由申请人使用钢笔或签字笔在指定位置签字确认。台湾地区申请人办理商标注册申请并要求台湾地区优先权时，应当适用台湾地区申请人专用的《商标注册申请书》。

（2）申请人身份证明文件复印件。同一申请人同时办理多件商标的注册申请事宜时，只需要提供一份。

（3）委托商标代理机构办理的，应当提交《商标代理委托书》。《商标代理委托书》应当载明代理内容及权限，申请人为外国人或者外国企业的，《商标代理委托书》应当载明申请人的国籍。

（4）商标图样。每一件商标注册申请应当提交1份商标图样。以颜色组合或者着色图样申请商标注册的，应当提交着色图样；不指定颜色的，应当提交黑白图样。商标图样必须清晰，便于粘贴，用光洁耐用的纸张印制或者用照片代替，长和宽应当不大于10cm，不小于5cm。商标图样应粘贴在《商标注册申请书》指定位置。以三维标志申请商标注册的，申请人应当提交能够确定三维形状的图样，该商标图样应至少包含三面视图。以声音标志申请注册商标的，应当同时报送符合要求的声音样本。

（5）要求优先权的，应当提交书面声明，并同时提交或在申请之日起3个月内提交优先权证明文件，包括原件和完整的中文译文。

（6）将他人肖像作为商标图样进行注册申请的，应当予以说明，并附送肖像权人的授权书。自然人将自己的肖像作为商标图样进行注册申请的，应当予以说明，无须附送授权书。

（7）申请人提交的各种证件、证明文件和证据材料是外文的，应当附送中文译文；未附送的，视为未提交该证件、证明文件或者证据材料。

（8）国内自然人办理商标注册申请，申请人为个体工商户的，可以以其《个体工商户营业执照》登记的字号作为申请人名义提出商标注册申请，也可以以执照上登记的经营者名义提出商标注册申请，以经营者名义提出申请时，应提交经营者身份证和营业执照的复印件；申请人为农村承包经营户的，可以以其承包合同签约人的名义提出商标注册申请，申请时应提交签约人身份证和承包合同的复印件；其他依法获准从事经营活动的自然人，可以以其在有关行政主管机关颁发的登记文件中登载的经营者名义提出商标注册申请，申请时应提交经营者身份证和登记文件的复印件。

（二）填写要求

（1）申请书应当打字或者印刷。申请人应当按照规定并使用国家公布的中文简化汉字填写，不得修改格式。

（2）"申请人名称"栏，申请人应当填写身份证明文件上的名称。申请人是自然人的，应当在姓名后注明证明文件号码。外国申请人应当同时在英文栏内填写英文名称。共同申请的，应将指定的代表人填写在"申请人名称"栏，其他共同申请人名称应当填写在商标注册申请书附页的"其他共同申请人名称列表"栏。没有指定代表人的，以申请书中顺序排列的第一人为代表人。

（3）申请注册集体商标、证明商标的，以三维标志、颜色组合、声音标志申请商标注册的，两个以上申请人共同申请注册同一商标的，应当在"商标申请声明"栏声明。申请人应当按照申请内容进行选择，并附送相关文件。

（4）申请人依据《商标法》第二十五条要求优先权的，选择"基于第一次申请的优先权"，并填写"申请/展出国家/地区""申请/展出日期""申请号"栏。申请人依据《商标法》第二十六条要求优先权的，选择"基于展会的优先权"，并填写"申请/展出国家/地区""申请/展出日期"栏。申请人应当同时提交优先权证明文件（包括原件和中文译文）；优先权证明文件不能同时提交的，应当选择"优先权证明文件后补"，并自申请日起3个月内提交。未提出书面声明或者逾期未提交优先权证明文件的，视为未要求优先权。

（5）申请人应按《类似商品和服务项目区分表》填写类别、商品/服务项目名称。"商品/服务"项目应按类别对应填写，每个类别的项目前应分别标明顺序号。"类别和商品/服务"项目填写不下的，可按本申请书的格式填写在附页上。全部类别和项目填写完毕后应当注明"截止"字样。

第二节　商标注册的申请与审查

一、商标受理部门

自然人、法人或者其他组织在生产经营活动中，对其商品或者服务需要取得商标专用权的，应当向商标局申请商标注册。不以使用为目的的恶意商标注册申请，应当予以驳回。

国内的申请人办理各种商标注册事宜有两种途径：①自行办理，申请人可以通过网上服务系统在线提交商标注册申请，也可以到国家知识产权局商标局注册大厅、商标局驻中关村国家自主创新示范区办事处、商标局在京外设立的商标审查协作中心、商标局委托地方市场监管部门或知识产权部门设立的商标受理窗口办理；②委托在国家知识产权局备案的商标代理机构办理。外国人或者外国企业在中国办理各种商标注册事宜的，应当委托依法设立的商标代理机构办理，但在中国有经常居所或者营业所的外国人或外国企业除外。

自行办理与委托商标代理机构办理两种途径的主要区别是发生联系的方式、提交的书件、文件递交和送达方式稍有差别。在发生联系的方式方面，自行办理的，在办理过程中申请人与国家知识产权局直接发生联系；委托商标代理机构办理的，在办理过程中申请人通过商标代理机构与国家知识产权局发生联系，而不直接与国家知识产权局发生联系。在提交的书件方面，自行办理的，申请人应按规定提交相关书件；委托商标代理机构办理的，申请人还应提交委托商标代理机构办理商标注册事宜的授权委托书。在文件递交方式方面，申请人自行办理的，由申请人或经办人直接将申请文件递交到国家知识产权局商标局商标注册大厅（也可到商标局驻中关村国家自主创新示范区办事处、商标局在京外设立的商标审查协作中心、商标局委托地方市场监管部门或知识产权部门设立的商标受理窗口办理），申请人也可以通过网上申请系统提交；代理机构可以将申请文件直接递交、邮寄递交或通过快递企业递交至国家知识产权局，也可以通过网上申请系统提交。在文件送达方式方面，申请人自行办理的，国家知识产权局的各种文件送达当事人；委托商标代理机构办理的，文件送达商标代理机构。

二、商标形式审查

商标注册申请手续齐备、按照规定填写申请文件并缴纳费用的，国家知识产权局予以受理并书面通知申请人；申请手续不齐备、未按照规定填写申请文件或者未缴纳费用的，国家知识产权局不予受理，书面通知申请人并说明理由。申请手续基本齐备或者申请文件基本符合规定，但是需要补正的，国家知识产权局通知申请人予以补正，限其自收到通知之日起30日内，按照指定内容补正并交回国家知识产权局。在规定期限内补正并交回的，保留申请日期；期满未补正的或者不按照要求进行补正的，国家知识产权局不予受理并书面通知申请人。

三、商标实质审查

国家知识产权局对受理的商标注册申请，依照商标法的有关规定进行审查，对符合规定的或者在部分指定商品上使用商标的注册申请符合规定的，予以初步审定，并予以公告；对不符合规定或者在部分指定商品上使用商标的注册申请不符合规定的，予以驳回或者驳回在部分指定商品上使用商标的注册申请，书面通知申请人并说明理由。

四、初审公告

对申请注册的商标，商标局应当自收到商标注册申请文件之日起9个月内审查完毕，符合《商标法》有关规定的，予以初步审定公告。两个或者两个以上的商标注册申请人，在同一种商品或者类似商品上，以相同或者近似的商标申请注册的，初步审定并公告申请在先的商标；同一天申请的，初步审定并公告使用在先的商标，驳回其他人的申请，不予公告。

五、核准注册公告

对初步审定公告的商标，自公告之日起异议期为3个月。公告期满无异议的，予以核准注册，发给商标注册证，并予公告。经商标局核准注册的商标为注册商标，包括商品商标、服务商标和集体商标、证明商标，商标注册人享有商标专用权，受法律保护。注册商标的有效期为10年，自核准注册之日起计算，注册商标有效期满需要继续使用的，可以申请商标续展注册。

六、注册商标异议

对初步审定公告的商标，自公告之日起3个月内，在先权利人、利害关系人认为违反《商标法》第十三条第二款和第三款、第十五条、第十六条第一款、第三十条、第三十一条、第三十二条规定的，或者任何人认为违反《商标法》第四条、第十条、第十一条、第十二条、第十九条第四款规定的，可以向商标局提出异议。

（一）办理途径

向商标局提出异议申请有以下两种途径。

（1）委托在商标局备案的商标代理机构办理。

（2）申请人自行办理。自行办理有三种方式：①直接到商标局注册大厅、商标局驻中关村国家自主创新示范区办事处办理；②通过邮政或其他快递企业递交；③通过商标网上服务系统办理。

（二）申请书件的准备

1.应提交的书件

（1）商标异议申请书。

（2）申请人的身份证明文件复印件。

（3）明确的异议理由、事实和法律依据，并附相关证据材料，异议理由书应有异议人的签字或加盖公章。

（4）以违反《商标法》第四条、第十条、第十一条、第十二条、第十九条第四款规定为由提出异议的，申请人应对被异议商标是否违反前述法律规定进行阐述，不应只是简单罗列法律条款。申请人以《商标法》第四条作为异议理由提出异议申请的，应当附送被异议人不以使用为目的恶意申请商标注册的证据材料。申请人以第十九条第四款作为异议理由提出异议申请的，应当附送被异议商标申请人是商标代理机构的证据材料。

（5）以违反《商标法》第十三条第二款和第三款、第十五条、第十六条第一款、第三十条、第三十一条、第三十二条规定为由提出异议的，申请人应提交作为在先权利人或者利害关系人的主体资格证明文件。

（6）委托商标代理机构办理异议申请的，应提交商标代理委托书。代理委托书应载明代理人代理权限、代理事项及授权日期。代理机构不能在同一商标异议案件中同时代理异议双方当事人。

2.具体要求

（1）一份异议申请只能对一个初步审定的商标提出异议。针对一标多类商标提出异议的，申请人可以在一份异议申请中列明多个类别，也可以按照被异议商标的类别分别提交申请。

（2）异议材料应提交一式两份并标明正、副本，编排证据目录及页码。异议证据材料应完整、精炼，纸质证据材料可以正、反面打印，证据材料较多的，建议以光盘等电子载体形式提交。

（3）办理异议申请及相关事宜应当使用中文，纸质异议申请书件应当打字或印刷。相关证据材料内容为外文的，应提供对应的中文翻译件。

（4）应正确、规范、逐项填写异议申请书，并在"申请人章戳（签字）"一栏加盖与申请人名义相同的印章或签名。

（5）申请人需要补充证据材料的，应当在异议申请书中勾选，并应自提交异议申请之日起3个月内提交。

3.电子申请的注意事项

（1）申请人直接办理商标异议电子申请的，首先应注册成为商标网上服务系统用户。

（2）申请人和代理机构办理商标异议电子申请时，应当按照页面要求填写相关内容和上传材料。异议申请书填写和上传材料的具体要求与纸质件相同，仅需一份。

（3）除特殊情况外，商标异议电子申请的后续流程不接受纸质件。

（三）商标异议申请不予受理的情形

商标异议申请有下列情形的，商标局将不予受理。

（1）未在法定期限内提出的。

（2）申请人主体资格、异议理由不符合《商标法》第三十三条规定的。

（3）无明确的异议理由、事实和法律依据的。

（4）同一异议人以相同的理由、事实和法律依据针对同一商标再次提出异议申请的。

（四）商标异议规费

商标异议费用按所提异议商标的类别缴纳，一个类别受理费为500元，电子申请为450元。

（1）申请人委托代理机构办理的，无须自行缴纳，由接受委托的代理机构按规定代为缴纳费用。

（2）申请人自行办理的，可采用以下方式缴纳费用：①申请人通过网上方式提交申请的，缴费通知书无缴费码，必须登录提交申请的账户在商标网上申请系统进行在线支付；②申请人直接在商标局注册大厅、中关村办事处、京外商标审协中心、受理窗口递交申请或者通过邮政或其他快递企业递交申请的，收到缴费通知书后须登录注册网上申请平台用户凭缴费码在线支付缴纳费用，未注册网上申请平台正式用户，可以注册简易用户缴纳费用。

（3）特殊情况。适用缴费通知书有缴费码的，但因特殊情况确实无法通过该缴费码在网上申请平台完成缴费的，可采用以下方式缴纳费用：①持有缴费码的缴费通知书通过银行汇款缴费；②当事人直接在商标局注册大厅交文的，可以持有缴费码的缴费通知书到商标局注册大厅缴费；③当事人在京外商标审查协作中心、受理窗口直接办理并通过网上方式提交申请的，可以持有缴费码的缴费通知书到京外商标审查协作中心、受理窗口，根据商标审查协作中心、受理窗口出示的商标网上服务系统中的二维码缴纳费用。

（五）注意事项

（1）申请人只能在异议期间内对经商标局初步审定登载在《商标公告》上的商标提出异议。异议期为3个月，自初步审定公告次日起算。异议期间的最后一天是法定节假日的，可以顺延至节假日后的第一个工作日。

（2）申请人向商标局提交异议申请的日期：直接递交的，以递交日为准；通过邮寄的，以寄出的邮戳日为准，邮戳日不清晰或者没有邮戳的，以商标局实际收到日为准；通过邮政企业以外的快递企业递交的，以快递企业收寄日为准，收寄日不明确的，以商标局实际收到日为准，但当事人能够提出实际收寄日证据的除外。

综上所述，商标注册流程如图8-1所示。

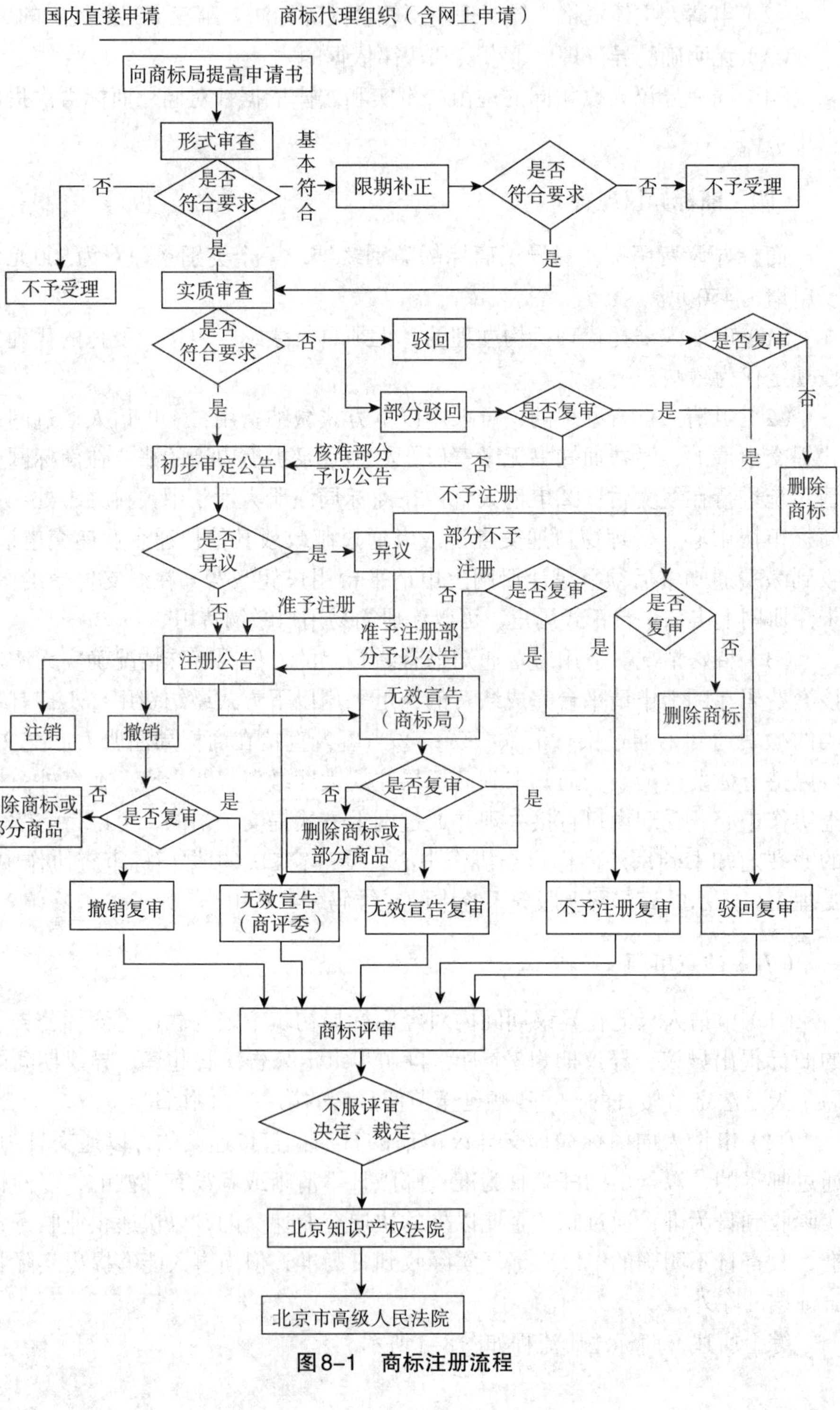

国内直接申请　　　　商标代理组织（含网上申请）

向商标局提高申请书

形式审查

是否符合要求 —基本符合→ 限期补正 → 是否符合要求 —否→ 不予受理

否→ 不予受理

是↓

实质审查

是否符合要求 —否→ 驳回 → 是否复审

部分驳回 → 是否复审 —是→

否→ 删除商标

核准部分予以公告

初步审定公告

不予注册

是否异议 —是→ 异议

部分不予注册

准予注册

是否复审

是否复审

准予注册部分予以公告

注册公告

无效宣告（商标局）

删除商标

注销　撤销

删除商标或部分商品

是否复审

无效宣告（商评委）

是否复审

删除商标或部分商品

撤销复审　无效宣告复审　不予注册复审　驳回复审

商标评审

不服评审决定、裁定

北京知识产权法院

北京市高级人民法院

图8-1　商标注册流程

第三节 注册商标的变更、续展、使用许可与转让

一、注册商标的变更

根据《商标法》第四十一条和《商标法实施条例》第十七条的规定，注册商标需要办理变更注册人的名义、地址或者其他注册事项的，应当提出变更申请。申请人已经提交注册申请但尚未获准注册的，其名义、地址或者其他注册事项发生变更的，可以向商标局申请办理相应的变更手续。

（一）办理途径

申请变更注册商标有两条途径。

（1）申请人自行办理。申请人可以通过网上系统自行提交商标变更电子申请，也可以直接到开展相关受理业务的商标受理窗口、商标局在京外设立的商标审查协作中心、商标局驻中关村国家自主创新示范区办事处和商标局商标注册大厅等指定地点办理。

（2）委托在商标局备案的商标代理机构办理。

（二）变更的书件格式

变更的书件格式有两种：《变更商标申请人/注册人名义/地址/变更集体商标/证明商标管理规则/集体成员名单申请书》《变更商标代理人/文件接收人申请书》。

申请人应根据办理的具体事项填写相应的申请书。

（1）需要变更名义/地址、变更集体商标/证明商标管理规则/集体成员名单的，应当填写《变更商标申请人/注册人名义/地址/变更集体商标/证明商标管理规则/集体成员名单申请书》。

（2）需要就商标局档案中记录的商标代理人进行变更或者港澳台、外国人/外国企业需要变更其国内文件接收人的，应当填写《变更商标代理人/文件接收人申请书》。

（三）办理申请的步骤

1.准备申请书件

（1）应提交的申请书件

（a）《变更申请书》（根据申请办理的具体内容选择书式）。

（b）申请人的身份证明文件复印件（如企业的营业执照副本、自然人的身份证/护照等）。

（c）申请人直接在商标注册大厅办理的提交经办人的身份证复印件；委托商标代理机构办理的提交《代理委托书》。

（d）申请变更名义的，需要提交登记机关出具的变更证明。变更证明可以是登记机关变更核准文件复印件或登记机关官方网站下载打印的相关档案。注册人是企业的，应当出具工商行政管理机关登记部门的变更证明；注册人是事业单位的，应当出具事业单位主管机关的变更证明；注册人是自然人的，应当出具户口所在地派出所出具的变更证明。证明上的变更前名义和变更后名义应当与申请书上变更前名义和申请人名称相符。外国企业或外国人仅需变更中文译名的，应提供外国企业或外国人申请变更中文译名的声明。

（e）申请变更集体商标/证明商标使用管理规则的，需要提交变更后的集体商标/证明商标使用管理规则。如果涉及地理标志区域范围变化的，需提交界定地理标志产品地域范围的历史资料或地理标志所在地县级以上人民政府或行业主管部门出具的地域范围变更证明文件。

（f）申请变更集体商标集体成员名单的，需要提交变更后的集体商标集体成员名单。

（g）申请变更商标代理人的，需要提交申请人与变更后商标代理机构签订的《代理委托书》。

（2）具体要求

（a）按照申请书上的要求逐一填写，必须是打字或者印刷。申请人是自然人的，应在姓名后填写身份证件号码，外国自然人填写护照号码，电子申请除外。

（b）变更名称的务必填写变更前名称，留空不填写的视为不申请变更名称；变更地址的务必填写变更前地址，留空不填写的视为不申请变更地址。申请人同时办理变更名称、地址的，可以在一份申请书同时提出。申请人名称、地址发生过多次变更的，无须逐次办理，可以直接变更至最新名称或地址。

（c）办理变更手续其他文件均需要申请人签字或者盖章确认。

（d）如果申请变更的商标是共有商标，还应提交以下书件。

Ⅰ.申请变更共有商标代表人的，填写变更注册人名义/地址申请书，还应当提交其他共有人的同意变更的声明。

Ⅱ.申请变更共有商标共有人名义的，无论是变更所有的共有人名义还是变更部分共有人名义，或是变更共有商标代表人的，都应在申请书上填写所有共有人的名称。其中代表人的名称和地址应写在申请书的第一页上，其他共有人名称应写在申请书的附页上，其他共有人不需填写地址。

Ⅲ.代表人名义、地址发生变更的，应将变更后的代表人名义、地址写在申请书第一页的"申请人名称、申请人地址"栏目中，将变更前的代表人名义、地址写在申请书第一页的"变更前名义、变更前地址"栏目中，并应附送相应的变更名义证明。如果代表人的名义、地址没有发生变更，申请变更的是其他共有人的名义，则申请书第一页上的"变更前名义、变更前地址"栏目不必填写。

Ⅳ.其他共有人名义发生变更的，应在申请书附页的变更前其他共有人名义列表和变更后其他共有人名义列表中（以下简称变更前名义列表和变更后名义列表），分别填写变更前共有人名称和变更后共有人名称，并附送相应的变更证明。如果其他共有人名义没有发生变更，也应将没有变更的共有人名义分别填写在申请书附页的变更前名义列表和变更后名义列表中。

（e）申请文件为外文的，应当提供中文译本。中文译本应经申请人或代理机构或者翻译机构签章确认。

2.缴纳变更规费 变更申请按类别收费，每个类别收费150元，电子申请免费。

（四）注意事项

（1）变更商标注册人名义或地址的，商标注册人应将其全部注册商标一并变更。对于需要一并变更的注册商标，申请人不再使用的，可办理注销。

（2）变更申请需要补正/改正的，商标局将发出补正/改正通知书，通知申请人限期补正/改正。申请人未在规定期限内按要求补正的，商标局有权对变更申请视为放弃或不予核准。

（3）注册商标变更申请核准后，商标局将发给申请人变更证明。

（4）未注册的商标申请变更的，变更核准后，商标局将发给申请人核准通知书。

（5）变更申请被视为放弃或不予核准的，商标局将发出《视为放弃通知书》或《不予核准通知书》。

（6）共有商标的变更申请核准后，变更证明仅发给代表人。

（7）申请人以纸件方式直接办理的，商标局将相应文书按照申请书上填写的地址，以邮寄方式送达给申请人；委托商标代理机构办理的，送达给该代理机构。

（8）提交纸件申请的申请人在同时办理名下多件商标的变更申请时，在原规定只需提供一份变更证明文件的基础上，有关身份证明文件、委托书也只需提供一份。申请人在办理时应在变更申请书注明上述申请文件所在的具体申请件，委托书载明的委托权限应包含申请人本次办理变更申请的全部商标。

（9）变更商标代理人仅指申请人提交注册申请后，针对其注册申请的代理人申请变更。商标获准注册后，申请变更代理人即失去意义。如需代港澳台、外国注册人接受后续被动发生的案件（如连续3年停止使用撤销案件、撤销成为通用名称注册商标案件、无效宣告案件）的有关文书，应该办理有关变更文件接收人申请。变更连续3年不使用撤销、异议、不予注册复审、驳回注册复审、无效宣告等案件中的代理人的，必须直接向该案件审理部门提交变更代理人申请。

二、注册商标的续展

根据《商标法》第四十条及《商标法实施条例》第三十三条的规定，注册商标的有效期为10年。注册商标有效期满后需要继续使用的，应当在期满前的12个月内按照规定办理续展手续；在此期间未能办理的，可以给予6个月的宽展期。每次续展注册的有效期为10年，自该商标上一届有效期满次日起计算。期满未办理续展手续的，注销其注册商标。

（一）办理途径

申请续展注册商标有两条途径。

（1）申请人自行办理。申请人可以通过网上系统自行提交商标续展电子申请，也可以直接到开展相关受理业务的商标受理窗口、商标局在京外设立的商标审查协作中心、商标局驻中关村国家自主创新示范区办事处和商标局商标注册大厅等指定地点办理。

（2）委托在商标局备案的商标代理机构办理。

（二）续展的书件格式

续展的书件格式只有一种：《商标续展注册申请书》。

（三）办理申请的步骤

1.准备申请书件

（1）应提交的申请书件

（a）《商标续展注册申请书》。

（b）申请人经盖章或者签字确认的身份证明文件复印件（如企业的营业执照副本、自然人的身份证/护照等）。

（c）申请文件为外文的，还当附送中文译本。中文译本应经申请人或代理机构或者翻译机构签章确认。

（2）具体要求

（a）按照申请书上的要求逐一填写，且必须是打字或者印刷。申请人是自然人的，应在姓名后填写身份证件号码，外国自然人填写护照号码，电子申请除外。

（b）委托商标代理机构办理的，应提交商标代理委托书。

（c）申请续展的商标为共有商标的，应以代表人的名称提出申请。

（d）根据《商标法》第三十六条的规定，被异议的商标经裁定异议不能成立而核准注册的，商标注册申请人取得商标专用权的时间自初审公告3个月期满之日起计算。因此，尚处在异议、不予注册复审、不予注册复审诉讼中的商标，已到商标续展期的，可以在有效期期满前12个月内申请续展；在此期间未能提出申请的，可以给予6个月的宽展期。商标局将根据异议、不予注册复审或诉讼的最终结果决定是否核准续展，如商标最终被不予核准注册，商标局将对续展申请不予核准，申请费用可申请办理退还。

2.缴纳续展规费　续展申请按类别收费，一个类别续展注册申请需缴纳规费为500元，如果在宽展期内提出续展注册申请的，还需缴纳250元的延迟费。电子申请分别按450元和225元标准收取。

（四）注意事项

（1）续展申请核准后，商标局发给申请人续展证明。

（2）如果续展申请需要补正的，商标局给申请人发出补正通知，要求申请人限期补正。申请人未在规定期限内按要求补正的，商标局有权对续展申请不予核准。

（3）续展申请被不予核准的，商标局发出《不予核准通知书》。

（4）商标局发出续展证明、补正通知《不予核准通知书》时，若申请人以纸件方式直接办理的，将按照申请书上填写的地址，以邮寄方式发给申请人；若经代理的，发送给代理机构。

（5）续展申请书的类别应按照《商标注册证》核定的国际分类类别填写。

（6）续展申请在商标局核准之前，可以申请撤回。

三、注册商标的使用许可

根据《商标法》第四十三条及《商标法实施条例》第六十九条的规定，商标注册人可以通过签订商标使用许可合同，许可他人使用其注册商标。许可他人使用其注册商标的，许可人应当在许可合同有效期内向商标局备案并报送备案材料。备案材料应当说明注册商标许可人、被许可人、许可期限、许可使用的商品或者服务范围等事项。注册商标使用再许可备案、许可人/被许可人变更其名称、提前终止许可他人使用其注册商标、撤回商标使用许可备案的，可以向商标局办理相应手续。再许可是指商标注册人通过被许可人许可第三方使用其注册商标。

（一）办理途径

申请注册商标使用许可备案有两条途径。

（1）申请人自行办理。申请人可以通过网上系统自行提交商标使用许可备案电子申请，也可以直接到开展相关受理业务的商标受理窗口、商标局在京外设立的商标审查协作中心、商标局驻中关村国家自主创新示范区办事处和商标局商标注册大厅等指定地点办理。

（2）委托在商标局备案的商标代理机构办理。

（二）备案的书件格式

备案的书件格式有四种：《商标使用许可备案表》《变更许可人/被许可人名称备案表》《商标使用许可提前终止备案表》《撤回商标使用许可备案表》。

申请人为商标许可人。许可人应根据办理的具体事项填写相应的备案表。

（1）需要办理商标使用许可备案或者再许可备案的，填写《商标使用许可备案表》。

（2）需要办理变更许可人/被许可人名称的，填写《变更许可人/被许可人名称备案表》。

（3）需要办理商标使用许可提前终止的，填写《商标使用许可提前终止备案表》。

（4）需要办理撤回商标使用许可备案许可提前终止的，填写《撤回商标使用许可备案表》。

（三）办理申请的步骤

1.准备申请书件

（1）应提交的申请书件

（a）报送商标使用许可备案或者再许可备案的，提交以下书件：《商标使用许可备案表》；许可人/被许可人的身份证明文件复印件（如企业的营业执照副本、自然人的身份证/护照等）；再许可的，还需报送注册人同意注册商标使用再许可授权书；委托商标代理机构办理的提交代理委托书。

（b）报送变更许可人/被许可人名称备案的，提交以下书件：《变更许可人/被许可人名称备案表》；变更后的身份证明文件复印件；有关登记机关出具的变更证明文件，变更证明可以是登记机关变更核准文件复印件或登记机关官方网站下载打印的相关档案。

（c）报送商标使用许可提前终止备案的，提交以下书件：《商标使用许可提前终止备案表》；许可人/被许可人的身份证明文件复印件。

（d）报送撤回商标使用许可备案的，提交以下书件：《撤回商标使用许可备案表》；许可人/被许可人的身份证明文件复印件；委托商标代理机构办理的提交代理委托书。

（2）具体要求

（a）备案表应当打字或印刷。许可人/被许可人须仔细阅读填写说明，按照规定填写，不得修改格式。

（b）许可人应当在许可有效期内向商标局备案并报送备案材料。

（c）一份备案表许可人只能许可一个被许可人使用注册商标。共有商标的，许可人的代表人和其他共有许可人均需提交身份证明文件复印件，均应在备案表及附页盖章或签字。

（d）商标使用许可在商标局未予以备案前可以撤回。撤回商标使用许可备案需许可人、被许可人双方同意。

2.缴纳备案规费 办理商标使用许可备案按类别收费，一个类别受理费为150元，电子申请为135元。

（四）注意事项

（1）报送商标使用许可备案后，对符合受理条件的，商标局予以受理并书面通知许可人；不符合受理条件的，商标局不予受理，书面通知许可人并说明理由；需要补正的，商标局通知许可人予以补正，许可人自收到通知之日起30日内，按照指定内容补正并交回商标局。期满未补正的或者不按照要求进行补正的，商标局不予受理并书面通知许可人。

（2）符合《商标法》《商标法实施条例》规定的，商标局予以备案并书面通知许可人。

（3）不符合《商标法》《商标法实施条例》规定的，商标局不予备案，书面通知许可人并说明理由。需要补正的，商标局通知许可人予以补正，许可人自收到通知之日起30日内，按照指定内容补正并交回商标局。期满未补正的或者不按照要求进行补正的，商标局不予备案并书面通知许可人。

（4）办理再许可的，需要在许可备案表"是否再许可"一栏勾选"是"，并填写许可人原备案号，附送注册人同意商标使用再许可授权文件。

（5）以纸件方式直接办理的，商标局将相应文件通过邮寄方式送达许可人；委托商标代理机构的，送达商标代理机构。

四、注册商标的转让

根据《商标法》第四十二条及《商标法实施条例》第三十一条、第三十二条的规定，转让注册商标的，转让人和受让人应当共同到商标局办理注册商标的转让手续，双方均为申请人。因继承、企业合并、兼并或改制等其他事由发生移转的，接受该注册商标专用权的当事人应当凭有关证明文件或者法律文书到商标局办理注册商标的移转手续。依法院判决发生商标专用权移转的，也应当办理移转手续。

（一）办理途径

申请转让注册商标有两条途径。

（1）申请人自行办理。申请人可以通过网上系统自行提交商标转让电子申请，也可以直接到开展相关受理业务的商标受理窗口、商标局在京外设立的商标审查协作中心、商标局驻中关村国家自主创新示范区办事处和商标局商标注册大厅等指定地点办理。

（2）委托在商标局备案的商标代理机构办理。

（二）转让的书件格式

转让的书件格式只有一种：《转让/移转申请/注册商标申请书》。

（三）办理申请的步骤

1.准备申请书件

（1）应提交的申请书件

（a）《转让/移转申请/注册商标申请书》。

（b）转让人和受让人经盖章或者签字确认的身份证明文件复印件（如企业的营业执照副本、自然人的身份证/护照等）。

（c）委托商标代理机构办理的提交转让人和受让人双方出具的代理委托书，直接在商标注册大厅办理的提交双方经办人的身份证复印件。

（d）申请移转的，商标注册人已经终止的，无须提交身份证明文件及委托书，但应当依法提交有关证明文件或者法律文书，证明有权利继受相应的商标权。

（e）申请文件为外文的，还应提供经申请人或代理组织或翻译机构签章确认的中文译本。

（2）具体要求

（a）按照申请书上的要求逐一填写，且必须是打字或者印刷。转让人或受让人是自然人的，应在姓名后填写身份证件号码，外国自然人填写护照号码，电子申请除外。

（b）网上提交电子申请的，同意转让证明文件应由双方盖章、签字（法人或其他组织应盖章并同时由负责人或者法定代表人签字）并上传，原件应留存备查。

（c）办理移转申请的可以免于提供转让人身份证明文件复印件。

（d）办理商标转让申请，受让人为自然人的，应注意以下事项。

Ⅰ.受让人为个体工商户的，可以以其《个体工商户营业执照》登记的字号作为受让人名义，也可以以其个人身份证姓名作为受让人名义。以个人姓名作为受让人时应提交以下材料的复印件：受让人的身份证；个体工商户营业执照。

Ⅱ.个人合伙可以以其《营业执照》登记的字号或有关主管机关登记文件登记的字号作为受让人名义提出商标转让申请，也可以以全体合伙人的名义共同提出商标转让申请。以全体合伙人的名义共同提出申请时应提交以下材料的复印件：合伙人的身份证；营业执照；合伙协议。

Ⅲ.农村承包经营户可以以其承包合同签约人的名义提出商标转让申请，申请时应提交以下材料的复印件：签约人身份证；承包合同。

Ⅳ.其他依法获准从事经营活动的自然人，可以以其在有关行政主管机关颁发的登记文件中登载的经营者名义提出商标转让申请，申请时应提交以下材料的复印件：经营者的身份证；有关行政主管机关颁发的登记文件。

Ⅴ.对于自然人受让人不符合上述规定的商标转让申请，商标局不予受理并书面通知申请人。申请人提供虚假材料取得商标权的，由商标局撤销核准商标转让。

（e）办理商标移转的，如果转让人不能盖章，受让人应提交其有权接受该商标的证明文件或者法律文书。例如，企业因合并、兼并或者改制而发生商标移转的，应提交合并、兼并或者改制文件和登记部门出具的证明。合并、兼并或者改制文件应证明商标权由受让人继受，登记部门应证明原注册人与受让人的关系、原注册人已经不存在的现实状态。因法院判决而发生商标移转的，应提交法院出具的法律文书，法律文书上的被执行人名称和接受该注册商标专用权的企业名称应当与申请书中的转让人名称和受让人名称相符。

（f）如果申请转让的商标是共有商标，应注意下列事项。

Ⅰ.商标由一个人所有转让为多个人共有的，在填写转让申请书时，受让人"名称、地址"栏目应当填写代表人的名称和地址，受让人章戳处加盖代表人印章，其他共有人的名称应填写在附页的转让后其他共有人名义列表中，并加盖印章，其他共有人的地址不需填写。

Ⅱ.商标由多个人共有转让为一个人所有的，在填写转让申请书时，转让人"名称、地址"栏目应填写原代表人的名称和地址，转让人章戳处加盖原代表人印章；受让人名称和地址填写在相应的栏目中，并加盖印章。原其他共有人的名称应填写在附页的转让前其他共有人名义列表中，并加盖印章，原其他共有人的地址不需填写。

Ⅲ.因共有商标的共有人发生改变（包括共有人的增加或减少）而申请转让的，在填写申请书时，应将原代表人的名称和地址填写在申请书的转让人"名称、地址"栏目中，转让人章戳处加盖原代表人印章，原其他共有人的名称填写在附页的转让前其他共有人名义列表中，并加盖印章；申请书的受让人"名称、地址"栏目应填写转让后的代表人名称和地址，受让人章戳处加盖转让后的代表人印章，转让后的其他共有人名称应填写在附页的转让后其他共有人名义列表中，并加盖印章。附页列表中不需填写其他共有人的地址。

（g）如果申请转让的商标是集体商标、证明商标，除申请书外，还应提交以下书件。

Ⅰ.集体商标转让需提交商标转让合同、集体成员名单、受让主体资格证明文件复印件和商标使用管理规则。

Ⅱ.证明商标转让需提交商标转让合同、受让主体资格证明文件复印件、受让人检测能力证明和商标使用管理规则。

Ⅲ.地理标志集体商标/证明商标转让需提交商标转让合同、受让资格证明文件复印件、地方政府或主管部门同意该地理标志转让的批复、受让人监督检测能力的证明和商标使用管理规则。

2.缴纳转让规费　转让申请按类别收费，一个类别受理转让注册商标费为500元，电子申请为450元。

（四）注意事项

（1）转让注册商标的，商标注册人对其在相同或类似商品上注册的相同或近似商标应当一并转让。转让注册商标申请不应可能产生误认、混淆或者其他不良影响。

（2）受让人为外国人或外国企业的，应当在申请书中指定国内文件接收人负责接收商标局的法律文件。国内受让人不需填写此栏。

（3）转让申请提交后，对符合受理条件的转让申请，商标局给申请人发出《受理通知书》；不符合受理条件的，不予受理，并向申请人发出《不予受理通知书》。

（4）如果转让申请需要补正的，商标局给申请人发出补正通知，要求申请人限期补正。申请人未在规定期限内按要求补正的，商标局有权对转让申请视为放弃或不予核准。

（5）转让申请核准后，纸件方式直接办理的，商标局将按照申请书上填写的地址，以邮寄方式发给受让人转让证明，委托代理机构的，发送给代理机构。同时将转让事宜刊登公告。受让人自公告之日起享有商标专用权。

（6）转让申请被视为放弃或不予核准的，商标局发出《视为放弃通知书》或《不予核准通知书》。

（7）转让申请书中的受让人为多个人共有的，商标局的有关通知或证明仅发给代表人。

（8）申请人委托商标代理机构办理转让申请的，所有书件都寄发给该商标代理机构。

（9）转让申请在商标局核准之前双方协商一致的，可以申请撤回。通过代理机构办理转让的，应通过原代理机构办理撤回手续。

第四节 药品商标使用的特殊规定

一、在药品说明书和标签中的使用规定

（1）药品说明书和标签中禁止使用未经注册的商标以及其他未经国家药品监督管理局批准的药品名称。

（2）药品标签使用注册商标的，应当印刷在药品标签的边角，含文字的，其字体以单字面积计不得大于通用名称所用字体的四分之一。

二、在药品广告中的使用规定

（1）不得利用处方药的名称为各种活动冠名进行广告宣传。不得使用与处方药名称相同的商标、企业字号在医学、药学专业刊物以外的媒介变相发布广告，也不得利用该商标、企业字号为各种活动冠名进行广告宣传。

（2）药品广告的内容应当以国务院药品监督管理部门核准的说明书为准。

药品广告涉及药品名称、药品适应证或者功能主治、药理作用等内容的，不得超出说明书范围。

（3）药品广告应当显著标明禁忌、不良反应，处方药广告还应当显著标明"本广告仅供医学药学专业人士阅读"，非处方药广告还应当显著标明非处方药标识（OTC）和"请按药品说明书或者在药师指导下购买和使用"。

（4）药品广告的审查适用《药品、医疗器械、保健食品、特殊医学用途配方食品广告审查管理暂行办法》，未经审查不得发布药品广告。药品广告中只宣传产品名称（含药品通用名称和药品商品名称）的，不再对其内容进行审查。

第九章

中药品种保护申请实务

第一节 中药品种保护的申请准备

一、申请材料清单

1.《中药品种保护申请表》

2.证明性文件

（1）现行国家药品标准、说明书和标签实样。

（2）专利权属状态说明书及有关证明文件。

3.申请保护依据与理由综述

4.医学相关资料

（1）批准上市前研究资料。

（2）批准上市后研究资料。

5.药学相关资料

（1）批准上市前研究资料。

（2）批准上市后研究资料。

6.药理毒理相关资料

（1）批准上市前研究资料。

（2）批准上市后研究资料。

7.拟改进提高计划与实施方案

二、申报资料的一般要求

（1）申报资料必须按照申请资料目录中规定的序号编号，并在每项资料封面中间及其右上角分别写明相应的资料名称及目录序号，其中目录序号格式为"申报资料X"，X代表目录序号。

（2）申报资料统一使用A4纸张打印（左边距不小于28mm，页码标在页脚上面20mm的正中位置），内容完整、清楚，不得涂改。

（3）所报送的资料应当完整、规范、数据真实、可靠；引用文献资料应当注明作者姓名、著作名称、刊物名称、卷、期、页、年；未公开发表的文献资料应当提供资料所有者许可使用的证明文件。外文资料应当提供中文译本。

（4）为申请而补充的试验资料应提供原件，试验资料封面应写明验证项目，试验负责人并签字，试验单位名称并加盖公章，还应注明各项试验研究工作的试验者、试验起止日期、原始资料的保存地点、保存时间和联系人姓名、电话等；补充的证明性文件的复印件应加盖申报企业的公章。

（5）资料一式三份，向国家药品监督管理局行政受理服务大厅报送一份完整资料，并将两份相同的完整资料报送申请企业所在地省（区、市）药品监督管理局，每套资料装入独立的档案袋，档案袋封面注明：申请分类、药品名称、原件/复印件、申请机构、联系人、电话。

（6）中药品种保护申请企业可以从国家药品监督管理局网站上下载《中药品种保护申请表》。

（7）对批准保护的品种，国家药品监督管理局将在政府网站和《中国医药报》上予以公告。

三、申报资料的具体要求

1.《**中药品种保护申请表**》　申请表内项目填写应真实、完整、清楚，不得涂改。企业名称、药品名称、批准文号、剂型、规格等项目，应与有效批准证明文件一致。在"生产与质量管理情况"栏目，除说明生产与质量管理情况外，还应注明与申报品种相关的主要生产设备和检验仪器的名称、型号及制造企业名称等。

2.**证明性文件**

（1）现行国家药品标准、说明书和标签实样。执行新药正式标准或修订质量标准的，应提供国家药品监督管理部门的批复文件及其所附药品质量标准。

（2）专利权属状态说明书及有关证明文件。申请中药保护的企业应当对所申请保护的品种，提供在中国的专利及其权属状态说明，并保证不侵犯他人的专利权，同时说明是否存在知识产权纠纷的情况。如申请品种涉及专利，应附专利证书、专利权利要求书和专利说明书等。

3.**申请保护依据与理由综述**　综述资料包括申报品种临床、药理毒理和药学等内容的概述，并说明所适用《中药品种保护条例》的条款及申请级别的理由。应注意突出与同类品种比较的优势和特色。

4.**医学相关资料**

（1）批准上市前研究资料，包括临床试验单位资质及证明材料、临床试验方案、对照药使用说明书、临床试验总结报告等。

（2）批准上市后研究资料，包括有关不良反应监测情况及省（自治区、直辖市）药品不良反应监测中心出具的《不良反应检索报告》、注册批件提出要求的完成情况、上市后开展的医学研究资料及企业认为能够证明其可保性的其他医学研究资料及文献资料等。

（a）注射剂及要求提供毒性试验研究资料的品种应提供国家药品监督管理局药品评价中心出具的《不良反应检索报告》。

（b）上市后重新进行临床研究的，还应提供临床试验单位资质及证明材料、临床试验方案、对照药选择依据及其使用说明书、临床试验总结报告（包括各试验单位小结）等。

5.药学相关资料

（1）批准上市前研究资料，包括原料来源及质量标准、制剂工艺研究及制剂质量标准研究等相关资料。

（a）原料法定标准。多基原药材应明确所使用的药材基原，主要药味的产地或供货渠道应有相关证明文件；注射剂原料应提供基原固定和产地固定相关研究资料及证明文件。以中药饮片投料的应提供炮制方法及标准，直接购买中药饮片的，还应明确生产企业及供货渠道。

（b）详细的生产工艺（原料前处理、提取、纯化、浓缩、干燥、制剂成型等全过程）、主要工艺参数及质量控制指标、工艺流程图和工艺研究资料，并提供工艺过程中主要环节所采取的质量保障措施。

（c）制剂质量标准及其研究过程相关资料。

（2）批准上市后研究资料，包括质量标准执行情况、注册批件提出要求的完成情况、上市后开展的药学研究工作情况及企业认为能够证明其可保性的其他药学研究资料及文献资料等。

（a）申报保护时，其原料法定标准与批准上市前不一致的，应提供最新标准；药品标准中无明确的提取次数、提取时间、提取温度，或无辅料种类、用量的，应有对该品种工艺条件、工艺参数等进行研究的资料。

（b）申报品种由多家企业生产的，若质量标准不能有效控制产品质量的，应有提高并统一质量标准。

（c）单味药制剂还应有该药味的现代研究综述，以证实其主要药效成分及质量控制指标具有专属性。

（d）近三年企业质量检验情况汇总表及省级药品检验机构的三批检验报告，以说明质量标准的执行情况。

6.药理毒理相关资料

（1）批准上市前研究资料。

（2）批准上市后研究资料，包括注册批件提出要求的完成情况等。

（a）处方中含有十八反、十九畏等配伍禁忌药味，含有重金属的药味，毒性药材（列入国务院《医疗用毒性药品管理办法》的毒性中药材），其他毒性药材日服用剂量超过《中国药典》标准，炮制品或生品的使用与传统用法不符以及临床或文献报道有安全性隐患药味的品种，应提供试验资料证实其用药安全性。

（b）对于长期服用或超过现行《中国药典》中每日使用剂量的含有罂粟壳等麻醉药品的制剂，应有成瘾性评价相关资料。

（c）中药、天然药物和化学药品组成的复方制剂应有中药、天然药物、化学药品间药效、毒理相互影响（增效、减毒或互补作用）的比较性研究资料。

（d）中药注射剂安全性研究应提供实验室资质证明。

7.拟改进提高计划与实施方案　结合申报品种已有的研究情况，提交针对品种特点的改进提高计划及详细实施方案。

第二节　中药品种保护的许可程序

申请办理中药品种保护的程序如图9-1所示。

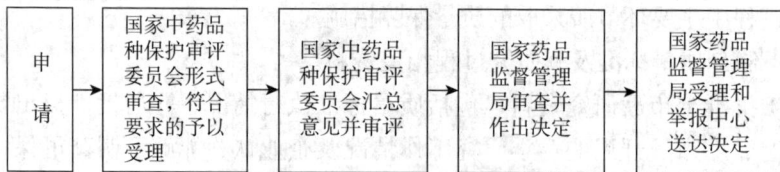

图9-1　办理中药品种保护的程序

一、受理

申请人按照《中药保护品种证书核发服务指南》第八条要求，向国家药品监督管理局行政受理服务大厅提出申请，受理人员对申请材料进行形式审查。申请事项依法不需要取得行政许可的，即时告知申请人不受理；申请事项依法不属于行政机关职权范围的，即时作出不予受理的决定，并告知申请人向有关行政机关申请；申请材料存在可以当场更正的错误的，允许申请人当场更正；申请材料不齐全或者不符合法定形式的，当场或者在5个工作日内一次告知申请人需要补正的全部内容，逾期不告知的，自收到申请材料之日起即为受理；

申请事项属于行政机关职权范围，申请材料齐全、符合法定形式，或者申请人按照行政机关的要求提交全部补正申请材料的，受理行政许可申请。

二、技术审评

申请被受理后，申请资料将移送国家中药品种保护审评委员会办公室进行技术审评。国家中药品种保护审评委员会办公室组织委员按照有关的技术审评原则，在6个月内完成技术审评。

三、行政许可决定

国家药品监督管理局在20日内作出许可决定。20日内不能作出决定的，经主管局领导批准，可以延长10日。

四、送达

自行政许可决定作出之日起10日内，国家药品监督管理局受理和举报中心将行政许可决定送达申请人。

五、复审

申请人对国家药品监督管理局作出的决定有异议的，可以向国家药品监督管理局提出复审申请并说明复审理由。复审仅限于原申报资料。国家药品监督管理局作出复审决定，并通知申请人。维持原决定的，国家药品监督管理局不再受理再次的复审申请。复审需要进行技术审查的，由国家中药品种保护审评委员会按照原申请时限组织审评。

司法救济篇

第十章

药品专利保护以案说法

案例 1 "作为抗病毒化合物的缩合的咪唑基咪唑"
发明专利权无效宣告请求案

——三步法与化合物发明的创造性判断

请求人无国界医生就专利权人美国吉利德制药有限责任公司（下称吉利德公司）的 ZL201280004097.2 号发明专利权提出无效宣告请求。该专利涉及一种治疗丙型肝炎的泛基因型口服直接抗病毒药物组合制剂的核心成分，其药物名称为"维帕他韦"。

本案涉及的"维帕他韦"与另一治疗丙肝的药物"索非布韦"均为吉利德公司在抗病毒领域研发成功的明星药物，二者联合形成的泛基因型组合制剂于2016年在英国首次获批，于2018年5月在中国获批上市。无效宣告请求人无国界医生为全球性的独立自主的非牟利组织，其工作包括支持或者亲自提交某些药物专利的无效请求。本案是其首次在中国向制药巨头的药品专利发起的挑战。

原专利复审委员会成立五人合议组对本案进行了公开审理，作出第38394号无效宣告请求决定，维持专利权有效。

该案所涉及的化合物创造性问题颇具代表性，集中体现了该领域的判断思路和审查标准。

一、"三步法"是基本方法

《专利审查指南》在第二部分第四章规定了创造性判断的基本方法——"三步法"。

化合物发明带有该领域的一些特点，比如在表达形式上具有一定的特殊性，在结构与性能的关系上更依赖于实验证明等。为此，《专利审查指南》在第二部分第十章又进一步细化了化合物的创造性判断方法：①结构上与已知化合物不接近的、有新颖性的化合物，并具有一定的用途或效果，可以认为它有创造性而不必要求其具有预料不到的用途或者效果；②结构上与已知化合物接近的化合物，必须要有预料不到的用途或者效果。这种方法，也被业内称为"预料不到的技术效果判断法"。

一直以来，有观点认为，该方法是一种不同于"三步法"的单独的判断方法，但事实并非如此。当发明要求保护的化合物具有一定的技术效果和用途，并且与现有技术的化合物"结构不接近"时，则发明对现有技术所做的贡献应当被认定为至少提供了一种不同于现有技术结构的化合物，此时当然无须再与现有技术进行用途或效果上的比对；而当二者"结构接近"时，通常意味着结构区别很小，例如仅仅属于本领域公知的常规基团的替换，由于本领域技术人员的一般认知是常规基团替换仅能得到活性相同，或者用途/效果相当的化合物，因此，需要依据该化合物的用途和（或）效果，重新确定其对现有技术的贡献。根据《专利审查指南》的规定，与已知化合物的已知用途不同的用途，或者是对已知化合物的某一已知效果的实质性的改进或提高，或者是在公知常识中没有明确的，或不能由常识推论得到的用途或效果，均可成为创造性评价中的预料不到的效果。

可见，前述的"预料不到的技术效果判断法"，其内在逻辑并没有脱离"三步法"中首先确定实际解决的技术问题，再进一步寻找技术启示的范畴。前者仅仅是后者在特定领域的具体应用，使得本领域技术人员能够结合领域特点，更为简便和直观地评判创造性。

根据涉案专利说明书的描述，本领域对HCV基因型（例如基因型1a、1b、2a、3a、4a）具有广泛抑制活性的HCV治疗剂存在着需求，对不易于产生病毒耐药性的药剂也存在特别的需求。本发明提供一种具有提高或抑制的药物动力学特性的化合物，包括抑制产生抗病毒耐药性的增强的活性、提高的口服生物利用度、更高的功效或延长的体内有效半衰期。在实施例部分，还针对包括涉案专利权利要求1的化合物在内的若干具体化合物，检测了其和血清蛋白对复制子效力的作用、MT-4细胞的细胞毒性等，并给出了检测结果。

该案中用于评价涉案专利权利要求1创造性的证据组合方式之一为，使用证据1公开的化合物0.0044（为表述清楚，证据1中的具体化合物均以其抗HCV病毒的EC 50值命名）作为最接近的技术方案。

证据1公开了一种抗HCV病毒的通式化合物J-Y-J（I），其具有得以改善的抑制性能或药代动力学性能，所述得以改善的抑制性能或药代动力学性能包括增强的对抗病毒耐药性形成的活性、改善的口服生物利用度、更大的效力。在实验部分，证据1公开了数百种代表性化合物及其生物学数据。

具体涉案专利权利要求1和证据1公开的化合物结构式如图10-1所示。

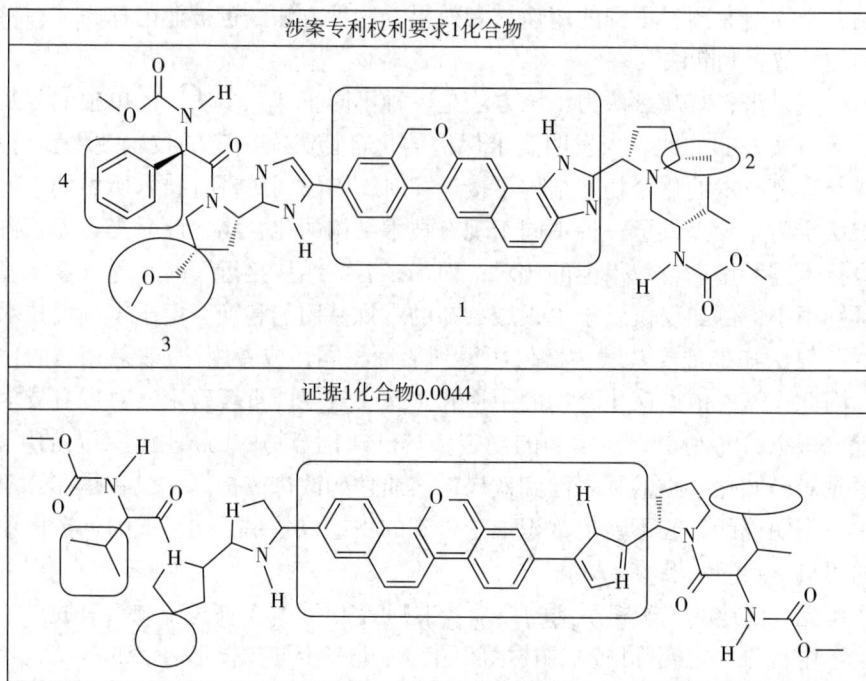

图10-1　涉案专利权利要求1化合物和证据1化合物

请求人认为，从HCV 1b的EC 50来看，涉案专利权利要求1化合物并没有取得更高的抗HCV活性，因此，涉案专利权利要求1相对于证据1实际解决的技术问题是获得另一种具有较高的抗HCV活性的化合物，证据1-3分别就图中所示的四点结构区别给出了技术启示，因此，涉案专利权利要求1不具备创造性。

在发明化合物具有一定的技术效果和用途的基础上，判断涉案专利权利要求1保护的化合物是否具备创造性，首先需要判断其与最接近现有技术的证据1化合物在结构上是否接近，如果结论为不接近，则不再需要与现有技术进行用途或效果上的比对；反之，则需要进一步详细考察本专利与证据1化合物的技术效果，以及本领域技术人员如何看待这些技术效果。这里所说的技术效果既包括那些已经被验证的技术效果，如本专利与证据1说明书各自记载的所述化合物的抗HCV 1b活性，以及本专利说明书记载的维帕他韦针对其他多种基因型HCV病毒的抑制作用；也应当包括证据1曾经提及，但并未实际验证的泛基因抑制活性。

二、从现有技术整体出发

根据《专利审查指南》第二部分第十章6.1节的规定，判断两种化合物在结构上是否接近，与所在的技术领域有关。一般而言，结构接近的化合物必须具有相同的基本核心部分或者基本的环结构。

实践中，判断发明要求保护的化合物与现有技术的化合物在结构上是否接近，不仅要考虑结构本身的相似性，还要考虑化合物构效关系的密切程度。所述密切程度与发明的技术领域有关，也与现有技术的整体状况有关。如前所述，结构接近的化合物必须具有相同的基本核心部分或者基本的环结构；但是，具有相同的基本核心部分或基本的环结构，未必一定属于结构接近的化合物。

该案中，请求人认为涉案专利化合物与证据1化合物具有共同的异色烯并苯核心，专利权人则认为，本专利化合物的基本核心部分是五环稠合体系，而证据1为四环稠合体系，二者基本核心结构完全不同。

合议组认为，首先，稠环是两个或多个环共用相邻两个碳或杂原子形成的环体系，因彼此之间相互连接而成为一个整体骨架，在没有相反证据的情况下，通常作为一个整体环单元而不能被随意切分；其次，判断某一结构单元是否构成最接近现有技术化合物的基本核心部分还需要考虑最接近现有技术的整体教导。经进一步查明，除通式化合物J–Y–J（Ⅰ）之外，证据1还公开了式（Ⅰ）化合物的具体方案，其包括M0–W–M0、M0–W–M9、M9–W–M0、或M9–W–M9、M10–W–M0、M0–W–M10、M10–W–M9、M9–W–M10、M10–W–M10。

关于中心部分W，证据1提供了多种实施方案，包括三环、四环以及五环稠合的结构，但是，无论是四环还是五环稠合体系，均未涉及在多环稠合系统中稠合咪唑环的情形。本领域技术人员按照证据1的整体教导可以确定，证据1化合物0.0044中，四环稠合体系应当是其结构的中心部分。

关于中心部分W两侧的基团M0和M9，其中尽管出现了咪唑环，但无论是咪唑、苯并咪唑，还是更为复杂的含咪唑的三环稠合结构，均属于证据1定义的式（Ⅰ）化合物的两臂结构，其与前述中心部分是单键连接而非稠合关系。这与涉案专利中咪唑环构成五环稠合体系的一部分的结构是不同的。

在化学领域，涉案专利这种多环稠合体系与证据1公开的由单键连接的"稠环–芳环"或者"稠环–稠环"体系具有不同的电子排布和空间构型，化学性质通常也不同，本领域技术人员一般不会认为二者属于接近的结构，更何况请求人也未提供其他的现有技术证据证明，就HCV抑制作用而言，涉案专利的五元稠合体系在结构上与证据1公开的四环稠合体系在本领域中被认为是接近的结构。而根据涉案专利说明书记载，尽管涉案专利权利要求1仅保护一种具体化合物，但其发明目的就是中心部分为五环稠合环体系的化合物及其用于HCV治疗用途的研究。结合涉案专利说明书实施例提供的具体实验结果，本领域技术人员可以概括出这样的结论：涉案专利在发明伊始即聚焦于五环稠合环系化合物。

基于以上理由，涉案专利权利要求1化合物与证据1化合物在结构上不接近。

采用相同方式进行分析可知，请求人主张的其他现有技术，即证据2和证据3，对化合物的结构上的教导较之证据1相差更远，二者同样不可能给出涉案专利的五环稠合结构的技术启示。

从以上分析过程可以看出，在进行结构是否相近的判断过程中，除了关注证据本身对于化合物结构的描述之外，亦不能脱离本领域对于化学结构及其性质的基本认知，二者共同构成了现有技术的整体教导。

实践中，化合物发明经常是在最接近的现有技术化合物基础上进行结构修饰得到的。既然来源于最接近的现有技术，那么修饰动机和手法首先会受到最接近的现有技术文献整体教导的影响。创造性判断中的所述整体教导体现在，例如，化合物通式结构的特点、各取代基的分布，包括位置、大小、数量、取代基本身的结构和相应的化学性质等，以及化合物的构效关系，即化学结构与生物活性之间的关系，其中当然也包括对效果实施例进行分析得到的"趋势"信息，这些均是认定本领域技术人员能否获得技术启示以及获得何种技术启示的重要因素。

该案通过阐释评价化合物创造性的审查标准，有助于公众获知化学领域专利无效宣告审查的特点，使广大创新主体和专利工作者对于此类案件的审理思路获得更多的了解，对于化学领域的无效宣告请求以及审查具有借鉴作用。

（来源：《中国知识产权报》 国家知识产权局专利局复审和无效审理部　侯曜）

📋 案例分析

一件发明专利申请是否具备创造性，只有在该发明具备新颖性的条件下才予以考虑。

一、审查原则

根据《专利法》第二十二条第三款的规定，审查发明是否具备创造性时，应当审查发明是否具有突出的实质性特点，同时还应当审查发明是否具有显著的进步。

在评价发明是否具有创造性时，审查员不仅要考虑发明技术解决方案本身，还要考虑发明要解决的技术问题和所产生的技术效果，将其作为一个整体来看待。与新颖性"单独对比"的审查原则不同，审查创造性时，审查员可以将一份或者多份对比文件中的不同的技术方案组合在一起进行评判。

二、审查基准

评定发明有无创造性，应当以《专利法》第二十二条第三款为基准。为有助于正确掌握该基准，下面分别给出突出的实质性特点和显著进步的审查基准。

1.突出的实质性特点的判断　是指将要求保护的发明与现有技术对比，并确定其技术方案是否是非显而易见的过程。一般可分为以下三个步骤。

（1）找出最接近的现有技术。最接近的现有技术，是指现有技术中与要求保护的发明最密切相关的一个技术方案，它是判断发明是否具有突出的实质性特点的基础。最接近的现有技术，通常与要求保护的发明技术领域相同，并且所要解决的技术问题、技术效果或者用途最接近和（或）公开了发明的技术特征最多；或者虽然与要求保护的发明技术领域不同，但能够实现发明的功能，并且公开发明的技术特征最多。应当注意的是，在确定最接近的现有技术时，应首先考虑技术领域相同或相近的现有技术。

（2）确定发明所解决的技术问题。审查中，审查员应当客观分析确定发明所解决的技术问题，为此，首先应当分析要求保护的发明与最接近的现有技术有哪些区别特征，然后根据该区别特征所能达到的技术效果确定发明所解决的技术问题。从这个意义上说，发明所解决的技术问题，是指对最接近的现有技术改进、以获得由发明产生的优于该最接近现有技术的效果的技术任务。

审查过程中，由于审查员所认定的最接近的现有技术可能不同于申请人在说明书中所描述的现有技术，因此，基于最接近的现有技术确定的技术问题，可能不同于说明书中所描述的"技术问题"。这种情况下，应当根据审查员所认定的最接近的现有技术重新确定"技术问题"。

重新确定的"技术问题"的范围可能要依据每个具体申请的情况而定。作为一个原则，发明的任何技术效果都可以作为重新确定技术问题的基础，只要所述的技术效果是本领域的技术人员从申请中可以得到的。

（3）判断要求保护的发明对本领域的技术人员来说是否显而易见。在该步骤中，要从最接近的现有技术和发明所解决的技术问题出发，判断要求保护的发明对本领域的技术人员来说是不是显而易见的。判断过程中，要确定的是现有技术整体上是否有某种技术启示，即现有技术中是否给出将上述区别特征用来解决所述技术问题的启示，这种启示会使本领域的技术人员在面对所述技术问题时，改进该现有技术并获得要求保护的发明。

下述情况，通常可以认为现有技术中存在上述"技术启示"：①所述区别特征为公知常识，例如，公知的教科书或者工具书披露的技术手段或者本领域中的惯用手段；②所述区别特征为与最接近的现有技术相关的技术手段，例如，同一份对比文件其他部分披露的技术手段，该技术手段解决的问题与根据最接近的对比文件确定的技术问题相同；③所述区别特征为另一篇对比文件中披露的相关技术手段，在该对比文件中，该技术手段解决的问题与根据最接近的对比文件确定的技术问题相同。

2.显著进步的判断　在评价发明是否具有显著进步时，主要应当考虑发明是否具有有益的技术效果。以下情况，通常应当认为发明具有有益的技术效果，具有显著的进步：①发明与最接近的现有技术相比具有更好的技术效果，例如，质量改善、产量提高、节约能源、防治环境污染等；②发明提供了一种技术构思不同的技术方案，其技术效果能够基本上达到现有技术的水平；③发明代表某种新技术发展趋势；④发明在某些方面有负面效果，但在其他方面具有明显积极的技术效果。

案例2　"含有缬沙坦和 NEP 抑制剂的药物组合物"发明专利权无效案

——申请日后补交实验数据的审查标准

2017年12月27日，国家知识产权局专利复审委员会针对请求人戴锦良就专利权人瑞士诺华公司（下称诺华公司）的发明专利（专利号：ZL201110029600.7）提出的无效宣告请求案，经审理后作出第34432号审查决定，宣告专利权全部无效。

针对该专利，请求人认为，本专利要解决的技术问题是提供一种具有协同效果的治疗或预防高血压等多种疾病的药物组合物。而本专利说明书以"断言式结论"的方式记载了缬沙坦与 NEP 抑制剂可以产生协同作用，并未披露和记载实验方法，缺乏用来证明两种药物之间存在协同作用的实验证据。而且，本专利公开了药物组合物具有多种用途，但是说明书中没有实验数据支持该组合物具有所述的用途，也没有公开药物的协同效果出现在所有的疾病中，还是特定的疾病。所以本专利说明书公开不充分。专利权人认为，本专利所要解决的技术问题是提供一种有效治疗高血压及其相关疾病的药物，只要本领域技术人员在阅读本专利说明书后能够实现权利要求1和2的技术方案所产生的抗高血压作用，本专利的说明书就满足充分公开的要求。而本发明组合物之间的协同作用属于进一步的预料不到技术效果。

因此，判断本专利说明书是否公开充分的关键在于认定本专利所要解决的技术问题以及上述技术方案能否解决该技术问题，本领域技术人员能否预期其技术效果，是否需要实验结果加以证实。

关于说明书公开不充分，专利权人认为：首先，在附件9第71217号复审决定中，专利复审委员会认定本专利说明书与现有技术已经清楚地公开了缬沙坦与NEP抑制剂都是抗高血压药，二者组合后对于高血压的治疗效果是本领域技术人员可以预见的，不属于必须依赖实验结果加以证实才能成立的情形，因此本专利说明书达到公开充分的要求，符合《专利法》第二十六条第三款的规定。其次，本专利的说明书清楚地说明了本专利的组合物所包含的组分的名称、结构、来源、施用途径、剂量、配制等，还清楚地描述了两种组分的抗高血压活性以及评价二者组合后的抗高血压作用的实验模型和方法。本领域技术人员根据说明书公开的内容能够实施本专利所要求保护的组合物，并能预期该组合物对高血压具有治疗作用。

对此，合议组认为：联合用药是选用高血压药物的原则之一，联合用药可减少每一种药的用量和不良反应，并得到协同作用的效果。但全面理解上述公知常识性证据（参见附件3、4、5）可知，具有协同作用效果的联合用药具有选择性，而非随意性。例如，附件4记载的不同类别的降血压药所能产生协同作用效果的联合用药情形中，作用于中枢 α2-受体的中枢交感神经抑制剂与利尿剂和血管扩张剂合用；交感神经阻断剂与利尿剂合用；而且，同一类别的降血压药联合用药的对象也不同，例如属于 α-受体阻断剂的酚妥拉明和苯苄胺与节后交感神经抑制剂合用，而同为 α-受体阻断剂的哌唑嗪则与利尿剂、肾上腺素能 β-受体阻断剂、可乐宁合用（参见附件4表14.2）。可见，以上公知常识性证据所载治疗高血压时联合用药能够获得协同作用，是对经过验证的具有协同作用的联合用药经验的概括性描述，并非归纳总结得出的普适性规律，所以本领域技术人员不能以此演绎推理得到不同的降血压药物组合后均能获得协同作用。

具体到本案，虽然血管紧张素Ⅱ受体阻滞剂与利尿剂合用属于能够获得协同作用效果的联合用药［参见附件4中14.1.4.1选用抗高血压药物的原则和表14.2常用抗高血压药物（四）］，但是血管紧张素Ⅱ受体阻滞剂与NEP抑制剂的组合具有协同作用的效果不在公知常识范围内，本领域技术人员无法预期二者具有协同作用。所以专利权人声称缬沙坦和N-（3-羧基-1-氧代丙基）-（4S）-对-苯基甲基）-4-氨基-2R-甲基丁酸乙酯组成的组合在降血压方面具有协同作用，需要药效实验加以证实。

药效实验通常包括实验方法、实验数据和结果、实验结论等，其中实验方法相对容易获得，例如可以借鉴已知的实验方法，实验数据和结果对于证明药物效果发挥着决定性作用，实验结论则建立在实验数据的统计分析结果基础之上。本专利说明书第0047~0062段公开了动物模型、给药方法、每日剂量、检测指标等实验方法，第0063段公开的"所获得的结果表明本发明的组合具有意想不到的治疗作用"属于实验结论，但说明书并没有公开具体的实验数据和结果。在本领域技术人员无法预期协同效果的前提下，没有实验数据和结果为基础的实验结论不能使本领域技术人员确认药物的协同效果。

本案决定解析了联合用药原则对药物组合使用是否存在技术启示，以及能否用申请日后补充的实验数据来证明发明技术效果的判断方法。同时启发创新主体，在撰写申请文件时应当高度重视专利制度中的"公开换保护"原则。

（来源：国家知识产权局专利局复审和无效审理部 复审经典案例）

▤ 案例分析

一、关于补交实验数据的相关分析

补交实验的效果应能从申请文件中得到。

药品是用于预防、诊断、治疗疾病的与社会公众身体健康、生命安全息息相关的特殊商品。药品的研发一般存在投资大、难度高、周期长等特点。为了避免研究成果被窃取或被竞争对手占先从而造成重大损失，从事药品研发的主体倾向于尽早提出专利申请。早期的研究可能并不完善，所以在专利审查过程中，当要求保护的发明被质疑不具备创造性时，申请人希望能通过补交实验数据来证明其技术效果。然而，如果一律允许申请人凭借申请日后补充的实验数据证明其技术方案具备创造性从而获得专利权，则有可能违背先申请制和公开换保护的原则。那么，针对申请日后补交的实验数据，应设立怎样的标准才能既不违反专利法的制度设计和基本原则，又能满足申请人的现实需求呢？

根据《国家知识产权局关于修改〈专利审查指南〉的决定》（国家知识产权局令第391号），2021年1月15日起施行的《专利审查指南》（下称审查指南）第二部分第十章第3节中对"3.5 关于补交的实验数据"一节的修改，规定："对于申请日之后申请人为满足《专利法》第二十二条第三款、第二十六条第三款等要求补交的实验数据，审查员应当予以审查。补交实验数据所证明的技术效果应当是所属技术领域的技术人员能够从专利申请公开的内容中得到的。"

为什么审查指南规定申请日后补交的实验数据只能用于证明所属领域技术人员能够从专利申请公开的内容得到的技术效果呢？首先，专利权具有独占性，所以同样的发明只能被授予一件专利权，当两个或两个以上的人就同样的发明创造提出专利申请时，专利权授予最先提出申请的人。因此，申请日成为判断同样的发明创造应授予谁的重要时间节点。同样，申请日之前所完成的发明创

造内容是确定授予专利权利要求保护范围大小的重要依据。如果不加限制地允许申请人补充申请日后完成的实验数据，那么申请人可能为了获得较早的申请日，在发明创造尚未完成就提交申请，然后通过补交实验数据将申请日后完成的发明纳入保护范围内。如此一来将破坏公平的竞争秩序，不利于专利制度和市场机制的运行。其次，公开换保护是专利制度设计的初衷和基本原则之一，即申请人履行向社会公开发明创造的义务，从而换取一定时间的独占权利。申请日后补交的实验数据不属于专利原始申请文件记载和公开的内容，公众看不到这些信息，如果这些实验数据也不是现有技术内容，在专利申请日之前并不能被所属领域的技术人员获知，则以这些实验数据为依据认定技术方案能够达到所述技术效果而对申请授予专利权或确认其专利权，这对于公众来说是不公平的。因此，当申请人或专利权人在申请日后欲通过提交实验数据证明其要求保护的技术方案相对于现有技术具备创造性时，补交实验数据所证明的技术效果应当是所属技术领域的技术人员能够从专利申请公开的内容中得到的。

二、说明书中的效果需本领域技术人员确认

在"含有缬沙坦和NEP抑制剂的药物组合物"专利权无效宣告请求案中，涉案专利是一种包含缬沙坦和沙库巴曲的药物组合物。无效宣告请求人认为：最接近的现有技术已经公开了NEP抑制剂和血管紧张素Ⅱ受体拮抗剂的组合物，用于治疗高血压和充血性心力衰竭，另有证据表明，沙库巴曲是已知的NEP抑制剂，缬沙坦是已知的血管紧张素Ⅱ受体拮抗剂，且二者均具有降血压的作用，本专利声称药物组合物之间存在协同作用，但是该效果不能被证实，因此，权利要求1不具备创造性。

在该案的审理过程中，专利权人提交了发明人作出的声明（下称反证1），用于证明缬沙坦和沙库巴曲的药物组合物在高血压动物模型中具有降低平均动脉压的协同作用。反证1属于申请日后补交的实验数据，所证明的技术效果是否属于本技术领域的技术人员能够从专利申请公开的内容中得到的，应结合本领域的普通技术知识和专利申请公开的内容进行具体分析综合判断。

现有技术对高血压药物的作用机制研究比较深入，所属领域技术人员的认知水平也相应较高。本领域公知联合用药是高血压药物选择的原则之一，但全面理解请求人提交的与联合用药原则相关的公知常识性证据可以发现，具有协同作用效果的联合用药具有选择性，而非随意两种不同作用机制的药物组合后均能产生协同作用。

在所属领域技术人员的认知水平不能预期缬沙坦和沙库巴曲组成的组合物在降血压方面具有协同作用的情况下，说明书公开的内容应达到使所属领域技

术人员能够确认该效果存在的程度，否则所属领域技术人员无法从原申请文件中得到该技术效果。

涉案专利说明书公开了动物模型、给药方法、每日剂量、检测指标等实验方法，以及"所获得的结果表明本发明的组合具有意想不到的治疗作用"的简单结论，并没有公开具体的实验数据或结果。在所属领域技术人员无法预期缬沙坦和沙库巴曲之间存在协同效果的前提下，说明书仅记载实验方法和没有实验数据和结果为基础的结论，不能使所属领域技术人员得到缬沙坦和沙库巴曲的组合在降血压方面具有协同效果。因此，反证1不能用于认定本专利的技术效果。

三、预料不到的效果应当在申请文件中证实

怎样的技术效果才是本技术领域的技术人员能够从专利申请公开的内容中得到的技术效果？笔者认为，专利申请文件证实的技术效果毫无疑问属于本技术领域的技术人员能够从专利申请公开的内容中得到的技术效果。而没有被专利申请文件证实的技术效果可以分为两类：一类是所属领域技术人员能够预期的技术效果；一类是所属领域技术人员预料不到的技术效果。针对所属领域技术人员能够预期的技术效果，即使申请文件没有提供实验数据，所属领域技术人员凭借其掌握的知识和能力也能得到该效果。例如，缬沙坦和沙库巴曲均是已知具有降血压作用的化合物，二者组合之后，在没有反证的情况下，即使说明书没有提供实验数据，所属领域技术人员也能得到二者组合后仍然能够发挥一定的降血压作用。而预料不到的技术效果已经超出了所属领域技术人员的知识和能力范围，如果申请文件不加以证实，则所属领域技术人员无法得到该效果。药物发明的预料不到的技术效果往往依赖实验来证实，药效实验通常应包含实验方法、实验数据和实验结果和结论等。因此，申请人撰写药物发明专利申请文件时，对于所属领域技术人员不能确认的效果或用途，应在说明书中提供充足的药效实验资料以证实该技术效果。

（来源：《中国知识产权报》 国家知识产权局专利复审委员会 董海鹏）

案例3 "奥美沙坦酯"专利侵权纠纷案：专利侵权例外

1992年2月21日，三共株式会社向国家知识产权局提出"用于治疗或预防高血压症的药物组合物的制备方法"发明专利申请，并于2003年9月24日被授予专利权（专利号为ZL97126347.7）。

2006年1月10日，三共株式会社作为许可方与被许可方三共制药公司签订专利实施许可合同。合同约定三共株式会社许可三共制药公司在中华人民共和国全域内使用该专利方法，以及使用、销售和进口依照该专利方法直接获得的产品。专利许可方式为普通使用许可，合同有效期自1999年12月8日至2009年12月7日。在本案审理期间，三共株式会社认可三共制药公司作为涉案专利普通实施许可合同的被许可人与其共同提起诉讼。

在本案审理期间，三共株式会社和三共制药公司主张涉案药品为新产品，并提交了涉及相关化合物及药物的2001年欧洲专利及1997年美国专利授权文本以及国家药监局网站的相关内容，以证明含有"奥美沙坦"的高血压治疗药物为新产品。2006年3月13日，经中华人民共和国长安公证处公证的国家药监局网站内容显示，在"药品国产品种"和"药品进口品种"中查询产品名称或商品名称为"奥美沙坦"的药品，搜索结果为未找到符合查询条件的数据。

在本案审理过程中，基于三共株式会社及三共制药公司的申请，法院前往国家药监局调取了万生公司申请"奥美沙坦酯片"新药注册及审批所提交的相关材料，包括药品说明书、起草说明及相关参考文献，药学研究资料综述，样品的检验报告书，以及该药品临床试验报告和临床研究总结报告。其中，该药品说明书及药学研究资料综述中载明了该药品的结构式，其与《中国新药与临床杂志》刊载的涉案文章中奥美沙坦的结构式相同；药学研究资料综述中还载明了该药品的操作步骤，即将奥美沙坦酯、乳糖等混合均匀，加入制备好的黏合剂制软材，再加入其他成分混匀、压片；样品的检验报告书载明，药品批号分别为20041201，20041202，20041203；药品临床试验报告中载明："奥美沙坦酯……是日本三共（Sankyo）公司研制的一种选择性血管紧张素Ⅱ受体（AT1）阻断剂，2002年分别在美国……和德国……上市。奥美沙坦酯是一种前体药物，口服后在体内转化为奥美沙坦……使血压降低，具有耐受性好、不良反应少等特点，临床用于治疗高血压症。"

三共株式会社、三共制药公司及万生公司对法院调取的上述材料的真实性均予以认可，三共株式会社和三共制药公司主张相关材料所载明的生产方法与涉案专利方法相同，侵犯了其专利权；万生公司主张其为药品注册提供信息而进行的生产样品的行为不构成侵权，且此后对相关生产工艺有所改动，但其未就此举证证明。

法院认为：原告三共株式会社所享有的涉案"用于治疗或预防高血压症的药物组合物的制备方法"发明专利权应当受到中华人民共和国专利法的保护。任何单位或者个人未经专利权人原告三共株式会社许可，都不得实施其专利，即不得为生产经营目的使用其专利方法以及使用、许诺销售、销售、进口依照该专利方法直接获得的产品。鉴于原告三共株式会社认可三共制药公司与其共同提起本案诉讼，原告三共制药公司作为涉案专利的普通实施许可合同的被许可人有权与涉案专利权人三共株式会社共同在本案主张权利。虽然被告万生公司主张涉案专利名为药品制备方法实为药品本身，涉案专利的授权不符合相关法律规定，并已就此提出无效宣告请求，但对该专利有效性的审查尚在处理过程中，故法院依据涉案专利的现有状态进行审理。

依据《专利法》的有关规定，因新产品制造方法发明专利引起的专利侵权诉讼，由制造同样产品的单位或者个人对其产品制造方法不同于专利方法承担举证责任。根据本案已经查明的事实，被告万生公司申请注册的涉案药品为"奥美沙坦酯片"，该化学药品的结构式与涉案专利所涉及的产品结构式相同，因此二者属于相同产品；且相关药品专利授权文件及新药注册情况等现有证据均表明，涉案药品"奥美沙坦酯片"为新产品。因此，被告万生公司应就其产品制造方法承担举证责任。鉴于被告万生公司在本案审理期间未就此举证证明，本院基于两原告的申请前往国家药监局调取了被告万生公司申报的相关材料。经比对，其中涉及的涉案药品操作步骤表明，被告万生公司使用的方法与涉案专利方法基本相同。

依据本案现有证据，两原告指控被告万生公司侵权的涉案药品"奥美沙坦酯片"尚处于药品注册审批阶段，虽然被告万生公司为实现进行临床试验和申请生产许可的目的使用涉案专利方法制造了涉案药品，但其制造行为是为了满足国家相关部门对于药品注册行政审批的需要，以检验其生产的涉案药品的安全性和有效性。鉴于被告万生公司的制造涉案药品的行为并非直接以销售为目的，不属于《专利法》所规定的为生产经营目的实施专利的行为，故法院认定被告万生公司的涉案行为不构成对涉案专利权的侵犯。两原告主张按照药品注册相关办法的规定，被告万生公司为申请新药生产许可而生产的三批样品在取得药品生产批准文号后可以上市销售，进而主张涉案样品应仍在有效期内可以上市销售，认为被告万生公司侵犯了涉案专利权，依据不足，法院不予支持。

综上所述，本案原告三共株式会社和三共制药公司主张被告的涉案行为侵犯了涉案专利权，并请求法院判令被告万生公司停止侵权、赔偿两原告经济损失及因诉讼支出的费用的诉讼主张，依据不足，法院不予支持。

［来源：北京市第二中级人民法院　民事判决书（2006）二中民初字第04134号］

案例分析

一、被告为申请新药生产许可所生产的三批产品的属性

根据我国相关法律的规定，新药上市前必须经过一系列的试验研究和国家药监局的审批。根据2007年10月1日起施行的《药品注册管理办法》的规定，申请新药注册分为临床前研究、临床试验、申请新药生产（申请上市）几个阶段。在临床试验阶段，申请人应当向临床试验单位提供临床试验药物，该药物应是申请人自己制备的；在申请新药生产阶段，国家药监局应对生产情况及条件进行现场核查，抽取连续三个生产批号的产品。《药品注册管理办法》第六十二条、六十三条、六十四条规定的对连续抽取三个生产批号的药品进行检验，是为了保证药品的安全性、有效性和质量可控性而进行的强制性行政行为。《药品注册管理办法》第六十七条规定：为申请新药所生产的连续三个生产批号的样品，在检验合格并取得药品批准文号后，可以在药品的有效期内上市销售。万生公司为申请新药注册已经生产了"奥美沙坦酯片"并没有取得药品生产批准文号，因此也就不存在上市销售损害原告方经济利益的问题。

二、关于1985年《专利法》第二十五条的规定

在1985年《专利法》中第二十五条规定，药品和用化学方法获得的物质不能授予专利权。之所以这样规定，一方面，通过法律规定对新药的生产方法授予专利权，可以对新药研发者的创造性劳动给予一定的保护，以鼓励和促进药品领域研究创新和专利申请；另一方面，对任何一种药品或化学品来说，其生产方法在理论上应当不止一种。这样，即使对其中已被发明出来的一种或几种方法授予专利权，只要不保护药品本身，随着相关领域的技术发展，其他研发者仍然有可能通过自己的研发努力，发明出新的生产方法，并按该方法来自由生产该药品。

我国第一部专利法采用了只保护药品的生产方法但不保护药品本身的做法，实质上是为落后的国内制药行业预留了必要、合理的生存和发展空间。但是，在这部法律实施过程中，许多国外制药企业对其所取得的药用化合物发明，以"相似方法"专利的变通方式，获得了以该药用化合物为活性组分的药品本身的实质性保护。

三、中国的 "Bolar 例外" 条款

2008年12月27日，十一届全国人大常委会对专利法进行了第三次修订，此次修订增加了被称作 "Bolar 例外" 的条款。"Bolar 例外" 条款源于美国的 Roche v Bolar 案，Bolar 公司为能尽早上市 Roche 公司的安眠药盐酸氟西泮仿制品，在该产品专利届满前，从加拿大进口5kg该药物的原料化合物，并通过对这些药品进行试验来收集报批所需要的数据。1983年7月28日，Roche 公司诉 Bolar 公司专利侵权，美国纽约东区地方法院认为，专利保护过期前禁止研发商用该专利药物进行试验等于延长了专利保护期，以此判定被告的试验行为不构成专利侵权。Roche 公司提起上诉，美国上诉法院认为：专利保护期终止前禁止仿制药的试验研究确实变相延长了专利保护期，但是，现行法律没有相关规定，而为药品进行生物等效性试验是有商业目的的，不属于专利法中的不视为侵权的实验研究，判定 Bolar 公司侵犯了 Roche 公司的专利权。

此案在美国引起强烈反响，1984年美国国会通过了 Hatch-Waxman 法案，规定 "如果单纯是为了完成和递交药品、兽用药与生物制品制造、使用和销售的联邦法律所要求的合理相关信息的应用，则不构成侵权"。"Bolar 例外" 条款因此诞生。

2008年我国修改专利法时规定：为提供行政审批所需要的信息，制造、使用、进口专利药品或者专利医疗器械的，以及专门为其制造、进口专利药品或者专利医疗器械的不视为侵犯专利权。这被认为是中国的 "Bolar 例外" 条款，这一条款既实现了与世界接轨，也为以后解决诸如 "奥美沙坦酯" 专利侵权纠纷案等案件提供了直接的法律依据。

案例4 "奥氮平" 专利侵权纠纷案：专利诉讼的诉前禁令

国际制药巨头美国礼来公司状告江苏豪森药业股份有限公司（下称豪森公司）侵犯专利权，这一长达4年半的知识产权官司，经过一审、二审，礼来公司的诉讼请求并未得到法院的支持。按照中国的诉讼制度，二审即终审，但该案仍余音未了。礼来公司相关负责人告诉记者，礼来正在考虑是否向最高人民法院提出再审申请。其实，诸如此类原研药厂商和仿制药厂商之间的纠纷由来已久，但与以往不同的是，国内制药厂商在仿制药生产过程中逐渐重视知识产权，其制备方法并没有覆盖原告专利所有技术特征，不构成侵权，获得胜诉的案例越来越多；但不管是以往的败诉还是现在的胜诉，国内制药厂商在专利侵

权诉讼面前，赢了官司，输了市场，同样愁云惨淡。面对官司胜败市场皆"输"的困局，国内药企纷纷思索目前我国知识产权保护日益完善环境下的企业对策和行业发展。走在仿制药生产研发前列的国内厂商则发出强音，仿制药厂商的未来是研发和创新，要尽快缩短仿制药的过程，实现从仿制向创制的转变。

奥氮平是一种主要治疗精神分裂症的药物，也是礼来公司的超级"重磅炸弹"药品，其商品名为"再普乐"。在业内，超级"重磅炸弹"药品是指单季度销售额超过或接近10亿美元的药品。据了解，礼来1993年在美国获得了奥氮平化合物专利。

江苏豪森公司研制生产奥氮平则是我国药企发展仿制药的缩影。因为新药研发的投入大、周期长、风险大，国际上除了一些大型制药巨头从事专利药研发生产外，还有一批专门生产已过保护期的专利药的非专利药企业，而我国化学制药企业发展之初因为当时国内知识产权法律制度相对宽松，可以研发生产没有到期的专利药，它们被称为仿制药厂商。

1993年1月1日，我国开始施行《关于修改〈中华人民共和国专利法〉的决定》，把药品和化学物质纳入专利保护的范畴。在这之前，我国《专利法》第二十五条规定对药物产品本身不予保护，只对其制备方法予以保护。按此规定，1993年前申请专利的国际专利药产品不受我国专利法保护，国内厂商只要避开原有的工艺路线，不侵犯对方制备方法专利，即受法律保护。这部分数量不过100多种的药物也就成为目前国内制药企业争相仿制的对象。

豪森公司选中了奥氮平。2001年12月17日，豪森公司和上海医工院经国家食品药品监督管理局批准，在国内首先获得奥氮平原料及制剂（商品名：欧兰宁）的新药证书和生产批件。"从1998年开始，我们就着手研发奥氮平药物的制备方法，累计花费数百万元。"豪森公司负责人告诉记者，在研发制备方法过程中，豪森公司也就其制备方法提出了专利申请，目前尚处于公开阶段，还未进入实审。

但美国礼来公司手握1991年申请的"制备一种噻吩并苯二氮杂䓬化合物的方法"（下称91专利）以及1996年申请的"2-甲基-噻吩并苯二氮杂䓬的结晶形式及制备方法"（下称96专利）等两项发明专利权，认为豪森公司未经许可，制备奥氮平并用该化合物进行二期临床试验，侵犯了他们的专利权，申请诉前禁令，并将豪森推上被告席。

91专利是一种制备方法专利，豪森公司认为，他们一开始就注意到绕开对方工艺，采用的合成方法和工艺路线与其完全不同；96专利是化合物及制备方法专利，权利要求书上的内容为一种基本上纯的形态Ⅱ的奥氮平同质多形物，在相同的化学结构上提出一种新的晶型，豪森公司对此提出质疑。

2004年11月24日，豪森公司针对原告96专利向国家知识产权局专利复审委员会提出无效宣告请求，认为权利要求1-8和10不具有新颖性和创造性，请求宣告96专利部分无效。"我们认为这和它1993年以前在美国申请的化合物专利并没有实质差别，只是在其基础上做了稍许改写，失去了新颖性，便提出专利无效申请。"2005年4月28日，在开庭前，礼来公司向国家知识产权局专利复审委员会提出放弃96专利要求1-8和10，仅保留权利要求9。"礼来在删除了9项权利要求后，实际上将内容变更为一种分离方法的专利，专利权有效性才得以维持"，豪森公司负责人介绍。

法院也对豪森公司给予支持，上海第二中级人民法院和上海市高级人民法院分别作出一审、二审判决，豪森公司的制备方法并未覆盖原告专利的全部技术特征，不构成侵权。

不过，礼来公司显然不满意在研发上投入巨大财力物力的"重磅炸弹"受此待遇。"我们认为庭审过程中存在一些程序上以及实体问题方面的错误。这些问题包括，鉴定专家指定方式以及专利侵权等同性原则的适用"，礼来公司公关部负责人向记者表示。对于是否向最高人民法提出再审申请，她表示，公司会根据实际情况来做决定。

案例分析

一、警告信与专利不侵权宣告

和败诉的原告同样不满意的还有豪森公司董事长郑道中，他直言，豪森公司是这场官司最大的输家："因为一纸禁令，停止生产和销售奥氮平原料药和片剂并扣押相关的报批文件及样品，豪森公司先期数百万元的研发投入和上千万元用于扩建厂房、新增设备等支出没了着落，原告在申请诉前禁令时提供的担保即使全部赔偿也远不足以弥补损失。即使一审胜诉，禁令措施解除，公司推出欧兰宁上市，也是在四年之后，没有了任何市场优势。"而更为严重的是，因为官司在身，豪森公司的上市计划被无限期推迟，公司长远的发展也受到很大影响。

目前，豪森公司就诉前禁令申请错误提出起诉，以追究礼来公司的赔偿责任，此案件正在审理过程中。礼来公司公关部负责人表示，依照中国专利法，礼来公司拥有申请诉前禁令的法律权利，并且礼来公司为此申请提供了适当的担保，法院基于礼来公司很可能胜诉的前提颁布禁令，礼来公司不应该为被告的任何损失承担责任。

按照加入WTO协定书的承诺，中国将诉前禁令制度引入知识产权保护领域。这一制度的建立与执行，使知识产权权利人寻求司法救济的时间从已经发生的侵权行为提前到正在发生的侵权行为，有利于及时制止知识产权侵权行为，从而极大维护知识产权权利人的合法权益。但由于我国这一制度建立时间不长，在制度设计上还存在很多不足、司法实践中也没有统一的标准，争议较多。例如《最高人民法院关于对诉前停止侵犯专利权行为适用法律问题的若干规定》第十条规定了当事人对禁令的复议权，但没有就禁令是否可因复议而解除作出相关规定。在司法实践中，通常是被申请人提出复议，要求解除诉前禁令，但复议的结果往往只对禁令裁定内容做了修订，例如要求申请人追加担保，而没有发生解除或撤销禁令的情况。

诉前禁令制度依申请人单方申请及提供的证据而作出，其实施特点在于迅速、及时。北京市第二中级人民法院法官周晓冰在接受记者采访时表示，法院裁定禁令申请时要坚持既积极又慎重的原则，对双方当事人的利益都应给予充分的考虑和平衡。他进一步解释，法院要从申请人是否拥有稳定、有效的知识产权，被申请人的行为经初步判断可否认定为侵权行为，以及如果不及时制止，是否会带来"难以弥补的损害"三个方面进行判断，其中会存在很多难以操作和量化的地方。尤其对于药品专利这类案件，初步判断是否侵权非常困难，要尤为审慎。否则，一旦实施，申请方就可获得较大的期望利益，一旦败诉，申请方却只需按照"填平性"原则进行赔偿，这对被侵害方显然是不公平的。

对于胜诉后因为诉前禁令给公司带来的影响，豪森公司负责人表示，胜诉方损失的认定，不仅是直接损失，还应包括间接损失及机会利益。他认为，法律对存在蓄意、故意甚至是恶意的行为，应该按照"惩罚性"原则，要求实施侵害方给予"报复性"赔偿。

二、原研与仿制

目前，中国是医药仿制大国，在仿制基础上的创新仍是当前国内制药企业研发新产品的重要途径。在这个过程中，如何避开与原研发的跨国公司在专利上的摩擦，避免侵权诉讼，尤为重要。

豪森公司负责人建议企业在产品研发立项前，要注重对相关专利的研究和数据检索，防止落入专利权人的"保护陷阱"。药品研发周期长、投入多、风险大，因此，国内企业在进行研发时，一定要重视知识产权相关政策、相关产品专利的研究，避免因落入专利陷阱而导致经营风险。

他还表示，在诉讼中，面对国外企业涉及知识产权的诉讼，要冷静分析，沉着应对，如果确有侵权，就应勇敢承认错误，尊重事实和法律，停止侵权行为；反之，则要敢于应诉，善于应诉，把损失降到最低。他说："发达国家制药企业在我国申请的各类专利，既有一些技术含量高、具有新颖性和创造性的专利，也有一些出于商业目的、市场垄断、缺乏技术含量的'伪专利'，对于后者，国内制药企业要积极申请专利无效请求。"

而从我国制药企业长远发展来看，我国药品的专利保护、行政保护、新药保护已日趋完善，知识产权将成为鼓励创新和药品研发越来越重要的制度。业内人士认为，我国制药企业可以借鉴印度模式，印度制药企业在宽松的专利环境下从仿制药生产开始，积累了成熟的反工艺技术和多种药品剂型制造能力后，逐步转向新药开发，实现在产业价值链上的不断上行。国内药企要高度重视产品的研发和技术进步，尽快缩短仿制药的过程，实现从仿制向创制的转变，在此过程中，无论是想利用知识产权资源来构建在市场竞争中的优势地位，还是为自身发展避开跨国企业的知识产权壁垒，企业都应该制定适合自身的知识产权战略，并成立相应的组织机构。

当然，不容忽视的现实是，国内化学制药行业近十年刚刚起步，近几年又遭遇数次政策调整，目前在与国际制药巨头竞争中还屡屡深陷知识产权诉讼泥沼，生存环境不容乐观。记者在采访中了解到，国内制药企业多感叹，一句从仿制到创制转变实现起来谈何容易？他们认为，目前更为紧迫而又现实的是，我国应在WTO的框架下，从立法、司法乃至行政措施多领域为国内药企谋求一个好的生存环境，合理、合法规避国外药企的知识产权壁垒，让中国药企首先在仿制的道路上迈开步伐，进而实现研发升级，走向创制的道路。

（来源：国家知识产权局复审和无效审理部　审查决定评析）

案例5　"烟酰胺类衍生物的甲磺酸盐A晶型及其制备方法和应用"发明专利权无效案：现有技术的构成要件探析

2017年8月31日，请求人江苏恒瑞医药股份有限公司（下称恒瑞医药）就专利权人上海宣创生物科技有限公司（下称宣创生物）的第ZL201510398190.1号发明专利权提出无效宣告请求。涉案专利涉及用于治疗晚期胃癌的靶向药物——"阿帕替尼"的药物晶型改进。在该案的审理过程中，关于涉案专利保护的N–［4–（1–氰基环戊基）苯基］–2–（4–吡啶甲基）氨基–3–吡啶甲酰胺甲磺酸盐（下称甲磺酸阿帕替尼）A晶型是否属于现有技术成为主要争议焦点之一。

恒瑞医药与宣创生物的"阿帕替尼"专利之战备受关注。阿帕替尼是恒瑞医药在国家重大新药专项支持下研究开发的国家1.1类新药"甲磺酸阿帕替尼片"（商品名艾坦），该药被认为是我国在肿瘤治疗领域的一项重大突破，2014

年获批上市，2017年成为纳入新版医疗保险目录谈判范围的44个品种之一。宣创生物于2015年左右针对阿帕替尼申请了多件"改进型"药物晶型专利，并以侵犯其涉案专利的专利权为由，将恒瑞医药诉至北京知识产权法院，恒瑞医药随后就涉案专利提出无效宣告请求。

《专利法》第二十二条第二款规定："新颖性，是指该发明或者实用新型不属于现有技术；也没有任何单位或者个人就同样的发明或者实用新型在申请日以前向国务院专利行政部门提出过申请，并记载在申请日以后公布的专利申请文件或者公告的专利文件中。"

对于有机化合物晶体发明而言，如果根据相关物性参数和描述可以将要求保护的晶型与现有技术区分开，则可以认为其具备新颖性。

使用公开是指由于使用而导致技术方案的公开，或者导致技术方案处于公众可以得知的状态。临床试验是由医师或药师将药物提供给患者服用，以验证药物的治疗效果，根据该使用目的，医师或药师通常不会对药品进行额外检测以获取说明书记载信息以外的结构信息，接受治疗的患者更无对药品进行检测的可能，因此临床试验本身不必然构成专利法意义上的使用公开。

一、关于权利要求1-3的新颖性

权利要求1保护N-［4-（1-氰基环戊基）苯基]-2-（4-吡啶甲基）氨基-3-吡啶甲酰胺甲磺酸盐A晶型（详见案由部分）。

请求人主张：①本专利权利要求1限定了A晶型的XRPD图谱以及含水量，与证据6实施例4的区别在于证据6没有公开XRRD图谱，一方面，无法依据证据6公开的信息将其与权利要求1相区别；另一方面，含水量并不能对A晶型的结构和组成产生影响，而且本专利图2用DSC法测定对比物（重复证据6制备的晶体）的熔点是197.69℃，与本专利所述A晶型的熔点198~200℃非常接近，可以认为具有相同熔点，因此，基于证据6公开的内容，无法将其中化合物A的甲磺酸盐的晶体与本专利的A晶型区分开；②证据6在说明书第6页"4、稳定性"部分将化合物A的甲磺酸盐在RH 90%条件下放置6个月，室温下放置6个月后，测定了所得物质的化学稳定性。根据本专利实施例17以及表3的记载可见，由证据6制备方法获得针状晶体在RH 90%条件下放置6个月，室温下放置6个月后均能得到本专利的A晶型。由此可见，证据6实际已获得和披露了本专利A晶型；③证据7中晶型研究部分记载了请求人按照证据6的上述制备方法获得了阿帕替尼甲磺酸盐的A晶型，且该晶型的XRPD图谱和含水量与本专利权利要求1中记载的完全一致（参见证据7第8-7页，附件1-1和1-2页），证据13依照证据6中制备实施例4进行重复试验，并测定所得针状晶体的含水量和

XRPD图均与本专利权利要求1一致（参见证据13正文第6~8页），由此足以证明证据6公开了与权利要求1相同的A晶型。综上所述，权利要求1相对于证据6不具有新颖性。基于相同理由，权利要求2和3也不具备新颖性。

二、关于权利要求3和10引用权利要求3的技术方案的新颖性

权利要求3保护如权利要求1所述的N-[4-（1-氰基环戊基）苯基]-2-（4-吡啶甲基）氨基-3-吡啶甲酰胺甲磺酸盐A晶型（详见案由部分）。

请求人依据证据2~5主张权利要求3和权利要求10引用权利要求3的技术方案不具备新颖性，具体理由是，证据2公开了甲磺酸阿帕替尼于2014年12月13日获得国家食品药品监督管理总局批准用于治疗晚期胃癌，某院于2015年4月~2016年3月期间在临床上使用阿帕替尼（商品名：艾坦，江苏恒瑞医药股份有限公司，批准文号国药准字H20140105，规格：0.4259），由此可见，在本专利申请日之前，请求人生产的艾坦已上市销售。证据3第5页倒数第3段至第6页第2行记载：对比可知，江苏恒瑞医药股份有限公司生产的"甲磺酸阿帕替尼片"的XRPD图谱与本专利权利要求1中记载的XRpD图谱完全相同，水分含量为3.46%，也落在本专利权利要求1中的2.5%~4.5%之内。综上可知，江苏恒瑞医药股份有限公司生产的"甲磺酸阿帕替尼片"、商品名称为"艾坦"的药品，其晶型完全落在了本专利权利要求1的保护范围之内。证据4对专利权人提供的甲磺酸阿帕替尼原料药（自制）及请求人上市的甲磺酸阿帕替尼片（0.4259含量，批号16051356）样品进行常规晶型分析，XRPD图谱（附图1-2）显示，片剂样品出峰位置与原料药基本保持一致，从DSC图谱（附图3-5）中可以看出，片剂样品与原料药样品在100℃之前均有一个吸收峰，在195~198℃间均出现一个熔融吸收峰，因参比原料药的XRPD的出峰位置与本专利权利要求1的出峰位置完全相同，因此，证据4表明艾坦片剂中的甲磺酸阿帕替尼的XRPD的出峰位置落入权利要求1的保护范围。证据5是专利权人购买艾坦用于证据4测试所附的药品说明书，最后一页0.425g规格的批准文号与证据2相同。由此可见，艾坦在本专利申请日之前在国内已被制造、上市销售和使用，其中活性成分阿帕替尼甲磺酸盐落入权利要求3的保护范围，因此，申请日前已经处于公众想要得知即可得知的状态，从而导致权利要求3不具有新颖性。由于证据2公开了艾坦在治疗胃癌中的应用，基于权利要求3相同的理由，权利要求10相对于证据2也不具有新颖性。

三、关于权利要求4-9的新颖性

请求人主张，证据1权利要求1-3，说明书第0025~0031段和附图1公开了

与本专利具有相同XRPD图谱和含水量的A晶型，其权利要求4-6和说明书第0033~0041段实施例1中记载了A晶型的制备方法，公开了本专利权利要求4-5引用权利要求1或2时的技术方案的全部技术特征，其权利要求7和说明书第0042~0043段实施例2公开了本专利权利要求6-7引用权利要求1或2时的技术方案的全部技术特征，其权利要求8和说明书第0044~0045段实施例3公开了本专利权利要求8-9引用权利要求1或2时的技术方案的全部技术特征，因此权利要求4-9引用权利要求1或2时的技术方案相对于证据1不具有新颖性。

专利权人认为，评价新颖性与不享受优先权的结论矛盾，本专利享有优先权，因此证据1不能用于评价本专利的新颖性。

对此，合议组认为，判断是否享受优先权与评价新颖性的标准有所不同，享受优先权的技术方案应当清楚地记载在优先权文件中，而评价新颖性时，只要求现有技术中公开了落入权利要求保护范围内的技术方案即可。如上文关于优先权的评述，本专利权利要求4-9不能享受证据1的优先权，在此基础上，证据1可以作为现有技术评价权利要求4-9的新颖性和创造性。

对于本专利权利要求4-5直接或间接引用权利要求1和2的技术方案而言，合议组查明，证据1公开了烟酰胺类衍生物N-［4-（1-氰基环戊基）苯基］-2-（4-吡啶甲基）氨基-3-吡啶甲酰胺的甲磺酸盐A晶型的制备方法，包括：将500mg烟酰胺类衍生物的甲磺酸盐投入100ml的有机溶剂中，在室温35℃下摇床振荡48小时，然后过滤、真空干燥，所得白色粉末即烟酰胺类衍生物的甲磺酸盐A晶型，测得水分含量为2.71%。

有机溶剂使用以下种类有机溶剂的任一种，或者使用以下种类有机溶剂的任意两种或两种以上以任意比例的混合。

醇类有机溶剂包括：甲醇、乙醇、异丙醇、正丙醇、异丙醇、正丁醇、异丁醇等。

醚类有机溶剂包括：异丙醚、甲基叔丁基醚等。

酯类有机溶剂包括：乙酸乙酯、乙酸丁酯等。

酮类有机溶剂包括：丁酮、4-甲基-2-戊酮等。

脂肪烃类有机溶剂包括：正庚烷等。

芳香烃类有机溶剂包括：甲苯等。图1公开了所述A晶型的XRPD图谱（参见证据1说明书第1页第0002段，第4页实施例1，图1）。

其中，证据1实施例1所得A晶型的XRPD图谱及含水量均与本专利相同，所用溶剂与本专利权利要求4相同，摇床振荡的温度为室温35℃，公开了在室温下摇床振荡的技术特征，酰胺类衍生物的甲磺酸盐与所述有机溶剂的配比为500mg：100ml＝1：200g/ml，落入权利要求4的范围并且公开了从属权利要求

5的附加技术特征。可见，证据1公开的上述技术方案落入了本专利权利要求4和5的保护范围内，因此权利要求4和5直接或间接引用权利要求1和2的技术方案相对于证据1不具备《专利法》第二十二条第二款规定的新颖性。

对于本专利权利要求6-7直接或间接引用权利要求1和2的技术方案而言，合议组查明，证据1公开了烟酰胺类衍生物N-［4-（1-氰基环戊基）苯基］-2-（4-吡啶甲基）氨基-3-吡啶甲酰胺的甲磺酸盐A晶型的制备方法，包括：将500mg烟酰胺类衍生物的甲磺酸盐溶解于15ml甲醇中，然后滴加异丙醚、甲基叔丁基醚或乙腈，当发现有固体析出时停止滴加异丙醚、甲基叔丁基醚或乙腈，将上述反应液静止12小时得到类白色固体，将类白色固体过滤，真空干燥得到白色粉末即烟酰胺类衍生物的甲磺酸盐A晶型，测得水分含量为4.21%。图1公开了所述A晶型的XRPD图谱（参见证据1说明书第1页第0002段，第4页实施例1，图1）。其中酰胺类衍生物的甲磺酸盐与甲醇的配比为500mg：15ml＝1：30g/ml，落入权利要求6的范围并且公开了从属权利要求7的附加技术特征。可见，证据1公开的上述技术方案落入了本专利权利要求6和7的保护范围内，因此权利要求6和7直接或间接引用权利要求1和2的技术方案相对于证据1不具备《专利法》第二十二条第二款规定的新颖性。

对于权利要求8-9直接或间接引用权利要求1和2的技术方案而言，合议组查明，证据1公开了烟酰胺类衍生物N-［4-（1-氰基环戊基）苯基］-2-（4-吡啶甲基）氨基-3-吡啶甲酰胺的甲磺酸盐A晶型的制备方法，包括：将500mg烟酰胺类衍生物的甲磺酸盐溶解于20ml二甲基甲酰胺中，然后滴加异丙醚、甲基叔丁基醚或乙腈，当发现有固体析出时停止滴加异丙醚、甲基叔丁基醚或乙腈，将上述反应液静止12小时得到类白色固体，将类白色固体过滤，真空干燥得到白色粉末即烟酰胺类衍生物的甲磺酸盐A晶型，测得水分含量为3.23%。图1公开了所述A晶型的XRPD图谱（参见证据1说明书第1页第0002段，第4页实施例3，图1）。其中，酰胺类衍生物的甲磺酸盐与甲醇的配比为500mg：20ml＝1：40g/ml，落入权利要求8的范围并且公开了从属权利要求9的附加技术特征，可见，证据1公开的上述技术方案落入了本专利权利要求8和9的保护范围内，因此权利要求8和9直接或间接引用权利要求1和2的技术方案相对于证据1不具备《专利法》第二十二条第二款规定的新颖性。

综上所述，专利复审委员会宣告201510398190.1号发明专利权全部无效。

（来源：国家知识产权局专利局复审和无效审理部　复审经典案例）

案例分析

现有技术的认定是新颖性和创造性审查的基础，也是专利侵权诉讼中现有技术抗辩的基础。根据《专利法》第二十二条第五款的规定，现有技术是指申请日以前在国内外为公众所知的技术。《专利审查指南》进一步规定，现有技术应当在申请日以前处于能够为公众获得的状态，并包含能够使公众从中得知实质性技术知识的内容。

根据上述规定，一项技术是否构成现有技术，应当同时具备以下条件：①必须实际存在某种公开行为；②该公开行为必须在申请日或优先权日之前完成；③该公开行为足以使得公众通过正当途径即能够得知实质性技术内容；④公众应当是不特定的人，且不负有保密义务。下文将结合该案对这些构成要件逐一进行分析。

一、实际的公开行为应当存在

"为公众所知"的完整过程可分为两个步骤，首先由技术信息传播者作出某种公开行为，然后公众作为技术信息接收者，通过一定途径获得相应技术信息。其中公开行为是公众获知的前提，《专利法》第二十二条第五款的定义实际上隐含了一个条件，即必须实际存在某种公开行为，使得相关技术内容被公众获知，或者使之处于公众想获知就能够获知的状态。这种公开行为必须客观存在并已完成，而不应仅仅是一种可能性。

该案中，恒瑞医药依据其提交的证据2中记载有甲磺酸阿帕替尼（商品名为艾坦）于2014年12月13日获得原国家食品药品监督管理总局批准用于治疗晚期胃癌，以及该药于2015年4月至2016年3月期间在某院临床使用的事实，主张甲磺酸阿帕替尼在涉案专利申请日前已获批上市销售，因此导致其A晶型构成使用公开。

就药品的销售而言，公开行为即向公众公开销售药品，若要构成使用公开，必须实际发生了向公众销售药品的行为，使得公众通过药品说明书或检测分析等手段，想获知就能够获知所述药物的组成及其结构信息。在药品行政审批程序中获得批准仅仅是申请者获得了生产并上市销售的许可，是药品合法生产和上市销售的前提，仅具备了向公众销售药品的可能性，获得批准后还需要生产出合格的药品，然后才可能进行销售。实际上，在制药行业获得药品批准后长期未投入实际生产销售的情况普遍存在，因此获得行政批准之时并未实际发生公开销售行为。虽然艾坦于2015年4月至2016年3月期间曾在某医院临床使用，但证据2并未说明该药品是通过何种渠道获得，亦不能证明该医院通过他人的公开销售行为获得，因而不能证明实际存在他人向该医院公开销售药品艾坦的行为。综合上述考虑，由于恒瑞医药并未能证明在申请日之前实际存在公开销售行为，对于艾坦中的药物晶型信息尚未处于公众想获得能够获得的状态，不构成使用公开。

二、公开时间的认定应有前提

申请日或优先权日是划分现有技术的时间界线，只有在申请日或优先权日以前为公众所知的技术才能成为现有技术。一般而言，公开行为一旦完成，相关技术内容就会脱离传播主体，不再受其控制，无论是否存在公众实际得知相关技术内容，该项技术都处于公众想得知就能够得知的状态。因此，公开行为完成之时通常就是现有技术的公开时间。以该案为例，假定经营者将药品艾坦摆上药房货架并做好公开销售的所有准备，只等消费者或患者前来购买，此时，如果公众通过购买该药品后对其进行分析测试，能够得知其中活性成分甲磺酸阿帕替尼的晶型信息，那么艾坦中甲磺酸阿帕替尼的晶型就处于公众想得知就能够得知的状态。因此，药品上架并做好公开销售的所有准备之时可以认定为药品的公开销售时间。

三、实质性技术内容能被知悉

现有技术应当在申请日以前处于能够为公众获得的状态，并包含能够使公众从中得知实质性技术知识的内容，这是一项技术构成现有技术的实质条件。如果公众通过某种公开行为无法得知实质性技术内容，则该公开行为所涉技术不属于现有技术。

该案中，恒瑞医药还提交了一件在先公开的中国专利申请作为证据6，其实施例4公开了一种甲磺酸阿帕替尼晶体，并且做了在室温或者RH 90%高湿条件下放置6个月的化学稳定性实验，采用HPLC测试甲磺酸阿帕替尼在放置前后的含量变化。而涉案专利实施例17通过固态表征手段证实了证据6实施例4的晶体在这两种条件下放置6个月后均能转化为涉案专利的A晶型。据此，恒瑞医药认为，证据6所述稳定性实验实际上已经制得A晶型，并且公开了A晶型。事实上，涉案专利实施例17已经证实了证据6实施例4公开的晶体不同于涉案专利的A晶型，虽然其在稳定性实验中存在转化为A晶型的可能性，但是根据证据6公开的信息，所属技术领域的技术人员对于甲磺酸阿帕替尼在稳定性实验中存在晶型转化这一现象没有认识，也不能确定必然发生了晶型转化，没有证据证明公众能够得知A晶型的存在，公众由证据6只能认识到其实施例4的晶体，而无法获知关于A晶型的实质性技术内容，因此，甲磺酸阿帕替尼A晶型并不属于证据6公开的现有技术。

四、公众获知途径应该正当

一般情况下，一种公开行为是否导致相关技术内容处于公众想得知就能够得知的状态，应当根据公开行为的性质和目的、发生场景、受众特点、相关技术内容的内在特点等因素，综合判断公众通过正当途径获知相关技术内容的可能性。若没有相反证据，不应当考虑公众通过非正当途径获知技术内容的情况，否则一切技术都可成为现有技术。因为当公众想得知某项技术时，理论上都可以通过窃取等非法手段获得。例如通过公开销售，购买者获得药品的所有权，有权对其进行检测分析和破坏，以获得某些化学组成和结构信息。但是通过临床使用的方式，应当遵循临床药物治疗规律和目的来使用药品，不能用于别的用途，否则不属于临床使用。

该案中，恒瑞医药依据证据2主张，某医院对药品艾坦的临床使用导致涉案专利的A晶型构成使用公开。在医院中，药品的临床使用实质上是由医师或药师通过处方将药品提供给患者服用，以验证或获得药品的治疗效果。根据医院中药品的临床使用目的、国家药品管理制度和健康伦理，接触药品的医师、药师或患者可通过药品说明书获知所披露成分的一般技术信息，但是不能获知除药品说明书以外的药物组成和结构信息，理由是，他们使用药物的目的是治疗患者的疾病或者验证药物的治疗效果，医师或药师只能依据病情开具处方和使用药物，患者只是被动接受治疗，他们均无正当理由对药品进行破坏或不当处置，即只能依据临床治疗方案使用药品，而不能将药品用于检测分析等其他目的。也就是说，公众不能通过临床使用这一方式获得药品说明书记载内容以外的结构和组成信息。因此，证据2中药品艾坦的临床使用不足以导致甲磺酸阿帕替尼的A晶型成为现有技术。

五、形式上的"公开"不是公开

"为公众所知"中的公众是指不特定的人，其对所获知的技术不负有保密义务。保密义务来源于法律规定、合同约定、社会观念或者商业习惯等。采用不同的公开方式，能够获得该技术信息的公众的范围和数量有所不同。从专利审查实践的角度出发，认定是否构成现有技术不需要考虑能够获知有关技术信息的公众的范围和数量，但是必须是不特定的人。

该案中，对于药品艾坦的临床使用而言，证据2记载艾坦被批准用于治疗晚期胃癌，表1列出的"某院"调查的84个病例中，仅13例诊断为胃癌但与用药指南推荐适应证不符，其余病例均不是说明书记载的适应证，而且与用药指南推荐适应证不符，并明确指出"不除外部分病例为某院临床试验人组病例""该药Ⅲ期临床试验正在进行中"。由此可见，证据2中所述的临床使用极有可能是某医院承担的临床试验任务。如果该医院与药品提供者之间存在委托试验关系，患者也是该医院招募的临床试验志愿者，那么医师、药师及相关患者均与委托方存在特定关系，属于为完成该临床试验任务而负有明示或默示保密义务的人，不属于专利法意义上的公众。

判断一项技术是否构成专利法意义上的现有技术，应当根据公开行为、公开方式、公开内容、公开对象以及获知途径等因素进行综合考虑。一项技术如果成为现有技术，则必须在申请日或优先权日以前存在某种公开行为，足以使得公众想得知就能够通过正当途径得知该技术的实质性技术内容，公开行为的完成时间即公开时间应当在申请日之前。如果公众通过该公开行为无法获得所述技术方案的实质性技术内容，则不能仅仅因为该行为形式上的"公开"而认为该项技术成为现有技术。

（来源：《中国知识产权报》　国家知识产权局专利复审委员会　杜国顺）

案例6　"固体药物剂型"发明专利权无效宣告请求案：
商业成功的判定

请求人罗氏制药有限公司就专利权人ABBVIE公司的第200480024748.X号发明专利权提出无效宣告请求。本案专利权涉及包含利托那韦的固体制剂，该制剂对艾滋病具有较好的疗效，在国际上受到广泛关注。专利复审委员会经审理后作出第23217号无效决定，认定权利要求1~26不具备创造性，宣告本案专利权全部无效。

本案中关于化合物专利商业成功的认定问题值得我们学习，专利复审委员会就本专利作出的审查决定中关于和商业成功有关的创造性部分如下所示。

（1）关于本专利权利要求1~26的创造性，专利权人指出以下几点。

（a）证据5要解决的技术问题是改善水溶性差药物的水溶解性能，采用的技术手段是制备在掺有非晶性结晶抑制剂PVP的结晶性亲水性基质PEG 8000中的分散体，即用PEG 8000来改善药物的水溶解性能的同时，用PVP来抑制药物的结晶，技术效果：所示数据证明掺入亲水性基质如PEG 8000内的PVP抑制了具有不同物理化学性质的药物分子的结晶。证据5中基质是PEG 8000，而聚乙烯吡咯烷酮并非作为主要成分，仅作为结晶抑制剂掺入固体分散体中，其含量较低，且指出聚乙烯吡咯烷酮由于吸湿性而可能导致加工困难，并可在固液界面上形成黏性层妨碍药物的溶解，因而证据5明确教导了必须使用PEG作为主要成分而不能将PVP用作主要成分，证据5中公开的"PVP的范围为1~95重量%"必然是指PVP相对于PEG 8000的重量百分比，而不是占整个药物剂型的百分比，证据5中PVP的功能和本专利权利要求1中水溶性聚合物的功能是不同的，并不存在得到本专利权利要求1的所述含量水溶性聚合物的技术启示。

（b）证据5中虽然可以添加表面活性剂，但其未公开表面活性剂位于固体分散体中，而很可能是作为赋形剂使用的，因此证据5和证据6中表面活性剂的作用是不同的，两者结合并不能得到本专利的技术方案。证据6公开的表面活性剂的含量是10%~40%，优选15%~25%，特别优选20%~25%；所述表面活性剂是亲水性的表面活性剂（HLB值2~18，特别优选10~15），而本发明的表面活性剂是疏水性的。因此证据6教导的优选的表面活性剂的用量和HLB值的趋势与本专利使用的"具有2%~20%含量和4~10的HLB值的非离子表面活性剂"是相悖的。现有技术中存在在如证据5所公开的PEG基质中加入表面活性剂的尝试，例如反证5，但其使用了HLB值为15的表面活性剂，而且一般性的教导为了保证药物的完全溶出表面活性剂的HLB值必须至少为12，这也与证据6实施例中使用Cremophor RH 40（HLB值14~16，见反证6）作为表面活性剂的教导是一致的。证据6没有教导其公开的制剂能用于增强含利托那韦药物的体内生物利用度，本领域技术人员在面对该技术问题时不会考虑证据6中关于表面活性剂的内容。关于活性成分，证据6实施例1~4描述的是乙磺普隆体外溶解性试验数据。然而证据6声称，"原则上，可以使用的活性成分是所有人类和兽用药物以及食品补充剂中所用的活性成分"，这对于本领域技术人员是不可信的。

（c）利托那韦属于生物制药分类系统（简称BCS系统）中的Ⅳ类药物，即低水溶性和低通透性的药物（参见反证7-11）。如果要将利托那韦配制成固体药物制剂，则必须要克服利托那韦自身的低水溶性和低通透性的缺陷。因此，现有技术认为"第四类药物（低溶解度和低通透性）给生物利用度造成了严重的障碍，有些最好配置成溶解形式，例如胃肠外或液体填充的或半固体填充的软胶囊或硬明胶胶囊制剂"（参见反证10）。由于需要解决体内肠通透性问题，从体外溶出实验的结果无法预测BCS系统第四类药物的体内生物利用度（参见反证11）。即基于某种制剂的BCS系统第四类药物的体外溶出实验数据，无法预期所述制剂对BSC系统第四类药物的体内肠通透性的影响。所以，本领域技术人员无法预期能够改善BCS第四类药物溶出性的制剂是否能改善其体内肠通透性，也就无法预期能够改善其体内生物利用度。反证1、2和22描述了利托那韦和部分其他HIV蛋白酶抑制剂代谢之间的关系，证实了利托那韦可以影响其他HIV蛋白酶抑制剂的代谢，由此可知利托那韦如果要促进其他药物的吸收，必须首先提高自身的生物利用度。

从证据6的乙磺普隆体外溶出实验数据出发无法预期利托那韦的体内生物利用度。所以证据6中公开的实验数据不能启示本领域技术人员得到本专利的改善含利托那韦药物的体内生物利用度的药物剂型。证据5实施例3虽然描述了口服生物利用度研究方案，但没有记载实际实验数据，证据5仅证实了该制剂能"改善水溶解性能"，而不能证实"改善生物利用度"，证据5所述"改善的生物利用度"是基于"改善水溶解性能"的一种意图而已。证据5仅实现了"改善药物水溶解性能"并防止其结晶的效果。而本专利则通过实验数据（参见实施例2-5和对比实施例）证实了可以显著提高利托那韦的体内生物利用度。本领域技术人员无法预期将证据6的技术特征应用到证据5实施例ⅠB后能够提高利托那韦的体内生物利用度，因此不会将证据6与证据5结合。鉴于BCS系统四类药物制成固体药物制剂非常困难，本专利取得的体内生物利用度的大幅提高相比于证据5和证据6属于预料不到的技术效果。

　（d）利托那韦广泛用于治疗艾滋病，特别是与其他HIV蛋白酶抑制剂联合使用。洛匹那韦／利托那韦组合被世界卫生组织确认为基本药物之一，在2010年全球品牌药物销售额前200名中利托那韦（Norvir）和洛匹那韦／利托那韦组合（Kaletra）分别排名第111和144名，在抗HIV的药物中分别排名第4和9名（反证12）。对于利托那韦这样难溶、通透性又差的第四类药物而言，药物的口服固体剂型能提供比药物的口服溶液更低的生物利用度。因此，分别于1996年和2000年上市的利托那韦（反证13）和洛匹那韦／利托那韦合剂（反证14）并不是固体片剂而是半固体的胶囊剂型。直到本专利之后的2005年和2010年，洛匹那韦／利托那韦合剂（Kaletra片剂）和利托那韦单剂（Norvir片剂）的不需要冰箱保存的固体片剂剂型才得以上市（反证13、14）。这种固体剂型是人们一致期望获得的，在联合国秘书长2006年3月15日的公开信以及"无国界医生组织"的公开信中得到了充分的反映（反证15、16），两封信中明确表示发展中国家急需片剂形式的热稳定的洛匹那韦／利托那韦制剂，因为老的制剂要求冰箱保存，许多热带患者服用的药物可能已经变质。由于利托那韦的难溶性和低通透性使得配制具有良好生物利用度的固体剂型成为技术难题。本专利解决了本领域中始终未能解决的技术难题，成功配制出了具有满意的生物利用度且热稳定的利托那韦片剂和洛匹那韦／利托那韦片剂。这些片剂剂型成功获得美国以及世界上众多国家的批准上市，填补了医药领域的一项空白，属于商业上的成功（反证15-18）。专利权人的上述Novir片剂和Kaletra片剂是根据本专利技术制备的。根据美国FDA网站上公示的橘皮书（Orange Book）中记载（反证19），Novir片剂和Kaletra片剂均受到美国专利US8399015的保护，后者是本专利的同族专利，具有与本专利类似的权利要求（反证20）。而且，如FDA批准的Novir片剂和Kaletra片剂的药品说明书中显示的，其中所用的亲水性聚合物是共聚维酮，而表面活性剂为脱水山梨醇单月桂酸酯，与本专利的权利要求相一致。因此，本专利技术方案因解决了一直渴望解决但始终未能获得成功的技术难题和商业上的成功而具备创造性。

（2）合议组观点如下。

（a）如前所述，本专利和证据5所要解决的技术问题都涉及提高水溶性差的药物（尤其是以利托那韦为代表的HIV蛋白酶抑制剂）固体制剂的稳定性和生物利用度；虽然证据5实施例ⅠB中聚乙烯吡咯烷酮的含量和本专利权利要求1所限定的占剂型50wt%~85wt%的含量不同，实施例ⅠB中辅料以PEG为主，但证据5整体上已经给出了可以选择聚乙烯吡咯烷酮作为本专利权利要求1所限定的水溶性聚合物来改善包含难溶性药物利托那韦为活性成分的固体药物剂型的稳定性，并加快溶解，从而得到具有改善的稳定性和生物利用度的固体制剂的教导；现有技术并不存在聚乙烯吡咯烷酮不能作为主要基质或载体的负面教导，包括证据5本身在背景技术部分也描述了各种包含聚乙烯吡咯烷酮的制剂实例（可参见其中文译文第2页第21行~第3页第2段）；本领域技术人员根据证据5的教导，可以通过常规实验选择出50wt%~85wt%的作为所述水溶性聚合物的聚乙烯吡咯烷酮的总体含量。

（b）证据5并未描述其中的表面活性剂位于固体分散体外；即使认为证据5中表面活性剂是位于固体分散体外的赋形剂，证据6中已经指出：对于低溶解性的活性成分，活性成分在赋形剂骨架中呈分子分散体的形式（固体分散体的形式）对于增加生物利用度是有利的（参见中文译文第1页倒数第3~2行）；在此基础上，为改善生物利用度，本领域技术人员有动机使表面活性剂成分位于固体分散体中。对于表面活性剂的种类，证据6中指出：适宜的表面活性剂是具有HLB值7~18，优选10~15，在20℃下是液体或者滴点在20~50℃范围内的低分子量表面活性剂（参见中文译文第3页第3段），所述HLB值范围和本专利中限定的4~10相互重叠，证据6中进一步指出特别适宜并且优选的表面活性物质包括：脱水山梨醇脂肪酸酯（"司盘/Span类表面活性剂"，属于本专利的技术方案中所限定的HLB值介于4~10的表面活性剂）（参见证据6中文译文第3页第5~6段）。因此，尽管权利要求1中的所述表面活性剂不是证据6中实施例中公开的最佳实施方式中所使用的表面活性剂，但本领域技术人员能够根据证据6发明概述中所列举的上述部分优选的表面活性剂选择得出属于本专利范围内的HLB值介于4~10之间的具体表面活性剂。而关于所述表面活性剂的含量，本专利独立权利要求中所限定的表面活性剂的含量范围为2%~20%，证据6中公开的所述固体分散体中包含10wt%~40wt%，优选15%~25%的所述表面活性剂（参见中文译文第1页第11~13行，第3页第18~19行），上述含量范围和本专利限定的范围相互重叠；由以上分析可知，本领域技术人员结合证据6中公开的表面活性剂的种类和含量，可以结合常规实验显而易见地得出本专利所要求的具体表面活性剂种类及含量。反证5、6仅能说明针对其中所涉及的具体制剂，采用上述表面活性剂是适宜的，并不能推广到在其他活性成分、其他水溶性辅料的情况下，仍然必须或应当采用上述表面活性剂。反证5、6不足以构成选择HLB值小于10的表面活性剂的技术障碍。

（c）本专利说明书中描述的对比实施例同样应用了所述水溶性聚合物（Copovidone），而实施例1中采用的表面活性剂是HLB值大于10的表面活性剂（Cremophor RH 40），实施例4、5中同时采用了HLB值大于10的表面活性剂（Cremophor RH 40）和HLB值小于10的表面活性剂（Span 20）；综合本专利说明书整体来看，本专利说明书并未证实关于所述水溶性赋形剂的含量，以及所述表面活性剂的种类和含量的上述选择相对于现有技术产生了预料不到的技术效果。如前所述，在证据5、6的基础上，得到本专利各独立权利要求所限定的技术方案是显而易见的；即使证据5、6中对于生物利用度的提高并未给出体内实验数据，如前所述，它们已经给出了充足的技术教导，使本领域技术人员能够显而易见地得到本专利各独立权利要求的技术方案，至于生物利用度提高的技术效果，可以结合常规实验进行验证。反证1、2和22描述了利托那韦和部分其他HIV蛋白酶抑制剂代谢之间的关系，但并不足以证实专利权人所声称的本专利实施例中利托那韦必须首先改善自身生物利用度，而后才对洛匹那韦生物利用度起到改善作用。因而本专利实施例中同时采用利托那韦和洛匹那韦的技术方案仅能说明在该特定组合和实验条件下取得了所述生物利用度，并不足以证实单用利托那韦时生物利用度也能得到预料不到的改善和提高，不能证实本专利取得了预料不到的技术效果。

（d）虽然申请日之后公开的反证7中提及了利托那韦根据BCS分类系统被归类为第Ⅳ类药物，然而因其公开时间在后，不能证实在本专利的申请日之前就存在这种认知；反证8中已经指出对利托那韦而言，溶解性和制剂因素也是很关键的（参见中文译文第2页第11~12行）；反证10则指出溶解性是影响药物生物利用度的重要因素，生物利用度同时还取决于药物的通透性，对于第四类药物，其中一些可能最好被配制成溶解的形式（参见中文译文第2~3页）；即使不考虑反证7的公开时间问题，结合反证7~11整体来看，利托那韦作为一种低溶解度药物，溶解性的改善是提高生物利用度的重要手段；这和本专利说明书背景技术中描述的本专利药物的水溶性和生物利用度之间的关系（参见说明书的0004~0007段）也是一致的。因此，本领域技术人员为了改善利托那韦的生物利用度，在看到证据5和6之后，有动机将两者结合，得到本专利的技术方案，并预期可实现生物利用度的提高。反证12~20证实了所述Kaletra片剂和Norvir片剂取得了商业上的成功，但两种片剂的技术方案和本专利的技术方案并不完全相同，这些反证并没有表明该商业成功和本专利的引入所述区别特征的技术方案之间存在必然联系，没有证实所述商业成功是由本专利的技术方案所直接带来的。

反证21是本专利审查阶段的在先复审决定，该复审决定中涉及的证据和本无效决定所采用的证据不同，反证21同样也不足以证实本专利具备创造性。

因此，专利权人的意见和用于证明创造性的各反证不足以证实本专利具备突出的实质性特点和显著的进步，不足以证实本专利权利要求1-26的固体药物剂型的技术方案具备创造性。

综上所述，本专利权利要求1-26不具备创造性，应予全部无效。

（来源：国家知识产权局复审和无效审理部　复审经典案例）

案例分析

现有技术中某一技术特征未记载在最优实施方案中并不意味着给出了相反的技术启示；如果现有技术中记载了为了解决同样的技术问题而采用某一技术手段，无论该技术手段是否记载在最优实施方案中，通常都应当认为现有技术已经给出了选择该技术手段的技术启示。在判断现有技术中是否给出采取某一技术手段的正向技术启示还是给出了相反技术启示时，需要在把握发明实际贡献的基础上，从本领域技术人员的视角出发，考虑该技术领域的发展水平、普遍认知和实际需求，对现有技术予以全面客观的衡量。

如果新药在商业上取得成功主要依赖于技术上取得的显著进步，则该商业成功是佐证发明具有创造性时应考虑的重要因素。但是，如果本领域技术人员不能确认商业成功是由要求保护的发明的技术特征所直接导致的，则即使取得了商业上的成功，也不足以证明要求保护的发明是非显而易见的。

何为专利法意义上的"商业成功"？

发明在商业上获得成功是我国《专利审查指南》（2010年版）中规定的判断发明创造性时需考虑的其他因素之一。《专利审查指南》进一步规定，商业上的成功应当是由发明的技术特征直接导致的，如果商业上的成功是由其他原因所导致，例如由于销售技术的改进或者广告宣传造成的，则不能作为判断创造性的依据。我国在判断创造性时有这样的考量因素，美国和欧盟专利审查部门也有类似的规定。

美国1952年制定的专利法除新颖性与实用性之外，在第一百零三条中确立了相对于现有技术是显而易见的发明不应授予专利这一"否定规则"。1966年美国联邦最高法院在Graham案中首次设定了一个判断非显而易见性的具体分析框架：①认定现有技术的范围和内容；②确定现有技术与有关权利要求之间的区别；③限定相关技术领域的一般技术人员的水平；④在这个背景下考虑有关商业上的成功、长期以来存在但没有解决的需求以及其他人的失败等辅助因素。美国专利审查指南在总结判例的基础上规定，如果想要以商业上的成功为由支持发明是非显而易见的主张，则应当证明商业上的成功与要求保护的发明之间具有联系。进一步来说，证明商业上成功的证据必须与权利要求保护范围相适应；商业上的成功必须源自要求保护的发明，必须是说明书记载的或固有的功能和优点的结果。

欧洲专利局的专利审查指南规定了判断创造性的辅助因素，包括发明克服了技术偏见、产生了预料不到的技术效果、满足了长期存在需求和发明取得了商业上的成功等。对于商业上的成功，欧洲专利局专利审查指南进一步规定，商业上的成功单独不构成创造性的标志，但是如果审查员确信商业上的成功源自发明的技术特征，而不是其他影响因素（例如销售技术或广告），并且发明满足了长期需求，那么商业上的成功与创造性之间具有相关性。

根据我国《专利审查指南》的规定，构成专利法意义上的商业成功必须满足以下两个必要条件：①发明的产品在商业上获得成功；②这种商业上的成功是由于发明的技术特征直接导致的。申请人/专利权人在授权阶段和无效阶段如果想要以商业上的成功来证明发明创造具备创造性，则必须就以上两个条件提出充分的证据。

商业成功是自由市场下购买者对特定产品与市场上其他同类产品进行比较选择的结果，如果特定产品相较其他同类产品明显更受购买者的欢迎，则通常可以认为该特定产品取得了商业上的成功。证明某种产品取得商业成功的直接证据是产品的销售类证据，包括市场份额、销售额、销售范围、销售持续时间等，其中市场份额通常是证明力更强的证据。此外，产品被模仿的情况、媒体报道、权威机构出具的评估报告、统计数据、证明材料等也可以作为商业成功的证据材料。申请人/专利权人提交的证据是否足以证明某种产品在商业上获得成功，则需要审查员在个案中综合全部证据并结合行业状况进行判断。

在商业成功已经被充分论证的基础上，还需要进一步证明商业成功是由发明的技术特征所直接导致，其目的是要排除销售技术、广告宣传等非技术因素对商业成功的影响，确认发明的技术特征与商业成功之间具有直接的因果关系。探究商业成功的原因，需要将该获得商业成功的特定产品与市场上其他同类产品进行比较，确定技术上的异同。在技术相似的情况下，如果特定产品相对于其他同类产品取得了商业上的成功，则可以基本确定该特定产品在商业上取得的成功依赖于技术以外的因素。在技术存在差异的情况下，比较特定产品与其他同类产品在技术上的相同点和不同点，相同点通常不足以使特定产品在商业上获得成功。对于技术上的不同点，则需要进一步分析该不同点是否使特定产品取得商业成功的必要条件，以及该不同点是否足以使特定产品取得商业上的成功。如果以上两个问题的答案都是肯定的，那么基本可以确定该特定产品确实是因其技术上的特点而取得了商业上的成功。为了证明商业成功是由发明的技术特征所直接导致，还需要进一步在该获得商业成功的特定产品与要求保护的发明之间建立联系，这就要求使该特定产品获得商业成功的技术要素应当以技术特征的方式体现在要求保护的权利要求中。如果以上条件全部满足，那么通常可以得出商业成功是由发明的技术特征所直接导致的结论。

（来源：《中国知识产权报》　国家知识产权局专利复审委员会　郭晓立）

第十一章

药品商标保护以案说法

案例1 "椰树"商标案：商标的相同或相似

椰树集团是海南省从事椰子等热带水果深加工的专业公司，跻身中国饮料工业十强企业，其所生产的"椰树"椰子汁是国内非常流行的一款饮品。2001年5月21日经国家工商行政管理局商标局核准，椰树集团取得了第1575561号"椰树"注册商标专用权。

2015年，椰树集团工作人员在市场调查时发现，一款名叫"椰脉"牌椰子汁的商标标识很容易使消费者误认为是"椰树"椰子汁。据了解，该产品是由海南新邦贸易有限公司委托广东中山市创康食品企业有限公司生产的一款饮品。

椰树集团以"椰树"牌商标为驰名商标，新邦公司、创康公司侵犯其商标权及商标特有的包装、装潢为由，起诉新邦公司、创康公司。除了要求新邦公司、创康公司停止使用"椰脉"椰子汁企业字号，公开赔礼道歉外，更是提出了207万元的索赔。

而新邦公司和创康公司则表明，商标中"脉"与"树"两个字不仅在结构上不一样，两个字的在包装上所占的面积都比较大，并不会误导消费者，因此，并不存在侵权行为。

在审理中，法官仔细比较了"椰脉"牌椰子汁与"椰树"牌椰子汁的外包装，发现两者不仅均为纸质外包装，而且都由黄、蓝、黑、红、白5种颜色组成，商标也同为纵向排列，字体颜色、字体底色均相同，唯一不同是非楷体的经过加工的"椰脉"两字。另外，两款椰子汁的净含量、外包装大小、形状也几乎一样，很容易误导消费者。最终法院认定新邦公司、创康公司的行为已经侵害了椰树集团的商标专用权，理应承担相应的侵权责任。

海口中院一审判令新邦公司、创康公司停止生产、销售涉案侵害椰树集团"椰树"注册商标专用权的椰子汁，赔偿椰树集团经济损失费用10万元。

新邦公司与创康公司不服判决，上诉至海南省高级人民法院。在海南省高级人民法院调解下，新邦公司与创康公司同意停止生产、销售"椰脉"牌椰子汁，并赔偿椰树集团有限公司8万元的经济损失。

案例分析

《商标法》（2013年版）第五十二条第一款规定，有下列行为之一的，均属侵犯注册商标专用权：未经商标注册人的许可，在同一种商品或者类似商品上使用与其注册商标相同或者近似的商标的。

《最高人民法院关于审理商标民事纠纷案件适用法律若干问题的解释》对此进行了详细规定。

第九条　《商标法》第五十二条第（一）项规定的商标相同，是指被控侵权的商标与原告的注册商标相比较，二者在视觉上基本无差别。

《商标法》第五十二条第（一）项规定的商标近似，是指被控侵权的商标与原告的注册商标相比较，其文字的字形、读音、含义或者图形的构图及颜色，或者其各要素组合后的整体结构相似，或者其立体形状、颜色组合近似，易使相关公众对商品的来源产生误认或者认为其来源与原告注册商标的商品有特定的联系。

第十条　人民法院依据《商标法》第五十二条第（一）项的规定，认定商标相同或者近似按照以下原则进行：

（一）以相关公众的一般注意力为标准；

（二）既要进行对商标的整体比对，又要进行对商标主要部分的比对，比对应当在比对对象隔离的状态下分别进行；

（三）判断商标是否近似，应当考虑请求保护注册商标的显著性和知名度。

第十一条　《商标法》第五十二条第（一）项规定的类似商品，是指在功能、用途、生产部门、销售渠道、消费对象等方面相同，或者相关公众一般认为其存在特定联系、容易造成混淆的商品。

类似服务，是指在服务的目的、内容、方式、对象等方面相同，或者相关公众一般认为存在特定联系、容易造成混淆的服务。

商品与服务类似，是指商品和服务之间存在特定联系，容易使相关公众混淆。

第十二条　人民法院依据《商标法》第五十二条第（一）项的规定，认定商品或者服务是否类似，应当以相关公众对商品或者服务的一般认识综合判断；《商标注册用商品和服务国际分类表》《类似商品和服务区分表》可以作为判断类似商品或者服务的参考。

第十三条　人民法院依据《商标法》第五十六条第一款的规定确定侵权人的赔偿责任时，可以根据权利人选择的计算方法计算赔偿数额。

第十四条 《商标法》第五十六条第一款规定的侵权所获得的利益，可以根据侵权商品销售量与该商品单位利润乘积计算；该商品单位利润无法查明的，按照注册商标商品的单位利润计算。

第十五条 《商标法》第五十六条第一款规定的因被侵权所受到的损失，可以根据权利人因侵权所造成商品销售减少量或者侵权商品销售量与该注册商标商品的单位利润乘积计算。

第十六条 侵权人因侵权所获得的利益或者被侵权人因被侵权所受到的损失均难以确定的，人民法院可以根据当事人的请求或者依职权适用《商标法》第五十六条第二款的规定确定赔偿数额。

人民法院在确定赔偿数额时，应当考虑侵权行为的性质、期间、后果，商标的声誉，商标使用许可费的数额，商标使用许可的种类、时间、范围及制止侵权行为的合理开支等因素综合确定。

当事人按照本条第一款的规定就赔偿数额达成协议的，应当准许。

第十七条 《商标法》第五十六条第一款规定的制止侵权行为所支付的合理开支，包括权利人或者委托代理人对侵权行为进行调查、取证的合理费用。

人民法院根据当事人的诉讼请求和案件具体情况，可以将符合国家有关部门规定的律师费用计算在赔偿范围内。

椰树集团生产的"椰树"牌椰子汁与创康公司生产的"椰脉"牌椰子汁属于同类产品；同时，法院审理发现"椰脉"牌椰子汁与"椰树"牌椰子汁除了外包装上"椰脉"两字，其余包装构成要件都相同，很容易误导消费者。因此，判定创康公司商标侵权。

商标保护的作用在于使商标注册人及商标使用权人的商标使用权受到法律的保护，告知他人不要使用与该商标相同或近似的商标，追究侵犯他人注册商标专用权的违法分子的相关责任。保证广大的消费者能够通过商标区分不同的商品或服务的提供者。同时，最大限度地维护消费者和企业的合法权益。

本案同时也涉及《商标法》第十三条第三款关于在不相类似商品或服务上确定其保护范围、适用条件问题，要从市场交易的环境和消费者认知的程度等实际情况进行多方位考量，对可能损害当事人及消费者权益、影响公平竞争的市场环境等不良后果的商标注册行为予以禁止。存在复制为公众知晓的商标或具有傍名牌、打擦边球等行为的前提下，对于知名度较高、独创性较强、使用在日常消费品或服务上的知名商标，对其保护的范围应予相对适度放宽。

（来源：《法制时报》 2018年06月06日 陈敏）

案例 2　"VAXEM-HIB"商标案：商标造成
不良社会影响的认定

因法院对关乎公众生命健康的商品的商标注册特别审慎对待，诺华疫苗与诊断有限责任公司（下称诺华公司）在华申请的"VAXEM-HIB"商标在经历两级诉讼后最终被认定具有不良影响，并将因此面临被最终驳回注册的命运。

2005年9月，诺华公司向国家工商行政管理总局商标局（下称商标局）申请注册第4882940号"VAXEM-HIB"商标，指定使用在第5类人用疫苗、医药制剂等商品上。然而据了解，"HIB"特指侵袭性B型流感嗜血杆菌，是目前我国儿童呼吸道的首位致病菌。2008年9月，商标局基于以上原因，认定该商标易使消费者产生误认，影响用药安全，驳回了申请商标的注册申请。

诺华公司随后向国家工商行政管理总局商标评审委员会（下称商评委）提出复审申请。在复审过程中，诺华公司声明放弃对"HIB"的专用权，仅请求核准在人用疫苗商品上的注册申请。但商评委仍决定对申请商标予以驳回。

诺华公司遂诉至北京市第一中级人民法院。然而"HIB"作为主要会引起幼儿下呼吸道感染的致病菌，有其特定含义。法院以申请商标如用于其他人用疫苗商品上，易使消费者对药品名称产生误认为由，维持了商评委的决定。

诺华公司不服，向北京市高级人民法院（下称北京高院）提起上诉，并主张国家食品药品监督管理局已批准了其商品名为"VAXEM-HIB"的"B型流感嗜血杆菌疫苗"，足见药品主管机关不认为与申请商标同名的商品名会对公众用药安全造成问题。

然而，对于诺华公司的主张，北京高院未予认可，并认为"VAXEM-HIB"作为商品名是否被药品主管机关批准与本案申请商标是否应当获准注册不具有关联性。北京高院指出，"HIB"存在特指情形，即使仅申请注册在"人用疫苗"商品上，也有可能导致相关公众对使用该商标的商品的功能、用途等产生错误认识。对于关乎社会公众生命健康的人用疫苗等商品而言，即使产生这种错误认识的可能性极小，也应当尽力加以预防，以避免出现无法挽回的不良影响。

案例分析

商标是指商品生产者经营者为使自己的商品或服务与他人的商品或服务相区别，而使用在商品及其包装上或服务标记上的由文字、图形、字母、数字、三维标志和颜色组合，以及上述要素的组合所构成的一种可视性标志。自然人、法人或者其他组织对其生产、制造、加工、拣选或经销的商品或者提供的服务需要取得商标专用权的，都可以依法向国家工商行政管理总局商标局提出商标注册申请。

我国《商标法》（2001年版）第十条规定，下列标志不得作为商标使用：

（一）同中华人民共和国的国家名称、国旗、国徽、军旗、勋章相同或者近似的，以及同中央国家机关所在地特定地点的名称或者标志性建筑物的名称、图形相同的；

（二）同外国的国家名称、国旗、国徽、军旗相同或者近似的，但该国政府同意的除外；

（三）同政府间国际组织的名称、旗帜、徽记相同或者近似的，但经该组织同意或者不易误导公众的除外；

（四）与表明实施控制、予以保证的官方标志、检验印记相同或者近似的，但经授权的除外；

（五）同"红十字""红新月"的名称、标志相同或者近似的；

（六）带有民族歧视性的；

（七）夸大宣传并带有欺骗性的；

（八）有害于社会主义道德风尚或者有其他不良影响的。

国家工商行政管理总局商标局认为"VAXEM-HIB"申请商标属于特殊情形，即使仅申请注册在"人用疫苗"商品上，也有可能导致相关公众对使用该商标的商品的功能、用途等产生错误认识，并带来不良的社会影响，因此被驳回。

（来源：《中国知识产权报》 2012年06月08日　王俊杰）

案例3　"三精"商标侵权及不正当竞争纠纷案：

商标使用许可的相关规定

2007年1月1日，哈药集团三精制药股份有限公司（下称哈药三精公司）与北京三精国药日化有限公司（下称北京三精日化公司）签订《品牌使用协议》，将第3396525号"三精"商标及正在申请注册的核定使用在第3类染发剂、护发素、烫发剂、焗油膏等商品上的"三精"商标及图形商标许可给北京三精日化公司在中国非独占性使用，并许可北京三精日化公司使用"三精"字号，期限为2007年1月1日至2012年12月31日。许可期限届满后，哈药三精公司终止了北京三精日化公司对三精系列商标及"三精"字号的使用。后北京三精日化公司于2013年7月8日更名为北京中科精彩日用品有限公司（下称北京中科公司），2015年5月6日更名为北京三精公司。北京三精公司使用"三精"字号，并一直以"三精"品牌在全国范围内进行宣传和销售，在其网站企业简介中表述"其作为三精制药向日化领域扩张的平台""以'制药'的严谨态度开发""拥有三精医药研发的深厚实力"。精彩染发店销售了北京三精公司生产的被诉侵权商品。哈药三精公司认为，北京三精公司的行为构成商标侵权及不正当竞争，北京三精公司与精彩染发店应当停止侵权并连带承担赔偿责任。

　　法院经审理认为：北京三精公司于2015年11月12日在其网站上宣传其植物染发、植物清凉柔顺洗发液等美发护发商品时，使用了"三精"商标及图形商标，其行为构成商标法意义上的使用。北京三精公司在《品牌使用协议》到期后，违反哈药三精公司的授权许可和承诺，使用与涉案注册商标相同或者近似的标识，生产与涉案注册商标核定使用商品同种或者类似的被诉侵权商品，既构成违约，亦构成侵权。北京三精公司是在明知《品牌使用协议》到期后其无权使用"三精"字号，且已经为履行终止协议相关约定而终止使用"三精"字号，并将字号变更为"中科精彩"的情况下，又再次变更企业名称为北京三精公司，其再次更名使用"三精"字号，既构成违约，亦构成不正当竞争。精彩染发店销售北京三精公司生产的侵犯涉案注册商标专用权的被诉侵权商品，侵害了涉案注册商标专用权，构成商标侵权。精彩染发店不知道被诉侵权商品系侵犯涉案注册商标专用权的商品，能够证明被诉侵权商品系合法取得并能说明提供者，其关于不应承担赔偿责任的抗辩主张成立，予以支持。判决如下：北京三精公司于判决生效之日起停止使用以"三精"作为字号的企业名称、停止生产、销售被诉侵权商品；精彩染发店停止销售被诉侵权商品；北京三精公司赔偿哈药三精公司经济损失及合理费用支出合计50万元；驳回哈药三精公司的其他诉讼请求。

[来源：北京中级人民法院　民事判决书（2015）哈知初字第155号]

案例分析

　　商标使用许可合同是指商标权人将其注册商标许可给他人使用被许可使用人支付费用而签订的合同。商标权人或者其授权的人为许可方，另一方则为被许可方。商标权许可实施合同生效后许可方并不丧失商标法权，仍为注册商标的所有人。商标使用许可合同的标的是注册商标的"使用权"，而不是"所有权"，这是商标使用许可与商标权转让合同的区别。

　　第四十二条　转让注册商标的，转让人和受让人应当签订转让协议，并共同向商标局提出申请。受让人应当保证使用该注册商标的商品质量。

　　转让注册商标的，商标注册人对其在同一种商品上注册的近似的商标，或者在类似商品上注册的相同或者近似的商标，应当一并转让。

　　对容易导致混淆或者有其他不良影响的转让，商标局不予核准，书面通知申请人并说明理由。

　　转让注册商标经核准后，予以公告。受让人自公告之日起享有商标专用权。

　　第四十三条　商标注册人可以通过签订商标使用许可合同，许可他人使用其注册商标。许可人应当监督被许可人使用其注册商标的商品质量。被许可人应当保证使用该注册商标的商品质量。

　　经许可使用他人注册商标的，必须在使用该注册商标的商品上标明被许可人的名称和商品产地。

　　许可他人使用其注册商标的，许可人应当将其商标使用许可报商标局备案，由商标局公告。商标使用许可未经备案不得对抗善意第三人。

一、商标使用许可合同的种类

　　1.独占使用许可　商标注册人在约定的时间、地域和以约定的方式，将该注册商标仅许可一个被许可人使用，商标注册人依约定不得使用该注册商标。

　　2.排他使用许可　商标注册人在约定的期间、地域和以约定的方式，将该注册商标仅许可一个被许可人使用，商标注册人依约定可以使用该注册商标但不得另行许可他人使用该注册商标。

　　3.普通使用许可　商标注册人在约定的期间、地域和以约定的方式，许可他人使用其注册商标，并可自行使用该注册商标和许可他人使用其注册商标。

二、商标使用许可过程中需注意的问题

　　1.牢牢把握对商品质量的控制　商标的产权价值在于它所享有的声誉，许可他人使用商标即意味着商标信誉寄附于被许可人的行为和其提供的商品之上，因此使用许可合同中的质量控制是一项极为重要的内容。

　　2.慎重选择合作伙伴　商品质量控制对于许可人来说，首先要慎重选择合作伙伴，让那些生产能力较好、经营管理水平较高且履约能力较强的企业作为被许可人。在授予许可使用权之前，许可人应对被许可人的法人资格、生产能力、管理水平、产品质量等进行考察、测试。达不到与自己产品相同质量标准的不能售与许可证。使用许可合同订立后，许可人应密切注视被许可人的生产销售情况，防止被许可人在产品质量、售后服务方面任何有损商标信誉的现象发生。

　　在合同期限内，许可人都有责任对被许可人的生产过程、工艺制作、产品

检验和管理等方面实施必要的监督。当被许可人的产品达不到许可使用的注册商标的商品质量，许可人应采取果断措施以阻止情势进一步发展，必要时应断然终止合同，收回商标使用许可权。

3.尽心维护商标权　许可人有义务保证被许可使用的商标权的确定性和稳定性，维护被许可人的使用权。具体地说，许可人应保证合同项下的注册商标真实可靠，是经过商标主管机关审查核准予以注册的商品商标或服务商标，并且该商标仍处于法律保护的有效期限内。

许可人不得在同一地区内和两个以上的企业签订独占许可使用合同，导致两个以上的被许可人的使用权发生冲突。在合同有效期间，许可人不应将该注册商标任意转让给第三人，如需转让必须向被许可人说明情况，取得被许可人同意或者与被许可人解除使用许可合同。

许可人还应当采取有效措施维系其商标权利并承担所需费用，如及时办理商标续展。对于市场上出现的商标侵权行为，如果是独占许可、排他许可，可由被许可人提起诉讼，许可人积极参加配合行动。如果是普通许可，则由许可人起诉，但被许可人应将有关侵权的事实情况及证据及时告知许可人。

4.监督商标使用不能放松　如何维护商标信誉，防止使用商标的商品质量失控而损害商标权人的利益，保护消费者权益，是企业商标管理工作的一项重要任务。对被许可人商标使用进行监督的内容包括：①许可使用的商标必须与注册商标一致。被许可人使用注册商标和商标权人自己使用一样，以核准的注册商标和核定使用的商品为限。不得超出核定使用的商品范围，不得任意修改注册商标的文字和图形。同时，被许可人还必须按照合同规定在许可使用的商品范围内进行使用。②被许可使用的商品上应标明被许可人的名称和商品产地。在商标许可使用实践中，一些被许可使用商标的企业不仅使用许可人的商标，还将许可人的厂名和商品的产地名一起使用。这种行为极易使消费者产生误解，还可能给许可人的企业形象和商业信誉带来不利影响。

为了防止借商标许可使用而侵害商标权人及消费者正当权益的现象发生，作为许可人的商标权人也应当重视对被许可人商标使用的监督，防止不利于企业名声和商品信誉的事情发生。

5.商标推广的成本与所使用而产生的收益之间要匹配　许可人与被许可人，或与多个被许可人之间，合理分担商标推广的成本，是商标价值能够持续增长的基础。

连锁经营在商标许可方面，科学地解决了这个问题。通过管理费的收取，连锁总部负责品牌的维护与推广，被许可企业在使用的同时，负责本区域内部的推广，实现了推广成本的合理分配。

在许可协议中，应该明确划分商标推广成本的分担原则，限制或制止不投入只受益的免费搭车行为，维护其他共同使用人推广商标的积极性。

案例4 "快克"驰名商标被侵权案:
驰名商标的认定与保护

原告海南亚洲制药有限公司诉被告原建军商标侵权和不正当竞争纠纷一案，海南省海口市中级人民法院受理后，依法组成合议庭，于2005年2月24日公开开庭审理了本案，本案现已审理终结。

经审理，法院查明以下事实:原告成立于1991年8月5日，为具备企业法人资格的中外合资经营企业，其经营范围为生产、加工、销售药片剂、胶囊剂、冲剂、人工牛黄。1992年1月，原告开始在其产品上使用"快克"商标。同年8月10日，原告使用的"快克"商标在《商标注册用商品和服务国际分类》第5类的"新速效伤风胶囊"商品上取得了"快克"商标专用权，商标注册证编号为第605358号，该商标续展注册后的有效期至2012年8月9日。自1997年起，原告先后通过中央电视台、国内多家省级电视台的卫星频道以及《人民日报》《医药经济报》等媒体以各种形式发布广告，对其"快克"产品进行宣传，原告为此于1997~2002年支付逾亿元的广告费用。

1997年1月，原告的"快克"商标产品作为国家赠送礼品用于我国外事活动，此后该品牌产品又先后被评为"2001年度海南消费者满意品牌""2002年度海南省名牌产品""海南省质量信得过药品"(有效期为2004年3月至2005年3月)。原告持有的"快克"注册商标，亦于2003年4月18日被海南省工商行政管理局认定为海南省著名商标(有效期为2003~2006年)。此外，原告于1997年被海南省统计局和海南省工业厅认定为"96海南工业企业50强"，排列利税总额第17名、销售收入第24名;于1999年被海南省统计局和海南省工业厅认定为"98海南工业企业50强"，排列利润总额第5名、销售收入第19名;于2001年被海南省统计局和海南省经贸厅认定为"2000年海南工业50强企业"，排列销售收入第24名、利润第7名;于2002年4月被首届海南省工业经济明星企业杰出(优秀)企业家评审委员会、海南省工业经济联合会授予"海南省工业经济明星企业";于2003年被海南省企业管理协会认定为"2002年度海南工业企业50强";于2003年1月被海南省经贸厅确定为"2003年度海南省重点工业企业"。

2004年12月，原告发现被告开办的海口琼山金花快可卫生用品经销部销售的"快克"牌卫生纸，其"快克"标识与原告已取得商标专用权的"快克"商标相同，且被告使用的"快可"商号与原告的"快克"商标读音相似，遂派员以消费者的身份在该经销部购买了两袋"快克"牌卫生纸。海口市第一公证处公证员对该购买过程进行了现场监督，并对原告购买的"快克"牌卫生纸进行了封存。随后，原告以被告侵犯其商标专用权和不正当竞争为由，向法院提起诉讼。

另查明：河南省新乡市工商局行政管理局、安徽省太和县工商行政管理局以及吉林省吉林市工商行政管理局龙潭分局分别于1998年3月13日、2002年5月20日、2004年9月6日对河南新乡中杰药业有限公司、安徽华源医药股份有限公司药品经营分公司、吉林制药股份有限公司侵犯"快克"注册商标专用权行为作出处罚决定。海口琼山金花快可卫生用品经销部业经海南省海口市工商行政管理局金花工商所核准登记注册。根据被告领取的《个体工商户营业执照》，该经销部的组成形式为个人经营，经营者为被告，营业执照有效期自2004年11月26日至2008年11月26日。

法院认为：原告注册的"快克"商标为商品商标，原告在核定的商品范围内，对该商标依法享有专用权。原告注册的"快克"商标虽未经国家工商行政管理部门评定为驰名商标，但原告使用"快克"商标作为其产品标识已持续13年，且原告在取得"快克"商标专用权后，于1997年至2002年间投入逾亿元的巨额广告费用，在电视、报纸等多种媒体上对使用该注册商标的商品做了持续的、范围涵盖全国的广告宣传，加之"快克"商标项下药品具有较好的声誉和疗效，曾先后获得"2001年度海南消费者满意品牌""2002年度海南省名牌产品""海南省质量信得过药品"等荣誉，"快克"商标亦于2003年4月被评为海南省著名商标，故原告的"快克"商标符合认定为驰名商标的条件，应当认定"快克"商标为驰名商标。被告利用原告"快克"商标具有的信誉和广泛的知名度，在其生产、销售的卫生纸上使用"快克"作为其商品标识，其行为足以导致消费者对商品来源产生混淆，误认为该商品系原告生产或生产者使用该商标获得了原告许可，或生产者与原告存在某种特定联系，这种"搭便车"的行为不仅误导了相关公众，且造成了"快克"驰名商标的淡化，对原告的利益造成了损害，故被告的行为构成了对原告"快克"注册商标专用权的损害和不正当竞争，被告应对其侵权行为承担相应的法律责任。被告关于其实际生产、销售的卫生纸与原告享有商标专用权的药品不属相同商品，其未侵犯原告商标专用权的抗辩理由不能成立，法院不予采纳。至于原告提出的被告使用与原告驰名商标十分近似的"快可"字样作为其字号，请求判令被告停止使用该字号问题，因被告使用的"快可"字样，无论从读音抑或文字，均与注册商标"快克"有较大区别，且被告并非单独使用"快可"作为其字号，而系与其他文字组合成"金花快可"作为其经营字号，被告在其经营字号中使用"快可"字样，不至于导致相关公众产生误解，故原告的该项主张理由不能成立，法院不予支持。关于原告主张被告赔偿其损失3万元一节，因原告未举证证明其被侵权所受到的损失，故根据《商标法》（2001年版）第五十六条第二款的规定，考虑到被告侵权时间较短，侵权损害的后果尚不明显，法院酌情确定的赔偿数额为1000元。依照《中华人民共和国民法通则》第一百一十八条、第一百三十四条第一款第（一）、（七）项，《中华人民共和国商标法》第五十二条第（五）项、第五十六条第二款，《中华人民共和国反不正当竞争法》第二条第一款，《最高人民法院关于审理商标民事纠纷案件适用法律若干问题的规定》第二十二条的规定，判决如下：被告自本判决发生法律效力之日起，立即停止在其生产、销售的卫生纸上使用"快克"商标标识的行为；被告赔偿原告损失1000元，并于本判决发生法律效力之日起5日内支付给原告；驳回原告其他诉讼请求。

［来源：海南省海口市中级人民法院　民事判决书（2005）海中法民三初字第1号］

案例分析

在"快克"商标侵权案中，争论的焦点是"快克"注册商标是否属于驰名商标，以及在司法认定驰名商标之前，被告在不同类别的商品上使用快克商标是否侵权。

一、驰名商标的认定

我国法律对驰名商标的解释（司法解释）内容：驰名商标是在中国为相关公众广为知晓并享有较高声誉的商标，其中"相关公众"是指与商标所标识的某类商品或者服务有关的消费者和与前述商品或者服务的营销有密切关系的其他经营者及经销渠道中所涉及的销售者和相关人员等。

2001年7月实施的《最高人民法院关于审理涉及计算机网络域名民事纠纷案件适用法律若干问题的解释》以及2002年10月实施的《最高人民法院关于审理商标民事纠纷案件适用法律若干问题的解释》使人民法院获得了认定驰名商标的权利。自此，驰名商标的认定形成了行政认定（商标局或商标评审委员会认定）与司法认定并行的模式。与行政认定驰名商标周期长、审核部门多的特点相比，司法认定比较简易快捷，所以很多企业往往选择司法渠道。

《最高人民法院关于审理涉及驰名商标保护的民事纠纷案件应用法律若干问题的解释》第五条规定：当事人主张商标驰名的，应当根据案件具体情况，提供下列证据，证明被诉侵犯商标权或者不正当竞争行为发生时，其商标已属驰名：

（一）使用该商标的商品的市场份额、销售区域、利税等；

（二）该商标的持续使用时间；

（三）该商标的宣传或者促销活动的方式、持续时间、程度、资金投入和地域范围；

（四）该商标曾被作为驰名商标受保护的记录；

（五）该商标享有的市场声誉；

（六）证明该商标已属驰名的其他事实。

第十一条规定：被告使用的注册商标违反商标法第十三条的规定，复制、模仿或者翻译原告驰名商标，构成侵犯商标权的，人民法院应当根据原告的请求，依法判决禁止被告使用该商标，但被告的注册商标有下列情形之一的，人民法院对原告的请求不予支持：

（一）已经超过商标法第四十一条第二款规定的请求撤销期限的；

（二）被告提出注册申请时，原告的商标并不驰名的。

"快克"商标在2005年才被国家工商行政管理部门评定为驰名商标，那么之前的侵权行为是否成立？那么就要看"快克"是否符合我国商标法中所规定的关于驰名商标的要件，而根据案例中法院认定，"快克"商标符合所规定的要件。

二、驰名商标的保护

根据中国《商标法》（2001年版）及其实施条例以及《驰名商标认定和保护规定》的相关规定，中国对驰名商标保护的前提情形如下。

（1）就相同或者类似商品申请注册的商标是复制、模仿或者翻译他人未在中国注册的驰名商标，容易导致混淆的（《商标法》第十三条1）。

（2）就不相同或者不相类似商品申请注册的商标是复制、模仿或者翻译他人已经在中国注册的驰名商标，误导公众，致使该驰名商标注册人的利益可能受到损害的（《商标法》第十三条2）。

《最高人民法院关于审理涉及驰名商标保护的民事纠纷案件应用法律若干问题的解释》第九条规定：足以使相关公众对使用驰名商标和被诉商标的商品来源产生误认，或者足以使相关公众认为使用驰名商标和被诉商标的经营者之间具有许可使用、关联企业关系等特定联系的，属于《商标法》第十三条第一款规定的"容易导致混淆"。

足以使相关公众认为被诉商标与驰名商标具有相当程度的联系，而减弱驰名商标的显著性、贬损驰名商标的市场声誉，或者不正当利用驰名商标的市场声誉的，属于《商标法》第十三条第二款规定的"误导公众，致使该驰名商标注册人的利益可能受到损害"。

三、驰名商标的保护原则

驰名商标的保护原则一般分为相对保护主义和绝对保护主义两种。

相对保护主义原则，是指禁止他人将与驰名商标相同或相似的商标在与商标所有权人相同或类似的商品上注册或使用，《巴黎公约》采取的是相对保护主义原则。

绝对保护主义原则，是指禁止他人在任何商品，包括与驰名商标商品不同或不相类似的商品上注册或使用与驰名商标相同或相似的商标，TRIPS采取的是绝对保护主义原则（但实际上这种绝对保护也是有条件的，即只有当使用在不相同或不类似的商品上的商标容易暗示与驰名商标存在某种联系，从而使注册商标所有人的利益可能因此受损）。

《商标法》兼采两种原则即混合原则，即对于未在中国注册的驰名商标采取相对保护主义原则，对于已在中国注册的驰名商标，采取绝对主义保护原则。这种做法既考虑并符合中国的现实国情，也兼顾了国际公约。

值得注意的是，《商标法》虽然采取的是混合保护原则，但从实际情况看更倾向于绝对保护主义原则。

中国对驰名商标保护的立法较晚，《驰名商标认定和管理暂行规定》对驰名商标的扩展保护主要体现在三个方面。

1.禁止不当注册　将与他人驰名商标相同或近似的商标在非类似商品上申请注册，且可能损害驰名商标注册人的权益，商标局可以驳回其注册申请。已经注册的，驰名商标注册人可以请求商标评审委员会予以撤销。

2.禁止不当使用　将与他人驰名商标相同或者近似的商标使用在非类似的商品上，且会暗示该商品与驰名商标注册人存在某种联系，从而可能使驰名商标注册人的权益受到损害的，驰名商标注册人可请求工商行政管理机关予以制止。

3.禁止作为商号使用　自驰名商标认定之日起，他人将与该驰名商标相同或近似的文字作为企业名称的一部分使用，且可能引起公众误认的，工商行政管理机关不予登记；已经登记的，驰名商标注册人可以请求予以撤销。中国修正后的《商标法》第十三条中将驰名商标的保护扩展至非类似商品或服务上，正式以立法形式确立了对驰名商标的扩张保护。

案例5 "欣康"商标案：商标的使用

原告丽珠医药集团股份有限公司（下称丽珠医药公司）不服被告国家工商行政管理总局商标评审委员会（下称商标评审委员会）于2008年7月23日作出的商评字〔2008〕第06655号《关于第824071号"欣康"商标撤销复审决定书》（下称第06655号决定），于法定期限内向北京市第一中级人民法院提起行政诉讼。一中院于2008年9月2日受理后，依法组成合议庭，并通知鲁南制药集团股份有限公司（下称鲁南制药公司）作为本案第三人参加诉讼，于2008年10月15日对本案公开开庭进行了审理。本案现已审理终结。

法院经审理查明：

1994年7月27日，珠海经济特区丽珠制药厂提出复审商标的注册申请，并于1996年3月21日被核准注册，注册号为824071，核定使用的商品为第5类人用药品；1996年8月28日，经商标局核准，复审商标转让给珠海经济特区丽珠医药集团股份有限公司；1998年3月7日，复审商标注册人名义变更为丽珠医药集团股份有限公司；2006年1月5日，经续展，复审商标有效期延长至2016年3月20日。

2004年10月15日，鲁南制药公司以连续三年停止使用为由，向商标局申请撤销复审商标。商标局于2005年3月16日作出撤200401576号《关于第824071号"欣康"注册商标连续三年停止使用撤销申请的决定》，认为丽珠医药公司提供的商标使用证据材料无效，对复审商标予以撤销。

丽珠医药公司作为复审商标的注册人，对商标局的撤销决定不服，于2005年3月31日向商标评审委员会申请复审，被依法予以受理。

（1）为证明复审商标在2001年10月15日至2004年10月14日使用了复审商标，丽珠医药公司在商标评审阶段提交了如下证据。

（a）《商标使用许可合同及备案通知书》。该合同中显示，丽珠医药公司许可丽珠制药厂使用复审商标，使用期限从2004年4月1日起至2006年3月20日止，核定使用商品范围为人用药品。该合同的签订日期为2004年4月1日。2004年8月31日，商标局向丽珠医药公司出具《商标使用许可合同备案通知书》，其中载明"你单位于2004年6月18日报送的许可丽珠集团丽珠制药厂使用第824071号'欣康'注册商标的使用许可合同备案申请，经审核，该合同符合商标使用许可合同备案的有关规定，我局予以备案。许可期限自2004年4月1日至2006年3月20日"。

（b）2004年8月9日，丽珠医药公司与新疆亚心医药有限责任公司（下称亚心公司）签订的买卖合同，该合同载明"商品名称：单硝酸异山梨酯片（欣康）；规格：20mg×48's；计量单位：盒；数量：2700；单价（元）：33.24；总金额（元）：89748"。

（c）广东省食品药品监督管理局备案材料，包括：《处方药药品包装标签说明书备案申请表》，其中载明"药品通用名称：单硝酸异山梨脆片（20mg）（商标名：欣康）；剂型：片剂；规格：20mg；包装规格：20mg/片，12片/板，4板/小盒；300小盒/箱；批准文号：国药准字H10940284；备案类别：常规备案；变更内容：首次备案；变更依据及说明：换发新文号备案；提交材料目录：原包装标签说明书备案样稿（原件），申请备案的处方药药品包装标签说明书样稿（彩稿），药品注册批件及注册标准、药品说明书、包装样稿等附件。申请单位：丽珠集团丽珠制药厂，2004年7月8日"。在该申请表后附有"欣康"单硝酸异山梨酯片（20mg/片）的说明书和包装样稿，并盖有"广东省食品药品监督管理局药品注册备案专用章，2004.9.1"。

（2）2008年7月23日，商标评审委员会作出第06655号决定。

在本案诉讼过程中，丽珠医药公司补充提交了以下几份证据。

（a）2004年8月9日，与丽珠医药公司与亚心公司签订的购买规格为20mg的"欣康"单硝酸异山梨酯片的买卖合同有关的药品出库单、货运单、货运签回单、退换货审批表、药品退货入库单。

（b）2004年9月3日，丽珠医药公司与天津太平（集团）有限公司（下称太平公司）签订的购买规格为20mg的"欣康"单硝酸异山梨酯片的买卖合同以及与该合同有关的药品出库单、货运单、货运签回单、和太平公司将所购药品销售给医院的证明。

（c）2004年9月13日，丽珠医药公司与国药集团医药控股天津有限公司（下称国药集团天津公司）签订的购买规格为20mg的"欣康"单硝酸异山梨酯片的买卖合同以及与该合同有关的药品出库单、货运单、货运签回单、和国药集团天津公司出具的购买上述药品的证明。

（d）2004年10月11日，丽珠医药公司与山西省太原医药药材采购供应站批发部（下称太原医药批发部）签订的购买规格为20mg的"欣康"单硝酸异山梨酯片的买卖合同以及与该合同有关的药品出库单、运输服务受理凭证、包裹票、和山西省太原药材有限公司出具的购买上述药品的证明。

（e）2004年10月15日，丽珠医药公司与山西华卫医药保健品有限公司签订的购买规格为20mg的"欣康"单硝酸异山梨酯片的买卖合同以及与该合同有关的药品出库单、运输受理凭证、包裹票。

（f）1993年10月7日，卫计委颁布的（93）J-37号《新药证书及生产批件》载明"新药名称：正式品名硝酸异山梨酯片（商品名：欣乐）；剂型：片剂；规格：10mg；申请生产单位：珠海经济特区丽珠制药厂；申请日期：1993年3月13日；批准文号：（93）卫药准字J-28号；审评结论：同意生产"。

（g）1994年10月6日，卫生部药政管理局颁布的（94）Xb-21号《已批准新药的补充申请批件》载明"正式品名硝酸异山梨酯片；剂型：片剂；规格：10mg；原批准文号：（93）卫药准字J-28号；拟补充申请的内容：增加20mg规格片剂的生产；申请理由：方便临床用药；审查意见：同意增加20mg规格片的生产；批准文号：（94）卫药准字J-28（2）号"。

（h）2003年3月25日，国家食品药品监督管理局颁布的编号为0131300《药品注册证》载明"药品通用名称：单硝酸异山梨酯片；商品名称：欣乐；剂型：片剂；规格：10mg；执行标准：国家药品标准；药品批准文号：国药准字H10930189"。

（i）2004年5月31日，国家食品药品监督管理局颁布的编号为0139376《药品注册证》载明"药品通用名称：单硝酸异山梨酯片；剂型：片剂；规格：20mg；执行标准：国家药品标准；药品批准文号：国药准字H10940284"。

庭审中，原告丽珠医药公司称其在2004年广东省食品药品监督管理局备案之前在20mg单硝酸异山梨酯片上使用的是"欣乐"商标，在备案之后使用的是"欣康"商标。

（3）2009年3月3日，在最高人民法院主持下，丽珠医药公司与案外人鲁南贝特制药有限公司（下称鲁南贝特公司）达成和解协议，主要内容如下。

（a）丽珠医药公司同意自本协议签订之后七天内就以下第1、第2个案件提出撤销申请：①就撤销"欣康"商标决定向北京市第一中级人民法院提出的行政诉讼；②就"鲁南欣康"商标或者"欣康"商标向商标评审委员会或商标局提出的撤销程序及其他任何程序；③在②条规定的时间内撤销针对（2007）粤高法民三终字第359号民事判决书向最高人民法院提出的再审申请。

（b）作为解决纠纷的补偿，鲁南贝特公司同意向丽珠医药公司支付人民币110万元，支付时间为向北京市第一中级人民法院和商标评审委员会提出上述第1项、第2项撤销申请30日内。丽珠医药公司在接到鲁南贝特公司支付的款项后3日内，才提出上述第3项撤销申请。

（c）丽珠医药公司承诺今后不再就鲁南贝特公司使用"欣康"商品名的行为提起任何诉讼或行政程序，或者以任何其他形式提出异议。丽珠医药公司并承诺，在本协议签订后将为鲁南贝特公司获得"欣康"商标提供一切必要的协助，包括但不限于撤销丽珠医药公司目前可能或者已经提起的注册"欣康"商标的申请，签署转让协议，提供转让"欣康"商标所需的一切文件，对鲁南贝特公司申请"欣康"商标不提任何异议。

（4）2009年3月16日，丽珠医药公司与鲁南贝特公司签订了一份补充协议，该协议约定如下内容。

（a）丽珠医药公司在本协议签署之日起7日内，与鲁南贝特公司或其指定方（鲁南制药公司）签署含"欣康"字样的商标（含丽珠医药公司正在进行的"欣康"商标注册申请）的转让协议，并协助鲁南贝特公司或其指定方办理该商标转让的有关手续，包括向鲁南贝特公司或其指定方提供办理商标转让所需的材料等。

（b）丽珠医药公司在本协议签署之日起7日内，向商标评审委员会申请撤销其就"鲁南欣康"商标提起的撤销程序。

（c）在鲁南贝特公司或其指定方收到商标局下发的商标转让《受理通知书》，且丽珠医药公司向商标评审委员会提出本协议（b）项下申请之日起的10日内，鲁南贝特公司或其指定方向丽珠医药公司或其指定方支付人民币110万元。但是，如果鲁南贝特公司或其指定方在向商标局提交"欣康"商标转让申请材料后的40日内仍未能获得前述《受理通知书》或收到商标局下达的不予核准或不予受理等相关文件，鲁南贝特公司或其指定方应将前述110万款项于3日内付给丽珠医药公司或其指定方。

（d）双方知悉，一旦"欣康"注册商标被最终撤销，本协议项下的商标转让安排将无实质意义。有鉴于此，双方均将为争取恢复"欣康"的商标权做必要努力，丽珠公司将为此配合鲁南贝特公司或其指定方采取必要的行动，包括：如果北京市第一中级人民法院的判决维持商标评审委员会的决定，在上诉期间内就该判决提起上诉；如果北京市第一中级人民法院的判决商标评审委员会重新作出决定，则参与必要的行政程序。但在上述配合中，丽珠医药公司只协助出具必要的文件资料，如需丽珠医药公司委托代理人员参与，代理人员的代理费及相关诉讼费由鲁南贝特公司负担。

（e）丽珠医药公司或其指定方在收到鲁南贝特公司或其指定方支付的人民币110万元款项之后的3日内，向最高人民法院申请撤销针对（2007）粤高法民三终字第359号民事判决的再审申请。

（f）丽珠医药公司在本协议签署后的7日内将其签署的撤诉申请书留存最高人民法院，在鲁南贝特公司提出书面请求之后，丽珠医药公司将根据鲁南贝特公司的请求向北京市第一中级人民法院提出撤诉申请。如鲁南贝特公司未提出书面请求，则丽珠医药公司不向北京市第一中级人民法院提出撤诉申请，其留存最高人民法院的撤诉请求书由最高人民法院决定销毁。

（g）丽珠医药公司确保在本协议签订之后丽珠医药公司及其关联公司（包括其下属丽珠制药厂）不再在尼斯国际分类第5类商品上使用含有"欣康"字样的商标；并确保将不再在尼斯国际分类第5类商品上将含有"欣康"字样的商标许可其他任何第三人使用。对于现有与任何第三方达成的含有"欣康"字样的商标许可使用协议（如有的话），丽珠医药公司应在本协议签署后立即中止该等协议，并确保相关第三方不再继续使用含有"欣康"字样的商标。

（h）如果任何一方违反上述规定，均应向对方支付违约金人民币500万元。

（i）本协议为2009年3月3日和解协议的补充，与和解协议不一致之处，以本协议的规定为准。

另查，2009年5月14日，商标局核准复审商标由丽珠医药公司转让给鲁南制药公司，复审商标的商标档案显示注册人已经变更为鲁南制药公司。

以上事实，有第06655号裁定、争议商标档案和商标公告复印件、丽珠医药公司和鲁南制药在诉讼过程中提供的证据、核准商标转让证明、复审商标的商标档案、丽珠医药公司与鲁南贝特公司的和解协议、补充协议以及当事人陈述等证据在案佐证。

法院认为，根据原告和被告的诉辩主张以及第三人的陈述，本案涉及的焦点问题为丽珠医药公司在本案诉讼过程中提交的证据能否证明其在2001年10月15日至2004年10月14日期间内真实、合法、公开的使用了"欣康"商标。

《中华人民共和国商标法实施条例》（2002年版）（下称《商标法实施条例》）第三条规定，商标法和本条例所称商标的使用，包括将商标用于商品、商品包装或者容器以及商品交易文书上，或者将商标用于广告宣传、展览以及其他商业活动中。

丽珠医药公司在本案诉讼阶段补充提交的证据包括"欣康"牌单硝酸异山梨酯片的买卖合同、药品出库单、货运单、货运签回单等证据，这些证据已经形成完整的证据链，可以证明丽珠医药公司在2004年7月到广东省食品药品监督管理局备案之后开始在规格为20mg的单硝酸异山梨酯片上使用"欣康"商标。

《药品包装、标签规范细则（暂行）》并未禁止在不同规格的同一种药品中使用不同的商标，鲁南制药公司也并未提交充分证据证明在2004年7月之后丽珠医药公司还在生产和销售规格为20mg、商标为"欣乐"的单硝酸异山梨酯片。因此，鲁南制药公司有关丽珠医药公司使用"欣康"商标违法的主张缺乏事实依据，本院不予支持。

并且，经过最高人民法院主持调解，丽珠医药公司与鲁南贝特公司已经就复审商标及其他相关问题达成了和解协议，这表明鲁南制药公司已经不再坚持其撤销理由。

综上所述，基于丽珠医药公司在本案中提交的新证据以及复审商标已经由丽珠医药公司转让给鲁南制药公司等事实，第06655号决定应予撤销。依照《中华人民共和国行政诉讼法》（1989年版）第五十四条第（二）项第1目之规定，本院判决如下：撤销被告国家工商行政管理总局商标评审委员会商评字〔2008〕第06655号《关于第824071号"欣康"商标撤销复审决定书》；被告国家工商行政管理总局商标评审委员会在本判决生效之日起3个月内重新作出决定。

［来源：北京市第一中级人民法院　行政判决书（2008）一中行初字第1337号〕

案例分析

《商标法实施条例》（2002年版）第三条规定：商标的使用是指以经营为目的，将商标用于商品、商品包装或者容器上；用于服务或者与服务有关的物件上；用于商品或者服务交易文书上；或者将商标用于商品或者服务的广告宣传、展览以及其他商业活动中，足以使相关公众认其为区别该商品或者服务来源的标志的实际使用。

商标的使用包括：商标的实际使用和商标的法律使用。

《商标法》（2001年修正）第四十四条规定："使用注册商标，有下列行为之一的，由商标局责令限期改正或者撤销其注册商标……（四）连续三年停止使用的。"如果注册商标连续三年停止使用（法律使用），该注册商标就可能被撤销。所以，商标的法律使用在商标的法律保护中具有重要意义。

商标的实际使用是指商标所有人或经其许可者，在经营活动中将商标用于商品、商品包装或者容器以及商品交易文书上的行为，这是通常意义上的商标使用行为。

商标的法律使用是针对注册商标而言的，是注册商标的所有人使其已经注册的商标达到法定条件的"使用"标准的行为。

《商标法实施条例》（2002年版）规定："商标的使用，包括将商标用于商品、商品包装或者容器以及商品交易文书上，或者将商标用于广告宣传、展览以及其他商业活动中。"所以，商标的法律使用包括商标的实际使用和"将商标用于广告宣传、展览以及其他商业活动中"等情形。

根据上述规定，商标的法律使用除实际使用外，通常还包括下列情形：对商标进行大规模的广告宣传时使用该商标，如在报纸、杂志、电视、广告等各种广告媒体上进行商业宣传；根据商标法规定商标权人可以许可他人使用其注册商标，所以被许可人的使用也被视为该商标的使用；完全以出口为目的，在本国内将商标附着于商品或者其包装物、包裹物，也被视为该商标在本国内的使用。

　　商标所有人因不可控制的经济或法律原因而导致的不使用，可以作为不使用的正当理由，也不会因此而导致注册商标被撤销。

案例6　"糯米阿姨AUNT及图"商标无效宣告案：
代理人或被代表人的权益

　　2017年7月28日，杭州博多工贸有限公司（本案申请人）对商标"糯米阿姨AUNT及图"提起无效宣告申请，主要理由：被申请人与申请人前开发部经理张州丹系夫妻关系，张州丹与申请人存在代表关系。争议商标与申请人在先使用的"阿姨奶茶AUTI及图"商标使用在相同或类似服务上。被申请人申请注册争议商标属于抢注行为。请求依据《商标法》（2013年版）第十五条等规定，宣告该商标无效。被申请人在规定期限内未予答辩。

　　第13333638号"糯米阿姨AUNT及图"商标（下称争议商标）由张蓉（本案被申请人）于2013年10月10日提出注册申请，经异议，于2017年6月7日获准注册，核定使用在第43类"咖啡馆、饭店、茶馆、流动饮食供应"等服务上。

　　经审理认为，首先，根据申请人提供的张州丹身份证据及《全日制劳动合同》、应聘报名表、报销凭据、百度地图界面、张州丹微信朋友圈界面截图等张州丹与申请人关系的证据可知，张州丹曾为申请人公司管理人员，与申请人之间存在《商标法》第十五条第一款所指的代表关系，且张州丹在争议商标申请日前显然已知悉申请人"阿姨奶茶AUTI及图"商标的存在。其次，争议商标指定使用的咖啡馆、茶馆等服务与申请人"阿姨奶茶AUTI及图"商标所用的奶茶店在服务内容、服务方式、服务对象等方面具有较强的共同性，属于同一种或类似服务。争议商标"AUNT及图"部分与申请人在先使用商标中具有较强独创性的"AUTI及图"部分高度近似，并且申请人"阿姨奶茶AUTI及图"奶茶店主营"糯米奶茶"，争议商标与申请人在先商标已构成近似标志。最后，被申请人张蓉与张州丹系夫妻关系，其申请注册争议商标的行为难谓巧合，可以推定其与张州丹具有串通合谋的恶意。

　　综上所述，争议商标的申请注册已构成《商标法》第十五条第一款所指代表人以自己的名义抢注被代表人商标之情形。故争议商标予以宣告无效。

（来源：国家知识产权局原商标评审委员会　典型案例评析）

三 案例分析

《商标法》（2001年修正）第十五条第一款规定，未经授权，代理人或者代表人以自己的名义将被代理人或者被代表人的商标进行注册，被代理人或者被代表人提出异议的，不予注册并禁止使用。适用该规定应当符合争议双方存在代理或者代表关系、系争商标与被代理人或被代表人商标构成使用在同一种或类似商品上的近似商标、注册行为未经授权之要件。

在判断争议双方是否存在代理关系或代表关系时应当注意，有两种较为特殊的情形也应判定为构成代理、代表关系：①代理、代表关系尚在磋商阶段或者代理、代表关系结束之后，代理人、代表人知悉被代理人、被代表人商标而进行抢注的，应当认定双方存在上述规定所指的代理、代表关系；②虽非以代理人或者代表人名义抢注商标，但有证据证明商标注册人与代理人、代表人具有串通合谋行为的，应当认定为代理人、代表人抢注商标。串通合谋行为可根据商标注册人与代理人、代表人之间的亲属、投资等关系进行推定。

《巴黎公约》第六条之七规定，如果本联盟一个国家的商标所有人的代理人或代表人，未经所有人授权而以其自己的名义向本联盟一个或多个国家申请商标注册，该所有人有权反对该项申请的注册或者要求予以撤销，并有权反对给代理人或者代表人使用其商标。如果该国法律许可，还可要求将该项注册转让给自己，除非该代理人或代表人能提出其行为正当的证明。我国作为《巴黎公约》的成员国，应当履行公约规定的义务。如果代理人或者代表人未经授权而以自己的名义将被代理人或者被代表人的商标进行注册，被代理人或者被代表人有权提出异议，对提出异议的商标，商标主管部门不予注册，并禁止其使用。对于已经注册的商标，被代理人或者被代表人还可以根据本法第四十一条的规定，自该商标注册之日起5年内，要求商标评审委员会裁定撤销该注册商标。对恶意注册的，驰名商标所有人可以不受5年的时间限制。

本案中，在案证据足以证明张州丹曾经是申请人公司的管理人员，并因此知悉申请人商标。虽然被申请人本身与申请人不存在代表关系，但因被申请人与张州丹系夫妻关系，可以认定其与张州丹存在串通合谋行为。且系争商标与申请人在先商标近似，申请注册在同一种或类似服务上。因此，本案争议商标的申请注册已构成《商标法》第十五条第一款所指代表人未经授权抢注被代表人商标之情形。争议商标应予宣告无效并禁止使用。

案例7 "闪银"商标无效宣告案

2015年12月7日北京闪银奇异科技有限公司（本案申请人）对商标"闪银"提出无效宣告请求。第13675000号"闪银"商标（以下称争议商标）由武汉中郡校园服务有限公司（本案被申请人）于2013年12月5日申请注册，核定使用在第36类"保险、金融服务、基金投资、金融贷款、电子转账、信用卡服务、发行有价证券、经纪、担保、信托"服务上，2015年9月7日获准注册。申请人称：被申请人自成立至今，先后在45个类别上申请、注册了包括争议商标在内的共1049件商标。被申请人无实际使用争议商标的意图。被申请人与申请人的代理人电话沟通中，明确表示了其申请商标是通过商标转让进行牟利，而非自己使用。被申请人大量注册商标的唯一目的是通过高额的转让费牟取不正当利益。除武汉中郡校园服务有限公司外，被申请人股东刘凤金、傅发春还设立了多家关联公司抢注商标，其中有两家是专业的商标代理机构。因此，依据《商标法》（2013年版）第四十四条第一款的规定，请求对争议商标予以无效宣告。对此，被申请人答辩称：被申请人虽申请注册商标数量较多，但并不违反法律规定。请求维持争议商标注册。

经审理认为，被申请人先后在45个类别申请、注册了包括争议商标在内的共1049件商标，其注册数量庞大。申请人提供的腾讯微博、新浪微博页面打印件等可以证明申请人在"金融服务"上在先使用了"闪银"商标，且争议商标与"闪银"完全相同，鉴于"闪银"并非现有固定搭配的词汇，被申请人的注册行为难谓正当，因此，除非被申请人可以合理解释争议商标的渊源，否则争议商标与申请人商标构成巧合的可能性很小。被申请人并未对争议商标的合理来源进行陈述并予以举证。综合考虑以上情形，原商标评审委员会合理认为，被申请人以申请人商标特有表现形式申请注册在与申请人商标使用的"金融服务"具有一定相关性的"金融服务、基金投资、金融贷款、电子转账、信用卡服务"等服务上，具有不正当利用申请人商标以营利的目的。被申请人的注册行为不仅会导致相关公众对服务来源产生误认，更扰乱了正常的商标注册管理秩序，并有损于公平竞争的市场环境，违反了诚实信用原则，不应鼓励和支持。因此，争议商标的申请注册构成了《商标法》第四十四条第一款规定的情形。

（来源：国家知识产权原商标评审委员会 典型案例评析）

▤ 案例分析

《商标法》(2013年版)第四十四条第一款规定:"已经注册的商标,违反本法第十条、第十一条、第十二条规定的,或者是以欺骗手段或者其他不正当手段取得注册的,由商标局宣告该注册商标无效;其他单位或者个人可以请求商标评审委员会宣告该注册商标无效。"根据立法目的和商标评审委员会评审及司法实践,该条款中的"以其他不正当手段取得注册"行为是指违反诚实信用原则,基于不正当竞争、牟取非法利益的目的,恶意进行注册并损害公平竞争市场秩序和商标注册秩序的行为。其立法宗旨在于制止违反诚实信用原则,侵犯他人合法权益,扰乱商标注册秩序,损害公平竞争市场秩序的不正当竞争行为。我国《商标法》虽然坚持商标注册原则和申请在先原则,但并不意味着法律对有证据可证明的商标注册人违反诚实信用原则、不正当注册他人知名商标行为的允许。

商标评审委员会在适用该条款时,强调应优先适用《商标法》明确规定的具体条款,对于有证据充分证明确实属于违反诚实信用原则,而其他条款又难以调整的不正当注册行为才可以适用该条款,尤其应当考虑个案具体情况,严格把握适用上述条款的适用要件。

实践中,系争商标申请人申请注册多件商标,且与他人具有较强显著性的商标构成相同或者近似的;系争商标申请人申请注册大量商标,且明显缺乏真实使用意图的,均属于本条所指的"以其他不正当手段取得注册"的情形。本案即属于构成上述情形的典型案例。

案例8 "同仁堂"商标案:商标与企业字号

北京"同仁堂"状告温州"叶同仁堂"商标侵权案件,虽然双方表示愿意进行调解,但这起官司还是引起了不小的关注。

北京"同仁堂"是全国中药行业著名的老字号。创建于1669年(清康熙八年),自1723年开始供奉御药,历经八代皇帝188年。在300多年的风雨历程中,历代同仁堂人始终恪守"炮制虽繁必不敢省人工,品味虽贵必不敢减物力"的古训,树立"修合无人见,存心有天知"的自律意识,造就了制药过程中兢兢小心、精益求精的严细精神,其产品以"配方独特、选料上乘、工艺精湛、疗效显著"而享誉海内外,产品行销40多个国家和地区。1954年同仁堂率先实行了公私合营。1957年同仁堂中药提炼厂正式成立,开创中药西制的先河。1979年,同仁堂厂、店牌号得以恢复。1989年国家工商行政管理局商标局认定

"同仁堂"为驰名商标,受到国家特别保护,"同仁堂"商标还是中国第一个申请马德里国际注册的商标,大陆第一个在台湾申请注册的商标。

温州叶同仁始创于1670年(清康熙九年),至今已有341年历史,历经数代,载誉300多年的温州叶同仁,是温州现存为数不多的百年老字号之一。历代的温州叶同仁经营的中药材和丸、散、膏、丹等,都以选料真实、炮制讲究、药味齐全著称于世。其产品以"配方独特、选料上乘、工艺精湛、疗效显著"而载誉浙南闽北,曾入选"中华百年老药铺"行列。1956年,该药栈经公私合营改为温州国药联合制药厂,从此不再使用"叶同仁堂"名称。1965年改名为温州制药厂。2001年温州叶同仁重开大药房,2002年,温州海鹤药业有限公司向国家工商总局商标局注册了"叶同仁"商标。但由于考虑到"堂"是对店的别称,故企业名称"叶同仁"后仍沿用了"堂"字。

事实上,温州叶同仁与北京同仁堂多年前就有过一段彼此欣赏的合作。2002年北京同仁堂南洋药业公司就在温州人民东路"叶同仁堂"药城开设了参茸补品专柜,获得了良好的收益。2003年12月北京同仁堂撤出专柜,随后在2004年8月北京"同仁堂"以商标侵权为由将温州"叶同仁堂"告上法庭,巨额索赔5000万元。双方由此产生了一场震惊南北的侵权官司。

经调解,双方最终达成协议,温州"叶同仁堂"的招牌去掉"堂"字。2005年4月初,温州"叶同仁堂"已完成系列变更手续,6月27日,"叶同仁堂"药城的招牌也悄然换成"叶同仁",在温州存在了300多年的"叶同仁堂"从此正式成为"叶同仁"。

(来源:中国法院网　审判民事案件)

案例分析

字号就是个体工商户的名称即商号,而商号是企业名称的一部分。而在《民法通则》第九十九条则进一步规定:"法人、个体工商户、个人合伙享有名称权。企业法人、个体工商户、个人合伙有权使用、依法转让自己的名称。"

而商标根据TRIPS第十五条第一款的定义,任何标记或任何标记的组合,能够将某一个企业商标或服务区别于其他企业的商标或服务,应能构成商标。它是经营者在其生产、制造、加工、拣选或者经销的商品上或者服务的提供者在其提供的服务上采用的,用于区别商品或服务来源的,由文字、图形、字母、数字、三维标志、颜色组合,或上述要素的组合,具有显著特征的标志,是现代经济的产物。按照我国商标法的规定,注册商标具有排他性、独占性、唯一性等特点,属于注册商标所有人所独占,受法律保护,任何企业或个人未经注册商标所有权人许可或授权,均不可自行使用,否则将承担侵权责任。

《最高人民法院关于审理商标民事纠纷案件适用法律若干问题的解释》第一条规定下列行为属于商标法第五十二条第（五）项规定的给他人注册商标专用权造成其他损害的行为：将与他人注册商标相同或者相近似的文字作为企业的字号在相同或者类似商品上突出使用，容易使相关公众产生误认的。认定此种侵犯注册商标权的行为，要注意构成的条件：①使用了与他人注册商标相同或者相近似的文字；②行为人将所使用的文字作为其企业的名称字号；③将名称字号在与商标权人注册商标所标识的相同或者类似商品上突出醒目地使用；④造成了容易使相关公众产生误认的效果或者结果。

此案中，温州"叶同仁堂"属于老字号，所以双方通过和解解决纠纷是最明智的选择。

第十二章

药品行政保护以案说法

案例1　西沙必利药品行政保护未获得案：

药品涉外行政保护的授予条件

1994年4月14日，爱尔兰杨森制药有限公司（下称爱尔兰杨森公司）向原国家医药管理局（简称医药局）提出对西沙必利药品行政保护的申请，经医药局药品行政保护办公室审查，于同年12月19日对该药品授予了行政保护。

与此同时，海口田丰医药发展有限公司（下称田丰公司）以西沙必利药品已由其在中国先行销售，爱尔兰杨森公司不具备对该药品在中国申请行政保护的条件为由，要求医药局药品行政保护办公室撤销授予爱尔兰杨森公司的该药品行政保护权。原医药局药品行政保护办公室经审查认定，田丰公司作为外商投资企业，不得从事进口药品国内代理、销售行为，故田丰公司的违法销售行为不构成对杨森公司行政保护授权的障碍，因此驳回了田丰公司的请求。

田丰公司不服，向医药局提出复审，复审维持了该审查决定。田丰公司仍不服，向北京市第一中级人民法院提起行政诉讼，经过一年半的审理，在1997年11月12日，北京市第一中级人民法院对这起不服药品行政保护的行政诉讼案件作出了如下一审判决：维持被告原国家医药管理局作出的药行保决字（1995）第1号审查决定，驳回原告的诉讼请求。

作为败诉方的原告田丰公司不服一审判决，在法定的时间内向北京市高级人民法院提出上诉。同年11月25日北京市高级人民法院立案，经过30天的紧张审理，在同年的12月24日，二审法院作出了与一审法院截然相反的终审判决：①撤销北京市第一中级人民法院（1996）一中行初字第42号行政判决书；②撤销原国家医药管理局1994年12月19日发布的74号、75号授予爱尔兰杨森制药有限公司对西沙必利、西沙必利片剂两项药品行政保护授权公告；③撤销原国家医药管理局药品行政保护办公室1995年6月15日作出的（1995）药行保决字第1号审查决定书。

经过审理，二审对于事实部分认定如下：田丰公司系新特药公司与香港汇田公司合资成立，于1993年8月9日经中华人民共和国国家工商行政管理局许可，领取了注册号为企合琼海总字第001324号《企业法人营业执照》，该营业执照注明的企业类别为合资经营，主营范围：生产、批发、经销、代理新药、特药、中西成药、制剂、医药原料、中草药材等。同年11月20日，田丰公司又取得了海南省人民政府颁发的外经贸琼港台资字（1993）573号《中华人民共和国台港澳侨投资企业批准证书》。1993年11月16日，田丰公司经海南省卫生厅核准取得（琼）卫药营证字第328号《药品经营企业许可证》，经营范围：西药原料药及制剂、中成药等。1993年12月28日，田丰公司与新特药公司签订了有关西沙必利药品进口和销售等事项的协议书，双方约定由田丰公司负责代理进口西沙必利药品及报批手续，新特药公司负责销售该药品。1994年1月18日和同年5月1日田丰公司经卫生部批准，两次取得从印度托兰特制药有限公司进口西沙必利药品40万盒的进口许可证，分别于1994年2月、7月先后经海口市海关按章办结进口手续，并经中国药品生物制品检定所于1994年3月10日进行检验，结果均符合规定，准予进口。田丰公司共计进口西沙必利药品片剂17.5万盒。同年8月30日，广东省医药管理局对该药确定了批发价格。另查，1982年9月30日比利时杨森公司在爱尔兰共和国专利行政管理部门申请西沙必利药品发明专利，并于1989年9月6日获得该专利的授权。1994年2月4日该专利由比利时杨森公司转让给爱尔兰杨森公司，双方签订了转让协议书。1994年4月14日爱尔兰杨森公司向原医药局提起对西沙必利药品行政保护的申请，经原医药局药品行政保护办公室审查，于1994年5月5日在《中国医药报》上发布了同年4月28日制作的三份公告，声明药品行政保护办公室对该药品的申请文件初步审查合格，予以受理，即日起转为实质审查。同时，三份公告均注明了"凡了解本产品在国内生产或销售过的单位或个人，请与本办公室取得联系"的内容。同年12月19日原医药局药品行政保护办公室以74号、75号、76号三份授权公告公布了对西沙必利、西沙必利片剂、西沙必利混悬剂的审查结论，从即日起授予行政保护。同年12月29日田丰公司以西沙必利药品不具备行政保护的条件为理由，请求医药局撤销对爱尔兰杨森公司给予的西沙必利和西沙必利片剂两项药品的行政保护。原医药局的内设机构药品行政保护办公室在1995年6月15日作出了药行保决字（1995）第1号审查决定书，驳回了田丰公司的请求。此外，原医药局在本案的一审审理过程中，以其审查决定所依据的某项规定属于机密为由未履行法定的举证义务。

二审合议庭经过认真研究、分析，认为田丰公司在爱尔兰杨森公司向医药局提出对西沙必利药品行政保护前，已取得卫生部批准的该药进口许可证，并按其经营许可范围在全国许多省、市进行了实际的批发和销售行为。原医药局在受理爱尔兰杨森公司提出的对西沙必利药品申请行政保护的过程中，应依照《药品行政保护条例》中规定的法定条件进行实质性审查。原医药局在未能全部收集有效证据证明爱尔兰杨森公司在爱尔兰共和国享有对西沙必利药品独占权文件的基础上作出的给予其行政保护的结论，缺乏事实根据。根据国务院办公厅1994年5月20日印发的关于《国家医药管理局职能配置、内设机构和人员编制方案的通知》中确定的有关行政职能的规定，原医药局不是国家批准药品进口和销售的行政主管机关，在未经法定程序的前提下，原医药局即以"田丰公司进口和销售西沙必利药品不符合国家有关法律和有关部门的规定"为由作出审查结论，没有法律依据。药品行政保护办公室是医药局的内部机构，药品行政保护办公室以自己的名义作出的74号、75号两项授权公告及药行保决字（1995）第1号审查决定书不符合《药品行政保护条例》第四条的规定。在本案一审审理的过程中，医药局以其具体行政行为所依据的某项规定属于机密件为由拒绝提交法庭，违背了《行政诉讼法》第三十二条关于"应当提供作出该具体行政行为的证据和所依据的规范性文件"的规定。被诉的具体行政行为药行保决字（1995）第1号审查决定书未引用法律、法规具体条款的做法不当。田丰公司对西沙必利和西沙必利片剂两项药品行政保护授权公告提出异议，请求撤销对该药品行政保护的申请符合法律的规定。原审法院在审理此案时未能依照行政诉讼法第五条关于"人民法院审理行政案件，对具体行政行为是否合法进行审查"的规定进行审查，以至其作出的（1996）一中行初字第42号行政判决书，对被诉的具体行政行为在认定事实、适用法律、执法程序等方面存在的若干问题未能查明，实属不当，应予纠正。

（来源：北京高级人民法院 1998年 李新生）

案例分析

根据《药品行政保护条例》的规定，申请涉外药品行政保护，应该具备以下条件：①1993年1月1日前依照中国专利法的规定其独占权不受保护的；②1986年1月1日至1993年1月1日期间，获得禁止他人在申请人所在国制造、使用或者销售的独占权的；③提出行政保护申请日前尚未在中国销售的。该药品显然不符合《药品行政保护条例》规定的条件，因此不能给予行政保护。

当然有下列情形之一的，行政保护在期限届满前终止：①药品独占权在申请人所在国无效或者失效的；②药品独占权人没有按照规定缴纳行政保护年费的；③药品独占权人以书面形式声明放弃行政保护的；④药品独占权人自药品行政保护证书颁发之日起1年内未向国务院卫生行政部门申请办理该药品在中国境内制造或者销售许可手续的。

除此之外，药品行政保护证书颁发后，任何组织或者个人认为给予该药品行政保护不符合本条例规定的，都可以请求国务院药品生产经营行政主管部门撤销对该药品的行政保护；药品独占权人对国务院药品生产经营行政主管部门的撤销决定不服的，可以向人民法院提起诉讼。

案例2　某荷兰公司申请的"盐酸氟西汀"药品行政保护案：药品行政保护所保护独占权的实质

　　1995年7月27日原国家医药管理局药品行政保护办公室作出药行保结字（1995）第1号《审查结论通知书》，认定某荷兰公司申请的"盐酸氟西汀"药品行政保护问题。因该药品在荷兰的181654号专利只是一个方法专利，尽管该181654号荷兰专利享有美国第432379号专利的优先权，但由于两国专利法的保护范围不同，因此，两份专利的权利要求书中所保护的发明内容完全不同。根据《药品行政保护条例》第五条第（一）项的规定，申请行政保护的药品专利应当是1993年1月1日前依照中国专利法的规定其独占权不受保护的，即必须是药品的物质专利。"盐酸氟西汀"药品的181654号荷兰专利，在1993年1月1日前是可以受到中国专利法保护的。因此，181654号荷兰专利不属于药品行政保护的范畴，其申请行政保护不符合《药品行政保护条例》第五条第（一）项规定的条件，决定不给予某荷兰公司关于PROZAC胶囊及其活性成分"盐酸氟西汀"以行政保护。某荷兰公司不服上述审查结论，于1995年8月25日向原国家医药局申请复审，同年12月1日原国家医药局作出药行复字（95）第4号《复审结论意见书》，维持了药行保结字（95）第1号《审查结论通知书》。某荷兰公司不服，于1996年8月20日向北京市第一中级人民法院提起行政诉讼。

　　北京市第一中级人民法院经审理认为，某荷兰公司持有的181654号荷兰专利无论从专利的名称还是从专利要求的内容，均可以认为是一项药品制备方法发明，且根据当时荷兰实施的专利法关于对物质本身不授予专利权的规定，该专利不可能是药品发明专利，依照1993年1月1日以前中国专利法的规定，药品方法发明是可以受到独占权保护的。因此，该专利不属于药品行政保护范围。根据《药品行政保护条例》第五条的规定，不给予"盐酸氟西汀"药品行政保护是正确的。原国家医药局所做审查结论事实清楚，适用法律正确，程序合法，应予支持。某荷兰公司根据当时适用的荷兰专利法"对一个物质制备方法授予的专利可以延及用此方法得到的产品"的规定，将181654号荷兰专利视为产品发明专利，并取得独占权，没有充分的事实及法律依据。依照《行政诉讼法》

第五十四条第（一）项的规定，判决如下：维持原国家医药管理局作出的药行保结字（95）第1号《审查结论通知书》，驳回某荷兰公司的诉讼请求。

　　一审判决后，某荷兰公司不服，向北京市高级人民法院提起上诉，其主要理由如下：一审判决对具体行政行为的程序是否合法性没有审查，《审查结论》和《复查结论》分别是以国家医药局药品行政保护办公室和复审委员会的名义作出的，一审法院认定其合法不符合《药品行政保护条例》规定的行政主体要求；被上诉人在一审中未尽举证责任，其认定申请保护的药品应是产品专利形式的专利权，才能给予行政保护，但在一审过程中始终未举出支持其主张的法律依据；上诉人在一审庭审时提供的重要证据，如荷兰专利局副局长和美国贸易代表的证据经当庭质证，被上诉人未表示异议，但一审判决既不认定也不评断；一审判决认定事实错误，该判决无视荷兰181654号专利的基础是美国432379号专利申请的确凿证据。181654号荷兰专利是以有关"盐酸氟西汀"药品发明的432379号美国专利为基础的优先权申请，其申请内容完全包含在美国的专利申请中。依照《巴黎公约》和中国专利法的规定，后一申请同在先申请必须是"同样的主题"的"相应申请"产后者才能享有优先权。因此，181654号荷兰专利申请涉及的同上述美国专利申请的主题同样的发明，即"盐酸氟西汀"药品的产品发明。而一审判决对这一重要事实未予认定，却错误地将181654号荷兰专利认定为一项药品制备方法的专利。要求撤销一审判决；判决被上诉人国家药品监督管理局给予"盐酸氟西汀"药品行政保护；判决被上诉人赔偿经济损失。

　　被上诉人认为：本案诉讼双方所争议的一个核心问题是，申请行政保护的药品是否应在申请人所在国获得产品专利权。对此，从中美两国政府签订的《关于保护知识产权的谅解备忘录》（简称《备忘录》）的背景来看，所要解决的是对部分在美国已取得产品专利的美国药品发明如何在中国进行补偿保护的问题。最后，通过两国政府磋商一致同意以行政保护的形式在1986年至1993年1月1日期间取得的产品专利权的药品和农业化学物质产品，在中国进行适当保护。所以只有药品的产品专利才谈得上行政保护问题。为此，中国政府制定、颁布的《药品行政保护条例》规定，申请药品行政保护的第一项条件是1993年1月1日前依照中国专利法的规定其独占权不受保护的。显然，只有获得产品专利权的药品才符合这一条件，因为方法专利在当时依照中国专利法是可以得到保护的。申请行政保护的第二个条件是，在上述期间内，获得禁止他人在申请人所在国制造、使用或者销售的独占权的一项药品的产品发明权，即产品的专利权。由于上诉人在荷兰获得的181654号专利并非"盐酸氟西汀"产品专利，而是一个制备方法的专利，因而不能给予行政保护。上诉人称"盐酸氟西汀"

在荷兰享有独占权是不确切的，因为《备忘录》和《药品行政保护条例》中所称的"独占权"实际上是指专利权。因为考虑到行政保护的地域原则和专利独立原则不宜在《备忘录》中体现我国对外国的产品专利进行追溯保护的内容，而使用"独占权"的字样以代替专利权。上诉人试图以432379号美国专利的性质来证明181654号荷兰专利的性质，也是不能成立的。因为专利权具有地域特点和独立的原则，所以，181654号荷兰专利的性质只能根据其权利要求的内容和当时荷兰专利法的有关规定来判断，而不是432379号美国专利。上诉人提供的荷兰专利局在1994年对181654号专利补发的《追加保护证书》，无论其保护期限和保护范围有什么变化，都不能追溯改变荷兰专利局根据1968年专利法授予的181654号专利的性质。上诉人称《审查结论通知书》和《复审结论意见书》是以被上诉人的内部机构药品行政保护办公室和复审委员会的名义作出的，因而是不合法的。而事实上上述机构是被上诉人依据《药品行政保护条例》及其《实施细则》等有关规定设立的专门行使审查药品行政保护职权的机构，其所做的行政行为就是被上诉人的行政行为。总之，一审判决正确，请求二审法院判决维持。

二审法院查明：上诉人某荷兰公司系美国某公司的子公司。1974年1月10日，美国某公司向专利商标局申请名为"芳氧基苯丙氨酸"的产品发明专利，申请号为432379号，并于1982年获得专利权，专利号为U．S 4314081号。

1975年1月7日，美国某公司根据上述专利申请向荷兰专利局提出了对于制备上述产品的方法专利申请，申请号为7500186号，该方法专利申请于1987年10月14日获得荷兰专利局颁发的专利证书，该专利证书载明：专利号为181654号，专利名称为"由3-甲氨基-1-苯丙基苯醚衍生物制成可供服用的药物的制备方法，以及3-甲氨基-1-苯丙基苯醚衍生物的制备方法"，该专利享有1974年在美国提出的432379号专利申请的优先权；批准日为1987年9月5日，专利的保护期限至1995年1月6日。1989年6月28日荷兰药品审评局批准某荷兰公司PROZAC百优解，20mg胶囊（成分：盐酸氟西汀）特许专卖。

1993年8月9日，美国某公司将其所有的181654号荷兰专利转让给某荷兰公司。同年10月21日某荷兰公司经申请取得中华人民共和国卫生部发给的《进口药品注册证》，又于次年2月17日与江苏省苏州市对外贸易公司签订了"盐酸氟西汀"药品在中国销售的《成品供应协议》。1994年7月5日，荷兰专利局根据美国某公司1993年6月29日的申请，发给某荷兰公司181654号荷兰专利追加保护证书，追加保护产品名"盐酸氟西汀"法定保护期限延长至2000年1月6日。

1994年5月18日，某荷兰公司委托华科医药知识咨询中心代理其在中国申请"盐酸氟西汀"药品（商品名：百忧解）的药品行政保护。华科医药知识咨询中心代理其向原国家医药管理局药品行政保护办公室提出申请时，转交了181654号荷兰专利证书及追加保护证书、专利转让证书、药品特许专卖注册通知书、成品供应协议等文件副本。1994年12月8日原国家医药管理局药品行政保护办公室发布第七十一号受理公告，公告期间无人提出异议。1995年7月27日，原国家医药管理局药品行政保护办公室作出药行保结字（95）第1号《审查结论通知书》，认为美国某公司于1975年1月7日向荷兰专利局申请了盐酸氟西汀的专利，专利号为181654。因为当时的荷兰专利法，只保护方法，对物质本身不授予专利，不允许将产品的权利要求包括到该发明的权利要求中，因此，181654号荷兰专利的三项要求全部为制备方法。181654号荷兰专利尽管享有美国第4314081号专利的优先权，但由于两国专利法保护的范围不同，因此两份专利的权利要求书中所保护的发明内容完全不同，鉴此，181654号荷兰专利为一方法专利。《药品行政保护条例》第五条第（一）项规定，申请行政保护的药品专利应当是1993年1月1日前依照中国专利法的规定其独占权不受保护的，即必须是药品的物质专利，这是药品行政保护的基本条件。盐酸氟西汀的181654号荷兰专利为一药品的制备方法专利，药品的制备方法专利，在1993年1月1日前是可以受到中国专利法保护的。因此，181654号荷兰专利不属于药品行政保护的范围，其申请行政保护不符合《药品行政保护条例》第五条第（一）项规定的条件，决定不给予某荷兰公司关于PROZAC胶囊及其性行成分盐酸氟西汀以行政保护。某荷兰公司不服上述审查结论，于1995年8月25日向国家药品监督管理局申请复审，并补充提交了荷兰专利局副局长关于181654号荷兰专利的证词等材料，用以证明"盐酸氟西汀"药品在荷兰享有产品独占权。国家药品监督管理局复审委员会于同年12月1日作出药保行复字（95）第4号《复审结论意见书》，维持了药行保结字（95）第1号《审查结论通知书》。

二审法院经审理认为，药品行政保护是中国政府根据与有关国家、地区缔结的有关药品行政保护的双边条约或协定，对外国药品独占权人的合法权益在中华人民共和国给予保护的行政措施。某荷兰公司所在的荷兰王国系欧共体成员国，根据中欧签订的保护知识产权《会谈纪要》，可以向中国药品行政主管部门申请药品行政保护。中华人民共和国国务院制定颁布的《药品行政保护条例》，是根据《备忘录》和《会谈纪要》制定的，是药品行政主管部门审查药品行政保护的法律依据。该《药品行政保护条例》规定了申请药品行政保护的权利人向中国药品行政主管部门提出药品行政保护申请时，应具备下列条件：①1993年1月1日前依照中国专利法的规定其独占权不受保护的；②1986年1月1日至1993年期间，获得禁止他人在申请人所在国制造、使用或者销售的独占权的；③提出行政保护申请日前尚未在中国销售的。《药品行政保护条例》第八条第（二）项同时规定了申请人在提出药品行政保护时应当报送其所在国有关主管部门颁发的证明申请人享有该药品独占权的文件副本。某荷兰公司申请"盐酸氟西汀"药品行政保护时，用以证明该药品在荷兰享有独占权的文件副本荷兰专利局颁发的181654号荷兰专利证书，根据当时的荷兰专利法（1968年发布）第四条规定，专利权如果授予制备一种物质的方法或者对其改进的方法，此专利权也延及该物质，只要该物质是按照此专利方法或者用上述改进的方法制备的，对该物质本身则不授予专利权。据此，应当确认荷兰181654号专利是一方法专利，其专利保护范围只限于该专利方法及按照此方法制备的物质，而不能禁止他人按照其他方法制造、使用或者销售与其相同的物质，即在法律意义上该专利对于"盐酸氟西汀"药品不具有完全的排他性。方法专利在1993年1月1日之前是可以依据当时的中国专利法申请保护的。某荷兰公司提供的181654号荷兰专利追加保护证书，只能证明该专利保护期限的延长，而不能证明181654号荷兰专利对"盐酸氟西汀"药品具有权利范围扩大的作用。虽然，181654号荷兰专利是以美国432379号专利申请为优先权申请的，但专利的保护范围是由各国专利法确定的，所以，181654号荷兰专利的保护范围不能因此而不受荷兰专利法的限制。荷兰专利局副局长威廉尼尔弗尔特的证言，不符合《药品行政保护条例》第八条第（二）项规定的由其"所在国有关主管部门颁发的证明申请人享有该药品独占权文件副本"的法定要件，同时该证据所证明的内容也缺乏事实和法律依据。关于181654号荷兰专利性质，中国政府的主管部门依据《备忘录》和《药品行政保护条例》的规定，有权在审查某荷兰公司提交的181654号荷兰专利文件的基础上，依法予以确认。某荷兰公司的委托代理人所称"181654号荷兰专利的性质应由荷兰专利局说了算"，显然违背了《备忘录》第二条关于申请行政保护的产品发明权利人应当向中国主管部门提出申请并提交有关材料，由中国政府的主管部门依照中国法律、法规审查批准的规定，本院不予采纳。根据某荷兰公司申请"盐酸氟西汀"药品行政保护所提供的上述证明文件，不能证明该药品1986年1月1日至1993年1月1日期间在荷兰享有禁止他人制造、使用或者销售的独占权。原国家医药管理局认定"盐酸氟西汀"的荷兰专利（专利号为181654）是一个方法专利，不属于药品行政保护范围，事实清楚，证据确凿，所做的药行保结字（95）第1号《审查结论通知书》不给予某荷兰公司盐酸氟西汀（商品名PROZAC胶囊剂）行政保护符合《药品行政保护条例》第五条规定。该《审查结论通知书》虽以药品行政保护办公室的名义作出存在程序上的瑕疵，但不足以影响该行政行为的合法性。一审法院判决维持原国家医药管理局的药行保结字（95）第1号《审查结论通知书》是正确的。依照《行政诉讼法》第六十一条第（一）项的规定，判决维持一审判决。

（来源：中国法院网　2002年06月12日　新闻中心　基层新闻）

案例分析

《药品行政保护条例》为了扩大对外经济技术合作与交流，对外国药品独占权人的合法权益给予行政保护而制定的，凡与中华人民共和国缔结有关药品行政保护双边条约或者协定的国家、地区的企业和其他组织以及个人，都可以依照此条例申请药品行政保护。本案就是外国公司依据中国政府与美国政府签订的《备忘录》，从向我国药品行政保护部门申请药品行政保护而引起的一件涉外行政诉讼案。

根据当事人争议的焦点，涉及本案的主要有两个问题。

1.申请药品行政保护是否以该药品的产品专利为条件　在1992年1月颁布的《中国政府与美国政府关于保护知识产权的谅解备忘录》中规定了有关申请药品行政保护的条件。中国政府同意采取行政措施保护具备下列条件的美国药品、农业化学物质产品的发明。

（1）在中国现行法律修改之前不给予独占权保护。

（2）自1986年1月1日至1993年1月1日之间获得禁止他人在美国制造、使用或者销售的独占权。

（3）尚未在中国销售。

对满足上述条件的产品发明享有美国独占权的权利人，应当向中国主管部门提出要求行政保护的申请，包括提供下述文件：美国主管部门颁发的证明该权利人享有该独占权的文件副本；美国有关主管部门颁布的准许制造或销售该产品的文件副本；该独占权所有人与中国法人（包括外资企业、中外合资或者合作经营企业）签订的在中国制造和（或）销售该产品的合同副本。

某荷兰公司申请"盐酸氟西汀"药品行政保护时，用以证明该药品在荷兰享有独占权的文件副本荷兰专利局颁发的181654号荷兰专利证书，根据当时的荷兰专利法（1968年发布）第四条规定，专利权如果授予制备一种物质的方法或者对其改进的方法，此专利权也延及该物质，只要该物质是按照此专利方法或者用上述改进的方法制备的，对该物质本身则不授予专利权。据此，应当确认荷兰181654号专利是一方法专利，其专利保护范围只限于该专利方法及按照此方法制备的物质，而不能禁止他人按照其他方法制造、使用或者销售与其相同的物质，即在法律意义上该专利对于"盐酸氟西汀"药品不具有完全的排他性。方法专利在1993年1月1日之前是可以依据当时的中国专利法申请保护的。

某荷兰公司提供的181654号荷兰专利追加保护证书，只能证明该专利保护期限的延长，而不能证明181654号荷兰专利对"盐酸氟西汀"药品具有权利范围扩大的作用。据此，我们可以得出结论只有持有产品专利，才符合《备忘录》规定的申请行政保护的独占权内容。

2. "盐酸氟西汀"药品在荷兰是否享有独占权　根据上诉人提供的"盐酸氟西汀"药品在荷兰的181654号专利证书，该药品在荷兰仅是一个方法专利，依据当时荷兰专利法的规定，对药品本身不授予专利权，因此，尽管上诉人提供的181654号荷兰专利是以其在先的美国专利为优先权申请的，但其保护范围仍应受荷兰专利法的限制。虽然当时的荷兰专利法对方法专利的保护延及该物质，而延及的基础在于该方法专利，他不排除利用其他方法制造或者生产与之相同的物质。也就是说，方法专利在法律上不具有排他性。此外，二审法院经审理也认定该方法专利不属于药品行政保护范围。

根据上述分析，本案被诉的具体行政行为，认定上诉人申请行政保护的"盐酸氟西汀"药品，不具有申请行政保护的条件，不给予行政保护，是符合《备忘录》和我国《药品行政保护条例》的。尽管该具体行政行为存在程序上的瑕疵，但不影响其合法性。

案例3　海南某公司中药品种保护侵权案：

中药品种保护不享受"在先权"

原告海南亨新药业有限公司（下称亨新公司）诉江苏鹏鹞药业有限公司（下称鹏鹞公司）、桂林市秀峰振辉药店（下称振辉药店）中药保护专属权侵权及不正当竞争纠纷一案，广西壮族自治区桂林市中级人民法院受理后，依法组成合议庭，公开开庭审理了本案。本案现已审理终结。

经审理查明，原告和被告鹏鹞公司均系生产药品的合法企业，振辉药店则系具有经营药品销售资格的个体工商户。1979年开始，鹏鹞公司（原江苏宜兴市制药厂）经江苏省卫生厅批准，开始生产"抗癌平丸"，又于2002年经国家药监局审批准许生产。鹏鹞公司在江苏省物价部门的备案价格为每盒180元。1995年，原告海南亨新公司经海南省药监局批准，亦开始生产"抗癌平丸"，并于2002年获国药准字Z46020009号准许生产。2000年8月4日，原告向国家药监局中保办申请"抗癌平丸"的中药品种保护。经国家药监局中保办的审核，国家药监局于2002年4月9日批准了原告生产的"抗癌平丸"为国家中药保护品种，同日，国家药监局向原告颁发了证号为（2002）国药中保字第120

号《中药保护品种证书》，并于同年9月12日，以"国监注（2002）317号公告"上，公告原告生产的"抗癌平丸"为中药保护品种。随后，国家药监局通知各地药监局督促当地有关生产同品种的企业在公告后6个月内办理申请同品种保护手续。江苏省药监局于同年10月18日通知鹏鹞公司到国家药监局办理有关手续。而鹏鹞公司已于当年7月18日向国家药监局提出了申请，并得到国家药监局中保办的受理，但至今鹏鹞公司的申请尚未得到批准。原告在其生产的"抗癌平丸"取得《中药保护品种证书》后，发现鹏鹞公司生产的"抗癌平丸"仍在继续生产和销售，即开始对此进行调查。经调查表明，国家药监局中保办至今尚未批准鹏鹞公司生产的"抗癌平丸"为同品种保护产品，但鹏鹞公司生产的"抗癌平丸"销售遍及广西桂林市，江苏常州市、宜兴市，江苏省肿瘤医院，江苏省人民医院南京医科大一附院，河南省滑县、鹤壁市、郑州市，河南省肿瘤医院，安徽省医科大学附院，辽宁省肿瘤医院，沈阳军区总医院，广州市肿瘤医院等。时间从2002年9月12日后，每月均有生产。其中2003年始，每月批号均有两批。原告遂向国家药监局中保办举报并要求对此进行查处。2003年4月1日，国家药监局中保办向国家药监局市场监督司发出《关于上报抗癌平丸保护侵权问题的函》（中保办发（2003）第19号），该函确认原告生产的"抗癌平丸"是国家中药保护品种，保护期为2002年9月12日至2009年9月12日；鹏鹞公司在规定期限内提出同品种保护，目前正在审评过程中；中保办认为：根据《中药品种保护条例》及有关规定，该品种在保护期内只限由获得《中药保护品种证书》的企业生产，鹏鹞公司即使按规定申请了"抗癌平丸"的中药保护，但在未取得《中药保护品种证书》期间亦应暂停生产。同年9月20日，国家药监局中保办再次函告国家药监局市场监督司关于"抗癌平丸"违法生产问题。国家药监局市场监督司即下文要求江苏省药监局对此进行查处。江苏省药监局向江苏省无锡市药监局下发"省药监稽函（2003）287号《关于请查处江苏鹏鹞药业有限公司无中药品种保护书生产销售抗癌平丸有关问题的函》"。对此，鹏鹞公司向法院提供江苏省无锡市药监局经查后致函江苏省药监局的函件复印件，该函称：1996年10月4日中保办国发（96）第031号"关于中药品种保护受理审评工作中有关要求的通知"中第六条规定"自发布《国家中药保护品种公告》（下称《公告》）以后允许由获得《中药保护品种证书》的企业生产，其他同品种生产企业要限期停止生产，限期停产的时间不得超过《公告》6个月期限"的要求，该公司于2002年9月12日至2003年3月生产了"抗癌平丸"，据该公司称，上述产品由公司开发部安排供临床研究使用。自2003年4月起未发现该公司生产"抗癌平丸"。鹏鹞公司称该函系从无锡市药监局复印取得，但其未提供合法取证的证明，且鹏鹞公司至今未向本院提供其已停止销售"抗癌平丸"的相关证据。2003年6月6日，鹏鹞公司致函国家药监局市场监督司称，"抗癌平丸"系我公司1979年首先研制并获国家批准生产的，不存在违法生产的问题。亨新公司以不正当手段非法取得我公司"抗癌平丸"处方，并抢先申请国药保护品种，给我公司造成极大伤害。我公司已向中保办申报中药保护品种，中保办已受理，而且我公司正按中保办的要求补充申报材料，提高质量标准的研究也已结束，临床研究将于近期结束，有关资料正在汇总并准备报送中保办。我公司产品疗效确切，全国有30万余人次服用该药。我公司的"抗癌平丸"在获准成为中药保护品种之前的一段不长时间内，请求贵司同意我公司继续生产与销售。

法院经审理又查明，2002年10月8日，原告与海南卫生贸易有限公司签订一份《销售代理协议书》。海南卫生贸易有限公司承诺，其将在2002年11月1日至2003年10月30日期间，每月完成销售"抗癌平丸"1000件，每件48盒，每盒结算价29.82元，因此，原告可获利润630万元。同年11月5日，海南卫生贸易有限公司致函原告称：因发现鹏鹞公司的同品种产品未停止生产，反而在全国十多个省市进行销售和药品招标工作，使其曾承诺的销售任务难以完成，请求原告降低销售量，重新签订代理协议。同时，原告派往各地的销售商纷纷致函原告，要求降低销售任务，并要求让利5%~15%。本案在诉讼期间，原告委托海南省三亚市天涯会计师事务所对其自1999年至2003年7月会计报表进行审计，审计结果：原告生产的"抗癌平丸"的生产能力为每年16000件（规格：1g×18瓶/盒×48盒/件），1999年利润额为173万元。从2000年下半年开始，因鹏鹞公司的同品种产品的冲击，销售量逐年下降，比1999年销售额降低62%，平均年利润–110万元。最为严重的是从2002年10月至2003年1月底前，库存积压560余件产品，造成2002年至2003年7月严重亏损250万元。原告所提供的相关财务资料显示：原告在2002年下半年的销售量是增加的，但与此前相比，属于让利销售，让利幅度为5%~15%，因而原告所获利润仍是下降的。

法院经审理另查明，原告为调查鹏鹞公司"抗癌平丸"生产和销售情况，支出各种差旅费共计124007.86元。至2003年7月29日止，原告共欠中国工商银行三亚市分行本金791万元，利息249万元。法院在送达本案起诉状副本时，曾要求鹏鹞公司提供自2002年9月12日以后的"抗癌平丸"全部生产和产品入库记录，鹏鹞公司拒绝提供，至庭审时，鹏鹞公司仍未提供相关资料。法院经审理还查明，振辉药店经患者唐小丸的要求，于2003年4月向鹏鹞公司邮购"抗癌平丸"10盒，单价每盒180元，共计1800元。鹏鹞公司为此开出号码为锡宜字No.0585324的宜兴市工业企业通用发票，客户名称为振辉药店，然后振辉药店以每盒210元的价格将该10盒"抗癌平丸"售给了唐小丸。并查明，我国生产"抗癌平丸"的企业有原告亨新公司、被告鹏鹤公司、江苏康缘药业股份有限公司。其中亨新公司首先获得中药品种保护；江苏康缘药业股份有限公司获得同品种保护，但未开始生产。法院认为，中药是我国悠久的传统医学文化，也是无数献身于中医药事业人士智慧的结晶。每一个中药品种，都是智力研究成果，应当属于知识产权法律保护范围。由于中药成分复杂，应用上的经验性和复方上的变化性，使其不能完全纳入专利法的保护范围，而只能通过专门的法律法规进行特别保护。因此，为了提高中药品种的质量和产品标准，保护中药生产企业的合法权益，促进中药事业的发展，国务院根据《药品管理法》第三十六条的规定和授权，于1992年10月14日发布并于1993年1月1日起实施了《中药品种保护条例》，对我国境内生产制造的、除申请专利的中药品种外的中药品种，包括中成药、天然药物的提取物及其制剂和中药人工制成品进行有级别的管理，对符合条例要求的中药品种实行特殊保护，而获得该保护的中药品种则具有了受该特别法律法规保护的特有权利，非经法定程序持有该权利者则不能行使。原告亨新公司作为合法的药品生产企业，依照上述条例的规定，向国家中药保护品种管理部门国家药监局申请并获得了对其生产的"抗癌平丸"的保护，取得了国家药监局颁发的《中药保护品种证书》，即获得国家中药品种保护专属权。中药品种保护专属权，是仅属于获得该保护权的企业的权利，其他非持有该权利的企业不享有此权利。与专利权不同的是，中药品种保护专属权不具有权利享有者的唯一性，它允许生产同品种的企业通过一定的审批程序，获得同品种中药保护专属权，共同受到保护和准许生产。但同时，中药品种保护专属权是具有绝对排他性的，它对于生产同品种中药，但不具备同品种保护权的产品，是绝对排斥，禁止生产和销售的。原告针对争议焦点1、2提供的证据一、二、三证明其中药品种保护权的合法性。鹏鹤公司虽然针对本案争议焦点1、2、3向本院提供了四份证据，但四份证据只能证明鹏鹤公司在2002年9月12日前，经国家药监局批准，具备生产"抗癌平丸"的合法资格，且鹏鹤公司在公告后，依有关规定申请同品种保护。但该四份证据并不能证明在2002年9月12日后，在其同品种保护申请获得批准前，其仍具备完全合法的生产资格。根据《中药品种保护条例》第十七条的规定，被批准保护的中药品种，在保护期限内限于由获得《中药保护品种证书》的企业生产。国家卫生部"卫药发（1995）第23号"《关于加强中药品种保护工作中同品种管理的通知》第一条规定：根据《中药品种保护条例》第十七条的规定，由我部批准的中药保护品种，在保护期内，只限由获得该品种《中药保护品种证书》的企业生产，其他非持有证书的企业一律不得仿制和生产。第三条规定：对涉及同一品种，又未获得《中药保护品种证书》的企业，自我部《公告》发布之日起一律暂停生产，并且在6个月内按照要求向我部申报，由国家中药品种保护评审委员会组织有关单位进行同品种质量考核。根据考核结果，对符合药品审批规定和达到国家药品标准的，经征求国家中药生产和经营主管部门意见后，由我部补发《中药保护品种证书》；对不符合药品审批规定或者未达到国家药品标准的，由我部撤销该品种的药品生产批准文号。据此，鹏鹞公司在其同品种保护申请获得批准前，是不能进行生产和销售的。而鹏鹞公司却依据中保办"中保办发（96）第031"号《关于中药品种保护受理审评工作中的有关要求的通知》第六条中"其他同品种生产企业要限期停产，限期停产时间不得超过《公告》后6个月的期限"为由作为抗辩，认为其在2003年3月12日前生产仍是合法的，而且，鹏鹞公司生产的"抗癌平丸"系获国药准字号批准生产的，所以其生产和销售行为并不违法。但鹏鹞公司的抗辩理由，与《中药品种保护条例》第十七条及国家卫生部"卫药发（1995）第23号"通知的第三条规定相悖。国家对获得保护的中药品种既规定了保护期限，却未规定在此期限中的6个月可与非获保护的企业共享保护专属权。而且，中保办只是国家药监局的一个专门审评机构，并无立法或司法解释权，其所下达的文件，既非法律法规，也不具备部门规章的效力，还与《中药品种保护条例》及国家卫生部的规章的禁止性规定相矛盾，因而不能作为判定鹏鹞公司的行为是否违法的依据。而且，原告针对争议焦点1、2提供的证据五，证明国家中保办也认为鹏鹞公司的生产行为的违法的，因此建议国家药监局市场监督司对此进行查处。而中药品种的国药准字号，只是药品生产的最基本条件，也是申请中药品种保护的先决条件。在已有同品种中药获得保护后，国药准字号即不是生产该中药品种的全部合法资格标准，只有依此申请取得同品种保护权后才有资格生产。鹏鹞公司在原告生产的"抗癌平丸"获得中药品种保护公告后，仍以其原有的国药准字为凭进行生产和销售的行为，违反的是国家禁止性法律和法规，破坏的是国家的中药品种保护制度。鹏鹞公司对此并非不知，在其向国家药监局市场监督司的报告中，申请国家药监局市场监督司允许其在未获得同品种保护前不长的一段时间内继续生产。可见，鹏鹞公司对此期间应当停止生产的规定是清楚的，其继续生产的行为，显然存在主观上的故意和过错。因此，鹏鹞公司对此的抗辩理由不能成立，法院不予支持。鹏鹞公司还认为，其生产"抗癌平丸"在先，应当享有在先权。但在我国对中药的管理法律法规中，并未对此有特别规定。知识产权的在先权，在我国专利法等法律、法规中有规定。而获得中药品种保护，则是依据《中药品种保护条例》取得。该条例第二条即已规定"对于申请专利的中药品种，依照专利法的规定办理，不适用本条例"。也就是说，依据《中药品种保护条例》获得的中药品种保护权不适用专利法的规定，也就无在先权可言。

鹏鹞公司对此的抗辩理由，不能得到支持。鹏鹞公司在其向国家药监局市场监督司所呈报告表明，其是明知自《公告》后不能生产的，否则，鹏鹞公司无须向国家药监局请求允许其继续生产。但鹏鹞公司无视国家禁止性法律法规的规定，仍然继续生产和销售，使该期限内应当独占市场的亨新公司的产品受到冲击，侵害了原告的中药品种保护专属权利，构成侵权。并且，因鹏鹞公司未取得全部合法生产"抗癌平丸"的资格，其生产的"抗癌平丸"便是假冒原告生产的同品种产品，亦是我国《反不正当竞争法》第五条第一款第（二）项规定的"擅自使用知名商品特有的名称、包装、装潢，造成和他人的知名商品相混淆，使购买者误认为是该知名商品"。所谓知名商品，即在市场上具有一定知名度，为相关大众所知悉的商品。"抗癌平丸"自20世纪70年代末开始生产并投入市场以来，销售面涉及全国十几个省市自治区，销售量大，有数十万人服用过该产品，且疗效明显，有较好的品牌声誉。应当说，"抗癌平丸"这个药品名称在相关的大众即肠道癌患者中，具有较高的知名度，可以认定为知名商品。原告是生产"抗癌平丸"的企业，其生产的"抗癌平丸"的名称和功效，是相关大众所知悉的知名商品，且原告首先获得该中药品种的国家保护权，使得"抗癌平丸"的品质和声誉得到进一步的提高。故原告生产的"抗癌平丸"应当属于知名商品。而鹏鹞公司是生产同品种产品的企业，但在其未获得国家同品种保护权之前，其产品在市场上的生产和销售，使用与原告已获保护的产品相同的名称，足以使不必然知晓中药品种保护法律意义的消费者造成混淆，误认为，鹏鹞公司的产品就是原告已获中药品种保护的产品，这是对原告中药品种保护权的侵害。鹏鹞公司的行为已构成了不正当竞争行为。对此鹏鹞公司应当承担侵权责任。鹏鹞公司认为，即使其生产销售行为系违法的，亦只应将其产品以假药论处，并受相应的行政处罚而非承担民事责任。法院认为，中药管理行政部门依法行使其行政管理权，对鹏鹞公司的行为如何处理，并不影响原告的民事诉讼权利，而行政处罚，亦非人民法院受理和裁判的必经程序。《反不正当竞争法》第二十条第二款规定，被侵害的经营者的合法权益受到不正当竞争行为损害的可以向人民法院提起诉讼。鹏鹞公司对此的抗辩理由不能支持其主张。因鹏鹞公司产品的违法生产和销售，使本应在一定时期内由原告产品独占的市场受到冲击，且其同品种同名称的产品，也会扰乱该产品市场的正常秩序，产生不良的示范效应，原告因此而受到损失是显而易见的。从原告针对争议焦点3向法院提供的三份证据证明，除了遭受经济上的损失外，销售渠道的中断和暂停，会影响原告产品的市场占有份额，因此影响产品的市场品牌认同，原告重新开拓市场和树立其品牌形象，必然要花费更大的人力和物力，为此付出更大的代价。根据《中华人民共和国民法通则》第一百一十七条第三款的规定，受害人因此遭受其他重大损失的，侵害人并应当赔偿损失。第一百一十八条规定：公民、法人的著作权（版权）、专利权、商标专用权、发现权、发明权和其他科技成果权受到剽窃、篡改、假冒等侵害的，有权要求停止侵害，消除影响，赔偿损失。《反不正当竞争法》第二十条第一款规定：经营者违反本法规定，给被侵害者的经营造成损害的，应当承担赔偿责任，被侵害的经营者的损失难以计算的，赔偿额为侵权人在侵权期间因侵权所获得的利润；并应当承担被侵害的经营者调查该侵害其合法权益的不正当竞争行为所支付的合理费用。鹏鹞公司对其侵权行为给原告造成的损失，应当赔偿，并且应当立即停止销售其生产的"抗癌平丸"，在行业中消除影响。侵权损失，应当包括因侵权行为所造成的亏损，也包括权利人在不受侵权行为侵害时，可获得的利润。原告向本院提供的海南省三亚市天涯会计师事务所的审计报告表明，原告每年可获利润平均为173万元，因鹏鹞公司的侵权行为造成2002年至2003年7月的亏损为250万元。对此报告结果，鹏鹞公司虽不予认可，但海南省三亚市天涯会计师事务所做为一个具有专业会计审计资格的中介机构，与各方当事人无利害关系，其审计结果，应当是对原告生产的"抗癌平丸"的生产和销售利润情况的一个客观评估。而鹏鹞公司并未提供其已获利润证据作为评估原告损失的参考，亦未提供相反的证据证明原告无损失。因此，海南省三亚市天涯会计师事务所的审计报告，可以作为本案计算原告损失的基本依据。又因鹏鹞公司至今未提供其停止销售的证据，法院认为鹏鹞公司的侵权行为至今仍在继续。因此，原告的损失，可以计算至本案判决时止。法院认为，原告的损失，应当以海南省三亚市天涯会计师事务所审计结果的平均数即每月损失131578.95元，计算亏损损失，计算时间从2002年9月12日计至判决时止。利润损失，则参照2000年后，每年减负110万元后的可获利润63万元计算，计算时间从2002年9月12日计至判决时止。此损失计算方法，较之鹏鹞公司向国家药监局市场监督司的报告中所承认的其所得利益而言，并不过高。综上，法院根据海南省三亚市天涯会计师事务所的审计结果，结合鹏鹞公司所获利润情况，其主观过错和侵权情节，酌情确定本案赔偿数额。至于振辉药店的销售行为，是在其不知情时所为，且鹏鹞公司亦未向振辉药店履行告知义务。因此，振辉药店不承担侵权赔偿责任。据此，依照《中华人民共和国民法通则》第一百零六条、第一百一十七条、第一百一十八第，《中华人民共和国反不正当竞争法》第二条、第五条第一款第（二）项、第二十条，《中华人民共和国药品管理法》第三十六条，《中药品种保护条例》第二条、第十七条，参照国家卫生部"卫药发（1995）第23号《关于加强中药品种保护工作中同品种管理的通知》第三条的规定，判决如下：被告江苏鹏鹞药业有限公司在其获得"抗癌平丸"同品种中药保护证书之前，停止生产和销售其产品"抗癌平丸"；由被告江苏鹏鹞药业有限公司赔偿原告海南亨新药业有限公司经济损失2052631.55元（计算方法：2002年至2003年7月亏损额的平均数，从2002年9月12日计算至2003年12月30日，共15个月零18天）；利润损失819000元（比照2000年减负后每年可得利润63万元计算，共计15个月零18天）；差旅费124007.86元，以上合计2995639.41元；驳回原告海南亨新药业有限公司对桂林市秀峰振辉药店的诉讼请求。一审案件受理费34010元，其他诉讼费8503元，共计42513元，由原告海南亨新药业有限公司负担15981元，由被告江苏鹏鹞药业有限公司负担26532元。

［来源：桂林市中级人民法院　民事判决书（2003）桂市民初字第70号］

案例分析

一、中药品种保护相关规定

为了提高中药品种的质量和产品标准，保护中药生产企业的合法权益，促进中药事业的发展，国务院根据《药品管理法》第三十六条的规定和授权，我国于1992年10月14日发布并于1993年1月1日起实施了《中药品种保护条例》。被批准保护的中药品种，在保护期限内限于由获得《中药保护品种证书》的企业生产。如果在批准前是由多家企业生产的，其中未申请《中药保护品种证书》的企业应当自公告发布之日起6个月内向国务院卫生行政部门申报，由国务院卫生行政部门指定药品检验机构对该申报品种进行同品种的质量检验，根据考核结果，对符合药品审批规定和达到国家药品标准的，经征求国家中药生产和经营主管部门意见后，由国务院卫生行政部门补发《中药保护品种证书》；对不符合药品审批规定或者未达到国家药品标准的，由国务院卫生行政部门撤销该品种的药品生产批准文号。对临床用药紧缺的中药保护品种，根据国家中药生产经营主管部门提出的仿制建议，经国务院卫生行政部门批准，由仿制企业所在地的省、自治区、直辖市卫生行政部门对生产同一中药保护品种的企业发放批准文号。该企业应当付给持有《中药保护品种证书》并转让该中药品种的处方组成、工艺制法的企业合理的使用费，其数额由双方商定；双方不能达成协议的，由国务院卫生行政部门裁决。

受保护的中药品种分为一、二级。

符合下列条件之一的中药品种，可以申请一级保护：①对特定疾病有特殊疗效的；②相当于国家一级保护野生药材物种的人工制成品；③用于预防和治疗特殊疾病的。中药一级保护品种分别为30年、20年、10年。

符合下列条件之一的中药品种，可以申请二级保护：①符合本条例第六条规定的品种或者已经解除一级保护的品种；②对特定疾病有显著疗效的；③从天然药物中提取的有效物质及特殊制剂。中药二级保护品种为7年。

在本案中，海南亨新公司于2002年获国药准字Z46020009号准许生产"抗癌平丸"，并于2002年4月9日获国家药监局批准其生产的"抗癌平丸"为国家中药保护品种，同日，国家药监局向原告颁发了证号为（2002）国药中保字第120号《中药保护品种证书》，并于同年9月12日，以"国监注（2002）317号公告"上，公告原告生产的"抗癌平丸"为中药保护品种，保护期自2002年9月12日至2009年9月12日，国家药监局通知各地药监局督促当地有关生产同品种的企业在公告后6个月内办理申请同品种保护手续。

鹏鹞公司（原江苏宜兴市制药厂）经江苏省卫生厅批准，开始生产"抗癌平丸"，又于2002年经国家药监局审批准许生产。江苏省药监局于同年10月18日通知鹏鹞公司到国家药监局办理有关手续。鹏鹞公司已于当年7月18日向国家药监局提出了申请，并得到国家药监局中保办的受理，但至诉讼前鹏鹞公司的申请尚未得到批准。

根据《中药品种保护条例》第十七条的规定，在保护期内，只限由获得该品种《中药保护品种证书》的企业生产，其他非持有证书的企业一律不得仿制和生产，如果在批准前其他生产相同品种的企业应当自公告发布之日起6个月内向国务院卫生行政部门申报并接受考核。据此，被告于2002年9月12日至2003年3月12日生产"抗癌平丸"不合法。

二、鹏鹞公司是否应当享有知识产权的在先权

申请在先原则是指两个以上的申请人分别就同样的发明创造申请专利的，专利权授予最先申请的人。知识产权的在先权，在我国专利法等法律、法规中有规定。而获得中药品种保护，则是依据《中药品种保护条例》取得。该条例第二条即已规定：对于申请专利的中药品种，依照专利法的规定办理，不适用本条例。也就是说，依据《中药品种保护条例》获得的中药品种保护权不适用专利法的规定，也就无在先权可言。鹏鹞公司对此的抗辩理由，不能得到支持。

案例4 药品数据保护的实质："新"的化学成分

我国国家癌症研究院于1962年发现了一种能够抗癌的有效成分，于1991年授予A公司商业开发独占权。A公司先后在1994年、1998年进行研发改进后开

发出了抗癌的有效药物X，并且获得了原国家食品药品监督管理局的上市批准，但因其丧失了新颖性而没有得到专利保护。B公司以不侵犯A公司的专利为由，于2001年向原国家食品药品监督管理局提出X药品的仿制申请，但被原国家食品药品监督管理局以侵犯了A公司关于X药品的实验数据独占权为由驳回。

案情分析

要想理解和分析本案，必须先了解什么是药品实验数据，以及我国对药品实验数据的保护有哪些相关规定。

WTO框架下的TRIPS中的第三十九条第三款规定：当成员国以要求提交未披露过的实验数据或其他数据作为批准使用了新化学成分的药品或农用化工产品上市的条件，如果该数据的原创活动包含了相当的努力，则该成员国应对该数据提供保护，以防止不正当的商业使用。同时，除非出于保护公众的需要，或除非已采取措施保证对该数据的保护、防止不正当的商业使用，成员国均应保护该数据以防其被泄露。

一、美国的相关规定

美国在食品药品监督管理办法中对药品数据保护作出了明确的规定：即在一定的保护期内，FDA不能依赖新药申请人为了获得首次上市批准而提交的能够证明药品安全性与有效性的未披露的实验数据来批准其仿制药的上市。除非仿制药申请者能够提供自行取得的安全性与有效性数据，或者获得新药所有者的"使用授权"，否则在这段数据保护期内，FDA不再受理该新药的仿制药申请。具体规定如下。

5年期保护：适用于含有新化学实体（New Chemical Entity，NCE）的新药，从该药品获得FDA批准之日算起。FDA对NCE的定义是含有FDA从未在其他新药注册申请中批准过的活性基的药品，而活性基指的是使药品具有生理与药理活性的分子或离子，包括不同的盐类及酯类，因此已获准分子的新的盐类或酯类不受数据保护。

3年期保护：适用于增加了新适应证或新用途及其他变化类别的已被FDA批准的药品，保护期从针对增加的新适应证或新用途提出的新药申请或补充申请被批准之日算起。为了获得3年保护期，申请人需要向FDA提供公开的文献来证明他所做的这项研究是完全有必要的。同一新药的药品变化只能获得一次的3年期数据保护，不能累加。

二、欧盟的相关规定

2001年颁布的欧盟议会和欧盟理事会签署了87/21/EEC号指令的第2001/83/EC号修正指令，明确规定在欧盟各成员国首次获得上市批准的新药（New Medical Product，NMP）享有6~10年的数据保护期，在数据保护期内，不批准该药品的仿制药申请。实质也是不能够依赖原研者的安全性和有效性数据获得上市批准。由于多种审批程序，再加上欧盟成员国众多，欧盟提供了多种数据保护期限供成员国选择，保护期限从获得上市批准之日算起。

10年的强制保护期限：在任何一个成员国，通过集中审批程序批准的新药必须获得10年的数据保护期。

6年的最低保护期：通过相互认可程序或成员国审批程序获得批准的药品至少应该获得6年的数据保护期。

6~10年的任择期：会员国适用6年的最低期限可以选择上限，这一数据保护期以受专利保护的药品的专利有效期届满为止，但不能超过10年。同时成员国也可以以"公共健康"为理由为药品提供最多10年的数据保护期。

在该指令的规定下，比利时、德国、法国、意大利、荷兰、瑞典、英国（现已退出欧盟）和卢森堡批准的医药产品有10年的数据保护期；而在奥地利、丹麦、芬兰、希腊、爱尔兰、冰岛、挪威、葡萄牙和西班牙批准的医药产品只有6年的数据保护期。

2004年3月21日通过欧盟理事会通过了第2004/27/EC号指令，该指令是对第2001/83/EC号指令的修订，提出了在欧盟任一个成员国，按照集中审批程序批准的药品，以及按照非集中审批程序批准的药品统一遵循数据保护的"8+2+1"方案。根据新的规定，首先享受8年的注册信息保护期之后继续享受2年的市场独占期。在后2年里也就是新药上市8年后，允许仿制药厂商进行必要的研究和临床试验，并开始以简略程序申请仿制药上市。而"1"则是指在两种情况下，创新药可以延长1年的注册信息保护：①有关于批准"新适应证"的试验数据。2004/27/EC规定：如果在前8年保护期中，新药又批准了一项或多项新适应证，且该适应证有显著的临床收益，则额外给予该产品1年时间保护。具体什么才称得上"显著的临床收益"由审评机构具体问题具体掌握。每一种新药只能获得一次额外的1年数据保护期。②药品从处方药向非处方药（OTC）转换的试验数据可以获得1年的数据保护期。

三、日本的相关规定

在日本，一旦新药获得批准，其他申请者就不能简单地参考原研药的注册信息。为保证药物的有效性和安全性，日本药事法规定根据新药种类不同，从批准上市之日起4~6年后必须接受再审查。在此期间，如果一个药物的有效成分、剂量、适应证和作用等方面与已有药物相同，该药物申请包含的数据必须与已有药物等效或更优才能获得批准，而且必须重复所有的新药申请研究项目，不能把第一家的资料作为参考。也就是说，在药物在审查期间，如果没有充足的数据，一般不会再批准相同的产品。

四、我国的相关规定

现行的《药品管理法实施条例》（2019年第二次修订）第三十四条规定，国家对获得生产或者销售含有新型化学成分药品许可的生产者或者销售者提交的自行取得且未披露的实验数据和其他数据实施保护，任何人不得对该未披露的实验数据和其他数据进行不正当的商业利用。自药品生产者或者销售者获得生产、销售新型化学成分药品的许可证明文件之日起6年内，对其他申请人未经已获得许可的申请人同意，使用前款数据申请生产、销售新型化学成分药品许可的，药品监督管理部门不予许可；但是，其他申请人提交自行取得数据的除外。《药品注册管理办法》（2007年版）第十四条规定：按照《药品管理法实施条例》第三十五条的规定，对获得生产或者销售含有新型化学成分药品许可的生产者或者销售者提交的自行取得且未披露的实验数据和其他数据，原国家食品药品监督管理局自批准该许可之日起6年内，对未经已获得许可的申请人同意，使用其未披露数据的申请不予批准；但是申请人提交自行取得的除外。只要未被国家食品药品监督管理局批准使用过就可以获得数据保护。

因此，在本案中，虽然A公司未获得X药品的专利保护，但由于X药品中含有原国家食品药品监督管理局从未批准注册过的有效成分，所以A公司获得了6年的X药品的数据保护。B公司提交的是X药品的仿制申请，由于仿制药品只需要进行生物等效性研究，其关于药品的安全性和有效性的数据都是建立在A公司对X药品的实验数据的基础上，构成了对A公司X药品的未披露的实验数据的侵权，故原国家食品药品监督管理局不予许可。

参考文献

［1］郑成思.知识产权法［M］.2版.北京：法律出版社，2004.

［2］冯晓青.知识产权法哲学［M］.北京：中国人民公安大学出版社，2003.

［3］林刚.知识产权法学［M］.北京：中国法制出版社，2001.

［4］于海，袁红梅.药品知识产权保护理论与实务［M］.北京：人民军医出版社，2009.

［5］肖诗鹰，刘铜华.中药知识产权保护和申报技术指南［M］.北京：中国医药科技出版社，2005.

［6］朱力宇.法理学原理与案例教程［M］.4版.北京：中国人民大学出版社，2016.

［7］赵元果.中国专利法的孕育与诞生［M］.北京：知识产权出版社，2003.

［8］丁巍.中华人民共和国药品管理法释义及实用指南［M］.北京：中国民主法制出版社，2001.

［9］张欢.基于专利分析的河南省药品行业发展现状研究［D］.河南大学，2016.

［10］刘丹妮.我国传统中药复方专利保护的实证研究［D］.华南理工大学，2017.

［11］李利.专利综合实力评价及实证研究［J］.情报杂志，2011：3.

［12］胡树华，李荣.国家高新区产业竞争优势分类研究［J］.科技进步与对策，2011：1.

［13］单伟光，沈锡明，孙国君."Bolar例外"的由来及对我国仿制药企业的影响［J］.新西部，2009：8.

［14］袁中博，邵蓉.专利法第三次修改中可能涉及药品的几个问题［J］.上海医药，2008：4.

［15］杨倩.新药研发与知识产权［J］.成都医学院学报，2008：2.

［16］李鹏飞，汪德华，郑江淮.医疗服务价格管制与"以药养医"［J］.南方经济，2006：8.

［17］寿步.合理保护知识产权是中国的必然选择［J］.上海交通大学学报，2006：2.

［18］高其才.现代立法理念论［J］.南京社会科学，2006：1.

［19］冯晓青.激励论专利制度正当性之探讨［J］.重庆工商大学学报(社会科学版)，2003：1.

［20］谌凯，应向伟，吴叶青，等.基于专利分析和文献计量的我国医药制造业发展态势研究［J］.科技管理研究，2018，38（02）：103–111.

［21］吴小文，张禹佳，文雯，等.基于有效发明专利的贵州省专利现状分析［J］.中国发明与专利，2017，14（02）：39–42.

［22］吴汉东.中国保护知识产权的决心与努力［N］.人民日报（海外版），2006–3–31.

［23］张志成.论知识产权的合理性——一种法理学形式的分析［EB/OL］.［2009–01–19］.http://www.aisixiang.com/data/28141.html.

［24］宋河发，宋健，刘芳.惩罚性赔偿：加强专利保护的制度创新［EB/OL］.［2021–05–06］.https://www.cnipa.gov.cn/art/2020/11/4/art_2198_154569.html.

［25］曹新明.促创新，严保护，助力知识产权强国建设［EB/OL］.［2021–05–06］.https://www.cnipa.gov.cn/art/2020/10/23/art_2198_153646.html.

［26］詹映.补齐专利制度短板，推动医药产业创新［EB/OL］.［2021–05–06］.https://www.cnipa.gov.cn/art/2020/12/2/art_2198_155357.html.

［27］王淇.以开放许可制度促专利运用［EB/OL］.［2021–05–06］.https://www.cnipa.gov.cn/art/2020/12/2/art_2198_155356.html.

［28］王茂华，邰红，倪振华，等.第四次《专利法》修改简评［EB/OL］.［2021–05–06］.https://www.chinalawinsight.com/2020/10/articles/intellectual-property.

［29］张蓝飞.最长达12年！数据保护制度升级，仿制药面临新挑战！［EB/OL］.［2021–04–20］.https://mp.weixin.qq.com/s/4_aRHpaaKr97_SyYasvodg.

［30］杨莉.一文读懂国内外药品试验数据保护制度［EB/OL］.［2021–04–20］.https://mp.weixin.qq.com/s/4NByJwxtEh2mxKSIgk9qzw.

常用网站

［1］中华人民共和国国家知识产权局网站.http：//www.cnipa.gov.cn

［2］中国知识产权网.http：//www.cnipr.com/

［3］知识产权—人民网.http：//ip.people.com.cn/

［4］中华人民共和国国家知识产权局商标局，中国商标网.http：//sbj.cnipa.gov.cn

［5］中华人民共和国国家版权局网站.http：//www.ncac.gov.cn

［6］国家药品监督管理局网站.http：//www.nmpa.gov.cn

［7］国家中药品种保护审评委员会，国家市场监督管理总局食品审评中心.http：//www.zybh.org.cn/

［8］医药网.http：//www.pharmnet.com.cn/